KB122356

유 머 와 함 께 하 는

경찰행정
전공 노트

이철호 지음

21세기사

필자는 유머를 통하여 경찰행정학 전공에 관심을 가지게 하는 '공부방법론'을 시도하고 있다. 일종의 연상학습법이다.

대학의 경찰행정학과에서 강의를 하고, 전임교수로 재직하면서 학생들에게 경찰이나 경찰활동, 법에 관심을 가지게 할 수 있는 방법이 없을까 생각해 본 것이 '유머'(humour)이다.

유머란 시대상(時代相)을 반영하는 것이기에 경찰이나 법에 관련된 유머는 필시 그 당시 경찰의 활동, 경찰이나 법의 이미지가 투영된 산물이다. 유머를 통해서 학생들이 경찰과 법률을 이해하는 것도 하나의 방법이라고 생각하게 되어 유머를 모으게 되었다.

이 집필에 대한 사전 작업이 자매편으로 이미 출간한 〈경찰과 유머〉(도서출판 21세기사, 2018)이다.

〈유머와 함께하는 경찰행정 전공 노트〉라는 제목으로 경찰학, 법학 등 다양한 주제와 내용으로 틈틈이 원고를 작성해 보았다. 유머의 내용이나 유머에 나오는 용어 또는 주제어(Key Word)에 맞추어 저술하다 보니 특정법률에 치중된 부분도 있다.

책은 목차나 순서에 관계없이 손에 잡히는 대로 편하게 읽어도 된다. 저학년이나 고학년이나 할 것 없이 누구나 볼 수 있도록 했다. 물론 경찰행정학과 학생이면 반드시 알아야 할 내용을 수록하였다. 쉽게 쓰고자 노력했으나 탈고(脫稿)하고 보니, 주제나 내용에 따라서는 어렵고 산만하게 서술된 부분도 있음을 밝혀둔다.

법률분야의 특수성이라고 할 수도 있지만 주제에 따라 그 내용이 무미건조(無味乾燥)하고 딱딱할 수밖에 없는 한계도 있다. 그런 무미건조함을 보완해 주는 것이 각 꼭지 서두의 관련 유머(humour)라 할 수 있다.

독자들에게 내용이 제대로 전달되지 않고 쉽게 이해되지 않음은 저자의 천학비재 (淺學非才)와 표현력의 부족함에 기인한다. 다독(多讀), 다상량(多商量)을 통하여 더욱 매진하도록 하겠다.

항상 원고를 끝내고 나면 아쉽고 뭔가 부족함을 느낀다. '첫술에 배부를 수 없다'는 속담으로 위로하면서 이 집필의도에 부응하도록 농부가 작물을 가꾸고 키우는 마음으로 부족하고 미흡함은 강의와 연구를 통하여 체계적으로 증보(增補)할 것을 약속드리는 바이다.

이 책자가 강의실에서, 경찰고시원 등에서 경찰을 비롯한 형사사법(刑事司法) 분야 입직의 꿈을 이루기 위해 애씀의 땀을 흘리는 제자들에게 조금이라도 보탬이 된다면 더 없는 기쁨이겠다.

항상 하는 얘기지만, 수익성(收益性)이 없음에도 필자의 출판요구에 흔쾌히 승낙을 해주시는 〈도서출판 21세기사〉 이범만 사장님께 감사드린다.

2019. 7. 3
문향재(文香齋)에서
이철호

1

경찰의 개념과 경찰의 종류

대학교수의 반응

학생들이 싸우고 있었다. 지나가는 교수들의 반응이다.

사진학과 교수 : 너희들 다 찍혔어!

신학과 교수 : 회개하고 기도합시다.

아동학과 교수 : 애들이 보고 배울라…

법학과 교수 : 너희들 다 구속감이야!

경찰행정학과 교수 : 경찰 불러!

1. 경찰개념의 유래

경찰 개념은 일반적으로 그리스어의 'polis'라는 단어를 그 기원으로 이해한다. 고대 그리스에서의 polis는 사회구성원들의 생명·재산·건강을 보전하고 법의 집행을 담보하기 위해 형성된 사법 및 행정체계를 총칭하는 용어였다. 즉, polis라는 개념은 '시민의 생존과 복지를 보살피는 일체의 관리활동'을 뜻하는 그리스어인 'politeia'로 발전되었고 이것이 영어의 politics(정치), policy(정책), police(경찰)의 어원이 된 것이다.[1]

2. 로버트 필의 9가지 경찰원칙

〈로버트 필〉

로버트 필(Sir Robert Peel, 1788.2.5~1850.7.2)은 영국의 정치인이자 보수당의 당원으로, 내무장관을 역임하였다. 로버트 필경(卿)은 현대 영국 경찰의 아버지(the Father of Modern Police)로 간주된다. 근대경찰 발전에 획기적인 사건은 1829년 로버트 필경은 1829년 "앵글로·색슨의 전통적인 공동체 치안원칙으로 돌아가자"라는 슬로건으로 수도경찰청법(London Metropolitan Police Act)을 제정하여 영국 최초의 근대경찰조직인 런던수도경찰청(Metropolitan Police)이 창설된 것이다. 당시 수도경찰청은 국민을 위해 봉사하고 범죄를 예방하는 것을 주된 임무로 삼았다.[2] 수도경찰청은 최초의 중앙집권적이고, 제복을 입었으며, 전문적이며, 중앙정부의 통제를 받는 경찰이었으므로 대다수의 학자들은 영국 경찰의 역사가 1829년에 시작되었다고 평가한다.[3] 영국수도경찰의 근대경찰 모델이 곧바로 영국 전역에 적용된 것은 아니며, 1930년대에 이르기까지 서서히 적용·시행되었다. 영국수도경찰은 근대경찰의 완성이 아니라 출발이었고, 근대경찰이 부르주아 계급과 결부되어 발전되었다 할지라도, 이 시점에서 시민지향적 경찰이념이 형성되었다는 점에서 의미가 있으며, 분명한 것은 이후 개인 및 시민지향적 가치체계는 더욱 확대되어 오늘에 이르고 있다는 점이다.[4]

---

[1] 이황우·한상암, 경찰행정학(제6판), 법문사(2016), 2면.
[2] 김창윤 외 27인 공저, 경찰학(개정판), 박영사(2015), 21면.
[3] 이황우·한상암, 경찰행정학(제6판), 5면.
[4] 최선우, 경찰학(개정판), 그린(2014), 141면.

로버트 필의 9가지 경찰원칙

(Sir Robert Peel's 9 Principles of Policing)

1. 경찰은 군대의 폭압이나 엄한 법적 처벌이 이루어지지 않도록, 미연에 범죄와 무질서를 방지하기 위해 노력해야 한다.

   To prevent crime and disorder, as an alternative to their repression by military force and severity of legal punishment.

2. 경찰의 임무를 수행하기 위해 필요한 힘은 시민의 지지와 승인 및 존중에 전적으로 의존한다는 것을 결코 잊어서는 안 된다.

   To recognize always that the power of the police to fulfill their functions and duties is dependent on public approval of their existence, actions and behavior, and on their ability to secure and maintain public respect.

3. 경찰에 대한 시민의 지지와 승인 및 존중을 확보한다는 것은 법을 지키는 경찰의 업무에 대한 시민의 적극적인 협력 확보를 의미한다는 것을 인식해야 한다.

   To recognize always that to secure and maintain the respect and approval of the public means also the securing of the willing cooperation of the public in the task of securing observance of the law.

4. 시민의 협력을 확보하는 만큼 경찰 목적 달성을 위한 강제와 물리력 사용의 필요성이 감소한다는 점을 명심해야 한다.

   To recognize always that the extent to which the cooperation of the public can be secured diminishes proportionately to the necessity of the use of physical force and compulsion for achieving police objectives.

5. 시민의 지지와 승인은 결코 여론에 영합해서 얻어지는 것이 아니라, 지속적으로 공정하고 결코 치우침 없는 법집행을 통해서 확보된다. 즉 절대적으로 중립적인 정책, 부나 사회적 지위 등 어떤 것에도 상관없이 모든 시민에게 동등한 대우, 언제나 예의와 친절 및 건강한 유머를 견지하는 태도, 그리고 생명을 지키고 보호하기 위해 자신을 희생할 준비

를 통해 얻어지는 것이다.

To seek and preserve public favor, not by pandering to public opinion; but by constantly demonstrating absolutely impartial service to law, in complete independence of policy, and without regard to the justice or injustice of the substance of individual laws, by ready offering of individual service and friendship to all members of the public without regard to their wealth or social standing, by ready exercise of courtesy and good humor; and by ready offering of individua sacrifice in protecting and serving life.

6. 경찰 물리력은 반드시 자발적 협력을 구하는 설득과 조언과 경고가 통하지 않을 때에만 사용해야 하며 그때에도 필요 최소한 정도에 그쳐야 한다.

To use physical force only when the exercise of persuasion, advice and warning is found to be insufficient to obtain public cooperation to an extent necessary to secure observance of law or to restore order, and to use only the minimum degree of physical force which is necessary on any particular occasion for achieving a police objective.

7. 언제나 경찰이 곧 시민이고 시민이 곧 경찰이라는 인식을 바탕으로 경찰-시민간 협력관계를 유지해야 한다. 경찰은 공동체의 복지와 존립의 이익을 위해 봉사하는 임무를 수행하기 위해 보수를 받는 공동체의 일원일 뿐이다.

To maintain at all times a relationship with the public that gives reality to the historic tradition that the police are the public and that the public are the police, the police being only members of the public who are paid to give full-time attention to duties which are incumbent on every citizen in the interests of community welfare and existence.

8. 언제나 경찰은 법을 집행하는 역할이란 점을 잊어서는 안되며, 유무죄를 판단해 단죄하는 사법부의 권한을 행사하는 것처럼 보여서는 안된다.

To recognize always the need for strict adherence to police-executive functions, and to refrain from even seeming to usurp the powers of the judiciary of avenging individuals or the state, and of authoritatively judging guilt and punishing the guilty.

9. 언제나 경찰의 효율성은 범죄와 무질서의 감소나 부재로 판단되는 것이지, 범죄나 무질
서를 진압하는 가시적인 모습으로 인정받는 것은 아니라는 점을 명심해야 한다.
To recognize always that the test of police efficiency is the absence of crime
and disorder and not the visible evidence of police action in dealing with them.

3. 경찰의 개념

(1) 형식적 의미의 경찰

형식적 의미의 경찰은 역사적·제도적으로 발전되어 온 개념으로서, 현행법상 보통경찰행정기관에 의해 관장되는 모든 경찰작용을 의미한다. 다시 말해서 경찰청, 지방경찰청, 경찰서, 지구대(파출소)에서 경찰공무원에 의해 이루어지는 모든 경찰작용을 말한다.

형식적 의미의 경찰은 보통경찰기관이 관장하는 모든 행정작용을 뜻하는 것이기 때문에 형식적 의미의 경찰 가운데는 '병사자(病死者)의 보호나 호구(戶口)조사' 등과 같이 성질상 경찰작용이라고 볼 수 없는 것이 있는가 하면, 일반행정기관의 소관에 속하는 행정작용 중에도 '부정식품의 단속'과 같이 실질적 의미의 경찰작용이 적지 아니하다. 그러므로 형식적 의미의 경찰과 실질적 의미의 경찰 개념이 반드시 일치하는 것이 아니며, 형식적 의미의 경찰사무의 범위를 정하는 것은 그 나라의 입법정책(立法政策)의 문제이다. 형식적 의미의 경찰개념에는 위험방지와 같은 직무뿐만 아니라 서비스(service)활동까지도 포함된다. 따라서 실정법상 경찰이 담당하도록 규정되어 있는 사항은 그것이 소극적 질서유지에 관한 사항이든지, 적극적 성격을 띠든지를 불문하고 모두 형식적 의미의 경찰사무에 속한다.

(2) 실질적 의미의 경찰

실질적 의미의 경찰은 경찰작용을 담당하는 기관이 어디인지를 불문하고 그 국가작용의 성질을 표준으로 해 일정한 성질의 작용을 경찰이라 하고, 그것을 지배하고 있는 공통

의 법원리를 탐구하려는 학문적 의미의 개념이다. 이러한 경찰의 개념은 다시 말해서, 행정작용 전체 중에서 경찰작용이 가지는 성질상의 특수성(特殊性)에 착안해, 경찰작용이 일반적으로 가지는 공통적인 법적 특성을 가려낸 것이다.

따라서 실질적 의미의 경찰이란 "공공의 안녕과 질서유지를 위해 일반 통치권에 의거해 국민에게 명령·강제함으로써 국민의 자연적 자유(自然的 自由)를 제한하는 작용"이라 정의할 수 있다. 따라서 비권력작용인 서비스(service)활동이나 특별권력관계 내부의 명령·강제하는 작용은 실질적 의미의 경찰에 해당하지 아니한다.

실질적 의미의 경찰 개념은 목적·수단·권력적 기초라는 세 가지 면에서 다른 행정작용과 구별되는 특성을 가지고 있다.

1) 경찰의 목적

경찰은 직접 사회공공의 안녕과 질서를 유지하고, 이에 대한 위해를 제거함을 목적으로 한다(경찰법 제3조 참조). 여기에서 '공공의 안녕'이란 국가의 존립 그 기능 및 법질서뿐만 아니라 개인의 생명·신체·재산·명예 등이 침해되지 않는 상태, 즉 국가적 법익과 개인적 법익이 침해되지 않는 상태를 의미한다. 그리고 '공공의 질서'는 사회의 지배적인 가치관 및 윤리관에 비추어 건전한 공동생활을 위해 불가결하다고 여겨지는 규범의 총체로서 법규범 이외의 것을 말한다.

사회공공의 안녕과 질서에 대한 위해(危害)는 사람의 행위뿐만 아니라, 폭풍·폭우 등 자연적 재해에 의해서도 발생한다. 사회공공의 안녕과 질서에 대한 위험은 장해(위해) 발생의 단순한 가능성만으로는 부족하고, 경험법칙상 장해 발생의 개연성(蓋然性)이 있는 것으로 객관적으로 인정될 수 있는 사태를 말한다. 그리고 사회공공의 안녕과 질서에 대한 장해(위해)는 이러한 위험이 이미 발생한 상태를 말한다.

실질적 의미의 경찰은 공공의 안녕과 질서유지라는 소극적 목적을 위해 발동되어야 하며, 적극적으로 복리 증진을 위해 발동될 수 없다는 '경찰소극 목적의 원칙'이 지배한다. 경찰관직무집행법에서 "경찰권은 그 목적을 위해 필요한 최소 한도 내에서 행사되어야 하며 남용해서는 아니 된다"(경찰관직무집행법 제1조 2항)라고 규정해 '경찰 목적의 소극성'을 명문화하고 있다.

경찰과 같이 명령강제작용이라도 그 목적을 달리하는 다른 행정작용은 경찰작용과 구

별된다. 경찰은 질서유지를 위한 작용이기 때문에 이러한 목적을 가지고 있지 않은 조직·
재정·외교·군사작용은 국가의 조직 또는 존립을 직접 목적으로 하므로 경찰작용과 구
별된다. 또한, 경찰작용은 적극적으로 공공복리의 증진을 목적으로 하는 복지작용과 구별
된다. 끝으로 경찰작용은 사법작용(司法作用)과 구별된다. 사법작용은 직접적으로 법적
질서의 유지를 목적으로 하고 있는 점에서 경찰과 구별된다. 사법작용에는 민사작용(民事
作用)과 형사작용(刑事作用)으로 구분할 수 있다. 민사작용은 사인 상호간의 법률 관계에
관한 법적 질서를 유지함을 목적으로 하며 사회공공의 안녕질서를 유지함을 직접 목적으
로 하는 것이 아니다. 반면에 경찰은 사회질서의 유지를 직접 목적으로 하며 사인(私人)
상호간의 법률 관계에는 관여할 수 없다는 점에서 구별된다. 또한, 경찰은 장래에 향해
사회질서 유지를 직접 목적으로 하지만, 형사작용은 이미 발생한 범죄에 대한 응보·교정
적 제재로서 형벌을 과하는 것을 직접 목적으로 하는 형벌 목적적 작용이라는 면에서 구
별된다.

2) 경찰의 수단

경찰은 공공질서의 유지를 위해 권력으로써 국민에게 명령과 강제하는 것을 그 수단으
로 한다. 다시 말해서 경찰은 권력으로 개인에게 명령하고 강제함으로써 자연적 자유(自
然的 自由)를 제한하거나 이미 가해진 제한을 해제하는 작용이다.

그 구체적인 수단에는 경찰하명(警察下命)·경찰허가(警察許可)·경찰강제(警察強制)
등이 있다.

그 밖에도 명령·강제작용의 부수적인 것으로 확인·공증·수리·통지 등 이른바 준법
률행위적 행정행위(準法律行爲的 行政行爲)를 행하기도 하고, 또한 비권력적 작용으로서
행정지도 등을 행하기도 하는데 비권력적 작용의 비중이 점점 커지고 있는 실정이다. 그
러나, 이러한 준법률행위적 행정행위 또는 비권력적 작용이 경찰기관에 의해 질서유지 작
용으로 행해지더라도 경찰행정으로 보기 어렵다는 견해도 있다.

3) 경찰권의 기초

경찰은 일반통치권에 권력의 기초를 둔 작용으로서, 경찰권은 국가통치권의 일부로서
통치권이 직접으로 사회공공의 안녕 질서유지를 위해 개인에게 명령·강제하는 권력으로

서 발동하는 경우에 이를 경찰권이라고 한다.

경찰은 일반통치권에 기초를 둔 작용이므로 특별권력에 기초하고 있는 국회의 질서를 유지하기 위해 국회의장이 행사하는 강제작용인 의원경찰(議院警察)이나 법정(法廷)의 질서를 유지하기 위해 재판장이 행사하는 강제작용인 법정경찰(法廷警察)과 구별된다(국회법 제143조 및 법원조직법 제58조).

또한 경찰은 국가의 일반통치권에 의한 작용이므로 국가의 일반통치권에 복종하는 자는 자연인·법인·내국인·외국인을 막론하고 경찰권에 복종해야 한다.

4. 경찰의 종류

경찰은 담당 기능이나 부서에 따라 경무·교통·방범·수사·정보 등으로 분류하기도 하지만, 실제로 경찰행정법상 구별이 필요한 것으로는 행정경찰과 사법경찰, 보안경찰과 협의의 행정경찰, 예방경찰과 진압경찰, 고등경찰과 보통경찰, 비상경찰과 평시경찰, 국가경찰과 자치체경찰, 일반경찰과 청원경찰, 비경찰(非警察), 질서경찰과 봉사경찰 등으로 분류할 수 있다.

(1) 행정경찰과 사법경찰

행정경찰(行政警察)과 사법경찰(司法警察)은 경찰의 직접적 목적을 기준으로 한 분류이다. 행정경찰은 사회공공의 안녕·질서의 유지를 그 직접 목적으로 하는 경찰작용을 말하며, 사법경찰은 프랑스로부터 전래한 개념으로서 범죄의 수사, 피의자의 체포 등을 목적으로 하는 형사사법권의 작용을 말한다. 사법경찰을 흔히 수사경찰(搜査警察)이라고도 하며 경찰기관의 사법경찰관, 검찰청의 수사관 등이 이에 해당한다.

우리나라에서는 조직상으로 행정경찰과 사법경찰을 구분하지 않고, 일반경찰기관이 양자를 아울러 관장하고 있는 바, 이론상으로만 양자의 구별을 인정하고 있다. 행정경찰은 경찰작용이기 때문에 행정법규(경찰법규)의 적용을 받으나, 사법경찰은 형벌권의 작용이기 때문에 형사소송법의 적용을 받고, 검사(檢事)의 지휘를 받아 수행된다는 점에서 구별실익이 있다.

(2) 보안경찰과 협의의 행정경찰

보안경찰과 협의의 행정경찰은 다른 행정작용에 부수하느냐의 여부에 따른 구별이다.

보안경찰은 사회공공의 안녕·질서를 유지하기 위해 다른 행정작용에 부수하지 않는 그 자체로서 독립된 고유의 경찰작용을 말한다(교통·소방·풍속·해양·방범 등). 반면에 협의의 행정경찰이란, 다른 행정작용에 부수해 그 행정작용에 관련해 발생하는 위해를 방지하고 실제적으로 발생한 위해를 제거하기 위해 행하는 경찰작용을 의미한다(건축경찰·산업경찰·경제경찰·위생경찰·철도경찰 등).

협의의 행정경찰 개념은 19세기 독일에서 성립한 것이며 당시에 일반경찰기관은 보안경찰사무와 좁은 의미의 행정경찰사무를 동시에 관장하고 있었기 때문에 그것은 현실적인 경찰조직상의 구분을 기초로 하여 생긴 것이다. 보안경찰과 협의의 행정경찰의 구별은 보안경찰은 일반경찰기관이, 협의의 행정경찰은 당해 행정의 권한을 가지는 행정기관이 관장한다는 점에서 구별 실익이 있다.

(3) 예방경찰과 진압경찰

예방경찰과 진압경찰의 구분은 경찰권 발동의 시점을 기준으로 한 분류이다. 이 분류는 행정경찰과 사법경찰의 분류와 거의 일치한다.

예방경찰이라 함은 범죄의 발생을 예방하기 위해 하는 권력작용을 말하며, 예방경찰의 예로서 정신착란자·만취자의 보호 조치, 광견 등의 박살, 화약류·총포류의 취급 제한이 예방경찰에 속한다(경찰관직무집행법 제4조 제1항, 총포·도검·화약류 등 단속법 제10조, 가축전염병예방법 제10조 제1항).

진압경찰이라 함은 범죄가 이미 발생한 후에 범죄를 수사하고 피의자를 체포하기 위해 하는 권력작용을 말하며, 범죄의 수사, 범죄의 제지, 범인의 체포 등이 진압경찰의 임무이다. 이 진압경찰의 권력적 작용은 사법경찰과 일치한다고 볼 수 있다.

(4) 평시경찰과 비상경찰

평시경찰과 비상경찰의 구분은 경찰기관에 의한 분류이다. 평시경찰은 평상시에 일반경찰기관이 일반경찰법규에 의해 행하는 경찰작용을 말하며, 비상경찰은 비상시 또는 이에 준하는 국가비상사태에 병력(군대)에 의해 사회의 안녕과 질서유지 작용을 행하는 경찰작용을 말한다(헌법 제77조 및 계엄법 제2조 및 제7조 참조).

(5) 고등경찰과 보통경찰

고등경찰(高等警察)과 보통경찰(普通警察)의 개념은 경찰에 의해 보호되는 법익을 기준으로 한 분류이다. 이 구별은 프랑스법에서 유래한 것으로 고등경찰(Politische Polizei)이란 본래 사회적 가치가 더 높은 이익을 보호하는 것을 목적으로 하는 경찰을 의미했으나, 오늘날에 와서는 사상·종교·집회·결사 및 언론의 자유에 대한 경찰활동 등과 같이 국가조직의 근본에 대한 위해(危害)의 예방 및 제거를 위한 경찰작용을 뜻한다.

우리나라는 제도적으로는 고등경찰과 보통경찰을 구별하지 않고 있으나, 보통경찰기관 내부에서의 사무분장 또는 행정조직에서 권한의 확정과의 관계에서는 고등경찰과 보통경찰을 일응 구분하고 있다(경찰청과 그 소속기관 등 직제 제16조 제6항·제16조 제4항 및 제9항, 해양경찰청과 그 소속기관 직제 제11조 제4항·제5항, 정부조직법 제16조, 국가정보원법 제2조 참조). 각 경찰부서 내의 정보과, 국가정보원 등이 고등경찰을 담당하는 기관으로 볼 수 있다.

반면에 보통경찰은 고등경찰에 속하지 않는 작용으로서 교통·풍속·범죄 예방 등과 같이 일반사회 공공의 안녕·질서유지를 위한 경찰작용을 의미한다고 볼 수 있다.

(6) 국가경찰과 자치체경찰

국가경찰과 자치체 경찰의 분류는 경찰 유지의 권한과 책임의 소재에 따른 분류로서, 다시 말하면 경찰조직에 대한 권한이나 예산에 대한 책임이 국가에 있느냐 지방자치단체에 있느냐에 따른 구별이라고 볼 수 있다. 경찰 유지의 권한과 책임이 국가에 있는 경우가 국가경찰이고, 지방자치단체에 있는 경우가 자치체경찰(지방경찰)이다. 여기서 경찰 유지의 권한과 책임이란 구체적으로는 조직권, 인사권 및 경비부담권을 말한다.

우리나라는 소방경찰에 관해서만 지방자치단체의 관장을 인정하고(지방자치법 제9조 제2항 제6호, 소방법 제3조), 그 이외에는 모두 중앙집권적 국가경찰이다. 다만, 소방사무는 지방자치단체의 사무로 되어 있다는 점에서 부분적이며 예외적으로 자치경찰제가 인정되고 있다고 보는 견해도 있다.

우리나라의 경우 「제주특별자치도 설치 및 국제자유도시 조성을 위한 특별법」의 시행으로 제주특별자치도에 자치경찰제가 도입·시행되고 있다. 「제주특별자치도 설치 및 국제자유도시 조성을 위한 특별법」은 제주자치경찰단이 처리하는 사무로 ① 주민의 생활안전활동에 관한 사무(㉮ 생활안전을 위한 순찰 및 시설 운영, ㉯ 주민참여 방범활동의 지원 및 지도, ㉰ 안전사고 및 재해재난 등으로부터의 주민보호, ㉱ 아동·청소년·노인·여성 등 사회적 보호가 필요한 자에 대한 보호 및 가정·학교 폭력 등의 예방, ㉲ 주민의 일상생활과 관련된 사회질서의 유지 및 그 위반행위의 지도·단속), ② 지역교통활동에 관한 사무(㉮ 교통안전 및 교통소통에 관한 사무, ㉯ 교통법규위반 지도·단속, ㉰ 주민참여 지역교통활동의 지원 및 지도), ③ 공공시설 및 지역행사장 등의 지역경비에 관한 사무, ④ 「사법경찰관리의 직무를 행할 자와 그 직무범위에 관한 법률」에서 자치경찰공무원의 직무로 규정하고 있는 사법경찰관리의 직무를 규정하고 있다(동법 제108조). 자치경찰단장은 도지사가 임명하며, 도지사의 지휘·감독을 받는다. 자치경찰단장은 자치총경으로 보한다. 다만, 도지사는 필요하다고 인정하는 경우에는 개방형직위로 지정하여 운영할 수 있다. 도지사는 자치경찰단장의 직위를 개방형직위로 지정하여 운영하는 경우에는 임용기간 만료일에 60세가 초과되지 아니하는 자로서 ① 당해 자치경찰단장에 보할 수 있는 계급에 있거나 차하위계급에 있는 자로서 승진에 있어 제131조 제5항 및 제6항의 규정에 의한 계급별 최저근무연수를 경과한 자치경찰공무원, ② 제1호에 상응하는 국가경찰공무원, ③ 제1호 또는 제2호에 해당하였던 자로서 퇴직한 날부터 2년이 경과되지 아니한 자, ④ 법관·검사 또는 변호사의 직에 5년 이상 근무한 자를 임용하여야 한다. 이 경우 미리 자치경찰공무원인사위원회의 심의·의결을 거쳐야 한다. 개방형직위로 지정·운영되는 자치경찰단장의 임용절차·임용기간 등에 관하여는 도조례로 정한다(동법 제107조)

(7) 청원경찰과 일반경찰

청원경찰이란 청원경찰법에 의해 중요 산업시설·중요 사업장의 경영자나 국내 주재 외국기관의 시설이나 경비를 행하기 위해 배치하는 경찰이다. 반면에 일반경찰은 경찰공무원법에 의해 일반공안의 유지를 임무로 한다.

청원경찰은 청원자의 신청에 의해 임용되며 청원경찰의 배치 신청은 지방경찰청장에게 한다. 청원경찰의 배치 장소는 국가기관 또는 공공단체와 그 관리하에 있는 중요시설 또는 사업장·국내 주재 외국기관·기타 행정안전부령으로 정하는 중요 시설, 사업장 또는 장소이다(청원경찰법 제2조). 청원경찰은 근무 중 제복을 착용하여야 한다(청원경찰법 제8조 제1항). 지방경찰청장은 청원경찰이 직무를 수행하기 위하여 필요하다고 인정하면 청원주의 신청을 받아 관할 경찰서장으로 하여금 청원경찰에게 무기를 대여하여 지니게 할 수 있다(청원경찰법 제8조 제2항).

청원경찰은 청원주의 구체적인 지휘·감독과 관할 경찰서장의 지도·감독을 받아 경비구역 내에 한해 경찰관직무집행법에 의한 경찰관의 직무를 행한다. 따라서 불심검문은 물론 무기 사용까지도 가능하다. 그러나 범죄수사는 할 수 없다.

(8) 비경찰

경찰이란 이름으로 불리나 경찰작용이 아닌 것을 비경찰(非警察)이라 하며, 비경찰작용에는 의원경찰(議院警察)과 법정경찰(法廷警察)이 있다. 의원경찰이란, 국회의 원내의 질서유지를 위해 국회의장이 국회의원이나 방청인 기타 원내에 있는 자에 대해 실력으로써 명령·강제하는 작용을 말한다(국회법 제143조). 의원경찰은 특별권력 관계에 기초한 명령·강제이기 때문에 경찰작용에 속하지 않는다. 법정경찰이란 법원 또는 법관이 법정의 질서를 유지하기 위해 법정 내에 있는 사람에 대해 행하는 명령·강제작용이므로 이는 재판권의 작용이지 경찰작용이 아니다(법원조직법 제58조).

(9) 질서경찰과 봉사경찰

질서경찰(秩序警察)과 봉사경찰(奉仕警察)은 실정법상 경찰(형식적 의미의 경찰) 중에서 경찰서비스의 질과 내용을 기준으로 한 분류이다. 질서경찰은 정부조직법 및 경찰법상에서 경찰조직의 직무 범위로 확정된 것 중 주로 강제력을 1차 수단으로 사회공공의 안녕과 질서유지를 위한 법집행을 주로 하는 경찰을 말한다. 범죄수사·진압·경범죄 처벌·즉시강제 등이 질서경찰에 속한다. 반면에 봉사경찰은 목적면에서 질서경찰과 동일하면서도 1차 수단이 강제력이 아닌 계몽·지도·서비스를 통해 법집행을 하는 경찰을 말한다. 이에는 청소년 선도·교통안내·방범순찰·재난구호 등이 있다.

기출문제

1　형식적 의미의 경찰과 실질적 의미의 경찰개념에 대한 설명으로 가장 적절하지 않은 것은? (2015년 공채1차)

① 형식적 의미의 경찰이란 실정법상 보통경찰기관에 분배되어 있는 임무를 달성하기 위하여 행하여지는 경찰활동을 의미한다.

② 정보경찰활동과 사법경찰활동은 형식적 의미의 경찰개념에 해당한다.

③ 실질적 의미의 경찰은 조직을 중심으로 파악된 개념에 해당한다.

④ 실질적 의미의 경찰개념은 행정조직의 일부로서가 아니라, 작용을 중심으로 파악한 개념에 해당한다.

해설　③ 실질적 의미의 경찰은 작용[조직 아님]을 중심으로 파악된 개념에 해당한다.

 ③

2　실질적 의미의 경찰개념에 대한 설명으로 가장 적절하지 않은 것은?

① 실질적 의미의 경찰은 학문상 정립된 개념으로 독일행정법학에서 유래한다.

② 실질적 의미의 경찰은 일반통치권에 의거 국민에게 명령·강제하는 권력적 작용이다.

③ 경찰의 수사활동, 정보·보안 경찰활동, 서비스적 활동은 실질적 의미의 경찰개념이다.

④ 일반 행정기관도 실질적 의미의 경찰작용을 하는 경우가 있다.

해설　③ 경찰의 수사활동, 정보·보안 경찰활동, 서비스적 활동은 형식적 의미의 경찰개념이다.

 ③

3   다음 보기 중 경찰개념을 설명한 것으로 **틀린** 것은 모두 몇 개인가? (2014-1차 공채)

> ㉠ 형식적 의미의 경찰은 모두 실질적 의미의 경찰에 포함된다.
> ㉡ 정보경찰의 활동은 실질적 의미의 경찰보다는 형식적 의미의경찰과 관련이 깊다.
> ㉢ 실질적 의미의 경찰개념은 학문상으로 정립된 개념이며, 프랑스 행정법학에서 유래하였다.
> ㉣ 형식적 의미의 경찰개념에 입각한 경찰활동의 범위는 나라마다 차이가 있을 수 있다.

① 1개   ② 2개   ③ 3개   ④ 4개

  ㉠ 실질적 의미의 경찰과 형식적 의미의 경찰의 범위는 서로 일치하는 개념은 아니어서, 실질적 의미의 경찰이 모두 형식적 의미의 경찰이 되는 것은 아니며, 형식적 의미의 경찰이 모두 실질적 의미의 경찰이 되는 것도 아니다.
  ㉢ 실질적 의미의 경찰개념은 학문상으로 정립된 개념이며, 독일의 행정법학에서 유래하였다.   답 ②

4   다음 중 경찰의 분류와 그 내용으로 가장 적절하지 <u>않은</u> 것은? (2018-3차 공채)

① 경찰권 발동시점에 따라 예방경찰과 진압경찰로 구분할 수 있으며, 위해를 미칠 우려가 있는 정신착란자의 보호는 예방경찰에, 사람을 공격하는 멧돼지를 사살하는 것은 진압경찰에 해당한다.

② 업무의 독자성에 따라 보안경찰과 협의의 행정경찰로 구분할 수 있으며, 교통경찰은 보안경찰에, 건축경찰은 협의의 행정경찰에 해당한다.

③ 삼권분립 사상에 따라 행정경찰과 사법경찰로 구분할 수 있으며, 형식적 의미의 경찰은 행정경찰에, 실질적 의미의 경찰은 사법경찰에 해당한다.

④ 경찰활동의 질과 내용에 따라 질서경찰과 봉사경찰로 구분할 수 있으며, 범죄수사는 질서경찰에, 방범지도는 봉사경찰에 해당한다.

답 ③

5   경찰개념에 대한 설명으로 가장 적절하지 <u>않은</u> 것은?

① 형식적 의미의 경찰은 실정법상 보통경찰기관에 분배된 임무를 달성하기 위하여 행해지는 경찰활동으로 그 범위는 나라마다 차이가 있을 수 있다.

② 실질적 의미의 경찰은 사회공공의 안녕, 질서유지와 같은 적극적 목적을 위한 작용이다.

③ 실질적 의미의 경찰은 국가의 일반통치권에 근거하여 국민에게 명령·강제하는 권력적 작용이다.

④ 일반행정기관이 실질적 의미의 경찰작용을 하는 경우는 있으나, 형식적 의미의 경찰작용을 하지는 않는다.

답 ②

2

경찰관의 재량행위와
경찰권 발동의 한계

신부님 두 분이 오토바이를 타고 과속으로 달리고 있었는데,

교통경찰관이 세워보니 신부님들이었다.

그래서 웬만하면 봐주려고,

"아실만한 분들이… 천천히 다니십시오. 사고 나면 죽습니다."

그러자, 신부님이 "걱정하지 마십시오. 예수님께서 함께 타고 계십니다."

그 말을 들은 경찰은 "그럼 스티커를 끊겠습니다."

"헉! 아니 왜요???"

신부님이 황당해 하며 경찰관에게 물었다.

"3명이 타는 것은 정원 초과로 위법입니다."

Ⅰ. 기속행위와 재량행위

1. 기속행위와 재량행위의 의의

기속행위와 재량행위는 법의 구속정도를 기준으로 한 분류로서, (1) 기속행위(羈束行爲)라 함은, 행정청에게 어떤 행위를 할 수도 안 할 수도 있는 자유가 인정되는 것이 아니라, "법이 정한 일정한 요건이 충족되어 있을 때에는 법이 정한 행정행위를 반드시 행하도록 되어 있는 행정행위"를 말한다. (2) 재량행위(裁量行爲)란, 행정청이 여러 가지 행위 중에서 선택의 자유가 인정되는 행정행위를 말한다.

2. 기속행위와 재량행위의 구별필요성

기속행위와 재량행위의 구별은, 행정소송(行政訴訟)과의 관계, 부관(附款)과의 관계, 확정력(確定力)과의 관계, 공권(公權)성립과의 관계에서 필요성이 중요시되고 있다.

(1) 행정소송과의 관계에서, 우리나라에는 행정청의 재량(裁量)에 속하는 행정행위를 행정소송사항에서 제외시키는 명문의 규정이 없다. 그러나 행정심판법이 행정청의 "위법 또는 부당"한 처분(處分)에 대한 행정심판을 인정하고 있는데 대하여(행정심판법 제1조·제4조 참조), 행정소송법은 "위법(違法)"한 처분(處分)에 대해서만 행정소송을 인정하고 있으며(행정소송법 제1조·제4조 참조), 또한「행정청의 재량(裁量)에 속하는 처분이라도 재량권의 한계를 넘거나 그 남용이 있는 때에는 법원은 이를 취소(取消)할 수 있다(행정소송법 제27조)」라고 규정하고 있는 것에 비추어 기속행위(羈束行爲)와 재량행위(裁量行爲)의 구분은 필요하다.[1]

(2) 확정력과의 관계에서, 기속행위는 그 행위의 형식과 내용이 법규에 의하여 엄격히 구속되어 있는 행위이므로 행정청이 함부로 이를 취소·철회할 수 없는 불가변력(不可變力)이 존재하고, 반면에 재량행위에는 불가변력이 없다는 입장이다. 그러나 재량행위라

---

[1] 김남진, 행정법(1), 228면.

하여 그 취소·변경이 자유로운 것은 아닌 점에서 양자간의 직접적인 관련은 없다고 보아야 할 것이다.[2]

(3) 부관(附款)과의 관계에서, 재량행위에는 부관을 붙일 수 있으나, 기속행위에는 특별한 규정이 없는 한 부관을 붙일 수 없다고 보는 것이 다수설의 견해이다.

(4) 공권(公權)의 성립과 관련하여, 기속행위의 경우에 행정청은 그 행위를 하여야 할 의무를 지고 상대방은 그 행위를 요구할 수 있는 공권(公權)이 인정된다. 반면에 재량행위의 경우에는 행정청은 행위를 할 것인지에 대하여 재량을 가진다고 할 것이므로 상대방에게도 재량행위에 대한 청구권이 생길 수 없다. 다만, 재량행위의 경우에도 형성적 권리인 흠없는 「재량행사청구권」이 인정되고, 재량이 영(零)으로 수축된 경우에 있어서는 실체적 권리인 행정개입청구권(行政介入請求權)이 생긴다고 할 것이다. [3]

Ⅱ. 경찰권 발동의 한계

경찰권의 발동은 경찰집행 대상의 다양성과 돌발성 때문에 많은 재량을 인정하지 않을 수 없으며 이로 인해 권력 행사의 방법이나 정도를 넘어 국민의 자유와 권리를 부당하게 침해할 여지는 얼마든지 있다. 여기에 사회공공의 안녕과 질서유지라는 경찰 목적을 달성하면서 국민의 자유와 권리를 최대한으로 보장해야 할 양면적 국가 이익을 동시에 실현하지 않으면 안 되는 것이다. 이러한 사회 질서유지 목적을 위한 경찰권 발동과 국민의 자유·권리 보장의 요청을 어떻게 조화·조정할 것인가 하는 것이 경찰권의 한계이론이다.

경찰법규는 경찰권의 행사에 관한 근거를 제시해 줄 뿐이고, 구체적인 경찰권 행사의 정도와 조건 등은 명시하지 아니한 경우가 많다. 그것은 공안에 대한 장래의 위해를 모두 예측해 입법화한다는 것은 기술적으로 어려운 일이기 때문이다. 따라서 이러한 경우는 경찰권에서 경찰기관의 재량을 인정한 것으로 이해된다.[4] 경찰 법규가 재량을 허용하고 있

---

2) 박윤흔, 최신행정법강의(상), 327면.
3) 김남진, 행정법(1), 228면; 박윤흔, 최신행정법강의(상), 327면.

는 경우에도 그 재량은 자유재량이 아니고, 거기에는 일정한 합리적 한계가 인정되어야 한다고 주장한다.[5] 다시 말해서, 경찰에 재량이 인정되는 경우에도 조리상의 한계가 인정된다고 보는 것이다. 이러한 조리상의 한계로는 경찰 소극 목적의 원칙, 경찰 공공의 원칙, 경찰 비례의 원칙, 경찰 평등의 원칙, 경찰 책임의 원칙 등이 거론되고 있다.

이들 원칙 중 비례의 원칙과 평등의 원칙은 다른 행정작용에 대해서도 공통적으로 요구되는 원칙이라 할 것이나, 경찰작용이 전형적인 권력작용인 점에서 경찰권의 발동에 대해서는 특별히 강조되는 의미를 가진다고 할 것이다.[6]

1. 경찰 법규상의 한계

경찰권은 법률 유보의 원칙상 일정한 법적 근거에 의해서만 발동될 수 있다. 그리고 법률이 정하는 범위 내에서 발동되어야 한다.

경찰 법규는 원칙적으로 법률이어야 하고, 예외적으로 법규명령이 포함된다. 법률이 경찰권에 위임하는 재량은 자유재량이 아니고, 법규의 한도 안에서 행해지는 기속재량이어야 하고, 법률에 의한 경찰권의 위임은 포괄적 위임이 아니라, 구체적 범위를 정한 개별적 수권이어야 한다. 법규상의 한계는 경찰권 발동의 제1단계적 제약이다(박윤흔, 『최신행정법강의(하)』, 307면). 예를 들면, 경찰관직무집행법상의 보호 조치의 대상·절차 및 한도(동법 제4조), 무기 사용의 한계(동법 제10조의4) 등을 들 수 있다.

2. 일반법 원칙상의 한계

경찰 법규에 경찰상 위해 요소들을 모두 예견해 입법화한다는 것은 불가능하기 때문에 법규는 "주위의 사정을 합리적으로 판단하여" 또는 "범죄 사실을 안다고 인정되는 자", "필요하다고 인정할 때에는 필요한 조치를 취할 수 있다"라는 정도로 추상적인 규정을 하고, "주위의 사정", "필요한 정도" 등은 경찰권의 판단에 맡기는 광범위한 재량권을 부여하지 않을 수 없는 것이다. 이러한 재량에 준거할 불문의 법칙을 조리(條理)상의 한계라고

---

4) 한견우, 『행정법(II)』, 276면.
5) 박윤흔, 『최신행정법강의(하)』, 308면.
6) 박윤흔, 『최신행정법강의(하)』, 308면.

한다.

위험 방지를 위한 경찰법은 경찰행정청에 대해 비교적 광범위한 재량을 부여하고 있는 탓으로, 재량의 남용이나 일탈의 방지를 위해 경찰권의 한계로서 경찰법 원리에 따른 한계는 중요한 의미를 갖는다. 이러한 경찰법의 일반법 원칙상의 한계(조리상의 한계)에는 경찰 소극 목적의 원칙, 경찰 공공의 원칙, 경찰 비례의 원칙, 경찰 평등의 원칙, 경찰 책임의 원칙 등이 있다.

(1) 경찰 소극 목적의 원칙

경찰 소극 목적의 원칙이란 경찰권은 사회공공의 안녕과 질서의 유지에 대한 위해의 방지·제거라는 소극적 목적을 위해서만 발동될 수 있다는 원칙이다. 따라서 경찰권이 복리 증진을 위한 적극적 목적을 위해 발동되거나 군정(軍政) 등과 같이 국가 목적을 위해서는 발동할 수 없다. 이처럼 경찰 소극 목적의 원칙을 벗어난 것은 위법한 것이 된다.

그러나 현대 행정의 질적·양적 확대에 따라 종래에는 소극적인 경찰작용으로만 인식되던 것이 적극적인 복리 증진에도 관련되는 사례가 적지 않게 되어, 소극적인 질서유지 작용과 복리 증진을 내용으로 하는 적극적인 규제작용과의 구분이 분명하지 않은 경우가 다수 나타나고 있는 추세이다.[7]

이 경찰 소극 목적의 원칙은 경찰의 개념에서 나오는 당연히 나오는 결론으로서 특별한 의미를 갖는 것이 아니라는 견해[8]도 있으나, 조리상의 한계 자체가 경찰권의 목적과 그 실질적 개념에서 도출되는 내재적인 법원칙의 천명이라는 점에서 볼 때, 이 원칙 역시 조리상 한계로 보아야 할 것이다.

(2) 경찰 공공의 원칙

경찰 공공의 원칙이란 경찰은 사회공공의 안녕의 확보와 질서의 유지를 목적으로 하는 작용이므로 명령·강제의 기능은 개인의 생활 활동에 대해서는 그것이 사회공공의 안녕

---

7) 김동희, 『행정법(Ⅱ)』, 166면; 박윤흔, 『최신행정법강의(하)』, 309면; 이상규, 『신행정법론(하)』, 법문사(1991), 269면.
8) 박윤흔, 『최신행정법강의(하)』, 308면.

과 질서에 영향을 미치는 경우에 그 범위 안에서만 발동될 수 있다는 원칙을 말한다.[9] 다시 말해서, 경찰권은 사회질서의 유지를 위해서만 발동할 수 있고 사회질서에 직접적인 영향이 없는 개인의 사익(사생활·사주소·민사상의 법률 관계)에 대해서는 원칙적으로 관여할 수 없다는 원칙이다. 이 원칙에는 사생활 불가침의 원칙, 사주소 불가침의 원칙, 민사 관계 불간섭의 원칙으로 나뉜다.[10] 특히, 사생활·사주소 불가침의 원칙은 헌법상의 원칙(헌법 제14조·제17조)을 경찰법에 적용한 것이다.[11]

경찰권이 이 원칙에 위반하여 발동한 경우에는 위법행위가 되며, 경찰권이 이 한계를 벗어나서 국민의 권리와 이익을 침해한 때에는 일반적으로 행정구제 방법에 의해 구제받을 수 있다.

(가) 사생활 불가침의 원칙

사생활 불가침의 원칙(私生活 不可侵의 原則)이란 경찰권이 사회공공의 질서와 직접 관계없는 개인의 생활이나 행동에는 간섭해서는 안 된다는 원칙을 의미한다. 사생활의 범위는 사회 통념에 따라 구체적으로 결정될 문제이나, 보통 일반 사회생활과 교섭이 없는 개인의 생활 활동을 말한다 할 것이다.[12] 그러나, 개인의 사생활일지라도 정신착란 또는 음주로 인해 자기 또는 타인의 생명·신체·재산에 위해를 미칠 우려가 있는 자의 보호 조치라든지 전염병의 전염환자에 대한 강제격리·수용조치, 미성년자의 음주·흡연 등 사회공공의 안녕질서에 직접적인 관계가 있는 것은 예외적으로 경찰권의 발동 대상이 된다.

---

9) 강구철, 『경찰권의 근거와 한계』, 81면.
10) 경찰공공의 원칙에 위의 원칙 외에도 사경제 자유(私經濟 自由)의 원칙을 드는 학자도 있다(김도창, 『일반행정법론(하)』, 청운사, 1993, 336면). 사경제 자유의 원칙이란 경찰권은 원칙적으로 상품의 가격·내용·영업의 종류와 방법·물건의 매점매석과 같은 사경제활동에 관여하지 못한다는 원칙을 말한다. 그러나 오늘날의 각종 경제규제법에 의해 경찰이 이들 문제에 대해 관여하는 일이 증가하고 있다.
11) 박윤흔, 『최신행정법강의(하)』, 309면.
12) 김동희, 『행정법(II)』, 166면; 이명구, 『행정법원론』, 971면; 박윤흔, 『최신행정법강의(하)』, 310면; 홍정선, 『행정법원론(하)』, 266면.

(나) 사주소 불가침의 원칙

사주소 불가침의 원칙(私住所 不可侵의 원칙)이란 경찰권은 공중과 직접 저촉되지 않는 사주소 내에서의 행동은 사회질서에 직접 영향을 미치지 않는 한 관여할 수 없다는 원칙을 말한다. 여기서 사주소란 일반사회와 직접적인 접촉이 없는 주거를 말하며, 개인의 주거용의 가택뿐만 아니라 회사·사무소·창고·연구실 등과 같이 비거주 건축물도 여기에 포함된다. 그러나 흥행장·음식점·여관·역 등과 같이 항상 불특정 다수인에게 이용이 개방되어 있는 장소는 사주소에 포함되지 않는다.

원래 이 원칙은 그 행위가 만약 공공의 장소에서 행해진다면 당연히 금지되어야 할 행동이라도 그것이 사주소 내에서 행해진다면 원칙적으로 사회공공의 안녕과 질서에 영향을 미치지 아니하므로 각자의 자유에 맡기기로 질서유지 행정권의 대상이 되지 않는다는 취지이다.[13]

(다) 민사 관계 불간섭의 원칙

민사 관계 불간섭의 원칙(民事關係 不干涉의 原則)이란 개인의 재산권의 행사·친족권의 행사·민사상의 계약 등은 개인 사이의 사적 관계에 그치고, 그 권리의 침해나 채무의 불이행에 대해서는 사법권에 의해 보호되므로, 경찰권이 관여할 사항이 아니라는 원칙이 민사 관계 불간섭의 원칙이다.[14] 예를 들면, 경찰관이 사인(私人) 간의 가옥 임대차에 관한 분쟁에 개입하거나, 민사상의 채권 집행에 관여하거나 범죄의 종료 후 범죄로 인해 생긴 손해를 배상시키려고 한 행위는 그 직무상의 행위로는 볼 수 없고 권한을 넘는 위법행위라 할 것이다.[15] 그러나, 민사상의 법률관계라 할지라도 당사자의 사익에 그치지 않고 그것이 동시에 공중의 안전·위생·풍속·교통 기타 사회공공의 안녕과 질서에 영향을 미치는 경우에는 관여의 대상이 될 수 있다.

더욱이 최근의 행정법규는 건축·택지조성·소음·진동을 규율하는 법규 등에서 볼 수 있는 바와 같이 과거에는 사인 간의 자주적·민사적·사법적 해결에 맡겨 왔던 사인 간의

---

13) 강구철, "경찰권의 근거와 한계," 82면.
14) 김동희, 『행정법(Ⅱ)』, 167면; 이명구, 『행정법원론』, 972면; 박윤흔, 『최신행정법강의(하)』, 310-311면; 강구철, "경찰권의 근거와 한계," 82-83면.
15) 강구철, "경찰권의 근거와 한계," 83면.

재산권 또는 자유권에 대한 침해를 적극적으로 그 규율 대상으로 흡수하여 이를 행정권의 힘으로 예방 사법적 해결을 시도하는 경향이 있다.

한편, 민사상의 분쟁에 관해 경찰의 개입이 오히려 사인 측에서 요청하는 경우가 속출하고 있는 상황에서 민사 관계 불간섭의 원칙이 어디까지 타당하며, 또한 민사 관계 개입을 위한 요건이 충족되어 있음에도 불구하고 실무적으로 민사 관계 불개입의 원칙을 내세워 경찰이 개입을 피하려는 경향을 지적하며 민사 관계 불개입 원칙의 문제점을 지적하는 견해도 있다.

(3) 경찰 비례의 원칙

(가) 의의

비례의 원칙이란 국가 권력의 행사를 통해 이루고자 하는 목적과 그 목적을 이루기 위해 선택하는 수단 사이의 합목적성을 뜻한다. 오늘날 비례의 원칙은 국가 권력 행사의 모든 영역에서 고려되어야 할 헌법적 요청으로 이해되고 있다. 그에 따라 비례의 원칙을 충족했는가 여부는 국가 권력 행사의 정당성을 판단하는 기준으로 작용하고 있다.

비례의 원칙은 헌법 제37조 제2항에서 도출되는 헌법 원리이다. 다시 말해서, 우리 헌법은 제37조 제2항에서 기본권 제한입법과 관련해 기본권 제한의 목적·형식·방법 및 내용상의 한계를 분명히 함으로써 비례의 원칙을 채택하고 있다. 그러나 비례의 원칙은 그 밖의 입법, 행정활동 그리고 형사 절차 등에서도 존중되어야 한다.[16] 경찰작용이 본래 국민의 자연법적 의무를 전제로 하고 또한 임기응변의 조치를 포함하는 성질상, 그것이 발동될 경우 및 정도에 관해 법률의 규정이 명확하지 않은 경우가 많기 때문에 비례의 원칙의 적용은 여전히 경찰작용과 관련하여 특히 중요한 의미를 갖는다.[17]

(나) 근거

비례의 원칙의 근거는 위에서 본 헌법 제37조 제2항 및 경찰관직무집행법 제1조 제2항에서 그 근거를 찾을 수 있다. 경찰관직무집행법 제1조 제2항 "이 법에 규정된 경찰관의

---

16) 홍성방, 『헌법(Ⅰ)』, 114면.
17) 박상희·서정범, 『경찰작용법제의 개선방안』, 91면.

직권은 그 직무수행에 필요한 최소한도 내에서 행사되어야 하며 이를 남용하여서는 아니 된다"는 규정은 경찰 비례의 원칙의 직접적인 근거 규정으로 볼 수 있다.[18]

(다) 내용

경찰 비례의 원칙은 오늘날 넓은 의미의 경찰 비례의 원칙과 좁은 의미의 경찰 비례의 원칙으로 나누어 설명되고 있다. 넓은 의미의 경찰 비례의 원칙은 적합성의 원칙, 필요성의 원칙, 상당성의 원칙으로 이루어져 있다.

① 적합성의 원칙

적합성(適合性)의 원칙이란 경찰기관이 취하는 조치 또는 수단이 그 기관이 의도하는 목적을 달성하는 데 적합해야 한다는 것을 의미한다.

경찰의 조치는 공공의 안녕·질서에 대한 위험의 방지에 적합하고, 그를 시행하는 것이 사실적 혹은 법적으로 가능해야 한다. 결국 경찰의 직무 수행에 적합하지 않거나 무용한 조치, 사실적 혹은 법적으로 불가능한 조치 등은 적합성의 원칙에 반한다고 볼 수 있다. 만일 어떤 조치의 적합성 여부가 불확실한 경우에는 이미 알려져 있는 수단이나 이론에 비추어 그의 적합성 여부를 심사해야 하며, 그러한 심사가 행해졌다면 적합성의 요건은 충족된 것으로 보아야 할 것이다.[19] 이미 취해진 조치가 부적합함이 사후에 판명된 경우에는 경찰기관은 당해 조치를 중지해야 하며, 이미 취해진 조치의 원상회복에 노력해야 한다.[20]

② 필요성의 원칙

필요성(必要性)의 원칙이란 최소 침해(最小侵害)의 원칙이라고도 불리며 이 원칙은 일정한 목적을 달성할 수 있는 수단이 여러 가지인 경우에 경찰기관은 개인이나 공중에게 가장 적은 침해나 부담을 주는 수단을 선택해야 한다는 원칙이다.

---

18) 김남진, 『행정법(II)』, 262면; 김동희, 『행정법(II)』, 170면; 박윤흔, 『최신행정법강의(하)』, 317-318면; 이명구, 『행정법원론』, 976면; 홍정선, 『행정법원론(상)』, 104면 참조.
19) 박상희·서정범, 『경찰작용법제의 개선방안』, 92면.
20) 박윤흔, 『최신행정법강의(하)』, 319면.

예를 들면, 풍속영업자가 준수 사항을 위반한 때에는 영업소의 폐쇄, 영업정지 또는 시설개수명령 등의 요건을 모두 충족하더라도 시설개수명령으로써 목적을 달성할 수 있음에도 불구하고 영업 정지를 명하는 것은 필요성의 원칙에 위배된다고 할 것이다.[21] 또한, 영업활동에 의해 야기되는 위험이 부담의 부과로 인해 제거될 수 있는 경우에는, 영업활동의 금지를 요구할 수 없다. 자동차에 의해 야기된 교통 체증이 자동차를 옮김으로써 제거될 수 있다면, 그의 견인은 허용되지 않는다.[22]

③ 상당성의 원칙

상당성(相當性)의 원칙이란 '좁은(狹義) 의미의 비례의 원칙'이라고도 하며 이 원칙은 어떤 조치가 설정된 행정 목적의 실현에 적합하고 필요한 경우라고 하더라도 그 조치를 위함에 따른 불이익이 그것에 의해 초래되는 이익보다 큰 경우에는 그 조치를 취해서는 안 된다는 것을 말한다.[23]

"경찰은 대포로 참새를 쏘아서는 안 된다" 또는 "버찌나무에 앉아 있는 참새를 쫓기 위해 대포를 쏘아서는 안 된다. 비록 그것이 유일한 수단일지라도"라는 예문은 고금의 독일 문헌에서 자주 발견할 수 있는 것으로[24] 상당성의 원칙을 잘 표현하고 있다. 상당성의 원칙을 적용하는 데 요구되는 이익 형량을 할 때에는 특히 그때 그 때에 위협을 받는 보호 법익의 가치(效果)와 경찰의 개입으로 인해 경찰책임자 또는 공중에게 발생할 것이 예견되는 손해(不利益)의 중요도 및 손해 발생의 개연성의 정도가 고려되어야만 한다. 그 결과, 그때그때 위협을 받는 보호 법익보다 더 고차원의 이익이 존재하는 경우에는 경찰의 개입이 부적당한 것으로 간주될 수도 있다.[25]

(4) 경찰 평등의 원칙

경찰 평등의 원칙이란 경찰권은 모든 국민에 대해 성별·종교·사회적 신분·인종 등

---

21) 박윤흔, 『최신행정법강의(하)』, 319면.
22) Wolf R. Schenke 저/서정범 역, 『독일경찰법론』, 세창출판사(1998), 182–183면.
23) 박상희·서정범, 『경찰작용법제의 개선방안』, 93면.
24) 김남진, 『행정법(Ⅱ)』, 265면.
25) 박상희·서정범, 『경찰작용법제의 개선방안』, 94면.

을 이유로 하는 불합리한 차별을 해서는 아니 된다는 원칙이다(헌법 제11조).

　종래 평등의 원칙은 조리상의 원칙으로는 거론되지 않았던 것이나, 현재는 헌법 제11조에서 명시적 원칙 또는 그에서 도출되는 헌법적 효력을 가지는 행정법의 일반 원리로서 권력적·침익적 작용인 경찰권 행사에도 중요한 제한 원리로 되고 있다.[26]

(5) 경찰 책임의 원칙

(가) 경찰 책임의 의의와 특색

　경찰 책임이란 사회공공의 안녕·질서에 대한 위험에 대해 직접적으로 책임을 질 지위에 있는 자에게만 경찰권을 발동할 수 있다는 원칙을 말한다.

　경찰 책임은 법률에 의해, 또는 법률에 근거한 명령이나 행정행위에 의해 개인에게 과해진 경찰 목적을 위한 의무로 정의되기도 하고, 경찰상 명령의 효과로서 발생하는 의무로 정의되기도 한다. 하여튼 경찰상 책임 개념은 민법상 법률행위 능력이나 형법상 책임·책임 능력 개념과도 무관하다.[27] 경찰 책임은 사회공공의 질서를 유지하고 이에 대한 위해를 제거하여 직접적으로 사회를 개인으로부터 보호하려는 데 있다고 할 수 있다. 따라서, 경찰책임에서는 사회질서의 파괴자로서의 개인에 대한 인식도, 형사책임에서와 같이 독립된 윤리적 존재로 파악하여 그 내면적 의사에 관한 윤리적 가치판단에 의거한 처우를 하는 것이 아니라, 개인을 사회적 공동생활의 구성자로서의 사회적 구성체로 파악하여 그 외계적 표상에 따라, 즉 객관적으로 사회적 장해의 발생이라는 사실을 중심으로 하여, 이의 방지에 대한 책임자로서 취급하게 되는 것이다.[28]

(나) 경찰 책임의 종류

　경찰 책임의 종류에는 행위책임과 상태책임 및 복합책임으로 구분할 수 있다. 행위책임과 상태책임은 경찰 책임의 원인을 기준으로 한 구별이고, 복합책임은 경찰 책임의 특수한 형태로서 이는 현대 사회에서의 분업의 증가 및 복잡한 생활 관계로 인해 하나의 경찰

26) 김동희, 『행정법(Ⅱ)』, 171면.
27) 홍정선, 『행정법원론(하)』, 271면.
28) 박윤흔, 『최신행정법강의(하)』, 311-312면.

상 위해에 대해 다수의 경찰책임자가 존재하는 경우가 있을 수 있는 경우의 책임이다.[29]

① 행위책임

행위책임(行爲責任)이란 자기의 행위 또는 자기의 보호·감독하에 있는 사람의 행위에 의해 경찰 위반 상태가 발생한 경우의 책임을 행위책임이라 한다. 이러한 행위책임의 경우에는 위해 발생에 대한 경찰 책임자의 고의·과실을 묻지 않는다. 또한, 자신의 보호·감독하에 있는 사람에 대한 감독자의 책임은 대위책임(代位責任)이 아니라 경찰상 장해를 방지하기 위해 상당한 주의와 감독을 다하지 못한 자기책임(自己責任)이라 볼 수 있다.

행위책임에서 어떤 기준에 의해 책임의 귀속을 결정할 것인가 하는 문제가 있다. 이는 행위와 경찰위반 상태 간의 인과관계의 인정 문제이다.[30] 여기에는 상당인과관계설, 조건설, 직접원인설이 대립하고 있다.

㉠ 상당인과관계설(相當因果關係說)이란, 경험 법칙에 따를 때 일반적으로 일정한 결과, 즉 위해(危害)를 야기하기에 적합한 조건만을 경찰 책임의 원인으로 보는 견해이다.

㉡ 조건설(條件說)은 그것이 없었다면 경찰상 위험이 발생하지 않았을 것이라고 인정되는 '모든' 조건을 경찰 책임의 원인으로 보는 견해이다.[31] 이 견해는 자동차가 야기하는 모든 경찰상의 위해에 대해 자동차 제작회사가 그 제작에 하자가 없더라도 경찰 책임을 지게 되는 불합리한 결과가 발생된다.[32] 이 견해에 의하면 경찰책임의 범위를 귀속 결정하는 것이 아니라, 경찰책임의 범위가 무한히 확대되는 결과를 가져오는 결함이 있다.

㉢ 직접원인설(直接原因說)은 경찰 위반 상태를 직접적으로 야기한 사람에게만 행위책임이 귀속된다는 이론이다. 따라서 간접적인 원인만을 제공한 사람은 경찰책임자가 되지 않는다. 이 직접원인설이 다수의 견해이다.[33]

그러나 경찰위반상태의 발생원인에 대하여 의도적으로 원인을 제공한 자, 즉 의도적(意圖的) 야기자(惹起者)에게는 행위책임이 귀속된다. 예컨대 자기 집 정원에서 화가가 자기

---

29) 박상희·서정범, 『경찰작용법제의 개선방안』, 63면.
30) 박윤흔, 『최신행정법강의(하)』, 313면.
31) 김남진·서정범, 『경찰법』, 199면.
32) 류지태, 『행정법신론』, 795면.
33) 김남진, 『행정법(Ⅱ)』, 258면; 김동희, 『행정법(Ⅱ)』, 168면; 류지태, 『행정법신론』, 796면; 이명구, 『행정법원론』, 973면.

를 선전할 목적으로 미인(美人)을 모델로 도로로 향하게 하여 그림을 그리고 그것을 구경하기 위하여 통행인이 모여들어 교통장애가 야기된 경우에는 화가에게 행위책임이 귀속된다.[34]

② 상태책임

상태책임(狀態責任)이란 물건 또는 동물로 말미암아 공공의 안녕·질서에 대한 위해가 발생한 경우에 그를 방지·제거할 책임을 말한다.[35] 다시 말해서, 동물 또는 물건으로 인해 경찰 위반 상태가 발생한 경우에 그 동물 또는 물건에 대한 현실적인 지배권을 가지고 있는 사람이 부담하는 경찰 책임을 상태책임이라고 한다.

상태책임에서 물건의 상태란 물건 자체의 성질이나 공간적인 위치 등을 의미한다.[36] 그리고, 상태책임의 경우에도 경찰 책임자의 고의·과실을 요하지 않는다.

상태책임에서는 물건이나 동물에 대한 소유권이 아니라 현실적 지배권이 문제된다. 상태책임의 귀속에서는 어떤 사람이 그 물건에 대한 법률적 사실적 처분권 다시 말해서, 위험을 가져오는 물건에 영향을 미칠 수 있는 가능성을 갖고 있는지의 여부가 중요한 의미를 가진다.[37] 따라서 자연재해나 폭격으로 가옥이 무너져 위험 상태를 조성하고 있는 경우 집주인에게, 도난 차량이 범죄에 이용된 경우 사실상 관리권을 상실한 차량의 소유주에게 상태책임을 귀속시킬 수 없다.

한편, 애초에는 물건의 상태가 경찰상 위해를 야기하지 않았으나 물건의 소유자나 점유자의 귀책사유 없는 사정변경에 의해 공공의 안녕과 질서에 위해를 가하게 된 경우에 당해 물건의 소유자나 점유자는 상태책임을 지는가 하는 것이 문제된다. 이것이 바로 잠재적 위험의 실현에 대한 경찰책임의 문제이다. 이 경우에도 경찰책임을 인정하는 것이 타당하다. 왜냐하면, 상태책임은 지배권자의 귀책사유와 관계없이 현재의 물건의 상태로 인하여 경찰상 위해가 발생된 경우에 인정되는 것이어야 하기 때문이다.[38]

---

34) 김동희, 『행정법(Ⅱ)』, 200면; 김춘환, 『경찰행정법』, 210면.
35) 박상희·서정범, 『경찰작용법제의 개선방안』, 59면.
36) 류지태, 『행정법신론』, 798면; 박상희·서정범, 『경찰작용법제의 개선방안』, 59면.
37) 김남진·서정범, 『경찰법』, 199면.
38) 박균성·김재광, 『경찰행정법』, 176면.

③ 복합적 책임(다수자의 책임)

복합적 책임이란 경찰 위반 상태가 다수인의 행위 또는 다수인의 물건의 상태에 기인하는 경우의 경찰 책임을 말한다. 또한 행위책임과 상태책임이 경합하게 되는 형태의 경찰 책임을 말한다.

이와 같이 경찰 책임이 다수인 또는 다수인이 지배하는 물건에 의해 경찰 책임이 복합적으로 나타나게 되는 경우에는 경찰권 발동이 문제된다. 이 경우의 경찰권 발동에 대해서는 정형적인 원칙은 존재할 수 없다. 오히려 개별적인 경우의 구체적인 사정을 항상 고려해야 하며, 단지 비례성의 원칙에 따라 당사자에게 최소한의 불이익이 되는 방법으로 행해질 것이 요구될 뿐이다. 따라서 다수인의 행위에 기인한 위해 발생의 경우에 경찰권 발동을 누구에게 할 것인가에 대해서는 원칙적으로 경찰기관의 재량에 맡겨져 있다.

(다) 경찰 책임의 주체

경찰 책임을 지는 당사자를 경찰 책임자라 하며, 여기에는 자연인(自然人)과 법인(法人) 및 국가를 비롯한 고권력(高權力)주체의 경찰 책임으로 나누어 볼 수 있다.

① 자연인과 사법인

행위 무능력자를 포함해 모든 자연인(自然人)은 경찰 책임자가 될 수 있다. 그러나 행위 무능력자는 행정절차상의 행위 능력이 없기 때문에 행정 행위에 의한 의무 부과는 원칙적으로 법정대리인에게 도달되어야 한다. 또한, 사법인(私法人)뿐만 아니라 사법상 권리 능력 없는 사단도 경찰 책임자가 될 수 있다. 다만, 외국의 원수·외교사절의 가족·수행원 등 면책특권을 가진 외국인은 우리나라의 경찰권 범위 밖에 놓인다. 그러나 논리상 면책특권을 가진 사람의 특권은 실질적 경찰책임의 면제, 즉 주재국의 법질서의 불준수(不遵守)의 보장을 뜻한다고 보기보다는 주재국의 법률에의 구속의 현실화를 위한 국가적인 처분으로부터의 면제라고 볼 것이다.

② 국가 등 고권력 주체의 경찰책임

경찰상의 위해가 국민 개인의 행위 혹은 사소유권의 대상이 되는 물건의 상태로부터만 발생하는 것은 아니며, 국가 등 고권력 주체의 행위 또는 공공 목적에 제공되어 있는 토지 등의 물건으로부터 발생할 수도 있다. 이와 같은 고권력 주체의 경찰 책임은 ㉠ 고권력 주체가 경찰 관계 법령에 구속되는지에 관한 실질적 경찰 책임 문제와 ㉡ 경찰이 고권력 주체에 대해 행정행위의 발급을 통해 개입할 수 있는지에 관한 형식적 경찰 책임으로 나누어 검토해야 한다.

고권력 주체의 실질적 경찰 책임 문제에 관해서는 오늘날에는 공법상의 법인(法人)도 경찰 책임자 내지 교란자가 된다는 입장으로 이러한 견해는 모든 국가기관은 헌법과 법에 구속된다는 것, 즉 모든 국가작용은 실질적 경찰법을 포함해 법질서에 일치해야 한다는 것을 논거로 한다. 따라서 법률이 명시적으로 부인하고 있지 않는 한, 국가 등의 고권력 주체도 공공의 안녕 혹은 질서에 대한 위험이나 장해를 발생하지 않도록 활동할 책임, 다시 말해서 실질적 경찰 책임을 부담한다.[39]

반면에 경찰상의 위험을 야기하고 있는 국가 및 행정기관에 대해 경찰이 경찰권을 발동해 개입할 수 있는지 관한 문제가 고권력 주체의 형식적 경찰 책임에 관한 문제이다. 경찰기관이 경찰처분을 발할 수는 있으나, 그것은 경찰의 조치로 인해 다른 공권력 주체에게 할당된 기능의 적법한 행사가 침해되지 않는 한도 내에서만 가능하다고 할 것이다.[40]

(라) 경찰 책임의 승계와 비용부담

① 경찰책임의 승계

행위책임은 법률에 명문 규정이 있는 경우를 제외하고는 경찰책임이 승계되지 아니한다. 행위책임은 경찰책임자의 행위에 대한 평가이기 때문에 그 성질상 승계가 인정되지 아니한다.

상태책임의 승계문제와 관련해서 상태책임은 경찰상의 위해 상태가 존재하는 한, 당사자의 법적 승계인에게 승계된다고 본다. 따라서 위해 상태를 야기하고 있는 건축물의 소유자에게 발령된 경찰상의 철거 처분은 그 후에 당해 건축물을 취득한 당사자나 상속받은 당사자에게도 효력을 갖게 된다.

---

39) 박상희·서정범, 『경찰작용법제의 개선방안』, 52면.
40) 김남진·서정범, 『경찰법』, 200면.

② 경찰책임의 승계와 비용부담

경찰책임의 이행에 필용한 비용부담에 관한 양도인과 양수인의 합의는 효력이 있다. 양도인과 양수인 사이에 경찰책임의 이행에 필요한 비용부담에 관한 합의가 없었던 경우에는 경찰책임의 이행으로 인한 비용의 최종적 책임자는 양도인이라고 보아야 할 것이다. 다만, 양수인의 과실로 비용이 증가한 경우에는 그 한도 내에서는 양수인이 비용을 부담하여야 할 것이다(박균성·김재광, 『경찰행정법』, 180면).

(마) 경찰 책임의 원칙에 대한 예외

경찰권의 발동은 경찰 장해 발생에 대한 직접 책임자에게만 발동할 수 있고, 그 밖의 제3자에게는 발동할 수 없는 것이 원칙이다. 그러나 위해 방지나 제거를 위해 명백하고 현존하는 필요가 있을 때에는 경찰 책임이 없는 자에게도 발동되는 경우가 있다. 이를 달리 경찰긴급권(警察緊急權)이라고도 한다(소방기본법 제24조 및 수난구호법 제29조 참조). 경찰책임자가 아닌 제3자에게 경찰권을 발동하는 경우에는 비례의 원칙에 따라야 한다.

경찰책임자 이외의 제3자에 대해 긴급경찰권을 발동하기 위해서는 ① 위험이 명백하고 급박(急迫)할 것, ② 제1차적 경찰책임자에 대한 경찰권 발동으로는 목적을 달성할 수 없을 것, ③ 다른 방법을 통한 위험방지가 불가능할 것, ④ 제3자의 생명이나 건강을 해치지 않을 것, ⑤ 제3자의 본래의 급박한 업무를 방해라는 것이 아닐 것, ⑥ 경찰권 발동의 대상이 된 제3자가 입은 손실에 대한 보상(補償)이 행해질 것 등이다.

경찰상 긴급 상태에서는 경찰이 중대한 위험을 방관할 수 없다는 점과, 위험에 무관계한 자가 책임이 있다는 점이 고려되어야 할 핵심적 요소가 된다(홍정선, 『행정법원론(하)』, 282-283면). 이러한 제3자에 대한 경찰권 발동은 예외적인 것으로, 목전에 급박한 위해를 제거하기 위한 경우에 한해 법령상의 근거가 있는 경우에만 인정된다 할 것이다. 그리고 제3자에게 발생한 특별한 손실은 그에 귀책사유가 없는 한 마땅히 보상되어야 할 것이다.

Ⅲ. 행정개입청구권

(1) 행정개입청구권의 의의

행정개입청구권(行政介入請求權)은 자기(自己)의 이익을 위하여 자기 또는 제3자(타인)에게 행정권을 발동해 줄 것을 요구할 수 있는 실체적 공권을 말한다. 독일의 "띠톱사건"에서 인정되었다.

행정개입청구권은 본래 사인이 자기의 이익을 위하여 '타인(他人)'에 대하여 행정권발동을 청구한다는 점에서, 사인이 자기의 이익을 위하여 자신(自身)'에 대하여 행정권의 발동을 청구하는 행정행위발급청구권과는 구별된다고 한다. 과거에는 질서행정은 단지 공익만을 보호하고 직접적으로는 사익을 보호하지 않기 때문에 그러한 행정작용으로부터 사인이 어떤 이익을 향유하더라도 그것은 반사적 이익에 지나지 않는다고 보았으나, 근래에는 목전에 급박한 생명·신체상 장해를 제거할 긴급한 필요가 있는 경우에 재량권이 0으로 수축되어 행정청에게 개입의무가 발생하고 이에 대응하여 개인은 행정권의 발동을 청구할 수 있는 공법상의 권리가 발생한다고 보고 있다(예: 경찰개입청구권, 소음·먼지·공기오염행위에 대한 규제권발동청구권 등).

행정개입청구권은 행정청의 부작위로 인하여 권익을 침해당한 자가 당해 행정청에 대하여 제3자에 대한 규제 내지 단속 등 특정 처분을 요구할 수 있는 실체적 공권이다. 행정개입청구권은 재량권수축을 전제로 하는 점에서 형식적 권리라 불리는 '무하자재량행사청구권'과 다르다. 행정개입청구권을 행정청의 부작위에 대한 사전예방적 권리로 보는 견해도 있으나, 사전예방적 성격과 사후구제적 성격을 모두 가질 수 있다고 보는 것이 타당하다.

(2) 행정개입청구권의 인정여부

행정개입청구권의 인정여부에 대해서도 학설이 대립하고 있으나, 재량영역에서도 재량권이 영(0)으로 수축됨으로써 형식적인 권리인 무하자재량행사청구권이 실체적 권리인 행정개입청구권으로 전환될 수 있다는 점, 행정의 목적이 공공복리증진이라는 점을 고려할 때 이 청구권을 부정할 경우에는 국민의 이익이 적절하게 보호·실현될 수 없는 문제점이 발생할 수 있다는 점, 행정권의 부작위 등이 국민생활에 구체적 위험을 야기하거나 금전적으로 배상할 수 없는 손해를 생기게 할 수 있는 경우에는 행정권의 불행사의 자유를 인정할 수 없다는 점 등을 근거로 긍정하는 견해가 지배적이다.

판례는 사인(私人)의 경찰개입청구권을 직접적으로 인정한 것은 없으나, 대법원은 경찰관의 부작위로 인한 손해에 대하여 국가의 배상책임을 인정한 것을 두고 견해의 대립이 있다.

(3) 행정개입청구권의 성립요건

행정개입청구권이 성립하기 위해서는 공권의 성립요건으로서 강행법규의 존재(행정권의 개입의무의 발생)와 강행법규의 사익보호성을 요한다. ① 행정개입청구권이 성립하기 위해서는 행정기관에 대하여 일정한 행위를 하도록 하는 법적 의무가 존재해야 한다. 기속행위의 경우에는 별 문제가 없으나, 재량행위에 있어서 행정기관의 개입의무는 재량권이 영(0)으로 축소되는 경우에 발생한다. 행정기관의 개입의무는 당사자의 법익에 대한 위해제거를 사실적인 또는 법적인 이유에 의해 당사자 스스로 제거하지 못하는 경우일 것을 전제로 한다(보충성의 원칙). 따라서 사안이 사소한 경우이거나 당사자가 경찰권의 개입 이외의 방법에 의한 권리구제가 가능한 경우에는 배제된다. ② 관계 행정법규가 공익보호는 물론 사익에 대한 보호규범으로서 성질을 가져야 한다. 사익보호성의 판단은 당해 근거규범의 목적·취지가 적어도 당사자의 이익도 보호하고자 하는 경우에 인정된다(예 : 경찰관직무집행법 제5조 제1항의 경찰관의 위해발생방지조치).

(4) 행정개입청구권의 실현방법

행정개입청구권의 내용은 당사자가 행정청에 대하여 제3자에 대한 규제 내지 단속 등을 위하여 개입하여 줄 것을 직접 청구하는 것이다. 현행의 쟁송법상 행정개입청구권을 주장하는 수단으로서는 행정심판으로서 의무이행심판과 행정소송으로서 취소소송·부작위위법확인소송을 들 수 있다. 그러나 행정기관이 개입의무가 있음에도 불구하고 이를 해태하여 손해가 발생한 경우에는 행정소송은 소의 이익이 없어 실효성이 없고, 행정상 손해배상을 청구하여야 할 것이다(대판 1997.8.27, 96가합40313).

(5) 독일 띠톱판결(Bandsägeurteil)의 개요

원고는 주거지역에 설치된 참가인의 석탄제조, 하역업소가 사용하는 띠톱에서 나오는 먼지, 소음으로 인한 피해를 입고 있던 인근주민으로, 원고는 관할 건축관청에 대해 건축경찰상의 금지처분을 취해달라고 청구하였다. 동 사건에서 원고는 피고의 영업은 주거지역에서는 허용될 수 없으며 그로 인한 먼지, 소음은 참고 지낼 수 없을 정도의 것이라고 주장했으나, 관할행정청은 이러한 원고의 주장을 배척하였다. 이에 대하여, 베를린 고등법원은 그러한 행정권의 발동여부는 행정청의 재량에 속하는 것이기 때문에 원고에게는 행정권의 발동을 요구할 수 있는 권리가 없다고 하였으나, 독일연방행정법원은 경찰법상 일반수권조항의 해석에 있어서 먼저 주의 무하자재량청구권을 인정하고 이어서 재량의 영(0)으로의 수축의 법리를 도출해냄으로써 개인의 주체적 지위를 근본적으로 강화시키는 결정적 전기를 제공하였다(Bandsägeurteil, BVerwGE 11, 95).

기출문제

1   경찰개입청구권을 처음으로 인정한 독일 판례는? (2003년 3차)

① 띠톱판례   ② 크르쯔베르크판례

③ 지뢰판례   ④ 별장점탈

답 ①

2   다음은 경비경찰권의 조리상 한계에 관한 설명으로 **틀린** 것은? (14년경간)

① 경찰소극목적의 원칙 – 경찰행정의 목적은 공공의 안녕과 질서의 유지에 있는 것이므로 법령에 특별한 규정이 없는 한, 경비경찰권은 소극적인 사회질서유지를 위해서만 발동하는 데 그친다.

② 경찰비례의 원칙 – 공공의 안녕·질서에 대한 경미한 장애를 제거하기 위하여 중대한 개인의 권리를 제한하는 것은 허용되지 않는다는 것을 말한다. 경찰권 발동의 정도는 최소한의 정도에 그쳐야 한다.

③ 경찰책임의 원칙 - 경찰권은 원칙적으로 경찰위반의 상태 즉, 사회공공의 안녕·질서에 대한 위험에 대해 직접적으로 책임을 질 지위에 있는 자(경찰책임자)에게만 발동될 수 있다.

④ 보충성의 원칙 - 경찰의 업무수행과정에서 국민의 협력을 구해야 하고 국민이 스스로 협조해 줄 때 효과적인 업무수행이 가능하다.

 ④ 보충성의 원칙 - 경비경찰의 법집행은 공공의 안녕과 질서의 유지를 목적으로 하는 공권력에 의한 활동이므로 다른 사회 일반적인 방법으로 통제 불가능할 때 최후수단으로서 개입한다.   답 ④

3 경찰책임의 원칙에 대한 설명 중 가장 옳지 <u>않은</u> 것은? (경찰승진)

① 질서위반상태 야기자가 고의나 과실이 없더라도 책임을 물을 수 있다.

② 경찰권은 원칙적으로 경찰상의 장해에 책임 있는 자에게 발동한다.

③ 경찰책임은 사회공공의 질서를 유지함에 있어서 장해의 상태가 존재하는 한 작위·부작위를 가리지 않는다.

④ 경찰긴급권은 경찰책임의 원칙에 부합하는 대표적인 예로 볼 수 있다.

 경찰긴급권은 경찰책임의 원칙의 예외에 해당한다.   답 ④

4 경비경찰권의 발동에 관한 조리상 한계에 대한 설명 중 가장 옳지 <u>않은</u> 것은? (경찰승진)

① 경찰은 사회공공의 질서에 직접 영향을 미치지 아니하는 개인의 사생활에는 관여하지 않음을 원칙으로 한다. 경찰공공의 원칙은 사생활불가침의 원칙, 사주소불간섭의 원칙, 민사상의 법률관계불간섭의 원칙의 3가지 요소가 성립된다.

② 경찰권이 사회질서유지를 위하여 묵과할 수 없는 위해 또는 위험발생의 위험을 제거하기 위하여 필요한 최소한도의 범위 내에서만 발동할 수 있다는 경찰비례의 원칙은 조리상의 원칙으로 아직 명문규정은 없다.

③ 경찰권 발동에 있어서 상대방의 성별, 종교, 사회적 신분, 인종 등을 이유로 불합리한 차별을 해서는 안 된다는 것은 '경찰평등의 원칙'이다.

④ 경찰책임의 예외로서, 부득이하고 급박한 경우 경찰책임이 없는 제3자에 대해서 경찰권의 발동이 인정되는 것을 '경찰긴급권'이라고 한다.

② 경찰비례의 원칙은 조리상의 원칙이지만, 경찰관직무집행법 제1조에 명문규정
이 있다.　　　　　　　　　　　　　　　　　　　　　　　　　　　　　🔲 ②

5　경비경찰의 조리상의 한계에 대한 설명 중 가장 적절하지 <u>않은</u> 것은?

① 경찰공공의 원칙이란 경찰은 사회공공의 질서에 직접 영향을 미치지 아니하는
개인의 사생활에는 관여하지 않음을 원칙으로 한다는 것이다.

② 경찰비례의 원칙이란 경찰권의 발동은 사회공공의 이익과 개인의 자유나 권리
의 제한과의 사이에 사회통념상 적당하다고 인정되는 비례가 유지되는 범위
내에서 행하여져야 한다는 것이다.

③ 경찰책임의 원칙이란 경찰책임은 민·형사상의 책임에 있어서와 같은 고의,
과실을 요건으로 하고, 경찰상의 장해의 발생에 관하여 책임있는 자에 대하여
만 행하여진다는 것이다.

④ 경찰소극목적의 원칙이란 경찰목적의 소극성이라고도 하며 이는 경찰목적에
따른 한계로서 경찰권은 사회공공의 질서유지를 위해서만 발동한다는 것이다.

 ③ 경찰책임은 민·형사상의 책임에 있어서와 같은 고의, 과실을 요건으로 하지
않는다. 또한 원칙적으로 경찰상의 장해의 발생에 관하여 책임있는 자에 대하여만
행하여진다.　　　　　　　　　　　　　　　　　　　　　　　　　　🔲 ③

3

경찰 윤리와 경찰부패

 범인은 누구?

한 식당의 테이블에 산타클로스, 양심 있는 변호사, 정직한 국회의원, 경찰이 앉아 있었다.

테이블 위에는 돈다발이 있었는데 갑자기 전기가 나가 암흑 상태가 됐다.

잠시 후 불이 켜지자 돈다발이 사라졌다. 누가 가져갔을까?

범인은… 경찰!

왜? 나머지는 실제 존재하는 사람들이 아니므로!

1. 경찰의 정상적 행태와 경찰의 일탈

경찰에 대한 시민의 규범적 기대는 민주시민사회에서 기본적 인권을 존중하고 경찰에게 요구되는 조직적·법적·윤리적 역할을 훌륭하게 수행하는 것이다. 경찰에 대한 규범적 기대에 부응하는 경찰업무수행 방법과 경찰관의 자세를 경찰의 정상적 행태라고 할 수 있다.

경찰관에 대한 규범적 기대를 벗어나는 경찰의 비정상적인 행태를 경찰의 일탈이라고 한다.

2. 뇌물과 호의

뇌물(賂物, bribe)이란 직무와 관련하여 정당한 의무를 그르치거나 의무의 불이행을 감행하게끔 하는 정도의 이익을 말한다. 반면 호의(好意, gratuity)나 사례는 감사와 애정의 표시, 훌륭한 경찰권 행사에 대한 자발적인 보상이라고 할 수 있다. 사회적으로 힘든 일을 하는 사람에 대한 동감 내지 동정을 의미한다고도 볼 수 있다. 통상 호의는 커피나 음료수의 제공, 영화나 사우나 티켓 등 상호적인 대가의 교환없이 공여되는 것을 말한다. 공여되는 이익의 정도는 대체로 경미한 것을 특징으로 한다.

(1) 호의나 사례에 관한 찬반 입장

(가) 찬성론

작은 호의나 사례는 인간의 가장 자연스러운 형태로서 경찰이 비록 자신이 해야할 마땅한 직무를 하는 것이지만, 그 일로 시민이 경찰에게 작은 사례나 호의로써 고마움을 표시하는 것은 당연하고 자연스러운 현상이라고 본다.

작은 사례나 호의는 강제된 것이 아니며 자발적인 것이다. 이것을 거부하는 것은 오히려 예의에 어긋나며 건전한 경찰과 시민의 관계를 저해하게 된다. 작은 사례나 호의는 시민과의 원만하고 긍정적인 사회관계를 만들어 주는 형성재(building block)라는 것이다.

경찰업무의 위험성과 힘든 환경을 고려할 때 사회적으로 특별한 대우를 받을만하다는 것이다.

(나) 반대론

작은 사례나 호의를 제공하는 사람들이 가질 수 있는 의식과 기대의 문제로서, 시민이 경찰에게 호의를 제공하는 경우 특별한 대우를 받을 것을 기대하며 경찰관은 호의를 베푼 사람과 그렇지 않은 사람과의 공정한 대우가 불가능하게 된다.

작은 사례나 호의를 제공하는 것을 보는 제3자의 일반 시민들은 그 의도와 상관없이 안좋은 인식을 심어주게 되고 이로 인해 경찰의 공적 권위가 손상될 가능성이 크다고 본다.

우리 속담에 '바늘도둑이 소도둑 된다.'는 것처럼 작은 호의나 사례가 습관화되면 큰 부패로 이어질 수 있다고 본다.

사례나 호의를 제공하는 사람에게 더 많은 서비스를 제공하게 되는 경우가 치안서비스 제공의 형평성에 문제가 발생한다. 작은 사례나 호의를 묵인하게 되면 경찰관로 하여금 사회적으로 예외적·특권적 존재라는 의식을 형성하면서 경찰관이 시민사회가 요구하는 봉사자로서의 공복의식(公僕意識)을 결여하게 만들 수 있다.

(2) 미끄러지기 쉬운 경사로 이론

미끄러지기 쉬운 경사로 이론(the slippery slope)은 셔먼에 의해 주장된 이론으로 공짜 커피, 작은 선물 등의 작은 호의(gratuity)가 습관화 될 경우 미끄러운 경사로를 타고 내려오듯이 점점 더 큰 부패와 범죄로 이어진다는 가설이다.[1]

미끄러지기 쉬운 경사로 논증은 실제의 부패는 아주 사소한 행위로부터 시작해서 점차적으로 큰 부패로 이어진다는 주장이다. 이 논증에 대해 논리적으로 설명할 수도 있으며 심리적으로도 설명할 수 있다. ① 논리적 설명은 사소한 것이나 중대한 부패사이에는 공평함을 훼손했다는 점에 논리적 차이가 없다는 것이다. 사소한 것도 공평함을 저버렸고 중대한 부패도 공평함을 저버렸다는 점에서 정도의 차이는 있지만 도덕적 이유를 저버렸기 때문에 논리적으로 똑같다. 즉 사소한 것이나 중대한 부패나 둘 다 비윤리적(非倫理

---

1)　이황우·임창호, 현대경찰학개론(제2판), 법문사(2017), 828면 참조.

的)이라는 것이다. ② 심리적인 설명은 공짜 커피와 같은 사소한 것이 비윤리적인 것은 아니지만 이것으로 인해 비윤리적인 중대한 부패로 나아갈 수 있다는 점을 들고 있다. 공짜 커피를 마시는 관행은 비록 윤리적으로 수용되지만 이것이 윤리적으로 수용될 수 없는 다른 관행들에 경험적으로 연결되어 있다는 것이다. 즉 불가피하지는 않지만 자연스럽게 하나의 관례는 다른 관례로 귀결된다는 점을 강조하고 있다.[2]

미끄러지기 쉬운 경사로 이론(傾斜路 理論)에 대한 비판으로는 ① 펠트버그(MIchael Feldberg)는 대부분의 경찰인들이 사소한 호의들과 그들의 책임완수를 방해하는 뇌물 사이의 구별을 행할 수 있으므로 미끄러지기 쉬운 경사로 이론은 비현실적이고 어딘가 위선적(僞善的)이며, 경찰인의 지능에 대한 중대한 모독이라고 한다. 미끄러지기 쉬운 경사로 이론은 연구에 의해 증명되지도 않았으며 논리적으로 설득력이 있는 것도 아니라고 주장하였다. 그에 따르면 인간의 본성은 탐욕스러우며, 조그만 부패를 맛본 후에는 좀 더 큰 부패를 추구하기 시작한다는 주장은 관념적(觀念的) 가설에 지나지 않는다고 주장하였다. ② 델라트르(Edwin J. Delattre)는 경찰조직의 정책이 모든 작은 호의를 금지하는 것이어야 한다고 주장하면서 펠트버그의 견해에 반대한다. 공짜 커피를 마시는 모든 경찰인이 미끄러지기 쉬운 경사로를 통해 더 큰 부패행위로 빠져드는 것은 아니지만 일부 경찰인이 그렇게 되는 것은 사실이므로 비록 일부라고 결코 무시하거나 간과할 수 없다는 점에서 호의를 금지하는 논거의 타당성을 찾는다. 또한 경찰이 작은 호의를 수용한다는 것은 전문가로서의 대우를 받고자하는 경찰의 직업적 희망에 역행한다고 주장한다.[3]

3. 경찰부패

경찰부패(警察腐敗)란 경찰공무원이 자신의 사적인 이익을 위해 또는 특정 타인의 이익을 도모하기 위해 경찰력을 의도적으로 오용하는 것이라고 할 수 있다. 즉 경찰공무원이 자기에게 주어진 경찰권의 부적절한 행사를 하면서 돈이나 물질적인 가치가 있는 것을 받는다면 그 경찰공무원은 부패한 것이다.[4]

---

2) 경찰대학, 경찰윤리(2003년판), 121면 각주 177.
3) 경찰대학, 경찰윤리(2003년판), 122면 각주 179면.
4) 이황우·한상암, 경찰행정학(제6판), 법문사(2016), 283면.

경찰공무원이 부정부패를 범하게 되는 것은 첫째, 경찰행태의 개인적 성향에 기반을 둔 것으로 경찰공무원으로 채용되기 전에 부정직(不正直)한 사람이 경찰조직에 와서도 부패 경찰인이 된다는 것이다. 이는 결국 개인의 윤리적 결함에서 그 원인을 찾는 것이다. 둘째, 경찰공무원이 경찰활동중의 사회화과정에서 부패된다는 설명으로서 신임 경찰관은 기성 경찰관에 의해 이루어진 조직의 부패전통에 따르게 된다는 것이다. 즉 경찰의 부패를 조장하고 묵인하는 구조적·체계적 환경 속에서 경찰공무원이 사회화되고 그로 인해 부패현상이 생긴다는 것이다.[5]

경찰부패이론에는 전체사회 가설, 구조원인 가설, 썩은 사과 가설, 윤리적 냉소주의 가설 등이 있다.

(1) 전체사회가설(the society at large hypothesis)

미국 시카고 경찰의 부패원인을 분석하던 윌슨은 시카고 경찰의 부패를 '경찰은 시카고 시민에 의해서 부패되었다'고 주장하였다. 이 이론은 사회전체가 경찰의 부패를 묵인하거나 조장할 때 경찰관은 자연스럽게 부패행위를 하게 되며, 처음 단계에는 불법적인 행위를 하지 않더라도 작은 호의와 같은 것에 길들여져 나중에는 명백한 부정부패(不正腐敗)로 빠져들게 된다는 것이다.

(2) 구조원인 가설(structural or affiliation hypothesis)

구조원인 가설은 니더호퍼(Authur Neitherhoffer), 로빅, 바커 등이 주장한 이론으로 경찰부패의 원인을 기본의 부패한 경찰문화(警察文化)에서 찾고, 젊은 신임경찰관들이 기존의 부패한 고참 경찰관으로부터 부패의 사회화를 통하여 부패행위를 학습하게 된다고 보는 이론이다. 이러한 부패의 관행은 경찰관들 사이에 서로 문제점을 알면서도 눈감아주는 '침묵의 규범' 등에 의해 받아들여진다.

---

5) 이황우·한상암, 경찰행정학(제6판), 283-284면.

3) 썩은 사과 가설(the rotten apple hypothesis)

썩은 사과 가설이론은 부패의 원인은 자질이 없는 경찰관들이 모집단계에서 배제되지 못하고 경찰조직 내에 유입됨으로써 경찰의 부패가 나타난다고 보는 견해이다. 이 이론은 부패의 원인이 개인 자체에 있다고 본다. 다시 말해서, 썩은 사과 가설은 일부 부패경찰이 조직 전체를 부패로 물들게 한다는 이론으로 부패문제를 개인적 결함 문제로 바라본다.

(4) 윤리적 냉소주의 가설(ethical cynicism hypothesis)

이 이론은 경찰의 사회에 대한 냉소는 부와 권력을 가진 자는 물론이고, 일반시민들의 이중적인 태도가 원인이다. 특히 부와 권력을 가진 자들은 경찰에게 높은 윤리의식을 요구하지만, 자신들은 비도덕적 행동을 일삼으면서 경찰에게 갖은 압력이나 청탁을 행하는 위선적인 태도는 경찰의 냉소를 불러일으킨다. 또한 경찰에 대한 외부통제기능을 수행하는 정치권력, 대중매체, 시민단체의 부패는 경찰의 냉소주의(冷笑主義)를 부채질하고 부패의 전염효과를 가져온다[6]고 본다.

4. 경찰부패의 유형

경찰부패의 유형에는 갈취형, 치부형, 생계형, 향락형 부패로 구분할 수 있다. (1) 갈취형 부패는 시민의 심리상태를 압박하여 '울며 겨자먹기'식의 갈취형이 있다. 사건을 취급하는 과정에서 범죄인의 공포와 불안심리를 유발하여 금전을 수수하는 유형의 부패이다. (2) 치부형 부패는 공직을 돈벌이 수단으로 이용하는 것이 치부형이다. 치부형 부패는 탐욕심으로 부패를 저지르는 경우이다. (3) 생계형 부패는 궁핍한 생계를 꾸려가기 위한 부패유형이다. 생계형 부패는 사회전체의 소득수준이 낮은 시기에 주로 발생하지만, 소득이 증대되더라도 경찰관에 대한 보수와 복지정책이 일반시민들과 비교하여 높지 못한 경우, 상대적 박탈감에서 이런 부패는 지속된다. 주로 하위직 경찰관에서 빈번히 나타난다.[7] (4) 향락형 부패는 유흥을 목적으로 한 부패이다.

---

6) 이황우·임창호, 현대경찰학개론(제2판), 827면.
7) 이성용, 경찰윤리, 박영사(2014), 253면.

기출문제

1 다음은 경찰의 부정부패 원인에 대해 설명한 것이다. 가장 적절한 것은? (2014년 1차 경찰공무원 공채)

① 전체사회가설 : 대표적으로 니더호퍼, 로벅, 바커 등이 주장한 것으로,'미끄러지기 쉬운 경사로 이론'과 관련이 깊다.

② 썩은사과가설 : 경찰의 부정부패 현상이 나타나는 원인으로 미국의 윌슨은 "시카고 시민이 경찰을 부패시켰다"고 주장하면서, 시민사회의 부패가 경찰부패의 주원인이라고 보았다.

③ 구조원인가설 : 신임 경찰관들이 그들의 선배 동료들에 의해 만들어진 조직적인 부패의 전통 내에서 사회화됨으로써 부패의 길로 들어선다는 입장이다.

④ 전체사회가설 : 자질이 없는 경찰관들이 모집단계에서 배제되지 않고 조직 내로 유입됨으로써 경찰의 부패가 나타난다는 이론이다.

> **해설**
> ① 전체사회가설은 윌슨이 주장한 것으로,'미끄러지기 쉬운 경사로 이론'과 논리전개 과정이 유사하다.
> ② 경찰의 부정부패 현상이 나타나는 원인으로 미국의 윌슨은 "시카고 시민이 경찰을 부패시켰다"고 주장하면서, 시민사회의 부패가 경찰부패의 주원인이라고 보는 것은 전체사회가설에 관한 설명이다.
> ④ 자질이 없는 경찰관들이 모집단계에서 배제되지 않고 조직 내로 유입됨으로써 경찰의 부패가 나타난다는 이론은 썩은 사과가설이다. **답 ③**

2 경찰의 부정부패 현상과 그 원인에 관한 다음 설명 중 가장 적절하지 않은 것은? (2015년 2차)

① 전체사회 가설은 시민사회의 부패를 경찰부패의 주요 원인으로 본다.

② 구조원인 가설은 윌슨이 주장한 가설로 신참 경찰관들이 그들의 고참 동료들에 의해 조직의 부패전통 내에서 사회화됨으로써 부패의 길로 들어선다는 입장이다.

③ 썩은 사과 가설은 일부 부패경찰이 조직 전체를 부패로 물들게 한다는 이론으로 부패문제를 개인적 결함 문제로 바라본다.

④ 미끄러지기 쉬운 경사로 이론은 부패에 해당하지 않는 작은 호의가 습관화될

경우 미끄러운 경사로를 타고 내려오듯이 점점 더 큰 부패와 범죄로 빠진다는 가설이다.

 ② 구조원인 가설은 니더호퍼, 로벅, 바커 등이 주장한 가설로 신참 경찰관들이 그들의 고참 동료들에 의해 조직의 부패전통 내에서 사회화됨으로써 부패의 길로 들어선다는 입장이다.   🔲 ②

3 부정부패 현상과 관련하여 틀린 것은 모두 몇 개인가? (14년경간)

> (가) 셔먼의 '미끄러지기 쉬운 경사로 이론'에 의하면 공짜 커피 한잔도 부패에 해당한다.
> (나) 선배경찰의 부패행태로부터 신임경찰이 차츰 사회화되어 신임경찰도 기존 경찰처럼 부패로 물들게 된다는 이론은 '썩은 사과 가설'이다.
> (다) 경찰관이 동료나 상사의 부정부패에 대하여 감찰이나 외부의 언론매체에 대하여 공표하는 것을 '모랄 해저드'(moral hazard)라고 한다.
> (라) 셔먼의 '미끄러지기 쉬운 경사로 이론'에 대하여 펠드버그는 작은 호의를 받았다고 해서 반드시 경찰이 큰 부패를 범하는 것은 아니라고 하면서 비판하였다.

① 1개   ② 2개   ③ 3개   ④ 4개

 (가) 셔먼의 '미끄러지기 쉬운 경사로 이론'에 의할 경우에도 공짜 커피 한잔 그 자체는 부패가 아니다. (나) 선배경찰의 부패행태로부터 신임경찰이 차츰 사회화되어 신임경찰도 기존 경찰처럼 부패로 물들게 된다는 이론은 '구조원인가설'이다. (다) 경찰관이 동료나 상사의 부정부패에 대하여 감찰이나 외부의 언론매체에 대하여 공표하는 것을 '내부고발'이라고 한다. (라) 맞음   🔲 ③

4 부정부패 이론에 대한 다음 설명 중 가장 옳은 것은? (2016년 경간부)

① 선배경찰의 부패행위로부터 신임경찰이 차츰 사회화되어 신임경찰도 기존 경찰처럼 부패로 물들게 된다는 이론을 '썩은 사과 가설'이라고 한다.

② 경찰관이 동료나 상사의 부정부패에 대하여 감찰이나 외부의 언론매체에 대하여 공표하는 것을 휘슬블로잉(whistle blowing)이라고 하고, 비지바디니스 (busybodiness)는 남의 비행에 대하여 일일이 참견하여 도덕적 충고를 하는 것이다.

③ '형성재'이론은 작은 사례나 호의는 시민과의 부정적인 사회관계를 만들어주는 형성재라는 것으로, 작은 호의의 부정적 효과를 강조하는 이론이다.

④ 니더호퍼, 로벅, 바커 등이 제시한 '구조원인가설'은 부패의 원인은 자질이 없는 경찰관들이 모집단계에서 배제되지 않고 조직 내에 유입됨으로써 경찰의 부패가 나타난다는 이론이다.

해설 ① '구조원인가설'에 대한 설명이다.③ '형성재'이론은 작은 사례나 호의는 시민과의 긍정적인 사회관계를 만들어주는 형성재라는 것으로, 작은 호의의 긍정적 효과를 강조하는 이론이다.④ 부패의 원인은 자질이 없는 경찰관들이 모집단계에서 배제되지 않고 조직 내에 유입됨으로써 경찰의 부패가 나타난다는 이론은 '썩은 사과 가설'이다. 니더호퍼, 로벅, 바커 등이 제시한 '구조원인가설'은 조직내 부패한 고참을 부패의 원인으로 본다. 답 ②

4

경찰기관과 파출소

 어떤 부부싸움

한 남자가 파출소로 뛰어들어 오며 말했다.

"제 아내를 때렸습니다. 저를 유치장에 가둬 주세요!"

당황한 경찰이 물었다.

"아내가 죽었습니까?"

남자는 화를 버럭 내며 말했다.

"죽었으면 유치장에 가둬 달라고 하겠습니까? 아내가 쫓아오니까 급해서 그렇지요!"

1. 지구대와 파출소

경찰서장 소속으로 지구대 또는 파출소를 두고, 그 설치기준은 치안수요 · 교통 · 지리 등 관할구역의 특성을 고려하여 행정안전부령으로 정한다. 다만, 필요한 경우에는 출장소를 둘 수 있다(경찰법 제17조 제3항). 파출소는 법상 행정기관이 아니고 경찰서 소속의 보조기관(補助機關)에 불과하다.

지방경찰청장은 경찰서장의 소관사무를 분장하기 위하여 경찰청장의 승인을 얻어 지구대 또는 파출소를 둘 수 있다(경찰청과 그 소속기관 직제 제44조 제1항). 지방경찰청장은 임시로 필요한 때에는 출장소를 둘 수 있다(경찰청과 그 소속기관 직제 제44조 제2항). 지구대 · 파출소 및 출장소의 명칭 · 위치 및 관할구역과 기타 필요한 사항은 지방경찰청장이 정한다(경찰청과 그 소속기관 직제 제44조 제3항).

경찰서장의 소관사무를 분장하기 위하여 경찰서장 소속하에 지구대를 두되, 다음 각호의 어느 하나에 해당하는 경우에는 파출소를 둘 수 있다(경찰청과 그 소속기관 직제 시행규칙 제50조의2).

1. 도서, 산간 오지, 농 · 어촌 벽지 등 교통 · 지리적 원격지로 인접 경찰관서에서의 출동이 용이하지 아니한 경우
2. 관할구역안에 국가중요시설 등 특별한 경계가 요구되는 시설이 있는 경우
3. 휴전선 인근 등 보안상 취약지역을 관할하는 경우
4. 그 밖에 치안수요가 특수하여 지구대를 운영하는 것이 적당하지 아니한 경우

2. 행정기관의 의의

(1) 행정기관(行政機關)

행정기관(行政機關)이란 넓은 의미로는 국가 또는 공공단체의 행정사무를 담당하는 모든 기관을 의미하고, 좁은 의미로는 국가 또는 공공단체 등 행정주체의 의사를 결정하고 표시하는 권한을 가진 기관을 말한다.

(2) 행정기관의 종류

1) 행정관청(行政官廳)

행정주체[1]를 위하여 그 의사를 결정하고, 국민에 대하여 이를 표시하는 권한을 가진 행정기관을 말한다.

2) 보조기관(補助機關)

행정조직의 내부기관으로서 행정청의 권한행사를 보조하는 것을 임무로 하는 행정기관이다. 행정각부의 차관, 경찰청의 차장, 실장, 국장, 부장, 과장, 계장, 지구대장 등이 이에 해당한다.

3) 보좌기관(補佐機關)

행정관청 또는 그 보조기관을 보좌하는 행정기관을 말한다. 행정각부의 차관보, 국무총리비서실 등이 이에 해당한다. 보좌기관은 행정의사의 결정·집행을 간접적으로 지원함에 그친다.

4) 자문기관(諮問機關)

행정청의 자문요청이나 신청에 대해 또는 자진하여 행정처에 대해 의견을 제시함을 그 임무로 하는 행정기관을 말한다. 자문기관의 의견은 행정청을 구속하지 아니하나 법령상 자문절차가 규정되어 있는 경우에 자문절차를 거치지 아니하면, 그 행위는 절차상의 하자(瑕疵, 흠)있는 행위로서 원칙적으로 취소할 수 있게 된다.

---

1) 행정법관계에 있어 행정권의 담당자인 당사자를 행정주체(行政主體)라고 하며, 행정주체의 상대방으로서 행정권발동의 대상이 되는 자를 행정객체(行政客體)라고 한다. 행정주체에는 국가, 공공단체(지방자치단체, 공공조합, 영조물법인,공법상 재단), 공권력이 부여된 사인 즉 공무수탁사인(公務受託私人)이 있다.

5) 의결기관(議決機關)

행정주체의 의사를 결정함에 그치고 이를 외부에 표시할 권한이 없는 행정기관을 말한다. 경찰위원회, 행정심판위원회가 여기에 해당한다.

6) 집행기관(執行機關)

행정청의 결정의사를 실력으로써 구체적으로 집행하는 행정기관을 말한다. 경찰집행기관은 치안총감, 치안정감, 치안감, 경무관, 총경, 경정, 경감, 경위, 경사, 경장, 순경 등에 해당한다. 경찰공무원은 한 사람 한 사람이 경찰집행기관이 된다.

5

미국 경찰

 코리아타운의 미국 경찰

미국에 이민(移民)간 지 얼마 되지 않아 영어가 도무지 안 되는 한 남자가 하루는 코리아타운 근처를 드라이브하고 있었다.

그는 차창 밖의 생소한 풍경을 구경하며 운전하던 중 잠시 정신없이 가속기를 밟다가 그만 규정 속도를 어겨 때마침 그 곳을 순찰하고 있던 경찰관에게 걸리고 말았다.

순간 남자는 머릿속이 하얗게 변해서 도무지 한마디의 영어도 생각나지 않았다. 하지만 우리 한민족이 어디 이런 것에 굴복할 민족이던가…. 그는 잠시 심호흡을 하더니 말했다.

"Sir, one time see, please." (한번만 봐주세요, 선생님.) 그러자 교통 경찰관은 그동안 코리아타운에서 겪은 한국 사람들의 콩글리시를 이해하고 있었던지라 그 말을 바로 알아듣고는 이렇게 말했다.

"No soup today, sir." (오늘은 국물도 없습니다, 선생님.)

1. 미국 경찰

미국의 경찰제도는 영국에서 이미 확립된 법집행제도의 영향을 받았다. 미국 경찰의 3
가지 특징으로는 첫째, 제한된 권한(limited authority), 둘째, 지방의 통제(local
control), 셋째, 분권화된 법집행(fragmented law enforcement)을 들 수 있다. 따라서
미국 경찰의 3가지 특징도 영국의 유산에서 그 기원을 찾을 수 있다.[1]

미국의 식민지시기에 최초의 법집행기관 중의 하나는 치안관제도(constables)이다. 최
초의 경찰기관은 대부분 미국의 동북부지역에서 창설되었다. 서부개척시대의 경찰조직은
자경단(vigilance), 보안관(sheriff), 치안관(constable), 민간경비(private security) 등
4가지의 유형이 있었다.

미국경찰의 경찰제도는 경찰권이 분권화된 상태에서 주민들의 의사가 자치경찰형태에
반영되고 있다는 점이다. 미국의 연방경찰, 주경찰, 지방경찰 등의 관계는 상명하복(上命
下服)의 관계가 아니라 상호독립적(相互獨立的)인 관계인 점이 특징이다.[2]

2. 19세기의 미국경찰

(1) 주경찰의 탄생

19세기의 미국경찰은 지나친 분권화(分權化)가 문제되었으며, 정치적 영향을 많이 받았
고, 부패와 비능률이 심하였으며, 경찰행정은 비전문가에 의한 비리, 비능률이 난무하였다.

미국에서는 19세기초 지나친 지방분권화와 정치적 영향으로 효과적인 범죄대응이 곤
란해지자 각 주의 경찰을 창설하게 되었다. 미국 역사상 최초의 주(州)경찰은 1823년에
창설된 텍사스 레인저이다. 현대적이고 조직적인 주경찰로는 1905년 창설된 펜실베니아
주경찰대(Pennsylvania state Constabulary)를 든다.

미국의 주경찰은 실질적인 경찰권을 행사함으로써 연방경찰의 제한적인 활동에 비해
경찰권의 행사범위가 광범위하다. 미국수정헌법 제10조[3]에 따라 경찰권은 주정부에 유보

---

1) 김창윤 외 27인 공저, 경찰학(개정판), 박영사(2015), 268면.
2) 김창윤 외 27인 공저, 경찰학(개정판), 281면.
3) Amendment X[1791] The powers not delegated to the United States by the Constitution, nor prohibited by it to the States, are reserved to the States respectively, or to the people

되어 있다. 주정부는 미국 수정헌법 제10조에 의거하여 고유한 권한으로 경찰권을 가지고 있다. 미국경찰은 분권화의 결과로 우리의 경찰청과 같은 일원적 지휘체계를 갖춘 기관이나 제도가 없고, 각 기관 상호간에는 상하관계가 아닌 지원·협력·응원의 관계이다.[4]

일반적으로 미국의 주경찰조직은 주경찰국(state police)과 고속도로순찰대(highway patrol)로 나눌 수 있다.

(2) 연방경찰의 탄생

연방경찰은 각 주 사이의 통상 규제, 위조화폐, 도량형의 표준화, 우편업무를 원활하게 하기 위한 목적과 연방적인 수사 및 보호기관이 필요하게 됨에 따라 설립하였다. 미국 최초의 연방경찰은 1789년 워싱턴 대통령이 설치한 연방보안관(U.S. Marshall)이다. 연방보안관은 국가적 범죄에 대한 범인의 체포 및 호송업무를 담당하였다.

미국의 연방정부는 헌법상 명문으로 경찰권을 가지고 있지 않으나, 헌법이 부여한 과세권, 주간통상규제권의 행사로 사실상 경찰권을 행사하고 있다. 연방경찰기관의 권한은 국가적 범죄 및 주(州)간의 범죄단속에 한정된다.

일반 치안유지를 위한 차원의 수사권을 갖는 연방경찰기관으로서는 1908년 법무부에 설치된 '수사국'이며, 이것이 1935년 '연방범죄수사국'(FBI, Federal Bureau Investigation)으로 명칭이 변경·확대되어 오늘에 이르고 있다. 연방범죄수사국(FBI)은 연방의 일반경찰이라 할 수 있으며, 연방범죄수사, 국내 공안정보수집, 특정공무원 신원조사, 범죄감식·범죄통계 작성, 지방경찰관의 교육훈련 등의 임무를 수행하고 있다.

연방범죄수사국은 2001년 9.11테러 이후에 최우선 순위로 대테러업무를 올려놓고, 그 다음 우선순위로 대간첩, 사이버범죄, 공직부패, 조직범죄를 설정하고 있다.[5]

(헌법에 의하여 미합중국 연방에 위임되지 아니하였거나, 각 주에게(이양하는 것을) 금지하지 않은 권한은 각 주나 국민이 보유한다).

* 미국수정헌법 제1조에서 제10조는 권리장전(權利章典, Bill of Rights)이라고 알려진 추가조항은 1789년 9월 25일에 발의(發議)되어 1791년 12월 25일에 비준(批准)되었다. 그리고 제11조에서 제27조까지가 수정조항(修正條項)이다. 미국수정헌법(美國修正憲法)이란 추가조항과 수정조항을 말한다.

4) 김창윤 외 27인 공저, 경찰학(개정판), 279면.
5) 이황우·임창호, 현대경찰학개론(제2판), 법문사(2017), 110면.

3. 20세기의 미국경찰

  20세기초 어거스트 볼머(August Vollmer) 등 미국경찰의 새로운 리더들에 의하여 경찰전문화가 주창되었다. 20세기에 들어서면서부터 사회의 발전과 함께 특별한 훈련 없이 충분한 임무의 수행은 불가능하다는 인식이 높아져 각지의 경찰에 교육시설이 설치되기에 이르렀다. 1908년 캘리포니아 주 버클리시(市)에 미국 최초의 경찰학교가 설립된 것을 시작으로 경찰학교가 설립되었다.

기출문제

1 **미국의 연방경찰에 대한 설명으로 바르지 못한 것은?** (2003년 경찰공채 2차)

① 연방경찰기관의 권한은 국가적 범죄 및 주간의 범죄단속에 한정된다.

② 연방범죄수사국은 연방의 일반경찰이라고 할 수 있다.

③ 연방범죄수사국 이외에는 모두 특정한 법영역만을 담당한다.

④ 연방법 집행기관은 다수이지만 임무중복 등의 현상없이 체계적인 구조를 갖추고 있다.

 ④ 법집행기관은 모두 특정한 법영역만을 담당하는 좁은 분야의 기관으로 연방법 집행기관의 난립과 임무의 중복, 비능률, 비경제적이라는 비판과 함께 조직재편의 필요성이 과제로 대두되고 있다.   🗝 ④

2 **다음 중 미국경찰의 역사와 제도에 관한 설명으로 옳은 것은?** (2007년 경찰공채 2차)

① 연방범죄수사국(FBI)의 임무는 공무원의 신원조사와 범죄통계를 작성하여 지방경찰수사를 지휘한다.

② 지방정부에 비해 연방정부는 빠른 속도로 연방경찰을 정비하였다.

③ 도시경찰관리 형태 중 1900년도에 도시경찰 중심으로 발달한 것으로 사회의 전문화, 다양화와 범죄의 증가 등에 대응하기가 용이하다고 평가되는 유형은 단일경찰관리자 방식이다.

④ 미국경찰관은 노동조합으로 인해 한국경찰에 비해 훨씬 신분보장이 잘되어 있고 전국적 노동조합도 다수 존재한다.

 ① 연방범죄수사국의 기본적 임무는 연방범죄수사, 국내 공안정보의 수집, 특정공무원의 신원조사, 범죄감식·범죄통계의 작성, 지방경찰직원의 교육훈련 등이 있다. 연방범죄수사국이 지방경찰관을 지휘할 수 있는 것이 아니고 상호협력관계를 유지하고 있다.
② 주경찰의 빠른 정비에 비해 연방경찰의 성립은 아주 완만하였다.
④ 전 경찰관의 70% 이상이 노조에 가입되어 있고, 경찰노조는 강력한 경제·정치단체로서의 성격을 가진다. 그러나 노조활동은 극도로 개별화되어 있어, 전국적인 차원의 통일적 경찰노조는 존재하지 않으며, 이러한 노조 구성 움직임도 부각되지 않고 있다. 🔑 ③

6

순 찰

순찰을 돌던 경찰이, 싸우는 두 사내 옆에서 "아빠! 아빠!" 하며 울부짖는 꼬마를 발견했다.
경찰은 두 사람을 떼어놓고 꼬마에게 물었다.

"꼬마야, 어느 쪽이 네 아빠니?"

그러자 꼬마가 눈물을 닦으며 대답했다.

"나도 몰라요, 그것 때문에 싸우고 있는 거라고요!"

Ⅰ. 순찰의 개념과 종류

1. 순찰의 의의

순찰(巡察, Patrol)이란 지역경찰관이 개괄적인 경찰임무의 수행과 관내 정황을 파악하기 위하여 일정한 지역을 순회시찰하는 근무이다. 현대사회에서 경찰의 순찰활동은 경찰활동에 있어서 가장 중요한 기능이며 경찰활동은 여기에서 시작된다. 따라서 순찰경찰관은 조직의 최일선에서 조직을 대표하는 경찰활동의 중추로서 가장 중요한 경찰업무를 맡고 있는 것이며, 이것은 일상생활의 다양한 측면에서 시민과 상호작용을 함으로써 시작된다.[1]

Charles D. Hale는 순찰의 기능을 ① 범죄예방과 범인검거, ② 법집행, ③ 질서유지, ④ 대민서비스 제공, ⑤ 교통지도단속 등 5가지로 설명한다. 순찰은 범죄를 억제하고, 대민서비스를 제공하기 위한 핵심적 기능이다.

2. 순찰의 종류

순찰은 순찰수단, 순찰노선, 순찰인원수, 순찰복장에 따라 다양하게 분류할 수 있다. 여기서는 순찰노선에 의한 구분과 기동력 사용 여부에 따른 구분으로 기술한다.[2]

(1) 순찰노선에 의한 구분

1) 정선순찰

정선순찰은 사전에 정해놓은 순찰노선에 따라 일정하게 규칙적으로 순찰하는 방법이다. 이는 가급적 관내 특수사정 등을 고려하여 전부에 미칠 수 있도록 하는 일정노선에 따른 방법이다.

---

1) 이황우·한상암, 경찰행정학(제6판), 368-369면.
2) 최선우, 경찰학(개정판), 도서출판 그린(2014), 550-551면; 이황우·임창호, 현대경찰학개론(제2판), 법문사(2017), 365-366면.

순찰노선이 일정하고 경찰관 행동이 규칙적이므로 감독·연락이 용이한 장점이 있으나, 범죄행위자들이 이를 예측하고 출현하는 단점이 있다.

2) 난선순찰

경찰사고발생 상황 등을 고려하여 임의로 순찰지역이나 노선을 정하여 불규칙적으로 순찰하는 방법이다. 범죄자의 예측을 교란시키는 순찰활동을 통해 범죄예방 효과를 증대시킬 수 있다. 그러나 순찰근무자의 위치 추정이 곤란하고 근무자의 태만을 조장할 우려가 있다.

3) 요점순찰

순찰구역 내의 중요지점을 지정하여 순찰근무자가 반드시 그 곳을 통과하며, 지정된 요전과 요점 사이에서는 난선순찰방식에 따라 순찰하는 방법이다. 요점순찰은 정선순찰과 난선순찰의 장점을 살리고 단점도 보완되도록 절충된 방식이다.

4) 자율순찰

외근경찰관에게 시간과 지역을 정해주고 주어진 시간에 외근경찰관의 판단과 업무필요에 따라 순찰토록 하는 방법이다.

5) 구역순찰(구역책임 자율순찰)

관할 지역을 몇 군데 구역으로 나누어 근무조별로 순찰구역을 지정하여 자기 담당 구역 내의 치안수요에 따라 자율적으로 순찰하는 방법이다.

(2) 기동력 사용 여부에 따른 구분

순찰수단 즉 기동력 여부에 따라 도보순찰, 자전거순찰, 오토바이 순찰, 자동차순찰 등이 있다.

1) 도보순찰

도보순찰은 경찰관이 걸어서 관한구역을 순찰하는 방법으로 지역주민과 직접적인 대화 및 개인적인 접촉을 가질 수 있기 때문에 지역주민의 애로사항과 잠재적인 범죄문제를 파악하는데 용이하다.

도보순찰은 야간 등 청력을 필요로 하는 경우에 유리하며, 특별한 경비가 필요하지 않다는 장점이 있으나, 순찰자의 피로로 순찰노선의 단축과 순찰횟수 감소를 불러 일으키며, 통행자가 많을 경우 경찰력 발휘가 미흡하며, 기동성의 부족과 장비 휴대의 한계가 단점으로 지적되고 있다.

2) 자전거순찰

자전거 순찰은 자전거를 이용한 순찰방법으로 도보순찰보다 신속성이 있고, 넓은 범위의 순찰이 가능하다. 자전거순찰 또한 시민과의 접촉이 용이하며, 자전거의 무소음으로 야간순찰시 범죄자에게 쉽게 노출되지 않는 장점이 있다.

3) 오토바이순찰

오토바이 순찰은 자동차가 주행할 수 없는 골목길 순찰이 용이하며, 기동성이 양호하다. 반면에 안정성이 결여되고, 은밀한 수행이 곤란하며 잦은 사고로 인한 인명손실과 수리비용이 많이 든다.

4) 자동차순찰

자동차 순찰은 기동력이 높고 긴급사태에 신속하게 대처할 수 있고, 가시방범효과가 높으며 다양한 경찰장비 적재가 가능하며, 범죄신고에 대한 즉응체제를 갖출 수 있다. 그러나 좁은 골목길 주행이 불가능하며, 많은 경비가 소요되며, 정황관찰의 범위가 제한적이며, 시민과의 친밀한 상호작용은 기대하기 어려운 단점이 있다.

기출문제

1 순찰활동에 대한 설명으로 옳지 않은 것은? (경찰 공채)

① 정선순찰은 책임회피식 순찰이 될 위험이 있다.

② 정선순찰은 감독이 어렵다.

③ 가시적 순찰활동은 주민들에게 심리적 안정감을 준다.

④ 순찰방식의 선택은 경찰관의 윤리의식과 밀접한 관련이 있다.

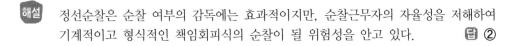 정선순찰은 순찰 여부의 감독에는 효과적이지만, 순찰근무자의 자율성을 저해하여 기계적이고 형식적인 책임회피식의 순찰이 될 위험성을 안고 있다.   답 ②

2 다음 중 순찰에 대한 설명으로 옳지 않은 것은? (경찰간부 기출)

① 자율순찰은 지정된 순찰선이 없이 자율적 범죄예방활동을 하게 한다.

② 순찰은 범죄를 억제하고, 대민서비스를 제공하기 위한 핵심적 기능이다.

③ 순찰은 범죄자에게 경찰이 도처에 있다는 생각을 갖게 한다.

④ 정선순찰은 인간에 대한 신뢰를 바탕으로 고안해 낸 방법이다.

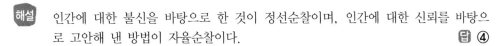 인간에 대한 불신을 바탕으로 한 것이 정선순찰이며, 인간에 대한 신뢰를 바탕으로 고안해 낸 방법이 자율순찰이다.   답 ④

경찰관과 경찰장구

경찰관과 할머니

어떤 할머니가 지나가던 경찰관을 불러 세웠다.

"이거 봐요. 경찰 아저씨. 어떤 남자가 갑자기 나를 끌고 길가 골목으로 데리고 가더니 강제로 키스하고 나를 막 만지고 그랬다오!"

놀란 경찰관이 경찰봉을 꺼내며 다급하게 물었다. "그게 언제입니까? 어떻게 생긴 놈입니까?"

"설명하면 당신이 잡아가겠소?"

"그럼요, 인상착의가 어떤지 설명해 주세요."

"그거 50년 전 내 바깥양반 이야기거든! 집에서 빈둥거리고 있으니까 좀 와서 잡아가쇼. 하루 종일 얼굴 보고 있으려니 괴로워서 그래."

1. 경찰관의 계급

국가경찰공무원의 계급은 치안총감·치안정감·치안감·경무관·총경·경정·경감(警監)·경위(警衛)·경사(警査)·경장(警長)·순경(巡警)으로 한다(경찰법 제23조 제1항). 국가경찰공무원의 임용·교육훈련·복무·신분보장 등에 관한 사항은 경찰공무원법에 정한다(경찰법 제23조 제2항 참조).

경찰공무원의 연령정년은 60세이며, 경찰공무원의 계급정년은 치안감 4년, 경무관 6년, 총경 11년, 경정 14년이다(경찰공무원법 제24조 제1항 및 제2항). 경찰공무원은 그 정년이 된 날이 1월에서 6월 사이에 있으면 6월 30일에 당연퇴직하고, 7월에서 12월 사이에 있으면 12월 31일에 당연퇴직한다(경찰공무원법 제24조 제5항).

2. 국가경찰의 조직

치안에 관한 사무를 관장하게 하기 위하여 행정안전부장관 소속으로 경찰청을 둔다(경찰법 제2조 제1항). 경찰청의 사무를 지역적으로 분담하여 수행하게 하기 위하여 특별시장·광역시장 및 도지사소속으로 지방경찰청을 두고, 지방경찰청장 소속으로 경찰서를 둔다. 이 경우 인구, 행정구역, 면적, 지리적 특성, 교통 및 그 밖의 조건을 고려하여 시·도지사 소속으로 2개의 지방경찰청을 둘 수 있다(경찰법 제2조 제2항).

3. 국가경찰의 임무와 권한남용의 금지

국가경찰의 임무는 "국민의 생명·신체 및 재산의 보호, 범죄의 예방·진압 및 수사, 범죄피해자 보호, 경비·요인경호 및 대간첩·대테러 작전 수행, 치안정보의 수집·작성 및 배포, 교통의 단속과 위해의 방지, 외국 정부기관 및 국제기구와의 국제협력, 그 밖의 공공의 안녕과 질서유지"이다(경찰법 제3조).

국가경찰은 그 직무를 수행할 때 헌법과 법률에 따라 국민의 자유와 권리를 존중하고, 국민 전체에 대한 봉사자로서 공정·중립을 지켜야 하며, 부여된 권한을 남용하여서는 아니 된다(경찰법 제4조).

4. 경찰장비와 경찰장비의 사용

경찰관은 직무수행 중 경찰장비를 사용할 수 있다. 다만, 사람의 생명이나 신체에 위해를 끼칠 수 있는 경찰장비를 사용할 때에는 필요한 안전교육과 안전검사를 받은 후 사용하여야 한다(경찰관직무집행법 제10조 제1항). 경찰관은 경찰장비를 함부로 개조하거나 경찰장비에 임의의 장비를 부착하여 일반적인 사용법과 달리 사용함으로써 다른 사람의 생명·신체에 위해를 끼쳐서는 아니 된다(경찰관직무집행법 제10조 제3항). 위해성 경찰장비는 필요한 최소한도에서 사용하여야 한다(경찰관직무집행법 제10조 제4항). 경찰청장은 위해성 경찰장비를 새로 도입하려는 경우에는 대통령령으로 정하는 바에 따라 안전성 검사를 실시하여 그 안전성 검사의 결과보고서를 국회 소관 상임위원회에 제출하여야 한다. 이 경우 안전성 검사에는 외부 전문가를 참여시켜야 한다(경찰관직무집행법 제10조 제5항). 위해성 경찰장비의 종류 및 그 사용기준, 안전교육·안전검사의 기준 등은 대통령령으로 정한다(경찰관직무집행법 제10조 제6항).

(1) 경찰장비의 종류

"경찰장비"란 무기, 경찰장구(警察裝具), 최루제(催淚劑)와 그 발사장치, 살수차, 감식기구(鑑識機具), 해안 감시기구, 통신기기, 차량·선박·항공기 등 경찰이 직무를 수행할 때 필요한 장치와 기구를 말한다(경찰관직무집행법 제10조 제2항).

(2) 위해성 경찰장비의 종류

경찰관 직무집행법에 따른 사람의 생명이나 신체에 위해를 끼칠 수 있는 경찰장비의 종류는 다음 각 호와 같다(위해성 경찰장비의 사용기준 등에 관한 규정 제2조).
  1. 경찰장구 : 수갑·포승(捕繩)·호송용포승·경찰봉·호신용경봉·전자충격기·방패 및 전자방패
  2. 무기 : 권총·소총·기관총(기관단총을 포함한다. 이하 같다)·산탄총·유탄발사기·박격포·3인치포·함포·크레모아·수류탄·폭약류 및 도검
  3. 분사기·최루탄등 : 근접분사기·가스분사기·가스발사총(고무탄 발사겸용을 포함한다. 이하 같다)[1] 및 최루탄(그 발사장치를 포함한다.)

4. 기타장비 : 가스차·살수차·특수진압차·물포·석궁·다목적발사기 및 도주차량 차단장비

5. 경찰장구와 경찰장구의 사용

"경찰장구"란 경찰관이 휴대하여 범인 검거와 범죄 진압 등의 직무 수행에 사용하는 수갑, 포승(捕繩), 경찰봉, 방패 등을 말한다(경찰관직무집행법 제10조의2 제2항). 경찰관은 다음 각 호의 직무를 수행하기 위하여 필요하다고 인정되는 상당한 이유가 있을 때에는 그 사태를 합리적으로 판단하여 필요한 한도에서 경찰장구를 사용할 수 있다(경찰관직무집행법 제10조의2 제1항).

1. 현행범이나 사형·무기 또는 장기 3년 이상의 징역이나 금고에 해당하는 죄를 범한 범인의 체포 또는 도주 방지
2. 자신이나 다른 사람의 생명·신체의 방어 및 보호
3. 공무집행에 대한 항거(抗拒) 제지

(1) 영장집행 등에 따른 수갑 등의 사용기준

경찰관(국가경찰공무원에 한한다)은 체포·구속영장을 집행하거나 신체의 자유를 제한하는 판결 또는 처분을 받은 자를 법률이 정한 절차에 따라 호송하거나 수용하기 위하여 필요한 때에는 최소한의 범위안에서 수갑·포승 또는 호송용포승을 사용할 수 있다(위해

---

1) 경찰관은 범인의 체포 또는 도주의 방지, 타인 또는 경찰관의 생명·신체에 대한 방호, 공무집행에 대한 항거의 억제를 위하여 필요한 때에는 최소한의 범위 안에서 가스총을 사용할 수 있으나, 가스총은 통상의 용법대로 사용하는 경우 사람의 생명 또는 신체에 위해를 가할 수 있는 이른바 위해성 장비로서 그 탄환은 고무마개로 막혀 있어 사람에게 근접하여 발사하는 경우에는 고무마개가 가스와 함께 발사되어 인체에 위해를 가할 가능성이 있으므로, 이를 사용하는 경찰관으로서는 인체에 대한 위해를 방지하기 위하여 상대방과 근접한 거리에서 상대방의 얼굴을 향하여 이를 발사하지 않는 등 가스총 사용시 요구되는 최소한의 안전수칙을 준수함으로써 장비 사용으로 인한 사고 발생을 미리 막아야 할 주의의무가 있다(대법원 2003.3.14, 2002다57218).

성 경찰장비의 사용기준 등에 관한 규정 제4조).[2]

(2) 불법집회 등에서의 경찰봉 · 호신용경봉의 사용기준

경찰관은 불법집회 · 시위로 인하여 발생할 수 있는 타인 또는 경찰관의 생명 · 신체의 위해와 재산 · 공공시설의 위험을 방지하기 위하여 필요한 때에는 최소한의 범위안에서 경찰봉 또는 호신용경봉을 사용할 수 있다(위해성 경찰장비의 사용기준 등에 관한 규정 제6조).

(3) 경찰봉 · 호신용경봉의 사용시 주의사항

경찰관이 경찰봉 또는 호신용경봉을 사용하는 때에는 인명 또는 신체에 대한 위해를 최소화하도록 주의하여야 한다(위해성 경찰장비의 사용기준 등에 관한 규정 제7조).

(6) 전자충격기 등의 사용제한

경찰관은 14세미만의 자 또는 임산부에 대하여 전자충격기 또는 전자방패를 사용하여서는 아니된다(위해성 경찰장비의 사용기준 등에 관한 규정 제8조 제1항). 경찰관은 전극침(電極針) 발사장치가 있는 전자충격기를 사용하는 경우 상대방의 얼굴을 향하여 전극침을 발사하여서는 아니된다(위해성 경찰장비의 사용기준 등에 관한 규정 제8조 제2항).

---

[2] 무죄추정을 받는 피의자라고 하더라도 그에게 구속의 사유가 있어 구속영장이 발부, 집행된 이상 신체의 자유가 제한되는 것은 당연한 것이고, 특히 수사기관에서 구속된 피의자의 도주, 항거 등을 억제하는데 필요하다고 인정할 상당한 이유가 있는 경우에는 필요한 한도 내에서 포승이나 수갑을 사용할 수 있는 것이며, 이러한 조치가 무죄추정의 원칙에 위배되는 것이라고 할 수는 없다(대법원 1996.5.14, 96도561).

6. 강제추행죄

　형법은 "폭행 또는 협박으로 사람에 대하여 추행을 한 자는 10년 이하의 징역 또는 1천 500만원 이하의 벌금에 처한다."규정하고 있다(형법 제298조).[3]

　형법에서 추행(醜行)이란, 성욕의 흥분, 자극 또는 만족을 목적으로 하는 행위로서 건전한 상식 있는 일반인의 성적 수치·혐오의 감정을 느끼게 하는 일체의 행위를 의미한다고 정의되고 있다. 이에 의하면 추행이라고 하기 위해서는 객관적으로 일반인의 성도덕감정을 침해한다는 요소와 함께 성욕을 자극 또는 만족할 목적이라는 주관적 요소가 존재할 것을 필요로 하게 된다. 추행은 객관적으로 성적 감정을 침해하는 행위일 것을 요하므로 그것은 성적 자유를 침해하는 중요한 행위에 제한되어야 한다. 즉 그것은 성적 수치감 내지 성적 도덕감정을 현저히 침해하는 것이어야 한다.[4]

---

3)　강제추행죄에서 추행은 객관적으로 일반인에게 성적 수치심이나 혐오감을 일으키게 하고 선량한 성적 도덕관념에 반하는 행위로서 피해자의 성적 자유를 침해하는 것을 의미한다. 여기에 해당하는지 여부는 피해자의 의사, 성별, 나이, 행위자와 피해자의 이전부터의 관계, 그 행위에 이르게 된 경위, 구체적 행위태양, 주위의 객관적 상황과 그 시대의 성적 도덕관념 등을 종합적으로 고려하여 신중히 결정되어야 한다(대법원 2018.2.8, 2016도17733).
4)　이재상, 형법각론, 박영사(2000), 160-161면.

1 「경찰관직무집행법」상 명시된 경찰관의 경찰장구·분사기·최루탄·무기 등의 사용 관련 규정에 대한 설명으로 가장 적절하지 <u>않은</u> 것은? (2016-2차)

① 경찰장구는 사형·무기 또는 장기 3년 이상의 징역이나 금고에 해당하는 죄를 범한 범인의 체포 또는 도주 방지를 위해서 사용할 수 있다.

② 분사기 및 최루탄은 공무집행에 대한 항거의 제지를 위해서 사용할 수 있다.

③ "무기"라 함은 인명 또는 신체에 위해를 가할 수 있도록 제작된 권총·소총·도검 등을 말한다.

④ 살수차·분사기·최루탄·무기를 사용한 경우 그 책임자는 사용일시·장소·대상, 현장책임자, 종류, 수량 등을 기록하여 보관하여야 한다.

답 ②

2 「경찰관 직무집행법」상 경찰장구의 사용 기준으로 가장 적절하지 않은 것은? (2015-3차)

① 현행범이나 사형·무기 또는 장기 3년 이상의 징역이나 금고에 해당하는 죄를 범한 범인의 체포 또는 도주 방지

② 불법집회·시위로 인한 자신이나 다른 사람의 생명·신체와 재산 및 공공시설 안전에 대한 현저한 위해의 발생 억제

③ 자신이나 다른 사람의 생명·신체의 방어 및 보호

④ 공무집행에 대한 항거 제지

해설 ②는 분사기 등의 사용요건에 해당한다.

답 ②

3 '경찰관직무집행법'상 경찰장비에 대한 다음의 설명 중 옳은 것은 모두 몇 개인가?
〈15년경간〉

> 가. '경찰관직무집행법'상 위해성 경찰장비는 필요한 최소한도 내에서 사용해야 하며, 그 종류·사용기준·안전교육·안전검사의 기준 등은 대통령령인 '경찰관직무집행법 시행령'으로 정한다.
> 나. 경찰장비란 무기, 경찰장구, 최루제와 그 발사장치, 살수차, 감식기구, 해안 감시기구, 통신기기, 차량·선박·항공기 등 경찰이 직무를 수행할 때 필요한 장치와 기구를 말한다.
> 다. 경찰장구, 살수차, 분사기, 최루탄, 무기 등의 경찰장비를 사용하는 경우에 그 책임자는 사용일시, 사용장소, 현장책임자, 종류, 수량 등을 기록하여 보관하여야 한다.
> 라. 위해성 경찰장비의 안전성 검사에는 반드시 외부의 전문가를 참여시켜야 한다.

① 1개   ② 2개   ③ 3개   ④ 4개

해설 가. 대통령령인 '위해성경찰장비의사용기준등에관한규정'으로 정한다. '경찰관직무집행법 시행령'은 별도의 법 명칭으로 존재하므로 양자는 구분하여야 한다.
　　나. 맞음
　　다. 경찰장구는 기록보관 사유 아님
　　라. 맞음
　　안전성 검사(새로운 위해성 장비 도입 전제) - 외부 전무가 참여 필요적 안전검사(기존 장비 검사) - 외부 전문가 참여 없이 경찰관이 실시   **답 ②**

4 「경찰관 직무집행법」상 경찰장비에 관한 다음 설명 중 가장 적절하지 <u>않은</u> 것은?
(2016-1차)

① 경찰관은 직무수행 중 경찰장비를 사용할 수 있다. 다만, 사람의 생명이나 신체에 위해를 끼칠 수 있는 경찰장비(이하 "위해성 경찰장비"라 한다)를 사용할 때에는 필요한 안전교육과 안전검사를 받은 후 사용하여야 한다.

② 경찰청장은 위해성 경찰장비를 새로 도입하려는 경우에는 대통령령으로 정하는 바에 따라 안전성 검사를 실시하여 그 안전성 검사의 결과보고서를 국회 소관 상임위원회에 제출하여야 한다. 이 경우 안전성 검사에는 외부 전문가를 참여시킬 수 있다.

③ 경찰관이 휴대하여 범인 검거와 범죄 진압 등의 직무 수행에 사용하는 수갑,

포승, 경찰봉, 방패는 "경찰장구"에 해당한다.

④ 경찰관은 현행범이나 사형·무기 또는 장기 3년 이상의 징역이나 금고에 해당하는 죄를 범한 범인의 체포 또는 도주 방지를 위한 직무를 수행하기 위해서 필요하다고 인정되는 상당한 이유가 있을 때에는 그 사태를 합리적으로 판단하여 필요한 한도에서 경찰장구를 사용할 수 있다.

 ② 경찰청장은 위해성 경찰장비를 새로 도입하려는 경우에는 대통령령으로 정하는 바에 따라 안전성 검사를 실시하여 그 안전성 검사의 결과보고서를 국회 소관 상임위원회에 제출하여야 한다. 이 경우 안전성 검사에는 외부 전문가를 참여시켜야 한다. 🔑 ②

> 경찰관직무집행법 제10조(경찰장비의 사용 등) ⑤ 경찰청장은 위해성 경찰장비를 새로 도입하려는 경우에는 (대통령령)으로 정하는 바에 따라 안전성 검사를 실시하여 그 안전성 검사의 결과보고서를 (국회 소관상임위원회)에 제출하여야 한다. 이 경우 안전성 검사에는 외부 전문가를 참여(시켜야 한다).

5 「위해성 경찰장비의 사용기준 등에 관한 규정」에 대한 설명으로 가장 적절하지 <u>않은</u> 것은? (2016-1차)

① 경찰관은 불법집회·시위로 인하여 발생할 수 있는 타인 또는 경찰관의 생명·신체의 위해와 재산·공공시설의 위험을 방지하기 위하여 필요한 때에는 최소한의 범위안에서 경찰봉 또는 호신용경봉을 사용할 수 있다.

② 경찰관은 14세 이하의 자 또는 임산부에 대하여 전자충격기 또는 전자방패를 사용하여서는 아니된다.

③ 경찰관은 전극침 발사장치가 있는 전자충격기를 사용하는 경우 상대방의 얼굴을 향하여 전극침을 발사하여서는 아니된다.

④ 경찰관은 최루탄발사기로 최루탄을 발사하는 경우 30도 이상의 발사각을 유지하여야 하고, 가스차·살수차 또는 특수진압차의 최루탄발사대로 최루탄을 발사하는 경우에는 15도 이상의 발사각을 유지하여야 한다.

 ② 경찰관은 14세 미만의 자 또는 임산부에 대하여 전자충격기 또는 전자방패를 사용하여서는 아니된다. 🔑 ②

> 「위해성 경찰장비의 사용기준 등에 관한 규정」
> 제8조 (전자충격기등의 사용제한) ① 경찰관은 (14세 미만자) 또는(임산부)에 대하여 전자충격기 또는 전자방패를 사용하여서는 아니된다.

6 대통령령인 「위해성 경찰장비의 사용기준 등에 관한 규정」에 대한 다음 설명 중 옳지 않은 것은? (2017년 경간부)

① 경찰관은 전극침 발사장치가 있는 전자충격기를 사용하는 경우 상대방의 얼굴을 향하여 전극침을 발사하여서는 아니된다.

② 경찰관은 총기 또는 폭발물을 가지고 대항하는 경우를 제외하고는 14세 미만의 자 또는 임산부에 대하여 권총 또는 소총을 발사하여서는 아니된다.

③ 경찰관은 가스발사총을 사용할 경우 1미터 이내의 거리에서 상대방의 얼굴을 향하여 이를 발사하여서는 아니된다.

④ 경찰관은 최루탄발사기로 최루탄을 발사하는 경우 15도 이상의 발사각을 유지하여야 하고, 가스차·살수차 또는 특수진압차의 최루탄발사대로 최루탄을 발사하는 경우에는 30도 이상의 발사각을 유지하여야 한다.

해설 ④ 경찰관은 최루탄발사기로 최루탄을 발사하는 경우 30도 이상의 발사각을 유지하여야 하고, 가스차·살수차 또는 특수진압차의 최루탄발사대로 최루탄을 발사하는 경우에는 15도 이상의 발사각을 유지하여야 한다. **답** ④

7 「위해성 경찰장비의 사용기준 등에 관한 규정」에 대한 설명으로 가장 적절하지 않은 것은? (2017-1차)

① 경찰관은 총기 또는 폭발물을 가지고 대항하는 경우를 제외하고는 14세 미만의 자 또는 임산부에 대하여 권총 또는 소총을 발사하여서는 아니 된다.

② 가스차·살수차·특수진압차·물포·석궁·다목적발사기 및 도주차량차단장비는 '기타장비'에 포함된다.

③ 근접분사기·가스분사기·가스발사총(고무탄 발사겸용은 제외) 및 최루탄(그 발사장치를 포함)은 '분사기·최루탄등'에 포함된다.

④ 권총·소총·기관총(기관단총을 포함)·산탄총·유탄발사기·박격포·3인치포·

함포·크레모아·수류탄·폭약류 및 도검은 '무기'에 포함된다.

해설 위해성 경찰장비의 사용기준 등에 관한 규정

제2조(위해성 경찰장비의 종류) 「경찰관 직무집행법」(이하 "법"이라 한다) 제10조 제1항 단서에 따른 사람의 생명이나 신체에 위해를 끼칠 수 있는 경찰장비(이하 "위해성 경찰장비"라 한다)의 종류는 다음 각 호와 같다. 〈개정 2014.11.19.〉

1. 경찰장구 : 수갑·포승(捕繩)·호송용포승·경찰봉·호신용경봉·전자충격기·방패 및 전자방패
2. 무기 : 권총·소총·기관총(기관단총을 포함한다. 이하 같다)·산탄총·유탄발사기·박격포·3인치포·함포·크레모아·수류탄·폭약류 및 도검
3. 분사기·최루탄등 : 근접분사기·가스분사기·가스발사총(고무탄 발사겸용을 포함한다. 이하 같다) 및 최루탄(그 발사장치를 포함한다. 이하 같다)
4. 기타장비 : 가스차·살수차·특수진압차·물포·석궁·다목적발사기 및 도주차량차단장비 **답 ③**

8 「경찰관 직무집행법」에 관한 다음 설명 중 옳은 것은 모두 몇 개인가? (2015-2차)

> ㉠ 유치장에 관한 규정을 두고 있다.
> ㉡ "경찰장비"란 무기, 경찰장구, 최루제와 그 발사장치, 살수차, 감식기구, 해안 감시기구, 통신기기, 차량·선박·항공기 등 경찰이 직무를 수행할 때 필요한 장치와 기구를 말한다.
> ㉢ 손실보상청구권은 손실이 있음을 안 날부터 2년, 손실이 발생한 날부터 5년간 행사하지 아니하면 시효의 완성으로 소멸한다.
> ㉣ "경찰장구"란 경찰관이 휴대하여 범인 검거와 범죄 진압 등의 직무 수행에 사용하는 수갑, 포승, 경찰봉, 방패 등을 말한다.

① 1개   ② 2개   ③ 3개   ④ 4개

해설 ㉢ 「경찰관 직무집행법」상 손실보상청구권은 손실이 있음을 안 날부터 3년, 손실이 발생한 날부터 5년간 행사하지 아니하면 시효의 완성으로 소멸한다. **답 ③**

8

경찰관직무집행법과 유치장

유치장에 온 이유

경찰서 유치장에서 만난 두 사람이 이야기를 하고 있었다.

"형씨는 무슨 죄로 여기 들어왔소?"

"나는 길가에 새끼줄이 있기에 주웠다가 잡혀 왔소."

"아니, 새끼줄 주운 게 죄가 된다고?"

"예, 그 새끼줄 끝에 황소 한 마리가 매달려 있었지 뭐유."

"그런데 당신은 무슨 죄로 잡혀 왔소?"

"나는 방에 엎드려 있다가 잡혀 왔지요?"

"방에 엎드려 있는 게 죄가 되나요?"

"예, 내가 엎드린 배 밑에 옆집 아줌마가 있었걸랑요."

1. 유치장의 개념

유치장(留置場)이란, 경찰관서에 설치된 교도소의 미결수용실[1]에 준하는 형사수용시설을 말한다(형의 집행 및 수용자의 처우에 관한 법률 제87조).

경찰서 및 지방해양경찰관서에 법률이 정한 절차에 따라 체포·구속되거나 신체의 자유를 제한하는 판결 또는 처분을 받은 자를 수용하기 위하여 유치장을 둔다(경찰관직무집행법 제9조). 경찰관서에 설치된 유치장은 교정시설의 미결수용실로 보아 형의 집행 및 수용자의 처우에 관한 법률을 준용한다(형의 집행 및 수용자의 처우에 관한 법률 제87조).

2. 미결수용자의 처우

미결수용자(未決收容者)는 무죄의 추정을 받으며 그에 합당한 처우를 받는다. 미결수용자가 수용된 거실은 참관할 수 없다. 미결수용자로서 사건에 서로 관련이 있는 사람은 분리수용하고 서로 간의 접촉을 금지하여야 한다. 미결수용자는 수사·재판·국정감사 또는 법률로 정하는 조사에 참석할 때에는 사복을 착용할 수 있다. 다만, 소장은 도주우려가 크거나 특히 부적당한 사유가 있다고 인정하면 교정시설에서 지급하는 의류를 입게 할 수 있다. 미결수용자의 두발 또는 수염은 특히 필요한 경우가 아니면 본인의 의사에 반하여 짧게 깎지 못한다(형의 집행 및 수용자의 처우에 관한 법률 제79조-제83조).

3. 피의자의 유치와 관리

유치중의 피의자에 대하여는 그 처우의 적정으로 인권의 보장에 최선을 다하여야 한다(피의자 유치 및 호송 규칙 제2조). 피의자를 유치할 때에는 유치장을 사용하여야 한다. 다만 질병 기타 특별한 사유가 있어 경찰서장이 필요하다고 인정할 때에는 의료기관등 적절한 장소에 유치할 수 있다(피의자 유치 및 호송 규칙 제6조).

피의자를 유치장에 입감시키거나 출감시킬 때에는 유치인보호 주무자가 발부하는 피의자입(출)감지휘서에 의하여야 하며 동시에 3인 이상의 피의자를 입감시킬 때에는 간부가

---

[1] "미결수용자"란 형사피의자 또는 형사피고인으로서 체포되거나 구속영장의 집행을 받아 교정시설에 수용된 사람을 말한다(형의 집행 및 수용자의 처우에 관한 법률 제2조 제3호).

입회하여 순차적으로 입감시켜야 한다(피의자 유치 및 호송 규칙 제7조 제1항). 형사범과 구류수, 20세 이상의 자와 20세 미만의 자, 신체장애인 및 사건관련의 공범자 등은 유치실이 허용하는 범위내에서 분리하여 유치하여야 하며, 신체장애인에 대하여는 신체장애에 맞는 적정한 처우를 하여야 한다(피의자 유치 및 호송 규칙 제7조 제2항).

사건을 담당하는 등 피의자의 입감을 의뢰하는 자는 범죄사실의 요지, 구속사유, 성격적 특징, 사고우려와 질병유무 등 유치인보호에 필요하다고 인정되는 사항을 유치인보호주무자에게 알려야 하며, 유치인보호주무자는 입감지휘서 등을 통하여 이를 유치인보호관에게 알려야 한다(피의자 유치 및 호송 규칙 제7조 제3항).

유치인보호관은 새로 입감한 유치인에 대하여는 유치장내에서의 일과표, 접견, 연락절차, 유치인에 대한 인권보장 등에 대하여 설명하고, 인권침해를 당했을 때에는 국가인권위원회법시행령 제6조에 따라 진정할 수 있음을 알리고, 그 방법을 안내하여야 한다(피의자 유치 및 호송 규칙 제7조 제4항). 경찰서장과 유치인보호주무자는 전항의 경우 유치인이 아니라 말이 통하지 않는 외국인 등인 경우에는 가급적 그 의미와 취지가 전달되도록 다양한 방법을 강구하여야 하고, 청각·언어장애인 등의 요청이 있을 때에는 수화 통역사 연계 등 원활한 의사소통을 위한 조치를 취하여야 한다(피의자 유치 및 호송 규칙 제7조 제5항).

(1) 유치장의 구조설비

유치장의 설치 및 유지관리에 있어서는 유치인의 도주·자살·통모·죄증인멸·도주원조 등을 방지하고 또한 유치인의 건강과 유치장내에 질서를 유지할 수 있도록 통풍·채광·구획·면적·설비등을 고려하여야 하며 유치인보호에 편리하도록 하여야 한다(피의자 유치 및 호송 규칙 제3조 제1항). 유치장에는 경보종, 소화기, 비상구 등을 설치하여 유치인 도주방지 또는 비상재해에 대비하여야 한다(피의자 유치 및 호송 규칙 제3조 제2항).

(2) 유치장의 관리책임

경찰서장은 피의자의 유치 및 유치장의 관리에 전반적인 지휘·감독을 하여야 하며 그 책임을 져야 한다(피의자 유치 및 호송 규칙 제4조 제1항). 경찰서 수사과장(이하 "유치인보호 주무자")은 경찰서장을 보좌하여 유치인보호 근무에 당하는 경찰관(이하 "유치인보호관")을 지휘·감독하고 피의자의 유치 및 유치장의 관리에 관한 책임을 진다(피의자 유치 및 호송 규칙 제4조 제2항). 경찰서장이 지정하는 자는 유치인보호 주무자를 보조하여 피의자의 유치 및 유치장 관리에 적정을 기하여야 한다(피의자 유치 및 호송 규칙 제2조 제4조 제3항). 야간 또는 공휴일에는 상황실장 또는 경찰서장이 지정하는 자가 유치인보호 주무자의 직무를 대리하여 그 책임을 진다(피의자 유치 및 호송 규칙 제2조 제4항).

(3) 유치인의 신체검사

유치인보호주무자는 피의자를 유치함에 있어 유치인의 생명 신체에 대한 위해를 방지하고, 유치장내의 안전과 질서를 유지하기 위하여 필요하다고 인정될 때에는 유치인의 신체, 의복, 소지품 및 유치실을 검사하고, 유치인의 소지품을 출감시까지 보관할 수 있다(피의자 유치 및 호송 규칙 제8조 제1항). 유치인보호관은 신체 등의 검사를 하기전에 유치인에게 신체등의 검사 목적과 절차를 설명하고, 스스로 위험물 등을 제출하도록 하여야 한다(피의자 유치 및 호송 규칙 제8조 제3항).

신체, 의복, 소지품의 검사는 동성의 유치인보호관이 실시하여야 한다. 다만, 여성유치인보호관이 없을 경우에는 미리 지정하여 신체 등의 검사방법을 교양받은 여성경찰관으로 하여금 대신하게 할 수 있다(피의자 유치 및 호송 규칙 제8조 제2항).

신체등의 검사는 유치인보호주무자가 피의자입(출)감지휘서에 지정하는 방법으로 유치장내 신체검사실에서 하여야 하며, 그 종류와 기준 및 방법에는 3가지가 있다(피의자 유치 및 호송 규칙 제8조 제4항).

① 외표검사

외피검사는 죄질이 경미하고 동작과 언행에 특이사항이 없으며 위험물등을 은닉하고 있지 않다고 판단되는 유치인에 대하여는 신체등의 외부를 눈으로 확인하고 손으로 가볍게 두드려 만져 검사한다.

② 간이검사

간이검사는 일반적으로 유치인에 대하여는 탈의막 안에서 속옷은 벗지 않고 신체검사의를 착용(유치인의 의사에 따른다)하도록 한 상태에서 위험물 등의 은닉여부를 검사한다.

③ 정밀검사

정밀검사는 살인, 강도, 절도, 강간, 방화, 마약류, 조직폭력 등 죄질이 중하거나 근무자 및 다른 유치인에 대한 위해 또는 자해할 우려가 있다고 판단되는 유치인에 대하여는 탈의막 안에서 속옷을 벗고 신체검사의로 갈아입도록 한 후 정밀하게 위험물 등의 은닉여부를 검사하여야 한다.

외피검사와 간이검사의 신체 등의 검사를 통하여 위험물 등을 은닉하고 있을 상당한 개연성이 있다고 판단되는 유치인에 대하여는 유치인보호주무자에게 보고하고, 정밀검사를 하여야 한다. 다만, 위험물 등의 제거가 즉시 필요한 경우에는 정밀검사후 유치인보호주무자에게 신속히 보고하여야 한다(피의자 유치 및 호송 규칙 제8조 제5항).

신체 등의 검사를 하는 경우에는 부당하게 이를 지연하거나 신체에 대한 굴욕감을 주는 언행 등으로 유치인의 고통이나 수치심을 유발하는 일이 없도록 주의하여야 하며, 그 결과를 근무일지에 기재하고 특이사항에 대하여는 경찰서장과 유치인보호주무자에게 즉시 보고하여야 한다(피의자 유치 및 호송 규칙 제8조 제6항).

(4) 가족에의 통지

사법경찰관은 피의자를 구속한 때에는 형사소송법 제87조의 규정에 의한 구속통지를 피의자를 구속한 날로부터 지체없이 서면으로 그 가족이나 그가 지정하는 자에게 하여야 한다(피의자 유치 및 호송 규칙 제11조 제1항). 경찰서장은 유치인으로부터 신청이 있을 때에는 그 가족 또는 대리인에게 수사상 지장이 없는 범위내에서 유치인의 신상에 관한 통지를 할 수 있다(피의자 유치 및 호송 규칙 제11조 제2항).

(5) 여자 등의 유치

여자 피의자는 남자 피의자와 분리하여 유치하여야 한다(피의자 유치 및 호송 규칙 제 12조 제1항). 여자를 유치함에 있어 친권이 있는 유아의 대동을 신청한 때에는 상당한 이 유가 있는 경우 생후 18개월 이내의 유아에 대하여 경찰서장이 이를 허가할 수 있다(피의 자 유치 및 호송 규칙 제12조 제2항). 유아 대동 허가를 받고자 하는 자는 유아대동신청서 (별지 제3호 서식)를 제출하여야 하며 경찰서장이 이를 허가할 때에는 동신청서를 입감지 휘서에 첨부토록 하여야 한다(피의자 유치 및 호송 규칙 제12조 제3항).

경찰서장은 유아의 대동을 허가하지 아니하는 경우에 그 유아의 적당한 인수인이 없을 때에는 행형법시행령 제13조의 규정에 의하여 관할시장·군수 또는 구청장에게 인도하여 보호하게 하여야 한다(피의자 유치 및 호송 규칙 제12조 제4항). 유치장에서 출생한 유아 에게도 제2항 및 제4항의 규정을 준용한다(피의자 유치 및 호송 규칙 제12조 제5항).

(6) 유치인보호관의 근무요령

유치인보호관이 근무에 임할 때에는 반드시 제복을 착용하고 용모 복장을 단정히 하여 야 되며 언어, 태도 등을 바르게 하여 품위와 인격을 갖춘 자세로 근무에 임하여야 한다 (피의자 유치 및 호송 규칙 제19조 제1항).

유치인보호관은 근무중 계속하여 유치장 내부를 순회하여 유치인의 동태를 살피되 특 히 ① 자살, 자해 또는 도주 기도행위, ② 음주, 흡연, 도박 및 낙서행위, ③ 중범자나 먼 저 입감된자 또는 범죄경력 등을 내세워 같은 유치인을 괴롭히는 행위, ④ 언쟁, 소란 등 타인의 평온을 해하는 행위, ⑤ 건물, 유치실 시설내 비품, 대여품 등을 파손하는 행위, ⑥ 식사를 기피하거나 식사중 혼잡을 고의로 야기하거나 식사한 후 식기, 수저 등을 은닉 하는 행위, ⑦ 질병의 발생, ⑧ 지나치게 불안에 떨거나 비관 고민하는 자, ⑨ 유심히 유 치인보호관의 동태나 거동만을 살피는 행위, ⑩ 유치장 내외에서 이상한 소리가 들리거나 물건이 유치장 내로 투입되는 행위, ⑪ 장애인, 외국인, 성적 소수자 등을 괴롭히거나 차 별하는 행위 등의 유무를 유의하여 관찰하므로서 사고방지에 노력하여야 하며 특이사항 을 발견하였을 때에는 응급조치를 하고, 즉시 유치인보호 주무자에게 보고하여 필요한 조 치를 취하도록 하여야 한다(피의자 유치 및 호송 규칙 제19조 제2항).

자살 또는 도주우려 등 사고 우려자는 유치인보호관이 근무일지의 인계사항에 적색으로 기재하고 특별히 관찰하여야 한다(피의자 유치 및 호송 규칙 제19조 제3항).

유치인보호관은 유치인에 대하여 차별대우를 하거나 오해받을 행위를 하여서는 아니된다(피의자 유치 및 호송 규칙 제19조 제4항). 유치장에는 관계직원이라 하더라도 필요없이 출입하여서는 아니되며 유치인보호관은 경찰서장 또는 유치인보호 주무자의 허가없이 필요없는 자의 출입을 시켜서는 아니된다(피의자 유치 및 호송 규칙 제19조 제5항). 유치실의 열쇠는 응급조치 등에 대비하여 근무중인 유치인보호관 중 선임 유치인 보호관이 보관 관리하여야 한다(피의자 유치 및 호송 규칙 제19조 제6항).

(7) 유치인의 의뢰에 대한 조치

유치인보호관은 유치인으로부터 ① 변호인의 선임등에 관한 요청, ② 처우에 관한 요청, ③ 환형 유치된자의 가족 등에의 통지요청, ④ 질병 치료 요청, ⑤ 기타 합리적이고 타당한 요구 등의 요청이나 의뢰가 있을 때에는 지체없이 유치인보호 주무자에게 보고하여야 하며 그 결과를 당해 유치인에게 알려 주어야 한다(피의자 유치 및 호송 규칙 제21조 제1항). 유치인보호관은 유치인의 의뢰 및 조치사항을 빠짐없이 근무일지에 기재하여야 한다(피의자 유치 및 호송 규칙 제21조 제2항).

4. 유치장 입감과 신체검사 관련 판례

(1) "유치장에 수용되는 피체포자에 대한 신체검사를 허용하는 것은 유치의 목적을 달성하고, 수용자의 자살, 자해 등의 사고를 미연에 방지하며, 유치장 내의 질서를 유지하기 위한 것인 점에 비추어 보면, 이러한 신체검사는 무제한적으로 허용되는 것이 아니라 위와 같은 목적 달성을 위하여 필요한 최소한도의 범위 내에서 또한 수용자의 명예나 수치심을 포함한 기본권이 부당하게 침해되는 일이 없도록 충분히 배려한 상당한 방법으로 행하여져야만 할 것이고, 특히 수용자의 옷을 전부 벗긴 상태에서 앉았다 일어서기를 반복하게 하는 것과 같은 방법의 신체검사는 수용자의 명예나 수치심을 심하게 손상하므로 수용자가 신체의 은밀한 부위에 흉기 등 반입이나 소지가 금지된 물품을 은닉하고 있어서 다른 방법(외부로부터의 관찰, 촉진에 의한 검사, 겉옷을 벗고 가운 등을 걸치게 한 상태에서 속옷을 벗어서 제출하게 하는 등)으로는 은닉한 물품을 찾아내기 어렵다고 볼 만한

합리적인 이유가 있는 경우에 한하여 허용된다고 할 것이다"(대법원 2001.10.26, 2001다 51466).

　(2) "국가배상책임에서 공무원의 가해행위는 법령에 위반한 것이어야 하고, 법령 위반이라 함은 엄격한 의미의 법령 위반뿐만 아니라 인권존중, 권력남용금지, 신의성실, 공서양속 등의 위반도 포함하여 널리 그 행위가 객관적인 정당성을 결여하고 있음을 의미한다(대법원 2009.12.24. 선고 2009다70180 판결 등 참조). 「피의자 유치 및 호송규칙」(2009.8.31. 경찰청 훈령 제563호로 개정되기 전의 것, 이하 '이 사건 호송규칙'이라 한다)은 경찰청장이 관련 행정기관 및 그 직원에 대하여 그 직무권한행사의 지침을 발한 행정조직 내부에서의 행정명령의 성질을 가지는 것에 불과하고 법규명령의 성질을 가진 것이라고는 볼 수 없으므로, 이에 따른 처분이라고 하여 당연히 적법한 처분이라고는 할 수 없고, 또한 위법하거나 부당한 공권력의 행사가 오랜 기간 반복되어 왔고 그 동안에 그에 대한 이의가 없었다고 하여 그 공권력 행사가 적법하거나 정당한 것으로 되는 것도 아니다(대법원 2001.10.26. 선고 2001다51466 판결 등 참조). 그리고 과잉금지의 원칙상 행정목적을 달성하기 위한 수단은 목적달성에 유효·적절하고 또한 가능한 한 최소침해를 가져오는 것이어야 하며 아울러 그 수단의 도입으로 인한 침해가 의도하는 공익을 능가하여서는 아니 된다(대법원 2008.11.27. 선고 2008다11993 판결 등 참조). 원심판결 이유에 의하면, 원심은 미국산 쇠고기 수입반대 촛불집회에 참석하였다가 현행범인으로 체포된 원고들에 대하여 피고 소속 여자 경찰관들이 유치장 입감을 위한 신체검사를 하면서 원고들에게 브래지어 탈의를 요구하여 이를 제출받는 이 사건 조치를 한 사실 등을 인정한 다음, 그 판시와 같은 사정, 즉 브래지어가 자살이나 자해에 이용될 수 있음을 이유로 유치인으로부터 이를 제출받도록 규정한 경찰업무편람은 법규명령이라고 볼 수 없는 점, 행정명령에 불과한 이 사건 호송규칙도 유치인에게 불필요한 고통과 수치심을 주지 아니하려는 취지에서 신체검사의 유형을 세분화하고 있는 것으로 보이는데, 브래지어를 자살에 공용될 우려가 있는 물건으로 보고 언제든지 이를 제출받도록 한다면 그와 같은 취지를 몰각시킬 우려가 있는 점, 법무부 소속 교정시설 내 여성 수용자의 경우 1인당 3개의 범위 내에서 브래지어 소지가 허용되는데, 경찰서 유치장 내 여성 수용자를 그와 달리 처우할 합리적인 이유가 없는 점, 브래지어를 이용한 자살이 물리적으로 불가능한 것은 아니더라

도 유치인에게 피해가 덜 가는 수단을 강구하지 아니한 채 브래지어 탈의를 요구하는 것은 과잉금지의 원칙에 반한다고 보이는 점 등의 사정을 들어, 이 사건 조치는 원고들의 자살 예방을 위하여 필요한 최소한도의 범위 내에서 이루어지거나 원고들의 기본권이 부당하게 침해되는 일이 없도록 충분히 배려한 상당한 방법으로 이루어진 것이 못 되므로 위법하다고 판단하였다. 앞서 본 법리와 기록에 비추어 살펴보면 원심의 이러한 판단은 정당하고, 거기에 상고이유의 주장과 같이 국가배상법 제2조 제1항 소정의 위법성 등에 관한 법리를 오해하는 등의 위법이 없다"(대법원 2013.5.9, 2013다200438).

9

경범죄(輕犯罪)와 경범죄처벌법

 입석과 좌석의 차이

어느 날 경찰이 유흥기를 순찰하고 있었다.

한 여인이 비틀거리며 골목길로 접어들더니

갑자기 주저앉아 일을 보기 시작했다.

경찰은 미소를 지으며 여인에게 다가가

경범죄를 적용시켜 4만원의 벌금을 부과시켰다.

그 뒤에서는 남자가 일을 보고 있었는데

경찰은 남자에게는 2만원의 벌금을 부과시켰다.

순간 여자는 화를 내며 말했다.

아니~, 저 남자는 2만원이고, 나는 왜 4만원이에요?

그러자 경찰이 웃으며 대답했다.

저 남자는 입석이고, 당신은 좌석이잖아.!!!!!!!

뒤에 다른 경찰이 와서 남자에게 4만원을 부과했다.

그 남자가 "왜 또 두 배야?"라며 화를 냈다.

그러자 뒤의 다른 경찰이 "흔들었으니까!"

1. 순찰의 의의와 유형

(1) 순찰의 의의

순찰(巡察)이라 함은 경찰관 등이 도보나 차량을 이용하여 정해진 구역을 순회하면서 여러 시설물의 상태를 점검하는 것을 말한다.

(2) 순찰의 유형

가. 정시순찰

미리 순찰코스를 사전에 지정하여 순찰지역 내의 지리적 특성을 감안하여 정기적으로 순찰하는 방식이다. 정시순찰은 순찰시 각 초소와의 통신체계 및 상황조치 대응능력이 용이한 장점이 있으나, 범죄예방효과가 다소 떨어지는 단점이 있다.

나. 난시순찰

특정한 순찰코스나 시간을 사전에 지정함이 없이 범죄에 취약하다고 인정되는 지역이나 시간대에 임의로 순찰하는 방식이다.

난시순찰은 범죄예방효과는 높은 장점이 있으나, 연락이나 상황조치에는 다소 미흡하다는 단점을 가지고 있다.

다. 요점순찰

미리 선정된 취약지에 순찰자가 반드시 그곳을 통과하도록 하고, 그 외는 순찰자가 임의로 순찰하는 방식이다. 요점순찰은 정시순찰과 난시순찰의 장단점을 고려한 순찰방식이라고 할 수 있다.

2. 경범죄처벌법의 의의

일생생활에서 흔히 범하기 쉬운 공공질서 및 경미한 도덕률에 위배되는 범법행위에 대하여 그 제재로서 가벼운 형벌인 10만원 이하의 벌금·구류 또는 과료(科料)에 처할 것을 규정한 경찰범에 관한 법률이다. 이는 비교적 경미한 범죄단속을 통하여 더 큰 범죄를 사전에 예방하려는 데 그 의의가 있다고 볼 수 있다. 예외적으로 관공서 주취소란 행위는 60만원 이하 벌금에 처해진다. 경범죄처벌법은 기초생활질서를 단속대상으로 한다는 점에서 「깨진 유리창 이론(Broken windows theory)」과 밀접한 관련이 있다.

깨진 유리창 이론(Broken Windows Theory)은 미국의 범죄학자인 제임스 윌슨과 조지 켈링이 1982년에 공동 발표한 깨진 유리창(Fixing Broken Windows: Restoring Order and Reducing Crime in Our Communities)이라는 논문에서 처음으로 소개된 사회 무질서에 관한 이론이다. 깨진 유리창 하나를 방치해 두면, 그 지점을 중심으로 범죄가 확산되기 시작한다는 이론이며, 작고 사소한 무질서를 방치하면 더 큰 범죄로 이어질 가능성이 높다는 이론이다. 깨진 유리창을 그대로 방치한 결과 시민의 준법의식이 결여되어 결국 더 큰 범죄를 야기한다는 이론이다. 우리 속담 '바늘도둑이 소도둑 된다.', '호미로 막을 것을 가래로도 막지 못한다.'는 뜻과도 일맥상통하는 이론이라고 볼 수 있다.

3. 경범죄처벌법의 성격

경범죄처벌법은 내용이나 성질 및 기능은 형벌과 같이 하고 광의의 형법 영역에 속한다. 또한 범죄와 형벌을 규정하는 것을 내용으로 하고 있는 점에서 형법과 같은 법규범이라고 볼 수 있다. 경범죄처벌법은 형법과 동일하게 자유보장적 기능, 법익보호 기능, 사회보전적 기능을 가지고 있다. 경범죄처벌법은 형법의 보충법, 일반법, 형사실체법의 성격을 가지고 있다.

4. 경범죄처벌법과 노상방뇨

경범죄처벌법은 "길, 공원, 그 밖에 여러 사람이 모이거나 다니는 곳에서 함부로 침을 뱉거나 대소변을 보거나 또는 그렇게 하도록 시키거나 개 등 짐승을 끌고 와서 대변을 보게 하고 이를 치우지 아니한 사람(경범죄처벌법 제3조 12호)은 10만원 이하의 벌금, 구류 또는 과료(科料)의 형으로 처벌한다." 규정하고 있다(경범죄처벌법 제3조 제1항).

1 다음 중 「경범죄처벌법」에 대한 설명으로 <u>틀린</u> 것은? (2003.3.9 일반순경)

① 넓은 의미의 형법이다.

② 종범에 대한 감경규정이 없다.

③ 경범죄처벌법은 미수범을 처벌한다.

④ 형사실체법이면서 절차법적 성격도 아울러 갖는다.

해설 「경범죄처벌법」은 미수범 처벌규정이 없다.   답 ③

2 경범(輕犯)에 대한 설명으로 가장 타당하지 <u>않은</u> 것은? (2004.1.11/ 경장승진)

① 「경범죄처벌법」은 형사실체법으로 절차법적 성격을 갖지 않는다.

② 「경범죄처벌법」상 경범죄의 종류는 50개이며, 10만원 이하의 벌금, 구류 또는 과료의 형으로 벌한다.

③ 비교적 경미한 범죄행위의 단속을 통하여 더 큰 범죄를 사전에 예방하는데 경범단속의 목적이 있다.

④ 경범이라 함은 국민이 일상 생활주변에서 흔히 범하기 쉬운 공공질서 및 사회도덕률 위반행위를 말한다.

해설 「경범죄처벌법」은 경범의 행위유형과 이에 대한 처벌을 규정한 형사실체법으로 통고처분 절차규정이 마련되었으므로 절차법적 성격도 가지고 있다.   답 ①

3 「경범죄처벌법」에 관한 다음 설명 중 가장 적절하지 <u>않은</u> 것은? (다툼이 있으면 판례에 의함) (14-2차)

① 버스정류장 등지에서 소매치기할 생각으로 은밀히 성명 불상자들의 뒤를 따라다닌 경우 「경범죄처벌법」상 '불안감 조성'에 해당한다.

② 「경범죄처벌법」제3조(경범죄의 종류)에 따라 사람을 벌할 때에는 그 사정과 형편을 헤아려서 그 형을 면제하거나 구류와 과료를 함께 과할 수 있다.

③ 술에 취한 채로 관공서에서 몹시 거친 말과 행동으로 주정하거나 시끄럽게 한

　　사람은 60만원 이하의 벌금, 구류 또는 과료의 형으로 처벌한다.

④ '범칙자'란 범칙행위를 한 사람으로서 '범칙행위를 상습적으로 하는 사람', '피해자가 있는 행위를 한 사람', '죄를 지은 동기나 수단 및 결과를 헤아려볼 때 구류처분을 하는 것이 적절하다고 인정되는 사람', '18세 미만인 사람' 중 어느 하나에 해당하지 않는 사람을 말한다.

답 ①

10

경범죄처벌법과 통고처분

 고성방가(高聲放歌)

초등학교 3학년 어린이들에게 문제를 냈다. 술에 취해 거리에서 큰소리를 지르거나 노래를 부르는 것을 사자성어(四字成語)로 무엇이라고 하는가?

아이들의 답이 제각각 이었다.
"고음 불가"
"이럴 수가"
"미친 건가"
그런데 한 아이의 답에 모두가 뒤집어졌다. "아빠인가"

1. 경범죄처벌법과 고성방가

경범죄처벌법은 악기·라디오·텔레비전·전축·종·확성기·전동기(電動機) 등의 소리를 지나치게 크게 내거나 큰소리로 떠들거나 노래를 불러 이웃을 시끄럽게 한 사람(경범죄처벌법 제3조 21호)은 10만원 이하의 벌금, 구류 또는 과료(科料)의 형으로 처벌한다(경범죄처벌법 제3조 제1항).[1] 이 때의 범칙금은 3만원이다(경범죄처벌법 시행령 제2조).

2. 경범죄처벌법과 교사·방조의 처벌

경범죄처벌법상의 경범죄(동법 제3조)를 짓도록 시키거나 도와준 사람은 죄를 지은 사람에 준하여 벌한다(동법 제4조).

3. 형의 면제와 병과

경범죄를 범한 사람을 벌할 때에는 그 사정과 형편을 헤아려서 그 형을 면제하거나 구류와 과료를 함께 과(科)할 수 있다(동법 제5조).

4. 경범죄 처벌의 특례

(1) 범칙행위와 범칙자

경범죄처벌법에서 범칙행위(犯則行爲)란 동법 제3조 제1항 각 호 및 제2항 각 호에 해당하는 위반행위를 말한다(동법 제6조 제1항).

범칙자(犯則者)란 범칙행위를 한 사람으로서 ① 범칙행위를 상습적으로 하는 사람, ② 죄를 지은 동기나 수단 및 결과를 헤아려볼 때 구류처분을 하는 것이 적절하다고 인정되

---

1) 경범죄처벌법 제3조 ③ 다음 각 호의 어느 하나에 해당하는 사람은 60만원 이하의 벌금, 구류 또는 과료의 형으로 처벌한다.
   1. (관공서에서의 주취소란) 술에 취한 채로 관공서에서 몹시 거친 말과 행동으로 주정하거나 시끄럽게 한 사람
   2. (거짓신고) 있지 아니한 범죄나 재해 사실을 공무원에게 거짓으로 신고한 사람

는 사람, ③ 피해자가 있는 행위를 한 사람, ④ 18세 미만인 사람에 해당하지 아니하는 사람을 말한다(동법 제6조 제2항).

(2) 통고처분과 범칙금의 납부

가. 범칙금과 통고처분

범칙금(犯則金)은 범칙자가 통고처분(通告處分)에 따라 국고 또는 제주특별자치도의 금고에 납부하여야 할 금전을 말한다(동법 제6조 제3항).[2]

통고처분이라 함은 경찰서장·해양경찰서장·제주특별자치도지사 또는 철도특별사법경찰대장은 범칙자로 인정되는 사람에 대하여 그 이유를 명백히 나타낸 서면으로 범칙금을 부과하고 이를 납부할 것을 통고하는 것을 말한다(경범죄처벌법 제7조 제1항 본문). 그러나 ① 통고처분서 받기를 거부한 사람, ② 주거 또는 신원이 확실하지 아니한 사람, ③ 그 밖에 통고처분을 하기가 매우 어려운 사람에게는 통고하지 아니한다(경범죄처벌법 제7조 제1항 단서). 통고할 범칙금의 액수는 범칙행위의 종류에 따라 대통령령으로 정한다(경범죄처벌법 제7조 제2항).

제주특별자치도지사, 철도특별사법경찰대장이 통고처분을 한 경우에는 관할 경찰서장에게 그 사실을 통보하여야 한다(경범죄처벌법 제7조 제3항).

나. 범칙금의 납부

통고처분서를 받은 사람은 통고처분서를 받은 날부터 10일 이내에 경찰청장·해양경찰청장 또는 철도특별사법경찰대장이 지정한 은행, 그 지점이나 대리점, 우체국 또는 제주

---

2) "경범죄처벌법상 범칙금제도는 형사절차에 앞서 경찰서장 등의 통고처분에 의하여 일정액의 범칙금을 납부하는 기회를 부여하여 범칙금을 납부하는 사람에 대하여는 기소를 하지 아니하고 사건을 간이하고 신속·적정하게 처리하기 위하여 처벌의 특례를 마련해 둔 것이라는 점에서 법원의 재판절차와는 제도적 취지 및 법적 성질에서 차이가 있다. 그리고 범칙금의 납부에 따라 확정판결에 준하는 효력이 인정되는 범위는 범칙금 통고의 이유에 기재된 당해 범칙행위 자체 및 범칙행위와 동일성이 인정되는 범칙행위에 한정된다. 따라서 범칙행위와 같은 시간과 장소에서 이루어진 행위라 하더라도 범칙행위의 동일성을 벗어난 형사범죄행위에 대하여는 범칙금의 납부에 따라 확정판결에 준하는 일사부재리의 효력이 미치지 아니한다"(대법원 2012.9.13, 2012도6612).

특별자치도지사가 지정하는 금융기관이나 그 지점에 범칙금을 납부하여야 한다. 다만, 천재지변이나 그 밖의 부득이한 사유로 말미암아 그 기간 내에 범칙금을 납부할 수 없을 때에는 그 부득이한 사유가 없어지게 된 날부터 5일 이내에 납부하여야 한다(경범죄처벌법 제8조 제1항).

납부기간에 범칙금을 납부하지 아니한 사람은 납부기간의 마지막 날의 다음 날부터 20일 이내에 통고받은 범칙금에 그 금액의 100분의 20을 더한 금액을 납부하여야 한다(경범죄처벌법 제8조 제2항).

범칙금을 납부한 사람은 그 범칙행위에 대하여 다시 처벌받지 아니한다(경범죄처벌법 제8조 제3항).

범칙금은 범칙금 납부대행기관을 통하여 신용카드, 직불카드 등으로 낼 수 있다(경범죄처벌법 제8조2 제1항). 신용카드 등으로 내는 경우에는 범칙금 납부대행기관의 승인일을 납부일로 보며(경범죄처벌법 제8조2 제2항), 범칙금 납부대행기관은 납부자로부터 신용카드등에 의한 과태료 납부대행 용역의 대가로 대통령령으로 정하는 바에 따라 납부대행수수료를 받을 수 있다(경범죄처벌법 제8조2 제3항). 납부대행수수료는 경찰청장이 범칙금 납부대행기관의 운영경비 등을 종합적으로 고려하여 승인하며, 해당 범칙금액[3]의 1천분의 15를 초과할 수 없다(경범죄처벌법 시행령 제4조의2 제2항).

다. 통고처분 불이행자 등의 처리

경찰서장, 해양경찰서장 및 제주특별자치도지사는 ① 통고처분서 받기를 거부한 사람, ② 주거 또는 신원이 확실하지 아니한 사람, ③ 그 밖에 통고처분을 하기가 매우 어려운 사람, ④ 납부기간에 범칙금을 납부하지 아니한 사람에 대하여는 지체 없이 즉결심판을 청구하여야 한다. 다만, 즉결심판이 청구되기 전까지 통고받은 범칙금에 그 금액의 100분의 50을 더한 금액을 납부한 사람에 대하여는 그러하지 아니하다(경범죄처벌법 제9조 제1항).

납부기간에 범칙금을 납부하지 아니하여 즉결심판이 청구된 피고인이 통고받은 범칙금에 그 금액의 100분의 50을 더한 금액을 납부하고 그 증명서류를 즉결심판 선고 전까지

---

3) 경범죄처벌법 제8조 제2항(납부기간에 범칙금을 납부하지 아니한 사람은 납부기간의 마지막 날의 다음 날부터 20일 이내에 통고받은 범칙금에 그 금액의 100분의 20을 더한 금액을 납부하여야 한다.)에 따라 부가되는 금액을 포함한다.

제출하였을 때에는 경찰서장, 해양경찰서장 및 제주특별자치도지사는 그 피고인에 대한 즉결심판 청구를 취소하여야 한다(경범죄처벌법 제9조 제2항).

범칙금을 납부한 사람은 그 범칙행위에 대하여 다시 처벌받지 아니한다(경범죄처벌법 제9조 제3항).[4]

철도특별사법경찰대장은 ① 통고처분서 받기를 거부한 사람, ② 주거 또는 신원이 확실하지 아니한 사람, ③ 그 밖에 통고처분을 하기가 매우 어려운 사람, ④ 납부기간에 범칙금을 납부하지 아니한 사람이 있는 경우에는 즉시 관할 경찰서장 또는 해양경찰서장에게 그 사실을 통보하고 관련 서류를 넘겨야 한다. 이 경우 통보를 받은 경찰서장 또는 해양경찰서장은 제1항부터 제3항까지의 규정에 따라 이를 처리하여야 한다(경범죄처벌법 제9조 제4항).

---

4) "경범죄처벌법 제7조 제3항, 제8조 제3항에 의하면 범칙금 납부의 통고처분을 받고 범칙금을 납부한 사람은 그 범칙행위에 대하여 다시 벌받지 아니한다고 규정하고 있는바, 이는 통고처분에 의한 범칙금의 납부에 확정판결에 준하는 효력을 인정한 것이고(대법원 2003.7.11. 선고 2002도2642 판결), 형사소송법 제326조 제1호는 '확정판결이 있는 때'를 면소사유로 규정하고 있으므로 확정판결이 있는 사건과 동일사건에 대하여 공소가 제기된 경우에는 판결로써 면소의 선고를 하여야 하며(대법원 2008.11.13. 선고 2006도4885 판결 등 참조), 여기에서 공소사실이나 범칙행위의 동일성여부는 사실의 동일성이 갖는 법률적 기능을 염두에 두고 피고인의 행위와 그 사회적인 사실관계를 기본으로 하되 그 규범적 요소도 아울러 고려하여 판단하여야 한다(대법원 2004.11.12. 선고 2004도4758 판결 등 참조)."(대법원 2011.1.27, 2010도11987).

11

경찰공무원의 징계와 징계위원회 등

 경찰이 정년퇴직할 때까지 월급 받기 위한 복무지침

1. 폭행 신고 출동시 가능한 한 신호등이 많은 도로를 이용해 시간을 끌 것(빨리 도착하면 싸움하던 놈들이 경찰관 보고 더 흥분한다. 대신 늦게 가서 술 마신 부분에 대해서만 사건 처리하고, 도망 간 사람 발생 보고만 하는 게 가장 안전하다).
2. 절도 등 기타 신고 출동시 용의자가 없을 경우 모든 사건에 대해선 반드시 발생 보고하라. 사건이 늘어난다고 지휘관들이 뭐라 해도 그렇게 해야만 징계를 안 먹는다.
3. 용의자가 있을 경우 전방 10m 앞에서 '꼼짝 마 움직이면 쏜다!'를 3회 반복할 것(잡힐 경우엔 피의자를 검거하고 도망가면 발생 보고하면 되지만, 반항하면 난처하다. 총을 쏘면 과잉 반응이라 하고, 안 쏘면 안 쐈다고 뭐라 하기 때문에 가능하면 이러한 경우를 만들지 말라).
4. 용의자가 반항할 땐 좋게 잡히지 않으려면 그냥 도망가 달라고 잘 설득하는 게 최우선.
5. 교통법규 위반 단속시 법규를 인정하고 면허증을 제시한 사람은 눈 감고 딱지를 끊어라. 그 대신, 법규를 인정 안하고 따지는 사람은 얼른 보내라(말싸움을 하면 당장 그 다음날 청문감사관실에 불려가서 사유서를 쓸 뿐 아니라, 인터넷 민원 받고 사유서 쓰다보면 근무 못하는 경찰관으로 낙인 찍힌다).
6. 진급을 하고 싶다면 절대로 수사과 형사계 조사계 경비교통과 교통사고조사계는 근무하지 말라(이런데 가면 일만 ×나게 하고 징계 먹고 잘못하면 죽는다. 대신 가능한 한 많은 빽을 동원해 일 적고 상 많은 부서로 가서, 상훈점수를 채워 진급하라).

1. 용의자, 피의자, 피고인, 수형자의 구별

(1) 용의자

용의자(容疑者)는 범죄 행위를 저질렀으리라는 의심을 받아 수사의 대상에 오른 사람을 말한다.

(2) 피의자

피의자(被疑者)는 수사기관에 의하여 범죄의 혐의자로 지목되어 수사의 대상이 되고 있는 자를 말한다. 즉 수사기관에 입건된 자로서 공소제기 이전까지의 단계에 있는 자를 말한다. 피의자는 수사절차에서의 존재인 점에서 공소제기(公訴提起) 이후의 피고인과 구별된다. 피의자는 공소제기에 의하여 피고인이 된다.

(3) 피고인

피고인(被告人)이라 함은 검사에 의하여 공소가 제기된 자로 취급되어 있는 자를 말한다. 공소가 제기된 자이면 족하며 진범여부, 당사자능력과 소송능력의 유무 및 공소제기가 유효한 것인가는 문제되지 않는다.

피고인은 검사의 공격에 대하여 자기를 방어하는 수동적 당사자이다. 형사소송법은 피고인이 당사자로서 검사와 대등한 지위에서 공격·방어를 할 수 있도록 하기 위하여 피고인에게 방어권과 소송절차참여권을 보장하고 있다. 또한 피고인은 소환 및 구속·압수·수색 등의 강제처분의 객체가 된다.

(4) 수형자

수형자(受刑者)는 유죄판결이 확정된 사람을 수형자라 한다. 피고인은 형의 확정에 의하여 수형자가 된다.

기출문제

1 피의자와 피고인에 대한 설명으로 가장 적절하지 <u>않은</u> 것은? (다툼이 있는 경우 판례에 의함) (2018년 제3차 경찰공무원 공채)

① 검사뿐만 아니라 피의자, 피고인 또는 변호인도 미리 증거를 보전하지 아니하면 그 증거를 사용하기 곤란한 사정이 있는 때에는 제1회 공판기일 전이라도 판사에게 압수, 수색, 검증, 증인신문 또는 감정을 청구할 수 있다.

② 검사는 공판정에서의 심리의 전부 또는 일부를 속기사로 하여금 속기하게 하거나 녹음장치 또는 영상녹화장치를 사용하여 녹음 또는 영상녹화할 것을 신청할 수는 있고, 법원도 이를 직권으로 명할 수 있지만, 피고인은 이를 신청할 수 없다.

③ 불구속 피의자의 경우 변호인의 조력을 받을 권리는 우리 헌법에 나타난 법치국가원리, 적법절차원칙에서 인정되는 당연한 내용이다.

④ 회사가 회사해산 및 청산등기 전에 업무 또는 재산에 관한 위반행위로 인하여 재산형에 해당하는 사건으로 공소제기된 것은 청산인의 현존사무 중에 포함되는 것이므로 비록 피고인 회사의 청산종료의 등기가 경료되었다 하더라도 그 피고사건이 종결되기까지는 피고인회사의 청산사무는 종료되지 아니하고, 「형사소송법」상 당사자능력도 그대로 존속한다.

답 ②

2. 경찰공무원의 징계와 징계위원회

(1) 경찰공무원의 징계

징계는 파면·해임·강등·정직(停職)·감봉·견책(譴責)으로 구분한다(국가공무원법 제79조). 파면·해임·강등·정직은 중징계에 해당하며, 감봉·견책은 경징계에 해당한다.

강등은 1계급 아래로 직급을 내리고(고위공무원단에 속하는 공무원은 3급으로 임용하고, 연구관 및 지도관은 연구사 및 지도사로 한다) 공무원신분은 보유하나 3개월간 직무에 종사하지 못하며 그 기간 중 보수는 전액을 감한다. 다만, 제4조 제2항에 따라 계급을 구분하지 아니하는 공무원과 임기제공무원에 대해서는 강등을 적용하지 아니한다(국가공무원법 제80조 제1항).

정직은 1개월 이상 3개월 이하의 기간으로 하고, 정직 처분을 받은 자는 그 기간 중 공무원의 신분은 보유하나 직무에 종사하지 못하며 보수는 전액을 감한다(국가공무원법 제80조 제3항). 감봉은 1개월 이상 3개월 이하의 기간 동안 보수의 3분의 1을 감한다(국가공무원법 제80조 제4항). 견책(譴責)은 전과(前過)에 대하여 훈계하고 회개하게 한다(국가공무원법 제80조 제5항).

(2) 경찰공무원징계위원회

(가) 국무총리 소속 중앙징계위원회

경무관 이상의 경찰공무원에 대한 징계의결은 「국가공무원법」에 따라 국무총리 소속으로 설치된 징계위원회에서 한다(경찰공무원법 제26조 제1항).

(나) 경찰공무원 징계위원회

총경 이하의 경찰공무원에 대한 징계의결을 하기 위하여 대통령령으로 정하는 경찰기관 및 해양경찰관서에 경찰공무원 징계위원회를 둔다(경찰공무원법 제26조 제2항).

경찰공무원 징계위원회는 경찰공무원 중앙징계위원회와 경찰공무원 보통징계위원회로 구분한다(경찰공무원징계령 제3조 제1항).

중앙징계위원회는 경찰청 및 해양경찰청에 두고, 보통징계위원회는 경찰청, 해양경찰청, 지방경찰청, 지방해양경찰청, 경찰대학, 경찰인재개발원, 중앙경찰학교, 경찰수사연수원, 해양경찰교육원, 경찰병원, 경찰서, 경찰기동대, 의무경찰대, 해양경찰서, 해양경찰정비창, 경비함정 및 경찰청장 또는 해양경찰청장이 지정하는 경감 이상의 경찰공무원을 장으로 하는 기관에 둔다(경찰공무원 징계령 제3조 제2항).

ㄱ) 경찰공무원 중앙징계위원회

중앙징계위원회는 총경 및 경정에 대한 징계 또는 「국가공무원법」 제78조의2에 따른 징계부가금 부과사건을 심의·의결한다(경찰공무원 징계령 제4조 제1항).

중앙징계위원회는 위원장 1명을 포함하여 5명 이상 7명 이하의 공무원위원과 민간위원으로 구성한다(경찰공무원 징계령 제6조 제1항).[1]

ㄴ) 경찰공무원 보통징계위원회

보통징계위원회는 해당 징계위원회가 설치된 경찰기관 소속 경감 이하 경찰공무원에 대한 징계등 사건을 심의·의결한다. 다만, 다음 각 호의 기관에 설치된 보통징계위원회는 각 호의 구분에 따른 경찰공무원에 대한 징계등 사건을 심의·의결한다(경찰공무원 징계령 제4조 제2항).

> 1. 경정 이상의 경찰공무원을 장으로 하는 경찰서, 경찰기동대·해양경찰서 등 총경 이상의 경찰공무원을 장으로 하는 경찰기관 및 정비창: 소속 경위 이하의 경찰공무원
> 2. 의무경찰대 및 경비함정 등 경찰청장 또는 해양경찰청장이 지정하는 경감 이상의 경찰공무원을 장으로 하는 경찰기관: 소속 경사 이하의 경찰공무원

경찰청 및 해양경찰청에 설치된 보통징계위원회는 제2항에도 불구하고 경찰청장 또는 해양경찰청장이 징계등 의결을 요구하는 경찰공무원에 대한 징계등 사건을 심의·의결한다(경찰공무원 징계령 제4조 제3항).

보통징계위원회는 위원장 1명을 포함하여 3명 이상 7명 이하의 공무원위원과 민간위원으로 구성한다(경찰공무원 징계령 제1항).[2]

---

1) 경찰공무원 징계령 제6조(징계위원회의 구성 등) ③ 징계위원회가 설치된 경찰기관의 장은 위원장을 제외한 제1항에 따른 위원 수의 2분의 1 이상을 다음 각 호의 구분에 따라 다음 각 목의 어느 하나에 해당하는 사람 중에서 민간위원으로 위촉하여야 한다.
    1. 중앙징계위원회
       가. 법관·검사 또는 변호사로 10년 이상 근무한 사람
       나. 「고등교육법」 제2조에 따른 학교 또는 이에 준하는 교육기관(이하 "대학"이라 한다)에서 경찰 관련 학문을 담당하는 정교수 이상으로 재직 중인 사람
       다. 총경 이상의 경찰공무원으로 근무하고 퇴직한 사람
2) 경찰공무원 징계령 제6조(징계위원회의 구성 등) ③ 징계위원회가 설치된 경찰기관의 장은 위원장을 제외한 제1항에 따른 위원 수의 2분의 1 이상을 다음 각 호의 구분에 따라 다음 각 목의 어느

(3) 징계위원회의 의결

징계위원회의 의결은 위원장을 포함한 위원 과반수(과반수가 3명 미만인 경우에는 3명 이상)의 출석과 출석위원 과반수의 찬성으로 의결하되, 의견이 나뉘어 출석위원 과반수의 찬성을 얻지 못한 경우에는 출석위원 과반수가 될 때까지 징계등 심의 대상자에게 가장 불리한 의견을 제시한 위원의 수를 그 다음으로 불리한 의견을 제시한 위원의 수에 차례로 더하여 그 의견을 합의된 의견으로 본다(경찰공무원 징계령 제14조 제1항).

징계위원회의 의결 내용은 공개하지 아니한다(경찰공무원 징계령 제14조 제3항).

(4) 징계의 정도와 의결의 통지

징계위원회는 징계등 사건을 의결할 때에는 징계등 심의 대상자의 평소 행실, 근무 성적, 공적(功績), 뉘우치는 정도와 징계등 의결을 요구한 자의 의견을 고려하여야 한다(경찰공무원 징계령 제16조).[3] 징계위원회는 징계등 의결을 하였을 때에는 지체 없이 징계등 의결을 요구한 자에게 의결서 정본(正本)을 보내어 통지하여야 한다(경찰공무원 징계령 제17조).

하나에 해당하는 사람 중에서 민간위원으로 위촉하여야 한다.

　2. 보통징계위원회

　　가. 법관·검사 또는 변호사로 5년 이상 근무한 사람

　　나. 대학에서 경찰 관련 학문을 담당하는 부교수 이상으로 재직 중인 사람

　　다. 경찰공무원으로 20년 이상 근속하고 퇴직한 사람

[3] "경찰공무원법 제26조, 제27조에 근거하여 마련된 대통령령인 경찰공무원 징계령 제16조는 징계위원회는 징계등 사건을 의결할 때에는 징계등 심의 대상자의 평소 행실, 근무 성적, 공적, 뉘우치는 정도와 징계등 의결을 요구한 자의 의견을 고려하여야 한다고 규정하고 있다. 경찰청장이 경찰공무원에 대한 징계양정의 기준과 가중·감경 사유를 정한 경찰공무원 징계양정 등에 관한 규칙은 징계위원회는 징계의결이 요구된 자가 정부표창규정에 따라 국무총리 이상의 표창을 받은 공적, 다만 경감 이하의 경찰공무원은 경찰청장 또는 중앙행정기관 차관급 이상의 표창을 받은 공적이 있는 경우와 모범공무원규정에 따라 모범공무원으로 선발된 공적이 있는 경우에는 [별표 10] 징계양정 감경기준에 따라 징계를 감경할 수 있는 상훈감경 규정을 두고 있으면서도(제9조 제1항 제2호), 그 제외사유로 징계의결이 요구된 자의 의무위반행위가 '직무와 관련하여 금품 및 향응 수수, 공금횡령·유용인 경우'를 규정하고 있다(제9조 제3항 제1호). 따라서 경찰공무원에게 인정된 징계사유가 상훈감경 제외사유에 해당하지 아니함에도, 경찰공무원에 대한 징계위원회의 심의과정에서 징계의결이 요구된 비위행위가 상훈감경 제외사유에 해당한다는 이유로 그 공적 사항을 징계양정에 전혀 고려하지 아니한 때에는 그 징계양정이 결과적으로 적정한지와 상관없이 이는 관계 법령이 정한 징계절차를 지키지 아니한 것으로서 위법하다."(대법원 2015.11.12, 2014두35638).

(5) 경징계 등의 집행

징계등 의결을 요구한 자는 경징계의 징계등 의결을 통지받았을 때에는 통지받은 날부터 15일 이내에 징계등을 집행하여야 한다(경찰공무원 징계령 제18조 제1항). 징계등 의결을 요구한 자는 징계등 의결을 집행할 때에는 의결서 사본에 별지 제4호서식의 징계등 처분 사유 설명서를 첨부하여 징계등 처분 대상자에게 보내야 한다(경찰공무원 징계령 제18조 제2항).

(6) 중징계 등의 처분 제청과 집행

징계등 의결을 요구한 자는 중징계의 징계등 의결을 통지받았을 때에는 지체 없이 징계등 처분 대상자의 임용권자에게 의결서 정본을 보내어 해당 징계등 처분을 제청하여야 한다. 다만, 경무관 이상의 강등 및 정직, 경정 이상의 파면 및 해임 처분의 제청, 총경 및 경정의 강등 및 정직의 집행은 경찰청장 또는 해양경찰청장이 한다(경찰공무원 징계령 제19조 제1항).

중징계 처분의 제청을 받은 임용권자는 15일 이내에 의결서 사본에 별지 제4호서식의 징계등 처분 사유 설명서를 첨부하여 징계등 처분 대상자에게 보내야 한다(경찰공무원 징계령 제19조 제2항).

기출문제

1 「경찰공무원 징계령」에 대한 내용으로 가장 적절하지 <u>않은</u> 것은? (2018년 제2차 경찰공무원 공채)

① 징계위원회의 위원장은 위원회의 사무를 총괄하고 위원회를 대표하며, 표결권을 가진다.

② 징계위원회는 출석 통지를 하였음에도 불구하고 징계등 심의 대상자가 정당한 사유 없이 출석하지 아니하였을 때에는 그 사실을 기록에 분명히 적고 서면심사로 징계등 의결을 할 수 있다. 다만, 징계등 심의 대상자의 소재가 분명하지 아니할 때에는 출석 통지를 관보에 게재하고, 그 게재일부터 10일이 지나면 출석 통지가 송달된 것으로 보며, 징계등 의결을 할 때에는 관보 게재의 사유와 그 사실을 기록에 분명히 적어야 한다.

③ 징계등 의결을 요구한 자는 경징계의 징계등 의결을 통지받았을 때에는 통지받은 날부터 15일 이내에 징계등을 집행하여야 한다.

④ 징계등 의결 요구를 받은 징계위원회는 그 요구서를 받은 날부터 30일 이내에 징계등에 관한 의결을 하여야 한다. 다만, 부득이한 사유가 있을 때에는 해당 징계등 심의 대상자에게 그 사유를 고지하고 30일 이내의 범위에서 그 기간을 연장할 수 있다.

> **해설** ④ 징계등 의결 요구를 받은 징계위원회는 그 요구서를 받은 날부터 30일 이내에 징계등에 관한 의결을 하여야 한다. <u>다만, 부득이한 사유가 있을 때에는 해당 징계등 의결을 요구한 경찰기관의 장의 승인을 받아 30일 이내의 범위에서 그 기간을 연장할 수 있다</u>(경찰공무원 징계령 제11조 제1항).② 징계등 의결이 요구된 사건에 대한 징계등 절차의 진행이 「국가공무원법」 제83조에 따라 중지되었을 때에는 그 중지된 기간은 제1항의 징계등 의결 기한에서 제외한다(경찰공무원 징계령 제11조 제2항).　　**답** ④

2 「경찰공무원징계령」상 경찰공무원 징계에 대하여 설명한 것이다. 옳은 것을 모두 고른 것은? (2017년 2차 경찰공무원 공채)

> ㉠ 경찰공무원 보통징계위원회는 해당 징계위원회가 설치된 경찰기관 소속 경정 이하 경찰공무원에 대한 징계등 사건을 심의·의결한다.
> ㉡ 경찰공무원 보통징계위원회는 위원장 1명을 포함하여 3명 이상 7명 이하의 공무원 위원과 민간위원으로 구성한다.
> ㉢ 징계등 의결 요구를 받은 징계위원회는 그 요구서를 받은 날부터 30일 이내에 징계 등에 관한 의결을 하여야 한다. 다만, 부득이한 사유가 있을 때에는 해당 징계등 의 결을 요구한 경찰기관의 장의 승인을 받아 30일 이내의 범위에서 그 기간을 연장할 수 있다.
> ㉣ 징계위원회의 위원 중 징계등 심의 대상자의 친족이나 그 징계 사유와 관계가 있는 사람은 그 징계등 사건의 심의에 관여하지 못한다.
> ㉤ 징계위원회는 징계등 사건을 의결할 때에는 징계등 심의대상자의 평소 행실, 근무 성적, 공적(功績), 뉘우치는 정도와 징계등 의결을 요구한 자의 의견을 고려할 수 있다.

① ㉠㉤　　　② ㉡㉢㉣　　　③ ㉡㉢㉤　　　④ ㉡㉢㉣㉤

답 ②

3. 경찰관의 무기 사용

(1) 무기의 종류와 사용

경찰관직무집행법상의 '무기'라 함은 "사람의 생명이나 신체에 위해를 끼칠 수 있도록 제작된 권총·소총·도검 등을 말한다"(경찰관직무집행법 제10조의4 제2항).[4]

---

4) 위해성 경찰장비의 사용기준 등에 관한 규정 제2조(위해성 경찰장비의 종류) 「경찰관 직무집행법」 제10조 제1항 단서에 따른 사람의 생명이나 신체에 위해를 끼칠 수 있는 경찰장비의 종류는 다음 각 호와 같다.
　1. 경찰장구 : 수갑·포승(捕繩)·호송용포승·경찰봉·호신용경봉·전자충격기·방패 및 전자방패
　2. 무기 : 권총·소총·기관총(기관단총을 포함한다. 이하 같다)·산탄총·유탄발사기·박격포·3 인치포·함포·크레모아·수류탄·폭약류 및 도검

경찰관은 범인의 체포, 범인의 도주 방지, 자신이나 다른 사람의 생명·신체의 방어 및 보호, 공무집행에 대한 항거의 제지를 위하여 필요하다고 인정되는 상당한 이유가 있을 때에는 그 사태를 합리적으로 판단하여 필요한 한도에서 무기를 사용할 수 있다. 다만, 다음 각 호의 어느 하나에 해당할 때를 제외하고는 사람에게 위해를 끼쳐서는 아니 된다(경찰관직무집행법 제10조의4 제1항).

1. 「형법」에 규정된 정당방위와 긴급피난에 해당할 때
2. 다음 각 목의 어느 하나에 해당하는 때에 그 행위를 방지하거나 그 행위자를 체포하기 위하여 무기를 사용하지 아니하고는 다른 수단이 없다고 인정되는 상당한 이유가 있을 때
   가. 사형·무기 또는 장기 3년 이상의 징역이나 금고에 해당하는 죄를 범하거나 범하였다고 의심할 만한 충분한 이유가 있는 사람이 경찰관의 직무집행에 항거하거나 도주하려고 할 때
   나. 체포·구속영장과 압수·수색영장을 집행하는 과정에서 경찰관의 직무집행에 항거하거나 도주하려고 할 때
   다. 제3자가 가목 또는 나목에 해당하는 사람을 도주시키려고 경찰관에게 항거할 때
   라. 범인이나 소요를 일으킨 사람이 무기·흉기 등 위험한 물건을 지니고 경찰관으로부터 3회 이상 물건을 버리라는 명령이나 항복하라는 명령을 받고도 따르지 아니하면서 계속 항거할 때
3. 대간첩 작전 수행 과정에서 무장간첩이 항복하라는 경찰관의 명령을 받고도 따르지 아니할 때

경찰관은 대간첩·대테러 작전 등 국가안전에 관련되는 작전을 수행할 때에는 개인화기(個人火器) 외에 공용화기(共用火器)를 사용할 수 있다(경찰관직무집행법 제10조의4 제3항).

---

3. 분사기·최루탄등 : 근접분사기·가스분사기·가스발사총(고무탄 발사겸용을 포함한다. 이하 같다) 및 최루탄(그 발사장치를 포함한다. 이하 같다)
4. 기타장비 : 가스차·살수차·특수진압차·물포·석궁·다목적발사기 및 도주차량차단장비

[대법원 판례]

경찰관은 범인의 체포, 도주의 방지, 자기 또는 타인의 생명·신체에 대한 방호, 공무집행에 대한 항거의 억제를 위하여 무기를 사용할 수 있으나, 이 경우에도 무기는 목적달성에 필요하다고 인정되는 상당한 이유가 있을 때 그 사태를 합리적으로 판단하여 필요한 한도 내에서 사용하여야 하는바(경찰관직무집행법 제10조의4), 경찰관의 무기 사용이 이러한 요건을 충족하는지 여부는 범죄의 종류, 죄질, 피해법익의 경중, 위해의 급박성, 저항의 강약, 범인과 경찰관의 수, 무기의 종류, 무기 사용의 태양, 주변의 상황 등을 고려하여 사회통념상 상당하다고 평가되는지 여부에 따라 판단하여야 하고, 특히 사람에게 위해를 가할 위험성이 큰 권총의 사용에 있어서는 그 요건을 더욱 엄격하게 판단하여야 한다(대법원 2008.2.1, 2006다6713).

(2) 총기사용의 경고

경찰관은 경찰관직무집행법에 따라 사람을 향하여 권총 또는 소총을 발사하고자 하는 때에는 미리 구두 또는 공포탄에 의한 사격으로 상대방에게 경고하여야 한다. 다만, ① 경찰관을 급습하거나 타인의 생명·신체에 대한 중대한 위험을 야기하는 범행이 목전에 실행되고 있는 등 상황이 급박하여 특히 경고할 시간적 여유가 없는 경우, ② 인질·간첩 또는 테러사건에 있어서 은밀히 작전을 수행하는 경우의 어느 하나에 해당하는 경우로서 부득이한 때에는 경고하지 아니할 수 있다(위해성 경찰장비의 사용기준 등에 관한 규정 제9조).

(3) 권총 또는 소총의 사용제한

경찰관은 경찰관직무집행법에 의하여 권총 또는 소총을 사용하는 경우에 있어서 범죄와 무관한 다중의 생명·신체에 위해를 가할 우려가 있는 때에는 이를 사용하여서는 아니된다. 다만, 권총 또는 소총을 사용하지 아니하고는 타인 또는 경찰관의 생명·신체에 대한 중대한 위험을 방지할 수 없다고 인정되는 때에는 필요한 최소한의 범위안에서 이를 사용할 수 있다(위해성 경찰장비의 사용기준 등에 관한 규정 제10조 제1항).

경찰관은 총기 또는 폭발물을 가지고 대항하는 경우를 제외하고는 14세미만의 자 또는 임산부에 대하여 권총 또는 소총을 발사하여서는 아니된다(위해성 경찰장비의 사용기준 등에 관한 규정 제10조 제2항).

기출문제

1 「경찰관직무집행법」상 명시된 경찰관의 경찰장구·분사기·최루탄·무기 등의 사용 관련 규정에 대한 설명으로 가장 적절하지 <u>않은</u> 것은? (2016년 2차 경찰공무원 공채)

① 경찰장구는 사형·무기 또는 장기 3년 이상의 징역이나 금고에 해당하는 죄를 범한 범인의 체포 또는 도주 방지를 위해서 사용할 수 있다.

② 분사기 및 최루탄은 공무집행에 대한 항거의 제지를 위해서 사용할 수 있다.

③ "무기"라 함은 인명 또는 신체에 위해를 가할 수 있도록 제작된 권총·소총· 도검 등을 말한다.

④ 살수차·분사기·최루탄·무기를 사용한 경우 그 책임자는 사용일시·장소· 대상, 현장책임자, 종류, 수량 등을 기록하여 보관하여야 한다.

> **해설** 공무집행에 대한 항거의 제지를 위해서는 경찰장구를 사용할 수 있다(경찰관직무 집행법 제10조의2 제1항 3호 참조).
> 경찰관직무집행법 제10조의3(분사기 등의 사용) 경찰관은 다음 각 호의 직무를 수 행하기 위하여 부득이한 경우에는 현장책임자가 판단하여 필요한 최소한의 범위 에서 분사기(「총포·도검·화약류 등의 안전관리에 관한 법률」에 따른 분사기를 말하며, 그에 사용하는 최루 등의 작용제를 포함한다. 이하 같다) 또는 최루탄을 사용할 수 있다.
> 1. 범인의 체포 또는 범인의 도주 방지
> 2. 불법집회·시위로 인한 자신이나 다른 사람의 생명·신체와 재산 및 공공시설 안전에 대한 현저한 위해의 발생 억제　　　**답 ②**

2 「위해성 경찰장비의 사용기준 등에 관한 규정」에 대한 내용으로 가장 적절하지 <u>않은</u> 것 은? (2018년 1차 경찰공무원 공채)

① 경찰관은 범인·주취자 또는 정신착란자의 자살 또는 자해기도를 방지하기 위 하여 필요한 때에는 수갑·포승 또는 호송용포승을 사용할 수 있다.

② 경찰관은 총기 또는 폭발물을 가지고 대항하는 경우를 제외하고는 14세 미만 의 자 또는 임산부에 대하여 권총 또는 소총을 발사하여서는 아니 된다.

③ 경찰관은 최루탄발사기로 최루탄을 발사하는 경우 30도 이상의 발사각을 유 지하여야 하고, 가스차·살수차 또는 특수진압차의 최루탄발사대로 최루탄을 발사하는 경우에는 15도 이상의 발사각을 유지하여야 한다.

④ 경찰청장은 신규 도입 장비에 대한 안전성 검사를 실시한 후 3개월 이내에 안
전성 검사 결과보고서를 국무회의에 제출하여야 한다.

답 ④

4. 운전면허증 교부의 법적 성질과 운전면허의 효력발생 시점

　　운전면허증의 발급권자는 지방경찰청장이다(도로교통법 제80조 제1항). 운전면허증을
교부하는 행위는 허가(許可)이다.

　　허가라 함은 법령에 의 한 일반적·상대적 금지를 특정한 경우에 해제하여 적법하게 일
정한 행위를 할 수 있게 하는 행정행위(처분)를 말한다.

　　허가는 상대방의 출원에 따라 행하여지는 것이 보통이나, 통행금지해제와 같이 예외적
으로 출원에 의하지 아니하는 허가도 있다.

　　허가의 종류에는 그 대상에 따라서 대인적 허가(운전면허, 의사면허), 대물적 허가(차
량검사 합격처분), 혼합적 허가(총포류 제조 허가)로 분류된다. 대인적 허가는 그 효과가
일신전속적(一身專屬的)이나 대물적 허가는 그 효과의 이전이 가능하며, 혼합적 허가는
원칙적으로는 이전이 불가능하나 법률이 인정하는 경우에는 이전이 가능하게 된다.

　　운전면허의 효력발생 시점에 대하여, 대법원은 "운전면허신청인이 운전면허시험에 합
격하기만 하면 운전면허의 효력이 발생한다고는 볼 수 없겠지만 지방경찰청장으로부터
운전면허증을 현실적으로 교부받아야만 운전면허의 효력이 발생한다고 볼 것은 아니고,
운전면허증이 작성권자인 지방경찰청장에 의하여 작성되어 운전면허신청인이 이를 교부
받을 수 있는 상태가 되었을 때에 운전면허의 효력이 발생한다고 보아야 하며, 이 경우
운전면허신청인이 운전면허증을 교부받을 수 있는 상태가 되었는지의 여부는 특별한 사
정이 없는 한 운전면허증에 기재된 교부일자를 기준으로 결정함이 상당하다"(대법원
1995.6.13, 94다21139) 판시하고 있다.

5. 청문감사관 제도

청문감사관 제도는 1999년 6월 도입된 제도로서, 수사·교통·방범 등 일체의 사건 사고 및 민원처리 과정에서 경찰관의 불친절이나 부당한 업무처리, 억울한 점이나 의문이 있는 민원 발생 등 경찰관에 의한 인권침해 우려 요소를 사전에 제거함으로써 인권경찰을 구현하는데 기여하기 위해 운영되고 있다.

6. 경과제도

경찰공무원은 일반직 공무원과는 달리 경과(警科)에 따라 업무가 달라진다. 경과는 경찰업무의 특성을 구분하여 적합한 경찰관을 채용하고, 개인의 능력과 경력을 입직한 경찰에서 전문화시키고 발전시킴으로서 경찰업무의 효율성을 높이기 위한 제도이다. 경과는 개개경찰관의 특성, 자격과 능력, 경력을 활용하기 위하여 수평적으로 경찰공무원을 분류하는 것이다.[5]

(1) 경찰공무원의 경과

경찰공무원은 그 직무의 종류에 따라 경과(警科)에 의하여 구분할 수 있다(경찰공무원법 제3조 제1항).

신규채용된 경찰공무원에게는 일반경과를 부여한다. 다만, 수사, 보안, 항공, 정보통신 분야로 채용된 경찰공무원에게는 임용예정 직위의 업무와 관련된 경과를 부여한다(경찰공무원 임용령 시행규칙 제22조).

총경 이하 경찰공무원에게 부여하는 경과는 일반경과, 수사경과, 보안경과, 특수경과(항공경과, 정보통신경과)와 같다. 다만, 수사경과와 보안경과는 경정 이하 경찰공무원에게만 부여하고, 해양경찰청 소속 경찰공무원에게 부여하는 경과는 따로 대통령령으로 정한다(경찰공무원 임용령 제3조 제1항).

경찰공무원의 경과별 직무의 종류를 보면, ① 일반경과는 기획·감사·경무·생활안전·교통·경비·작전·정보·외사나 그 밖에 수사경과·보안경과 및 특수경과에 속하지

---

5) 최종술, 경찰인사관리론, 대왕사(2004), 45면.

아니하는 직무를 담당하며, ② 수사경과는 범죄수사에 관한 직무를, ③ 보안경과는 보안
경찰에 관한 직무, ④ 특수경과 중 항공경과는 경찰항공기의 운영·관리에 관한 직무, 정
보통신경과는 경찰정보통신의 운영·관리에 관한 직무를 담당한다(경찰공무원 임용령 시
행규칙 제19조).

(2) 경찰공무원 경과의 전과의 유형과 전과의 제한

전과는 일반경과에서 수사경과·보안경과 또는 특수경과로의 전과만 인정한다. 다만,
정원감축 등 경찰청장이 정하는 사유가 있는 경우 보안경과·수사경과 또는 정보통신경
과에서 일반경과로의 전과를 인정할 수 있다(경찰공무원 임용령 시행규칙 제27조 제1항).

그러나 ① 경과가 신설되는 경우는 일반경과·수사경과·보안경과 또는 특수경과에서
신설되는 경과로의 전과로, ② 경과가 폐지되는 경우는 폐지되는 경과에서 일반경과·수
사경과·보안경과 또는 특수경과로의 전과를 인정할 수 있다(경찰공무원 임용령 시행규
칙 제27조 제2항).

전과는 ① 현재 경과보다 다른 경과에서 더욱 발전할 수 있다고 인정되는 사람, ② 정원
감축, 직제개편 등 부득이한 사유로 기존 경과를 유지하기 어려워진 사람, ③ 전과하려는
경과와 관련된 자격증을 소지한 사람, ④ 전과하려는 경과와 관련된 분야의 시험에 합격
한 사람의 어느 하나에 해당하는 사람에 대해서만 인정한다(경찰공무원 임용령 시행규칙
제28조 제1항). 그러나 ① 현재 경과를 부여받고 1년이 지나지 아니한 사람, ② 특정한 직
무분야에 근무할 것을 조건으로 채용된 경찰공무원으로서 채용 후 5년이 지나지 아니한
사람은 전과를 할 수 없다(경찰공무원 임용령 시행규칙 제28조 제2항).

7. 경찰공무원 관계의 변경

경찰공무원관계의 변경이란 경찰공무원으로서의 신분을 유지하면서 직위·직렬 등 경찰
공무원관계의 내용이 전부 또는 일부를 일시적 혹은 영구적으로 변경하는 것을 말한다. 경
찰공무원 관계의 변경 요인으로는 승진·복직·휴직·파견·전보·직위해제 등이 있다.

(1) 승진

승진(昇進)이란 동일 직렬 내의 하위 직급에서 상위 직급에 임용되는 것을 말한다. 경찰공무원은 바로 아래 하위계급에 있는 경찰공무원 중에서 근무성적평정, 경력평정, 그 밖의 능력을 실증(實證)하여 승진임용한다(경찰공무원법 제11조 제1항). 경무관 이하 계급으로의 승진은 승진심사에 의하여 한다. 다만, 경정 이하 계급으로의 승진은 대통령령으로 정하는 비율에 따라 승진시험과 승진심사를 병행할 수 있다(경찰공무원법 제11조 제2항).

경찰공무원의 승진방법에는 시험승진, 심사승진, 근속승진,6) 특별승진7)이 있다.

(2) 전직

전직(轉職)이란 직렬을 달리하는 임용을 말한다.

(3) 전과

전과(轉科)란 경과(警科)를 달리하는 임명을 말한다.

---

6) 경찰공무원법 제11조의2(근속승진) ① 경찰청장 또는 해양경찰청장은 제11조제2항에도 불구하고 해당 계급에서 다음 각 호의 기간 동안 재직한 사람을 경장, 경사, 경위, 경감으로 각각 근속승진임용 할 수 있다.
   1. 순경을 경장으로 근속승진임용하려는 경우: 해당 계급에서 4년 이상 근속자
   2. 경장을 경사로 근속승진임용하려는 경우: 해당 계급에서 5년 이상 근속자
   3. 경사를 경위로 근속승진임용하려는 경우: 해당 계급에서 6년 6개월 이상 근속자
   4. 경위를 경감으로 근속승진임용하려는 경우: 해당 계급에서 10년 이상 근속자
   ② 제1항에 따라 근속승진한 경찰공무원이 근무하는 기간에는 그에 해당하는 직급의 정원이 따로 있는 것으로 보고, 종전 직급의 정원은 감축된 것으로 본다.
7) 특별승진(特別昇進)은 경찰공무원으로서 전사(戰死) 또는 순직(殉職)한 자, 직무 수행에 남달리 뛰어난 공적이 있는 자가 심사승진에 의하지 않고 1계급 또는 2계급 승진되는 것을 말한다. 경찰공무원법은 특별승진에 관하여 경찰공무원으로서 ① 「국가공무원법」 제40조의4 제1항 제1호부터 제4호까지의 규정 중 어느 하나에 해당되는 사람, ② 전사하거나 순직한 사람, ③ 직무 수행 중 현저한 공적을 세운 사람에 대하여는 제11조에도 불구하고 1계급 특별승진시킬 수 있다. 다만, 경위 이하의 경찰공무원으로서 모든 경찰공무원의 귀감이 되는 공을 세우고 전사하거나 순직한 사람에 대하여는 2계급 특별승진시킬 수 있다고 규정하고 있다(경찰공무원법 제14조 제1항).

(4) 전보

전보(轉補)란 동일 직위(계급)에서 장기 근무로 인한 침체를 방지하고 직무 수행 능률을 높이기 위한 동일 직급 내에서의 보직 변경을 말한다(국가공무원법 제5조 제6호).

임용권자 또는 임용제청권자는 소속 경찰공무원이 해당 직위에 임용된 날부터 1년 이내(감사업무를 담당하는 경찰공무원의 경우에는 2년 이내)에 다른 직위에 전보할 수 없다. 다만, 다음 각 호의 어느 하나에 해당하는 경우에는 그러하지 아니하다(경찰공무원 임용령 제27조 제1항). 그러나 예외적으로 ① 직제상 최저단위인 보조기관 또는 보좌기관 내에서 전보하는 경우, ② 경찰청 및 해양경찰청과 소속기관등 또는 소속기관등 상호 간의 교류를 위하여 전보하는 경우, ③ 기구의 개편, 직제 또는 정원의 변경으로 해당 경찰공무원을 전보하는 경우, ④ 승진임용된 경찰공무원을 전보하는 경우, ⑤ 전문직위로 경찰공무원을 전보하는 경우, ⑥ 징계처분을 받은 경우, ⑦ 형사사건에 관련되어 수사기관에서 조사를 받고 있는 경우, ⑧ 경찰공무원으로서의 품위를 크게 손상하는 비위(非違)로 인한 감사 또는 조사가 진행 중이어서 해당 직위를 유지하는 것이 부적절하다고 판단되는 경찰공무원을 전보하는 경우, ⑨ 경찰기동대 등 경비부서에서 정기적으로 교체하는 경우, ⑩ 교육훈련기관의 교수요원으로 보직하는 경우, ⑪ 시보임용 중인 경우, ⑫ 신규채용된 경찰공무원을 해당 계급의 보직관리기준에 따라 전보하는 경우 및 이와 관련한 전보의 경우, ⑬ 감사담당 경찰공무원 가운데 부적격자로 인정되는 경우는 예외이다(경찰공무원임용령 제27조 제1항 단서).

(5) 휴직

휴직(休職)이란 경찰공무원으로서의 신분은 보유하면서 직무 담임을 일정한 기간 동안 해제하는 행위를 말한다(국가공무원법 제73조 제1항 참조). 휴직은 직위해제와 달리 제재적 성격이 없음이 특징이다. 휴직의 종류에는 임용권자의 직권에 의한 직권휴직과 경찰공무원 본인의 의사에 의해 임용권자가 행하는 의원휴직이 있다.

(6) 직위해제

직위해제(職位解除)라 함은 공무원 본인에게 직위를 계속 유지시킬 수 없는 사유가 있는 경우에 직위를 부여하지 않는 것을 말한다(국가공무원법 제73조의3 제1항 참조). 직위해제는 휴직과는 달리 제재적(制裁的) 성격을 가지는 보직의 해제이며 또한, 복직이 보장되지 않는다.

직위해제처분이 공무원에 대한 불이익한 처분이긴 하나 징계처분과 같은 성질의 처분이라 할 수 없으므로 동일한 사유로 직위해제처분을 하고 다시 감봉처분(減俸處分)을 했다 하여 '일사부재리(一事不再理)의 원칙'에 위배된다 할 수 없다(大判 1983.5.24, 82누410).

(가) 직위해제 사유

직위해제의 사유로는 ① 직무수행 능력이 부족하거나 근무성적이 극히 나쁜 자, 이 경우 직위해제된 자에 대해 3월 이내의 기간 대기(待機)를 명한다(국가공무원법 제73조의3 제3항). ② 파면·해임·강등 또는 정직에 해당하는 징계 의결이 요구 중인 자, ③ 형사사건으로 기소된 자(약식명령으로 기소된 때는 제외), ④ 고위공무원단에 속하는 일반직공무원으로서 제70조의2 제1항 제2호 및 제3호의 사유[8]로 적격심사를 요구받은 자 등이다.

(나) 직위해제의 효과

직위가 해제되면 담당할 직무가 없으므로 직무에 종사하지 못하며, 직무수행을 전제로 한 출근 의무도 없다.

직위해제 사유가 소멸한 때에는 임용권자 또는 임용제청권자는 지체없이 직위를 부여해야 한다(국가공무원법 제73조의3 제2항).

대기 명령을 받은 자에게 능력 회복이나 근무성적의 향상을 위한 교육훈련 또는 특별한 연구과제의 부여 등 필요한 조치를 하여야 한다(국가공무원법 제73조의3 제4항). 직무 수

---

[8] 국가공무원법 제70조의2(적격심사) ① 고위공무원단에 속하는 일반직공무원은 다음 각 호의 어느 하나에 해당하면 고위공무원으로서 적격한지 여부에 대한 심사(이하 "적격심사"라 한다)를 받아야 한다. 2. 근무성적평정에서 최하위 등급의 평정을 총 2년 이상 받은 때. 이 경우 고위공무원단에 속하는 일반직공무원으로 임용되기 전에 고위공무원단에 속하는 별정직공무원 또는 계약직공무원으로 재직한 경우에는 그 재직기간 중에 받은 최하위등급의 평정을 포함한다. 3. 대통령령으로 정하는 정당한 사유 없이 직위를 부여받지 못한 기간이 총 2년에 이른 때

행 능력이 부족하거나 근무성적이 극히 불량함으로 인해 직위해제를 당한 경우, 대기명령을 받은 기간 중 능력 또는 근무성적의 향상을 기대하기 어렵다고 인정될 때에는 징계위원회의 동의를 얻어 임용권자가 직권면직시킬 수 있다(경찰공무원법 제22조 제1항 제1호 및 동조 제2항).

직위해제 기간은 승진소요 최저연수에 산입되지 아니하며(공무원임용령 제31조 제2항), 직위해제된 자에게는 봉급의 8할을 지급한다.

형벌과 사형제도

(1) 사형수의 소원

옛날에 왕을 위하여 열심히 일해 온 광대가 있었다. 그런데 어느 날 그 광대가 돌이킬 수 없는 실수를 저질러 왕의 노여움을 사 사형에 처해지게 되었다. 왕은 그동안 광대가 자신을 위해 노력한 것을 감안하여 마지막으로 자비를 베풀기로 했다.

"너는 큰 실수를 저질러 사형을 면할 수는 없다. 그러나 그간의 정을 감안하여 너에게 선택권을 줄 것이니 어떤 방법으로 죽기를 원하느냐?"라고 말했다.

광대가 말했다.

"그냥 늙어서 죽고 싶사옵니다."

(2) 잔혹한 아내

교수형을 선고받은 사내에게 아내가 최후의 면회를 왔다. 아내가 말했다.

"여보, 사형 현장을 아이들에게 보여주고 싶은데요."

"절대 안돼!"

"그래요. 정말 죽을 때까지 당신답군요. 여태까지 살아오면서 당신은 한 번도 아이들을 즐겁게 해준 적이 없었지요."

1. 형벌의 종류와 형벌의 경중

(1) 형벌의 종류

　형벌은 국가가 범죄에 대한 법률효과로서 범죄자에게 그 책임을 전제로 일정한 법익을 박탈하는 것이다. 형법은 형벌의 종류로 사형, 징역, 금고, 자격상실, 자격정지, 벌금, 구류, 과료, 몰수 9가지를 규정하고 있다(형법 제41조).

　이를 형벌에 의해 박탈되거나 제한되는 법익의 종류에 따라 생명형, 자유형, 재산형, 명예형으로 구분할 수 있다. 생명형은 생명이 박탈되는 사형(死刑), 자유가 제한되는 자유형에는 징역·금고·구류, 재산에 대한 제재를 가하는 형벌인 재산형에는 벌금·과료·몰수가 있다. 명예를 제한하는 자격형에는 자격상실·자격정지가 있다.

① 생명형

　사형(死刑)은 국가가 수형자의 생명을 박탈하는 형벌이다. 형벌 중에 가장 무거운 형이다. 우리나라 역시 형법상 살인죄, 내란죄 등과 다수의 특별법에서 사형범죄를 규정하고 있다. 그러나 우리나라는 1997년 12월 30일 마지막으로 사형이 집행된 후로 2017년까지 사형을 집행하지 않고 있기 때문에 국제적으로는 '실질적 사형폐지국가'로 분류되고 있다.

　사형의 집행 방법은 원칙적으로 교수형이나 군형법을 적용받는 경우 총살형으로 집행할 수도 있다. 또한 범죄자의 나이가 만 18세 미만인 경우에는 소년법에 따라 사형이 선고되지 않는다. 소년법은 "죄를 범할 당시 18세 미만인 소년에 대하여 사형 또는 무기형(無期刑)으로 처할 경우에는 15년의 유기징역으로 한다"규정하고 있다(소년법 제59조).

② 자유형

　자유형(自由刑)은 수형자의 신체적 자유를 박탈하는 형벌이다. 자유형 가운데 가장 무거운 형벌은 징역(懲役)으로 교도소에 수형자를 구치하여 노역하는 것을 말한다. 징역에는 유기징역과 무기징역이 있으며 유기징역의 경우 기간이 1개월 이상 30년 이하이고, 형이 가중될 경우 50년까지 가능하다. 무기징역은 원칙적으로 종신형이지만, 20년이 지난 후에는 가석방이 가능하다.

　금고(禁錮)는 징역과 같이 수형자를 교도소 내에 구치하지만, 노역이 부과되지 않는다는 점에서 징역과 차이가 있다. 금고에도 유기와 무기가 있으며 기간은 징역과 같다.

　구류는 수형자를 교도소에 구치라는 형벌이다. 그러나 기간이 징역에 비하여 1일 이상 30일 미만으로 단기의 형벌이라 할 수 있다.

③ 재산형

　재산형은 범죄자로부터 일정한 재산을 박탈하는 형벌이다. 재산형에는 벌금, 과료, 몰수가 있다. 벌금(罰金)은 5만 원 이상의 액수가 부과되며 규정된 상한은 없다. 벌금은 판결이 확정되고 30일 이내에 납입해야 하고, 납입하지 않는 경우에는 1일 이상 3년 이하의 기간 동안 노역장에 유치하여 작어에 복무하게 한다.

　과료(科料)는 그 금액이 2천 원 이상 5만원 미만의 액수가 부과되며, 판결이 확정되고 30일 미만의 기간 동안 노역장에 유치하여 작업에 복무하게 한다. 과료는 행정벌인 과태료와 구별되는 형벌이다. 몰수(沒收)는 범죄자가 범죄로부터 얻었거나, 범죄와 관련 있는 재산을 국가가 박탈하는 것으로 원칙적으로 다른 형에 부가하여 과하는 형벌이다. 몰수의 대상으로는 범죄로 인해 생긴 물건뿐만 아니라 범죄행위에 쓰였거나 쓰기 위해 준비했던 물건도 포함된다.

④ 자격형

　자격형은 범죄자의 명예나 자격을 박탈하는 것을 내용으로 하는 형벌이다. 자격형에는 자격상실과 자격정지가 있다.

　일정한 형의 선고가 있으면 그 형의 효력으로 당연히 일정한 자격이 상실되는 것이 자격상실(資格喪失)이며, 일정한 기간 동안 일정한 자격의 전부나 일부를 정지시키는 것이 자격정지(資格停止)이다. 자격정지에는 일정한 형의 선고를 받았을 때 자격이 당연히 정지되는 당연정지와 판결의 선고에 의하여 자격이 정지되는 경우가 있다. 자격정지 기간은 1년 이상 15년 이하이며 유기징역 또는 유기금고에 자격정지를 병과했을 경우에는 징역 또는 금고 집행을 종료하거나 면제된 날부터 자격정지기간을 기산하고, 자격정지만이 선고된 경우에는 판결이 확정된 날로부터 정지기간을 기산한다.

(2) 형벌의 경중

형의 경중은 형법 제41조 기재의 순서에 의한다.   따라서 형의 경중은 사형→징역→금고→자격상실→자격정지→벌금→구류→과료→몰수의 순서에 의한다. 단, 무기금고와 유기징역은 금고를 중한 것으로 하고 유기금고의 장기가 유기징역의 장기를 초과하는 때에는 금고를 중한 것으로 한다(형법 제50조 제1항).

또한, 동종의 형은 장기의 긴 것과 다액의 많은 것을 중한 것으로 하고 장기 또는 다액이 동일한 때에는 그 단기의 긴 것과 소액의 많은 것을 중한 것으로 한다(형법 제50조 제2항).

2. 형의 집행의 순서

형의 집행은 '중형우선집행의 원칙'이 적용된다. 2이상의 형의 집행은 자격상실, 자격정지, 벌금, 과료와 몰수 외에는 그 중한 형을 먼저 집행한다(형사소송법 제462조 본문). 따라서 형의 집행순서는 사형, 징역, 금고, 구류의 순이 된다. 형의 경중은 주로 자유형인 징역과 금고(禁錮) 사이에 문제된다. 일반적 형의 서열로 보면 징역형이 금고형보다 중하나 금고형의 형기가 징역형의 형기보다 장기인 경우에는 금고형이 중한 형이 된다.[1]

예외적으로 검사는 소속장관의 허가를 얻어 중한 형의 집행을 정지하고 다른 형의 집행을 할 수 있다(형사소송법 제462조 단서). 이는 수형자가 가석방의 요건을 빨리 갖추도록 하려는 것이다.

3. 사형의 집행

사형(死刑)은 법무부장관의 명령이 있는 경우에만 집행할 수 있다(형사소송법 제463조). 법무부장관은 판결이 확정된 날로부터 6월 이내에 사형집행명령을 하여야 한다(형사소송법 제465조 제1항). 법무부장관이 사형집행을 명한 때에는 5일 이내에 집행하여야 한다(형사소송법 제466조).

사형은 교도소 또는 구치소 내에서 교수(絞首)하여 집행한다(형법 제66조). 사형의 집행에는 검사·검찰서기관 또는 검찰사무관과 교도소장 또는 구치소장이나 그 대리자가

---

1)   최영승, 『형사소송법』, 피앤씨미디어(2013), 461면.

참여하여야 한다.

　사형선고를 받은 자가 심신장애로 의사능력이 없는 상태에 있거나 잉태 중에 있는 여자인 경우에는 법무부장관은 명령으로 사형집행을 정지한다. 이때는 심신장애가 회복되거나 출산한 후에 사형집행을 명한다.

4. 생명권과 사형제도 존폐론

(1) 헌법상 생명권

　생명은 순수한 자연적 개념이다. 따라서 생명이란 비생명적인 것 또는 죽음에 대칭되는 인간의 인격적·육체적 존재형식, 즉 생존을 의미한다.

　현행헌법은 독일기본법(제2조 제2항)·일본헌법과 달리 명문규정은 없지만 학설과 판례는 생명권을 헌법상의 기본권으로 인정하고 있다. 생명권의 헌법적 근거를 어디서 찾을 것인가에 관하여는 견해의 대립이 있다. 살아있는 사람의 생명에의 권리는 인간의 본질적 가치에 해당하며 생명을 박탈하는 것은 인간의 존엄과 가치를 침해하는 것이므로 생명권의 헌법적 근거는 헌법 제10조의 인간의 존엄과 가치에서 찾는 것이 타당하다고 본다.[2]

(2) 사형제도와 존폐론

　사형(死刑)의 기원은 인류의 역사 초기로까지 거슬러 올라간다. 가장 오래된 실정법인 기원전 18세기의 함무라비 법전은 '눈에는 눈, 이에는 이'라는 동해보복(同害報復) 사상에 입각한 형벌을 제시하였고, 사형이 부과되는 범죄 30여 개가 규정되어 있었다. 사형은 역사상 가장 오래된 형벌이다. 일례로 구약성경에서 알 수 있는 당시 율법은 대부분 사형으로 범죄를 응징하고 있다. 한편, 고조선 8조법에도 "사람을 살해한 자는 죽음으로 갚는

---

2)　판례(대법원, 헌재) : ⅰ) 생명은 한 번 잃으면 영원히 회복할 수 없고, 이 세상 무엇과도 바꿀 수 없는 절대적 존재이며, 한 사람의 생명은 전 지구보다 무겁고 또 귀중하고 엄숙한 것이며, 존엄한 인간존재의 근원인 것이다(1967.9.19. 대판 67도988). ⅱ) 인간의 생명은 고귀하고, 이 세상에서 무엇과도 바꿀 수 없는 존엄한 인간존재의 근원이다. 이러한 생명에 대한 권리는 비록 헌법에 명문의 규정이 없다하더라도 인간의 생존본능과 존재목적에 바탕을 둔 선험적이고 자연법적인 권리로서 헌법에 규정된 모든 기본권의 전제로서 기능하는 기본권 중의 기본권이라 할 것이다(1996.11.28. 95헌바1).

다."는 조항이 있어 사형이 집행됐음을 알 수 있다.[3]

현행 형법은 형벌의 종류로서 사형을 규정하고 있다(형법 제41조). 형법각칙이 법정형으로 사형을 규정하고 있는 범죄는 내란죄(제87조), 외환유치죄(外患誘致罪)(제92조), 여적죄(與敵罪)(제93조), 살인죄(제250조), 강도살인·치사죄(제338조) 등 16종이 있다. 또한 특별 형법에도 많은 사형규정을 두고 있다. 예를 들어, 국가보안법의 경우 45개, 특정범죄가중처벌법의 경우 378개, 군형법의 경우 70개 항목에서 사형을 규정하고 있다.

사형제도를 찬성하는 사형존치론(死刑存置論)은 가해자의 응징, 위하력(威嚇力), 범죄자의 격리, 국민의 법감정(法感情), 여러 가지 사회상황 등을 논거로 들고 있다. 사형제도의 존치론은 ① 형벌의 목적을 우선적으로 '응보(Retribution)'에 둠으로써 가해자에 대한 가장 강력한 응징이나 보복으로서 정당화 될 수 있다. ② 위하력(威嚇力)은 범죄에 대한 형벌을 규정함으로써 일반인에게 범죄를 저지르지 못하도록 위협하고 겁주는 효과를 말하는데, 인간이 본질적으로 가장 애착을 가지는 것이 생명이므로 이를 박탈하는 형벌의 예고는 범죄행위에 대한 가장 강력한 위하가 될 것이라고 보는 견해로서 사형존치 논거의 기초로 삼고 있다. ③ 사형제도는 극악한 범죄자를 사회로부터 영원히 격리함으로써 선량한 시민을 보호하는 효과가 있다고 보는 견해이다. ④ 사형은 존치되어야 한다는 것은 일반국민이 갖고 있는 법적 확신에 기초하고 있다고 보는 논거이다. 살인죄에 대한 형벌로서의 사형은 사회질서를 유지하기 위하여 극악무도한 살인범을 배제하려는 국민적 정의관념의 발로이므로 현재의 조건으로 사형은 존치시켜야 한다고 보는 이론이다.[4] ⑤ 폐지론자들이 사형대신 제시하는 종신형제도는 경제적인 부담도 크거니와 오히려 비인간적일 수도 있다. ⑥ 사형제도의 폐지는 현실적인 정치적·사회적 여러 가지 사정을 고려할 때 아직 '시기상조'라는 논거를 들고 있다.

사형제도를 반대하는 사형폐지론(死刑廢止論)은 인도주의, 오판의 위험, 사형제도의 위하력 없음, 사형제도의 정치적 악용 가능성 등을 논거로 들고 있다.

① 인도주의(人道主義)는 종교적 입장에서 출발한 논거로 사형은 인간을 향하여 행하는 행위 중에서 가장 가혹한 행위이므로 당연히 폐지되어야 한다고 보는 논거이다. 사형은 종교적 견지에서도 허용될 수 없다. 인간의 생명은 신만이 허용한 것이며, 생명을 줄 수

3) 사형제도의 기원과 역사에 대해서는 카를 브루노 레더·이상혁 옮김, 『사형』, 하서(2003) 참조.
4) 齊藤靜敬, 『死刑再考論』, 成文堂(1980), 125면 이하 참조.

없는 인간이 형벌이라는 미명으로 생명을 박탈 할 권리가 없다. ② 사형제도의 존치를 주장하는 입장에서는 사형제도의 위하력(威嚇力)을 절대적으로 신뢰하지만, 사형 폐지입장에서는 위하력을 인정하지 않는다. 사형제도는 생각하는 만큼의 위하력을 갖고 있지 않으며, 위하력에 대한 객관적인 증명이 불가능하다. 또한 사행집행을 행한 다음 날에도 살인이 발생한다는 점이다. ③ 재판은 신(神)이 아닌 인간인 법관에 의하여 행하여지는 것이므로 법관의 '오판(誤判)가능성'을 배제할 수 없다는 점에서 사형제도에 반대하는 가장 강력한 논거이다. 사형 존치론자들은 오늘날의 형사재판은 철저한 증거재판주의에 입각해 있기 때문에 오판의 가능성은 없다고 말하지만, 검사와 판사도 전지전능한 신이 아니며 불완전하기 짝이 없는 인간일 뿐이다. 단 한 번의 오판(誤判)은 생명을 박탈당한 사람의 생명회복이 불가능하다는 점이다. ④ 사형제도 만큼 '정치적으로 악용(惡用)'될 가능성이 많은 제도도 없다는 점에서 사형제도의 폐지 논거로 주장된다. 사형은 권력자나 독재자가 자기의 정적(政敵)이나 반대자를 단숨에 침묵시키고 제거할 수 있는 효율적 수단으로 악용되어온 대표적인 형벌이므로 폐지해야한다. 인류역사가 보여주는 엄연한 사실이다.[5] ⑤ 형벌의 본질은 죄를 범한 범죄인을 교육하고 교화하여 건전한 사회인으로 복귀시키는 것이다. 따라서 교육과 교화를 근원적으로 포기하는 사형은 형벌의 본질에 반하는 제도이므로 허용될 수 없다. ⑥ 사형은 인간이 생명을 누리고 살아갈 수 있는 '생명권'을 근본적으로 부정하는 것이므로 헌법에 위반된다고 본다. 또한 사형은 불공평한 제도이므로 폐지해야 한다. 같은 살인을 하였어도 강자보다는 약자가 사형에 의하여 희생된다. 이것은 정의도, 공평도 아닌 엄연한 차별인 것이다.

---

5) 정적(政敵)을 법률의 이름으로 사형에 처하여 영원히 제거하는 독재나 사형제도를 교묘하게 악용하여 정적을 무기력화 또는 말살하는 음모가 항상 있을 수 있다. 정치적 암살의 방법으로 사형제도의 악용은 독재권력이 이용해 온 것은 상식이다. 그러한 일을 방지하기 위해서도 사형제도는 폐지해야 한다. 미국인권회의에서 제시한 것처럼 정치범과 양심수에 대한 사형은 절대로 금지되어야 한다는 말이 나와도 전혀 이상하지 않는것이 이 점이다(한상범, 새 천년을 사형 폐지로 맞자, 「死刑廢止에 관한 特別法' 立法促求 決意大會」자료집, 1999, 13면).

(4) 사형제도에 대한 대법원과 헌법재판소의 입장

대법원은 사형제도를 기본적으로 인정하면서도 중범죄에 한하여 특별한 경우에만 제한적으로 허용될 수 있다는 입장이다.

대법원은 사형제도에 대하여, "인도적 또는 종교적 견지에서 존귀한 생명을 빼앗아가는 사현제도는 모름지기 피해야 할 일이겠지만 한편으로는 범죄로 인하여 침해되는 또 다른 귀중한 생명을 외면할 수 없고 사회공공(社會公共)의 안녕과 질서를 위하여 국가의 형사정책상 사형제도를 존치하는 것도 정당하게 긍인 할 수밖에 없는 것이므로 형법 제338조가 그 법정형(法定刑)으로 사형을 규정하였다 하더라도 이를 헌법에 위반되는 조문이라고 할 수 없다."(1987.9.8. 대판 87도1458)고 판결하였고, "사형은 인간의 생명 그 자체를 영원히 박탈하는 극형으로서 그 생명을 존치시킬 수 없는 부득이한 경우에 한하여 적용되어야 할 궁극의 형벌이므로 사형을 선택할 경우에는 범행의 동기, 태양, 범행의 수단, 잔학성, 결과의 중대성, 피해자의 수, 피해감정, 범인의 연령, 범행후의 정황 등 제반 사정을 참작하여 죄책이 심히 중대하고 죄형의 균형이나 범죄의 일반예방의 견지에서도 극형이 불가피한 경우 한정되어야 한다"(1987.10.13. 대판87도1240)며 사형선고 자제론의 입장을 보이고 있다. 또한, "우리 법이 사형제도를 두고 있지만, 사형은 사람의 목숨을 빼앗는 마지막 형벌이므로, 사형의 선고는 범행에 대한 책임의 정도와 형벌의 목적에 비추어 그것이 정당화될 수 있는 특별한 사정이 있는 경우에만 허용되어야 하고, 따라서 사형을 선고함에 있어서는 범인의 연령, 직업과 경력, 성행, 지능, 교육정도, 성장과정, 가족관계, 전과의 유무, 피해자와의 관계, 범행의 동기, 사전계획의 유무, 준비의 정도, 수단과 방법, 잔인하고 포악한 정도, 결과의 중대성, 피해자의 수와 피해감정, 범행 후의 심정과 태도, 반성과 가책의 유무, 피해회복의 정도, 재범의 우려 등 양형의 조건이 되는 모든 사항을 참작하여 위와 같은 특별한 사정이 있음을 명확하게 밝혀야 한다"며, 대법원은 사형제도를 기본적으로 인정하면서 특별한 경우에 한하여 제한적으로 허용해야 한다는 입장을 견지하고 있다고 판단된다(1994.3.22. 대판93도3612; 1998.6.9. 대판98도980; 2001.3.9. 대판2000도5590 판결 참조).

헌법재판소는 생명권과 사형제도에 관한 헌법소원에서, "(가) 생명권 역시 헌법 제37조 제2항에 의한 일반적 법률유보의 대상이 될 수밖에 없는 것이나, 생명권에 대한 제한은 곧 생명권의 완전한 박탈을 의미한다 할 것이므로, 사형이 비례의 원칙에 따라서 최소한

동등한 가치가 있는 다른 생명 또는 그에 못지 아니한 공공(公共)의 이익을 보호하기 위한 불가피성이 충족되는 예외적인 경우에만 적용되는 한, 그것이 비록 생명을 빼앗는 형벌이라 하더라도 헌법 제37조 제2항 단서에 위반되는 것으로 볼 수는 없다. (나) 모든 인간의 생명은 자연적 존재로서 동등한 가치를 갖는다고 할 것이나 그 동등한 가치가 서로 충돌하게 되거나 생명의 침해에 못지아니한 중대한 공익을 침해하는 등의 경우에는 국민의 생명·재산 등을 보호할 책임이 있는 국가는 어떠한 생명 또는 법익이 보호되어야 할 것인지 그 규준을 제시할 수 있는 것이다. 인간의 생명을 부정하는 등의 범죄행위에 대한 불법적 효과로서 지극히 한정적인 경우에만 부과되는 사형은 죽음에 대한 인간의 본능적 공포심과 범죄에 대한 응보욕구가 서로 맞물려 고안된 "필요악"으로서 불가피하게 선택된 것이며 지금도 여전히 제 기능을 하고 있다는 점에서 정당화될 수 있다. 따라서 사형은 이러한 측면에서 헌법상의 비례의 원칙에 반하지 아니한다 할 것이고, 적어도 우리의 현행 헌법이 스스로 예상하고 있는 형벌의 한 종류이기도 하므로 아직은 우리의 헌법질서에 반하는 것으로 판단되지 아니한다"(1996.11.28. 95헌바1).[6]

---

6) 생명권과 사형제도에 대한 자세한 헌법적 검토는 이철호, "헌법상 생명권과 사형제도", 공법논총 제5호, 한국국가법학회(2009.8), 327-343면 참조.

13

과태료와 과료

당신은 흔들었잖아!

어느 여인이
길 가다가 소변이 마려워 길가에서 앉아
소변을 봤다.

이것을 본,
경찰관이 다가가서 경범죄 과태료를 2만원을 부과했다.

바로 그 때,
뒤쪽에서 남자가 소변을 보았다.
경찰은 남자에게 과태료 4만원을 부과했다.

기분이 상한 남자가 신경질을 내며 물었다.

"저 여자는 2만원인데 나는 왜 4만원이요."

"당신은 흔들었잖아!!"

1. 과태료

과태료(過怠料)는 행정법규 등 형벌의 성질을 가지지 않는 법령 위반에 대해 행정청이 부과하는 금전적 징계를 말한다.

과태료는 우리 법제상 여러 가지 금전벌(金錢罰)의 명칭으로 사용되고 있지만 모든 경우를 통하여 형벌로써 부과하는 것은 아니다. 과태료에는 집행벌, 즉 일정한 부작위 또는 타인을 대신하여 이행할 수 없는 작위의무의 이행을 심리적으로 강제하기 위하여 부과하는 것과 징계처분의 일종으로써 부과하는 것 등이 있는데 그 중에서도 가장 예가 많은 것은 민사상·소송법상 또는 행정상의 질서벌(秩序罰)로써 부과되는 것이다.

법률질서에 대한 위반이기는 하나 형벌을가할 만치 중대한 일반사회법익의 침해가 아니라고 인정하는 것에 대하여 현행법제상 과태료가 질서벌로써 부과되고 있는 것이다.

2. 과료

과료(科料)는 형벌중 재산형의 하나로, 주로 경미한 범죄에 과하고 있다. 그 금액이 2천원 이상 5만원 미만의 액수가 부과된다(형법 제47조). 과료는 판결확정일로부터 30일내에 납입하여야 한다. 과료를 납입하지 아니한 자는 1일 이상 30일 미만의 기간 노역장에 유치하여 작업에 복무하게 한다(형법 제69조 제1항 및 제2항). 과료를 선고할 때에는 납입하지 아니하는 경우의 유치기간을 정하여 동시에 선고하여야 한다(형법 제70조). 과료는 행정벌의 일종인 '과태료(過怠料)'와 구별하여야 한다.

3. [헌법재판소 결정] : 형법 제69조 제2항 등 위헌소원

벌금미납자를 노역장에 유치하여 신체를 구금하는 형법 제69조 제2항 및 제70조 중 각 '벌금' 부분이 과잉금지원칙에 위반되는지 여부에 대해, 헌법재판소는 "이 사건 법률조항들은 벌금의 철저한 징수를 통하여 벌금형의 형벌효과를 유지, 확보하기 위한 것으로서 입법목적의 정당성이 인정되며, 벌금을 납입하지 아니할 경우 자유박탈을 내용으로 하는 노역장 유치는 벌금납입을 대체 혹은 강제할 수 있는 유효한 수단이라는 점에서 수단의 적합성도 갖추었다. 또한 사회봉사특례법의 일정한 요건을 충족할 때에는 노역장유치를 사회봉사명령으로 대신하여 집행할 수 있고, 집행사무규칙에 의하여 벌금의 분납·연기신청이 가능하며, 노역장유치기간이 제한되어 있는 점 등을 감안하면 피해의 최소성 원칙에 반한다고 볼 수 없다. 마지막으로 노역장유치를 통하여 벌금형의 집행율을 제고하고 형벌의 목적을 달성하려는 공익은 노역장유치자가 입게 되는 불이익에 비하여 현저히 작다고 할 수 없으므로 법익 균형성에 위배된다고도 할 수 없어 이 사건 법률조항들은 과잉금지원칙에 위배되지 아니한다. 또한 노역장유치는 경제적 능력의 유무와는 상관없이 모든 벌금미납자에게 적용되므로 이 사건 법률조항들이 경제적 능력이 없는 자를 경제적 능력이 있는 자와 차별하기 위한 것이라고 보기는 어렵고, 1일 환산금액은 법원이 벌금 총액 및 피고인의 경제적 능력 등을 고려하여 결정하는 것이므로 이 사건 법률조항들에 의하여 1일 환산금액에 따른 차별이 발생하는 것이 아니며, 노역장유치처분을 받은 벌금미납자가 실형이 선고된 수형자와 동일하게 신체구금을 당하게 된다고 하더라도, 앞에서 본 바와 같은 합리적 이유가 있으므로, 이 사건 법률조항들은 평등원칙에도 위배되지 않는다."(헌재 2011.9.29, 2010헌바188).

14

헌법상 고문금지와
한국사회를 뒤흔든 고문사건

 진짜 지옥

일평생 죄를 지으며 산 사내가 지옥에 떨어지자 그곳의 문지기가 말했다.

"네가 갈 지옥을 선택하거라."

문지기는 사내를 끌고 첫 번째 방으로 갔다.

그곳에는 사람들이 인간의 모습이 아닌 모양으로 엎어져서 계속 맞는 사람이 있었다.

두 번째 방 사람은 온몸을 쇠사슬로 휘감은 채 악마들에게 불꼬챙이로 고문(拷問)을 당하고 있었다.

첫 번째, 두 번째를 거절하고 사내는 마지막 방으로 갔다.

그 방 안에서는 늙고 추한 사내가 멋지고 늘씬한 금발 미녀와 키스를 하며 사랑을 나누고 있었다.

이 모습을 보고 환희에 찬 사내는 소리쳤다.

"여기로 하겠소!"

그러자 문지기가 문을 벌컥 열며 소리쳤다.

"이봐, 여자! 너 밖으로 나와. 이제 넌 구원받았어!"

1. 고문

헌법은 「모든 국민은 고문을 받지 아니하며, 형사상 자기에게 불리한 진술을 강요당하지 아니한다」고 하여 고문(拷問)을 받지 아니할 권리와 묵비권(黙秘權)을 규정하고 있다(헌법 제12조 제2항).[1] 고문은 사람이 만들어낸 최악의 형태로서 문명의 수치이고 현대의 야만이다. 고문(拷問, torture)이란, '몸을 비틀다'는 뜻의 라틴어 'torquere'에서 유래한 것으로, 자백을 강제하기 위하여 가해지는 폭력을 의미한다.

볼테르(Voltaire)는 "진실을 찾기 위해 고문을 가하는 것은 누구 진범인지를 가리기 위해 결투를 신청하는 것만큼이나 우둔한 짓이다. 흔히 건장한 범인은 고통을 이겨내는 반면 무고하지만 병약한 사람은 고통 앞에 무릎을 꿇는다."는 이유를 들어 고문을 반대했다.

1978년 프랑스혁명의 '인권선언'은 무죄추정의 원칙과 고문(拷問)과 잔혹한 형벌 금지 및 죄형법정주의 등 근대 형사법의 원칙을 명시했다. 시민혁명은 봉건사회의 야만적 악습인 고문과 잔혹한 형벌의 폐지에서 출발한 것이다.

고문이라는 말은 원래는 고문대나 그 밖의 도구를 이용하여 인체를 비틀어대는 것을 뜻했으나 강렬한 조명을 비추든가 기아 상태에 빠뜨리기도 하고 때로는 펜트타아르(진실 토로약, 眞實吐露藥)를 사용하든가 해서 수인을 장시간 잠을 재우지 않고 두는 기술 따위도 포함되는 것으로 일반에게는 해석되고 있다.[2]

현대에 와서 고문에 대한 정의(定意)는 1975년 12월 9일 유엔의 '고문방지협약선언'과 1975년 세계의사회(The World Medical Association)의 '도쿄선언'으로 정립되기 시작했다. 이들은 고문을 "한 사람 또는 다수의 사람이 단독으로든 당국의 지시에 의해서든 다른

---

1) 〈고문 및 그 밖의 잔혹한 비인도적인 또는 굴욕적인 대우나 처벌의 방지에 관한 협약(Convention against Torture and Other Cruel, Inhuman or Degrading Treatment or Punishment)〉 제1장 제1조 제1호에서 고문을 다음과 같이 규정하고 있다. "이 협약의 목적상 '고문'이라 함은 공무원이나 그 밖의 공무 수행자가 직접 또는 이러한 자의 교사·동의·묵인 아래, 어떤 개인이나 제3자로부터 정보나 자백을 얻어내기 위한 목적으로, 개인이나 제3자가 실행하였거나 실행한 혐의가 있는 행위에 대하여 처벌을 하기 위한 목적으로, 개인이나 제3자를 협박·강요할 목적으로, 또는 모든 종류의 차별에 기초한 이유로, 개인에게 고의로 극심한 신체적·정신적 고통을 가하는 행위를 말한다. 다만, 합법적 제재조치로부터 초래되거나, 이에 내재하거나 이에 부수되는 고통은 고문에 포함되지 아니한다."

2) Daniel P. Mannix, 『拷問의 世界』(원제 The History of Torture), 대진출판사(1975), 21면.

사람으로부터 정보나 자백을 받아내거나 또다른 목적을 달성하기 위해 고의적으로, 또는 제도적으로 불합리하게 고통을 가함으로써 정신적·육체적으로 해를 가하는 행위"라고 정의하였다. 그리고 국제사면위원회(Amesty International)와 유엔은 1985년과 1987년에 각각 이를 수정·재정립하여 "고문이란 개인이나 집단이 상부의 지시나 자의에 의해 당사자나 제3자에게서 강제로 정보나 자백을 얻어내기 위해, 또는 여하한 이유로 인해 의도적으로든 제도적으로든 상대방의 감정이나 인권을 고려하지 않은 상황에서 신체적·정신적 고통을 가하는 것"이라 정의하였다.[3]

우리 형사사법제도에서 일본 제국주의의 잔재(殘滓)는 정치사찰, 고문의 자행을 비롯해서 정치적 반대파에게 "빨갱이"나 "위험인물"딱지(낙인)를 붙여 사회적으로 매장하는 것, 피의자나 피고인 심문에서 처음부터 죄인 다루듯 하는 비하 모욕의 행위, 경찰·검찰 기타 정보기관에서 민간인을 죄인 다루듯 딱딱거리고 불편과 겁을 주는 것, 일단 기관에서 요시찰인으로 찍혀 기소되면 거의 절대로 풀려날 수 없는 올가미에 얽히게 되어 있는 폐습, 자기변명의 기회가 거의 무시되며 진행되는 관료적 사법절차 등이다.[4]

우리나라에서 고문의 악습은 독재자에게 빌붙은 일제하 친일 경찰관료와 함께 고스란히 그대로 이어졌다. 이승만 독재시기부터 군사정권에 이르기까지 고문은 독재정권 유지의 필수 제도가 되어 왔다. 독재정권이 끝나고 민주화된 정권에서도 야만적인 가혹행위가 발생하고 있다는 점에서 사법당국의 반성과 재발방지의 대책이 있어야 한다.[5]

고문의 금지는 절대적 금지이기 때문에 공공의 복리를 이유로 하여서도 고문은 결코 허용되지 않는다. 우리 헌법과 형사법은 고문방지의 실효성을 확보하기 위하여 ① 고문에 의한 자백의 증거능력을 제한하며(불법의 과실도 불법), ② 고문행위를 한 경찰·검찰 등의 공무원을 직권남용죄(職權濫用罪)로 처벌하며[6], ③ 고문당한 사람에게 공무원의 직무상 불법행위를 이유로 하는 국가배상청구권을 인정하고 있다.[7]

---

3) 고문 등 정치폭력 피해자를 돕는 모임, 『고문 인권의 무덤』, 한겨레신문사(2004), 24면.
4) 한상범·이철호, 『경찰과 인권』, 패스앤패스(2003), 93면.
5) 검찰의 수사관행에서 인지수사(認知搜查)의 경우 피의자나 참고인 등에 대한 압박의 문제이다. 고문이나 폭행 등 가혹행위는 거의 사라졌지만, "폭언" 등으로 모욕감을 주거나 잦은 소환조사로 지치게 만든 뒤 자백을 유도하는 수사수법은 여전하다는 점이다.
6) 2004년 살인 혐의로 조사받던 피의자를 숨지게 한 혐의로 서울지검 강력부 수사관들과 이를 공모·방조한 홍모(謀)검사에게 실형을 선고하고 법정구속한 사례도 있다.

2. 한국사회를 뒤흔든 고문사건

경찰의 고문사건으로 경찰조직 자체에 치명상을 준 사건으로 1986년 「부천서 성고문사건」과 1987년 「박종철군 고문 치사 사건」을 들 수 있다. 특히, '박종철군 고문치사사건'과 김근태고문사건의 당사자인 이근안(李根安) 경감 문제는 '잘못된 의리'로 인하여 경찰조직의 치명상을 가져다 주었다. 서로를 감싸주며 과거의 잘못된 관행에 안주하는 폐쇄적 조직과 법 집행으로는 국민들로부터 신뢰받는 경찰이 될 수 없다.

부천경찰서 성고문사건과 박종철군 고문치사사건은 우리 헌정사에 큰 영향을 준 사건이므로 그 개요를 간략하게 기술·설명한다.[8]

(1) 부천경찰서 성고문사건

부천경찰서 성고문사건은 타인의 주민등록증을 절취, 변조해 위장취업했다는 공문서위조 등의 혐의로 1986년 6월 4일 경기도 부천경찰서에 연행되어 조사를 받던 권인숙(당시 23살, 서울대 의류학과 4년 제적)이 부천경찰서 문귀동 경장으로부터 성적 모욕과 폭행을 당한 사건이다.

이 사건은 1987년 민주화투쟁의 시작이며 전두환 정권의 종말을 앞당기는 원동력이 된 사건으로 헌정사적으로도 그 의미가 큰 사건이다.

문귀동은 〈5·3인천사태〉 관련 수배자의 소재지를 파악하기 위해 1986년 6월 6일 새벽 4시 30분경부터 2시간 반 동안, 그리고 7일 밤 9시 30분경부터 2시간 동안 권양에게 성고문을 가하며 진술을 강요했다. 사건발생 약 1개월 만인 7월 3일 권양은 문귀동을 강제추행 혐의로 인천지검에 고소했다. 그러나 문귀동은 7월 4일 사실을 은폐한 채 권양을 명예훼손 및 무고혐의로 맞고소 했다.

7월 5일에는 홍성우·조영래·이돈명 변호사 등 권양의 변호인단이 문경장을 비롯하여 옥봉환 부천경찰서장 등 관련 경찰관 6명을 독직·폭행 및 가혹행위 혐의로 고발했다. 7월 5일 문경장은 권양을 무고혐의로 2차 고소했다.

---

7)   이철호外, 『헌법강의』, 21세기사(2015), 233면; 이철호, 『헌법과 인권』, 21세기사(2018), 60-61면.
8)   이하 내용은 한상범·이철호, 『경찰과 인권』, 패스앤패스(2005), 94-100면.

인천지검은 곧바로 수사에 착수하여 7월 16일 수사결과를 발표했다. 검찰은 권양의 성고문 주장에 대하여 "이번 사건에서 문제가 된 권양의 '성적 모욕'이라는 주장은 운동권 세력이 상습적으로 벌이고 있는 소위 의식화 투쟁의 일환"이라고 지적하며, 일선수사기관의 위신을 실추시킴으로써 반체제 혁명투쟁을 사회 일반으로 확산시켜 정부의 공권력을 무력화시키려는 의도로 판단된다며 부천경찰서 성고문 사건을 성격지우며 권인숙 양을 '혁명을 위해서는 성도 도구화하는 극력 좌경세력의 행동대원'으로 매도했다. 변호인단은 "검찰의 수사결과는 전혀 상식적으로 납득이 되지 않으며 국민들도 믿지 않을 것이라며, 검찰이 전례없이 진지한 자세로 수사에 임한 결과 권양의 성고문주장이 진실임을 밝혀냈으나 발표과정에서 왜곡하고 은폐해버렸다"며 항의 성명서를 발표했다.

검찰의 발표에 진상규명 및 공정수사를 촉구하는 국민여론이 빗발치고 7월 19일에는 서울명동성당에서 「성고문폭로대회」가 개최되어 경찰과 충돌로 이어졌고, 7월 28일에는 인천지검 현관복도에 불을 지르는 사건까지 발생했다.

8월 19일 인천지검은 문경장을 기소유예, 불기소처분했고, 옥봉환서장 등은 무혐의 결정을 내렸다. 9월 1일 166명으로 구성된 권양의 변호인단은 검찰의 결정에 불복, 인천지검에 재정신청을 냈으나, 인천지검과 서울지검에서 잇따라 기각당하였고, 서울고등법원에서도 재정신청을 기각당했다.

재정신청은 접수 1년 4개월만에 대법원에서 받아들여졌다. 1988년 1월 29일 대법원 현사4부는 권양의 재정신청 재항고사건중 문귀동 경장 부분을 파기, 서울고법으로 돌려보냈다. 파기환송된 재정신청에 대한 심리를 맡은 서울고법 형사4부는 한달 만인 1988년 2월 29일 재정신청을 받아들이고 재판회부결정을 내려 문귀동 경장은 법정에 서게 됐다. 재판부는 문귀동 경장을 독직폭행 및 가혹행위 혐의로 인천지법에 기소했다. 문귀동 피고인에 대한 첫 공판은 1988년 5월 17일 인천지법에서 열렸다. 7월 16일 조영황 특별검사는 문귀동 피고인에게 법정최고형인 징역 15년에 자격정지 10년을 구형했다. 7월 23일 재판부는 문귀동 피고인에게 독직폭행, 가혹행위죄와 준강제추행죄를 적용, 징역 5년에 자격정지 3년을 선고했다. 1심판결에 대해 피고인 및 공소유지 담당 변호사 양쪽이 모두 항소했다. 항소심은 서울고법 형사2부 심리로 열렸으나 1988년 12월 6일 쌍방의 항소를 모두 기각, 원심형량을 그대로 유지했다. 1989년 3월 14일 대법원 4부는 문귀동 피고인의 상고를 기각함으로써 형량을 최정 확정했다. 한편 권양은 문귀동 피고인에 대한 재판이 진행되는 도중 국가를 상대로 손해배상 및 위자료 청구소송을 제기 4천만원의 승소판결을 받아냈다.

부천경찰서성고문사건은 그 진실확인의 과정에서 민주세력을 분기시키고 공권력의 부도덕성을 폭로하여 정권의 본질을 국민에게 인식시키는 데 공헌하였다. 특히, 이 사건은 성(性)이 고문의 도구로 이용되었다는 점에서 국민적인 충격과 공분을 자아내게 했다. 또한, 문귀동이라는 '비정상적'인 한 개인에 의하여 우발적인 충동으로 저질러진 단독범행이 아니고 경찰권력 조직 내부의 조직범죄로 여겨진다는 점에서 국민에게 더 큰 충격을 주었다. 더욱이 순결한 한 처녀가 온몸을 던져 진실을 폭로하고, 모든 민주세력이 이를 지원하고 나섬으로써 이 땅에 용기와 정의와 양심을 세울 수 있었던 인권운동의 위대한 승리였다(이상수, 부천서 성고문 사건, 《신동아》 1988년 1월호 별책부록 『現代韓國을 뒤흔든 60大事件』, 동아일보사, 324면 참조).

부천경찰서성고문사건은 한국의 권위주의 군사독재정권하에서 검찰과 사법부·언론의 자세와 주소를 파악할 수 있는 리딩 케이스라 할 수 있다.

부천경찰서의 성고문행위를 피해자의 진술과 공소장을 종합하여 기술하면 다음과 같다. "6월 5일 새벽 4시 30분쯤 조사실에서 인천사태 관련 수배자의 행방을 추궁하기에 모른다고 대답하자 옷을 벗으라고 명령, 겉옷 남방을 벗자 티셔츠 속으로 손을 집어넣어 가슴을 만지면서 나의 바지 지퍼를 풀고 옷을 벗겼다. 문 형사는 이 때 가슴을 들춰보면서 '너 처녀냐' '처녀같지 않다' '자위행위 해봤느냐'고 물은 뒤 '옷을 벗고 책상위로 올라가라'고 강요했다"(이상언, 부천서 성고문사건, 「시민과 변호사」 1999년 2월호, 서울지방변호사회, 62면). "상체를 만지다가 팬티 속으로 손을 넣어 음부를 수회 만지고 그녀를 일어나게 한 후 책상에 엎드리게 하고 바지와 팬티를 무릎 밑까지 내린 후 자기의 성기를 꺼내 그녀의 음부에 대고 대고 수회 비비는 등 그녀에게 성적 수치심을 자극하는 방법으로 신체적, 정신적 고통을 가하는 등 피해자의 항거불능상태를 이용, 추행한 것이다."(이상언, 앞의 글, 65면).

(2) 박종철군 고문치사사건

1987년 1월 14일 서울대생 박종철(朴鍾哲, 당시 21살 서울대 언어학과 3학년)이 치안본부 남영동 대공분실에서 서울대 「민주화추진위원회사건」 관련 수배자 박종운(朴鍾雲)의 소재 파악을 위한 조사를 받던중 조사요원 조한경(趙漢慶)경위와 강진규(姜鎭圭)경사의 고문으로 숨진 사건이다.

경찰은 처음에는 '책상을 탁치자 억하고 쓰러졌다'며 단순 쇼크사로 발표하였으나, 물고문과 전기고문의 심증을 굳히게 하는 최초 검안의 오연상(당시 중앙대 의대 교수)의 증언과 국립과학수사연구소의 황적준 부검의(剖檢醫)의 증언이 잇따라 신문지상에 보도되자 사건발생 5일 만인 1987년 1월 19일 물고문 사실을 공식 시인하고, 수사경관 조한경과 강진규를 특정범죄가중처벌법 위반(고문치사) 혐의로 구속하였다.

사건진상의 일부가 공개되자 신민당은 임시국회소집과 국정조사권 발동을 요구하는 등 정부여당에 대하여 대대적인 공세를 개시하였으며, 재야종교단체들은 규탄성명을 발표하고 진상규명을 요구하며 농성에 들어가는 한편, 각계인사 9천 명으로 구성된 '박종철군 국민추도회 준비위원회'를 발족하여 [2·7추도회]와 [3·3대행진]등이 경찰의 원천봉쇄로 무산되었다.

전두환 정권은 내무부장관 김종호와 치안본부장 강민창[9]의 전격 해임과 고문근절대책 수립 등으로 고문정권규탄과 민주화투쟁사태를 수습하려 하였다.

1987년 5월 21일 박종철군이 고문으로 숨진 지 130일이 지난 후 [천주교 정의구현전국사제단]은 박군의 고문치사사건에 가담한 경찰은 5명이었으며 박처원치안감, 유정방경

---

9) 1987년 6월 항쟁을 촉발시킨 '박종철 고문치사 사건' 당시 "책상을 '탁' 치니 '억' 하고 쓰러졌다"는 발언으로 전국민적 분노를 불러왔던 강민창 전 치안본부장이 6일 오후 11시 40분쯤 노환으로 사망했다. 경찰 등에 따르면 1933년 경북 안동에서 출생한 강민창 전 본부장은 6·25전쟁이 발발하자 안동사범학교를 중퇴하고 군에 입대해 전쟁에 참전했다. 종전 후 경찰에 입문해 1986년 1월 제10대 치안본부장으로 임명됐다. 전두환 정권 말기인 1987년 1월 14일, 서울대 언어학과 3학년이던 박종철씨가 고문 수사로 악명이 높았던 남영동 대공분실 509호에서 조사를 받다가 수사관들의 물고문으로 사망했을 때 강민창 전 본부장이 경찰의 최고 책임자였다. 경찰이 이를 조직적으로 은폐하려고 했지만 민주화운동 인사들의 갖가지 노력으로 사건의 진상이 언론에 보도됐다. 강민창 전 본부장은 박종철씨 사인이 물고문과 관계 없는 단순 쇼크사라면서 "책상을 '탁' 치니 '억' 하고 쓰러졌다"고 설명했다. 그러나 어처구니 없는 이 해명은 더 거센 반발을 불러왔고, 물고문이 있었을 것이라는 전국민적 의구심을 더욱 강하게 만들었다. 이 사건은 지난해 영화 '1987'을 통해 재조명되기도 했다. 박종철씨를 고문했던 경찰관과 함께 강민창 전 본부장도 직권남용과 직무유기 등의 혐의로 구속됐다. 1993년 7월 27일 대법원은 강민창 전 본부장에게 징역 8월에 집행유예 2년의 확정판결을 내렸다. 이에 대해 전두환 정권 시절 자행됐던 경찰의 수많은 고문 수사의 최고책임자로서 너무 가벼운 판결 아니냐는 비판도 나왔다("박종철, 탁 치니 억 하고…" 강민창 전 치안본부장 사망, 「서울신문」, 2018년 7월 10일 참조).

정, 박원택 경정 등 대공간부 3명에 의해 사건이 축소조작됐었다는 성명발표를 하였다.

전두환정권은 5월 26일 노신영 국무총리, 장세동 안기부장, 정호용 내무부장관, 김성기 법무부장관, 서동권 검찰총장 등 정권의 핵심인물에 대한 문책성 개각으로 국면전환을 꾀하였지만, 박종철군 고문치사사건과 경찰과 검찰의 사건은폐조작시도는 부도덕한 권력에 대한 국민의 반독재 민주화투쟁으로 전개되어 1987년 6·10시민항쟁으로 이어져 전두환정권의 몰락을 가져오는 계기가 되었다.

칼과 몽둥이의 힘보다 더 강한 것은 시민적 용기와 도덕적인 힘이라는 사실을 우리는 바로 박종철군고문치사사건을 통해 우리 역사현실에서 인식하였으며, 진실은 영원히 은폐되거나 조작될 수 없으며 진실에 바탕을 두지 않은 어떠한 공권력작용도 결국은 그 권력이 지향하는 안정을 약속해 줄 수 없다는 사실도 배웠다.[10]

3. 고문 사건과 교훈

고문과 같은 가혹행위(苛酷行爲)의 대표적인 사례로는 서울 신림동에서 발생한 살인사건의 범인으로 몰려 유죄를 선고받고 교도소 복역 중 우연히 진범이 붙잡힘으로 살인사건의 혐의를 벗은 '김기웅 순경사건'을 들 수 있다. 경찰조직에 몸담고 있는 현직 경찰이 살인사건의 용의자로 몰려 경찰에서 수사과정에서 본인의 부인에도 불구하고 범인으로 유죄판결을 받고 교도소에서 복역하는 도중 우연히 진범이 잡혀 자신의 혐의를 받고 풀려난 사건이다. 현직 경찰이 이러한 고통을 받았는데, 하물며 일반 시민들이야 어떠하겠는가?

'김기웅 순경 사건'에서 보는 바와 같이, 우리 경찰의 조그마한 실수와 무성의한 사건처리가 한 사람, 한 가족에게는 지울 수 없는 상처를 가져다 줄 수 있다는 것을 교훈으로 삼아 직무를 수행하며 아울러 "열 사람의 죄인(범인)을 놓치는 한이 있더라도 단 한 사람의 무고한 사람을 벌주어서는 안 된다"(Better ten guilty escape than one innocent suffers) 는 형사법의 원칙이 지켜져야 한다고 본다.

---

10) 김일수·박종철 군 고문치사사건, 신동아 1988년 1월호 별책부록 『現代韓國을 뒤흔든 60大事件』, 동아일보사, 345면.

15

고소(告訴)

(1) 참기름 장수가 고소당한 이유

참기름 장수가 경찰서에 잡혀갔다. 왜 잡혀갔을까?

→ *(참기름이 고소해서)*

(2) 라면과 참기름

라면과 참기름이 싸웠다. 얼마 후 라면이 경찰서에 잡혀갔다. 왜 잡혀갔을까?

→ *참기름이 고소해서….*

이윽고 참기름도 잡혀갔다. 왜 끌려갔을까?

→ *라면이 다 불어서….*

구경하던 김밥도 잡혀갔다. 왜?

→ *말려들어서….*

소식을 들은 아이스크림이 경찰서로 면회 가다가 교통사고를 당했다. 왜?

→ *차가와서….*

이 소식을 듣고 수프가 졸도했다. 왜?

→ *국물이 쫄아서….*

덩달아 계란도 잡혀갔다. 왜?

→ *후라이 쳐서….*

재수 없게 꽈배기도 걸려들었다. 왜?

→ *일이 꼬여서….*

아무 상관없는 식초도 모든 일을 망치고 말았다. 왜?

→ *초 쳐서….*

그런데 이 모든 일이 소금 때문이란다. 왜?

→ *소금이 짠 거랍니다.*

1. 고소(告訴)와 고소권자

고소(告訴)란, 범죄의 피해자 또는 그와 일정한 관계가 있는 고소권자가 수사기관에 범죄사실을 신고하여 범인을 처벌할 것을 구하는 의사표시를 말한다. 반면에 고발(告發)은 범인 및 고소권자가 아닌 제3자가 수사기관에 범죄사실을 신고해 처벌을 구하는 의사표시이다.

고소는 수사기관에 해야 한다. 대통령이나 국무총리, 법무부장관 등 수사기관이 아닌 고위공직자에게 고소장을 제출하는 것은 해당 수사기관으로 고소장이 전달되기는 하나 전달되기까지는 상당한 기간이 소요되므로 그만큼 수사가 지연되어 고소인에게 손해가 되고 국가의 행정력이 낭비되게 되므로 고소는 반드시 수사기관에 해야 한다.

고소는 모든 범죄의 피해자와 피해자가 무능력자(無能力者)인 경우에는 법정대리인, 그리고 피해자가 사망한 경우의 배우자, 직계친족, 형제자매가 할 수 있다. 다만 자기의 배우자의 직계존속 즉 부모나 시부모, 장인·장모 등은 원칙적으로 고소할 수 없다. 예외적으로 직계존속으로부터 성폭력을 당했을 경우에는 직계존속이라도 고소할 수 있다(성폭력범죄의처벌및피해자보호등에관한법률 제18조).

친고죄(親告罪)[1]에서 고소권자가 없는 경우는 이해관계인의 신청에 의하여 검사(檢事)가 10일 이내에 고소권자를 지정한다.

2. 고소의 방식

고소를 하는 방식에는 제한이 없다. 직접 수사기관에 출석하여 구두로 고소할 수도 있고, 고소장(告訴狀)을 작성하여 제출할 수도 있다. 고소장은 일정한 양식이 없고 고소인과 피고소인의 인적사항, 피해를 입은 내용, 처벌을 원한다는 뜻만 들어 있으면 된다.[2] 반드시 무슨 죄에 해당하는지를 기재할 필요는 없다. 그러나 피해사실 등의 내용이 무엇인지 알 수 있을 정도로 명확하고 특정되어야 한다. 가명이나 다른 사람의 명의를 도용하여 고소해서는 안된다.

---

1) 피해자의 명예와 입장을 고려하여 피해자의 고소가 없으면 처벌할 수 없는 죄를 친고죄라 한다.
2) 단순한 피해내용·도난신고 등은 고소가 아니다.

3. 고소기간

고소는 원칙상 기간의 제한이 없다. 그러나 예외적으로 친고죄에서는 범인을 알게 된 날로부터 6개월 이내에 고소하여야 한다(형법 제230조). 또한, 결혼을 위한 약취·유인죄는 결혼이 무효 또는 취소된 날로부터 6개월 이내에 고소하여야 한다. 다만 '성폭력범죄의처벌및피해자보호등에관한법률'상의 친고죄는 범인을 알게된 날로부터 1년이 지나면 고소할 수 없다(성폭력범죄의처벌및피해자보호등에관한법률 제19조).

4. 고소의 취소

고소의 취소라 함은 일단 제기한 고소를 철회하는 행위를 말한다. 고소의 취소권자는 고소인 및 피해자이다. 고소취소의 시기는 친고죄의 경우 1심 판결선고 전까지 취소할 수 있다. 비친고죄의 고소도 취소는 할 수 있으며 취소기간에는 제한이 없다. 고소취소의 방식은 구두 또는 서면으로 할 수 있다. 고소의 취소는 대리에 의해서도 할 수 있다. 고소를 취소한 자는 다시 고소하지 못한다. 고소취소에는 고소불가분(告訴不可分)의 원칙[3]이 적용된다.

---

[3] 고소불가분의 원칙이란, 친고죄의 공범 중 1인 또는 수인에 대한 고소 또는 고소의 취소는 다른 공범자에 대하여도 효력이 발생한다는 원칙을 말한다. 이 원칙은 친고죄의 고소에만 적용된다. 이 원칙에는 객관적 고소불가분의 원칙과 주관적 고소불가분의 원칙이 있다. ① 객관적 고소불가분의 원칙은 친고죄의 공범 중 1개의 범죄사실의 일부에 대한 고소 또는 그 취소는 그 범죄 사실의 전부에 효력이 발생한다는 원칙을 말한다. ② 주관적 고소불가분의 원칙은 친고죄의 공범자 중 1인 또는 수인에 대한 고소 또는 그 취소는 다른 공범자 전원에 대하여도 그 효력이 발생한다는 원칙을 말한다.

5. 고소의 포기

고소의 포기란 고소권자가 수사기관에 대하여 친고죄의 고소기간 내에 고소권을 행사하지 아니한다는 의사표시를 말한다. 또한 반의사불벌죄(反意思不罰罪)[4]의 경우 처음부터 처벌을 원하지 아니한다는 의사표시도 동일한 효력을 갖는다.

고소권의 포기를 인정할지 여부에 대해서는 학설이 대립하고 있다. 고소권의 포기를 긍정하는 견해는 소송경제라는 관점, 피해자의 의사를 존중한다고 하는 점 등을 들어 긍정하는 입장이다. 판례는 형사소송법에 고소의 취소에 대한 명문규정이 있으나 고소 포기에 대해서는 명문규정이 없으므로 고소 전에 고소권을 포기할 수 없다는 입장이다.

기출문제

1 반의사불벌죄에 대한 설명으로 가장 적절하지 않은 것은? (다툼이 있는 경우 판례에 의함) (2018년 1차 경찰공무원 공채)

① 폭행죄는 피해자의 명시한 의사에 반하여 공소를 제기할 수 없는 반의사불벌죄로서 처벌불원의 의사표시는 의사능력이 있는 피해자가 단독으로 할 수 있는 것이고, 피해자가 사망한 후 그 상속인이 피해자를 대신하여 처벌불원의 의사표시를 할 수는 없다고 보아야 한다.

② 반의사불벌죄에 있어서 처벌불원의 의사표시의 부존재는 소위 소극적 소송조건으로서 직권조사사항이라 할 것이므로 당사자가 항소이유로 주장하지 아니하였다고 하더라도 원심은 이를 직권으로 조사·판단하여야 한다.

③ 「형사소송법」 제233조에서 고소와 고소취소의 불가분에 관한 규정을 함에 있어서 반의사불벌죄에 이를 준용하는 규정을 두지 아니한 것은 입법의 불비로 볼 것은 아니다.

---

4) 반의사불벌죄(反意思不罰罪)란 피해자의 고소가 없어도 수사기관이 수사해서 처벌할 수 있는 죄이지만, 피해자가 처벌을 원치 않는다는 의사표시를 나타내면 처벌하지 못하는 죄를 말한다. 반의사불벌죄의 대표적인 것으로 폭행죄를 들 수 있다.

④ 「형사소송법」 제232조 제1항 및 제3항에 의하면, 반의사불벌죄에 있어서 처벌을 희망하는 의사표시의 철회는 제1심 판결선고 전까지 이를 할 수 있다고 규정하고 있는데, 항소심에 이르러 비로소 반의사불벌죄가 아닌 죄에서 반의사불벌죄로 공소장변경이 있었다면 항소심인 제2심을 제1심으로 볼 수 있다.

답 ④

경찰관직무집행법과
불심검문 · 경찰의 수신호

 경찰관과 아내

얼굴에 수심이 가득한 남자가 시내 길에서 승용차를 몰며 경찰차와 요란하게 추격전을 벌이고 있었다.
하지만 아무리 열심히 달려본들 경찰차를 이길 수 없었는데..

이윽고 정지한 남자의 차에 경찰관이 다가와서 물었다.
"당신! 아까 시내에서부터 경찰의 정지신호를 무시하고 도망간 이유가 뭐요?"

그러자 남자가 긴 한숨을 쉬며 말했다.
"제 마누라가 경찰관하고 눈이 맞아서 도망을 갔습니다."
"그게 당신이 불심검문에 불응하고 도망친 것과 무슨 관계가 있소?"

그러자 남자가 맥없이 대답했다.
"정말 죄송합니다. 전 그 경찰관이 제 마누라를 돌려주려고 따라오는 줄로만 알았습니다."

1. 경찰관직무집행법의 지위

경찰관직무집행법은 원칙적으로 행정경찰작용 중 즉시강제작용의 일반법이라고 보는 것이 우리나라의 지금까지의 통설이라고 할 수 있다. 그러나 여기에 대해서는 반론이 있다. 지금까지 즉시강제에 해당하는 경찰작용의 범위가 너무 넓어 이를 구체적으로 세분할 필요가 있다는 것이다. 이에 경찰관직무집행법상의 경찰작용 중 즉시강제의 내용으로 이해할 수 없는 경우가 있다고 한다.[1]

경찰관직무집행법상의 모든 조치를 즉시강제로 포괄하여 설명하는 것은 타당하지 않다고 본다. 각 규정의 법적 성격이나 규정의 내용에 따라 경찰작용의 형태와 한계, 절차적 보장 등을 구체적으로 파악해야 할 것으로 보인다. 이런 입장에 서면 경찰관직무집행법이 즉시강제의 일반법이라고 보는 통설에는 찬성할 수 없고 행정경찰작용의 일반법이라고 일단 폭넓게 인정할 수밖에 없다고 할 것이다.[2]

2. 경찰관직무집행법의 성격

(1) 즉시강제에 관한 일반법

경찰관직무집행법은 경찰관 직무 수행에 관한 필요한 사항을 규정한 경찰작용이 근거법이면서 즉시강제의 수단인 불심검문, 보호 조치, 범죄의 예방과 제지 조치, 위험 방지를 위한 출입, 경찰장구의 사용, 무기 사용 등에 관해 규정하고 있다. 즉, 이 법은 즉시강제에 관한 일반법이다.

(2) 직무 수행을 위한 임의적 사실행위

경찰관직무집행법은 경찰상 즉시강제 수단뿐만 아니라 강제를 수반하지 않는 임의적 사실행위에 대해서도 규정하고 있다. 긴급구호의 요청행위(제4조 제1항), 직무 수행을 위한 사실 확인 및 출석 요구(제8조) 등이 그 예이다.

---

[1]　장영민, 『경찰관직무집행법에 관한 연구』, 형사정책연구원(1995), 25면.
[2]　장영민, 『경찰관직무집행법에 관한 연구』, 26면.

3. 불심검문

불심검문(不審檢問)은 원래 상호의존도가 높고 익명성·이동성을 특징으로 하는 도시화사회에서 범죄의 예방과 이미 발생한 범죄의 조기발견, 적발 및 진압을 위해 만들어진 제도이다.[3]

경찰관은 수상한 거동 기타 주위의 사정을 합리적으로 판단하여 어떠한 죄를 범하였거나 범하려 하고 있다고 의심할 만한 상당한 이유가 있는 자 또는 이미 행하여진 범죄나 행하여지려고 하는 범죄행위에 관하여 그 사실을 안다고 인정되는 자를 정지시켜 질문할 수 있다(경찰관직무집행법 제3조 제1항). 그 장소에서 질문을 하는 것이 당해인에게 불리하거나 교통의 방해가 된다고 인정되는 때에는 질문하기 위하여 부근의 경찰서·지구대·파출소 또는 출장에 동행할 것을 요구할 수 있다. 이 경우 당해인은 경찰관의 동행요구를 거절할 수 있다(동법 제3조 제2항).[4] 경찰관은 '경찰관직무집행법'에 의하여 피검문자를

---

3) 강동욱, 『不審檢問』, 考試院(1994), 15면.

4) (1) 형사소송법 제199조 제1항은 임의수사 원칙을 명시하고 있는데, 수사관이 수사과정에서 동의를 받는 형식으로 피의자를 수사관서 등에 동행하는 것은, 피의자의 신체의 자유가 제한되어 실질적으로 체포와 유사한데도 이를 억제할 방법이 없어서 이를 통해서는 제도적으로는 물론 현실적으로도 임의성을 보장할 수 없을 뿐만 아니라, 아직 정식 체포·구속단계 이전이라는 이유로 헌법 및 형사소송법이 체포·구속된 피의자에게 부여하는 각종 권리보장 장치가 제공되지 않는 등 형사소송법의 원리에 반하는 결과를 초래할 가능성이 크므로, 수사관이 동행에 앞서 피의자에게 동행을 거부할 수 있음을 알려 주었거나 동행한 피의자가 언제든지 자유로이 동행과정에서 이탈 또는 동행장소에서 퇴거할 수 있었음이 인정되는 등 오로지 피의자의 자발적인 의사에 의하여 수사관서 등에 동행이 이루어졌다는 것이 객관적인 사정에 의하여 명백하게 입증된 경우에 한하여, 동행의 적법성이 인정된다고 보는 것이 타당하다(대법원 2011.6.30. 선고, 2009도6717). (2) 형사소송법 제199조 제1항은 "수사에 관하여 그 목적을 달성하기 위하여 필요한 조사를 할 수 있다. 다만, 강제처분은 이 법률에 특별한 규정이 있는 경우에 한하며, 필요한 최소한도의 범위 안에서만 하여야 한다."고 규정하여 임의수사의 원칙을 명시하고 있는바, 수사관이 수사과정에서 당사자의 동의를 받는 형식으로 피의자를 수사관서 등에 동행하는 것은, 상대방의 신체의 자유가 현실적으로 제한되어 실질적으로 체포와 유사한 상태에 놓이게 됨에도, 영장에 의하지 아니하고 그 밖에 강제성을 띤 동행을 억제할 방법도 없어서 제도적으로는 물론 현실적으로도 임의성이 보장되지 않을 뿐만 아니라, 아직 정식의 체포·구속단계 이전이라는 이유로 상대방에게 헌법 및 형사소송법이 체포·구속된 피의자에게 부여하는 각종의 권리보장 장치가 제공되지 않는 등 형사소송법의 원리에 반하는 결과를 초래할 가능성이 크므로, 수사관이 동행에 앞서 피의자에게 동행을 거부할 수 있음을 알려 주었거나 동행한 피의자가 언제든지 자유로이 동행과정에서 이탈 또는 동행장소로부터 퇴거할 수 있었음이 인정되는 등 오로지 피의자의 자발적인 의사에 의하여 수사관서 등에의 동행이 이루어졌음이 객관적인 사정

경찰관서에 동행하여 검문한 때에는 24시간 이내에 동행검문결과보고서를 작성하여 소속 경찰관서의 장에게 보고하여야 한다. 다만, 검문한 결과 형사소송법에 의하여 처리한 경우에는 그러하지 아니 한다(경찰관직무집행법에 의한 직무집행시의 보고절차규칙 제2조).

　경찰관은 질문을 할 때에 흉기의 소지여부를 조사할 수 있다(동법 제3조 제3항). 질문하거나 동행을 요구할 경우 경찰관은 당해인에게 자신의 신분을 표시하는 증표를 제시하면서 소속과 성명을 밝히고 그 목적과 이유를 설명하여야 하며, 동행의 경우에는 동행장소를 밝혀야 한다(동법 제3조 제4항). 동행을 한 경우 경찰관은 당해인의 가족 또는 친지 등에게 동행한 경찰관의 신분, 동행장소, 동행목적과 이유를 고지하거나 본인으로 하여금 즉시 연락할 수 있는 기회를 부여하여야 하며, 변호인의 조력을 받을 권리가 있음을 고지하여야 한다(동법 제3조 제5항). 동행을 한 경우 경찰관은 당해인을 6시간을 초과하여 경찰관서에 머물게 할 수 없다(동법 제3조 제6항). 당해인은 형사소송에 관한 법률에 의하지 아니하고는 신체를 구속당하지 아니하며, 그 의사에 반하여 답변을 강요당하지 아니한다(동법 제3조 제7항).

4. 신호 또는 지시에 따를 의무와 경찰 등의 수신호

　도로를 통행하는 보행자, 차마 또는 노면전차의 운전자는 교통안전시설이 표시하는 신호 또는 지시와 교통정리를 하는 국가경찰공무원(의무경찰을 포함한다) 및 제주특별자치도의 자치경찰공무원, 국가경찰공무원 및 자치경찰공무원을 보조하는 사람5)이 하는 신호

───────────

에 의하여 명백하게 입증된 경우에 한하여, 그 적법성이 인정되는 것으로 봄이 상당하다. 형사소송법 제200조 제1항에 의하여 검사 또는 사법경찰관이 피의자에 대하여 임의적 출석을 요구할 수는 있겠으나, 그 경우에도 수사관이 단순히 출석을 요구함에 그치지 않고 일정 장소로의 동행을 요구하여 실행한다면 위에서 본 법리가 적용되어야 하고, 한편 행정경찰 목적의 경찰활동으로 행하여지는 경찰관직무집행법 제3조 제2항 소정의 질문을 위한 동행요구도 형사소송법의 규율을 받는 수사로 이어지는 경우에는 역시 위에서 본 법리가 적용되어야 한다(대법원 2006.7.6, 선고, 2005도6810).

5)　경찰공무원을 보조하는 사람의 범위에는 모범운전자, 군사훈련 및 작전에 동원되는 부대의 이동을 유도하는 헌병, 본래의 긴급한 용도로 운행하는 소방차 · 구급차를 유도하는 소방공무원을 말한다(도로교통법 시행령 제6조).

　"모범운전자"란 도로교통법 제146조에 따라 무사고운전자 또는 유공운전자의 표시장을 받거나 2년 이상 사업용 자동차 운전에 종사하면서 교통사고를 일으킨 전력이 없는 사람으로서 경찰청장이 정

또는 지시를 따라야 한다(도로교통법 제5조 제1항).

도로를 통행하는 보행자, 차마 또는 노면전차의 운전자는 교통안전시설이 표시하는 신호 또는 지시와 교통정리를 하는 국가경찰공무원·자치경찰공무원 또는 경찰보조자의 신호 또는 지시가 서로 다른 경우에는 경찰공무원등의 신호 또는 지시에 따라야 한다(도로교통법 제5조 제2항).

도로교통법상 수신호를 할 수 있는 사람은 경찰, 자치 경찰, 전경, 의경, 헌병, 모범운전자, 소방차·구급차를 유도하는 소방공무원이다. 도로교통법상 권한이 없는 일반인은 수신호를 할 수 없다. 수신호는 신호등에 우선하기 때문에, 모범운전자 등이 호루라기와 경광봉을 이용해서 한 수신호를 무시하면 도로교통법이 규정하고 있는 '신호 위반'이 된다.

하는 바에 따라 선발되어 교통안전 봉사활동에 종사하는 사람을 말한다(도로교통법 제2조 제33호).

17

도로교통법과 무단횡단

 경찰과 신문기자

한 육교 밑을 정복 입은 경찰이 무단횡단하고 있었다.

그 뒤를 따라 어느 젊은이도 무단횡단했다.

자동차가 씽씽 달리는 길을 용케도 잘 건너간 경찰이 뒤따라 오는 젊은이를 불러 세우고 물었다

"당신 뭐야? 왜 무단횡단하는 거야?"

젊은이 : "당신은 뭔데 무단횡단하는 거요? 경찰은 무단횡단해도 된다는 법이 있소?"

경찰 : "나는 사건 신고받고 빨리 현장으로 가야 하기 때문에 급해서 그랬소."

젊은이 : "나는 당신이 급히 가는 걸 보고 무슨 사건이 터진 줄 알고 취재하러 당신 뒤를 따른 거요."

1. 도로교통법상 "도로"의 개념

도로교통법에서 도로(道路)라 함은 "「도로법」에 따른 도로, 「유료도로법」에 따른 유료도로, 「농어촌도로 정비법」에 따른 농어촌도로, 그 밖에 현실적으로 불특정 다수의 사람 또는 차마(車馬)가 통행할 수 있도록 공개된 장소로서 안전하고 원활한 교통을 확보할 필요가 있는 장소"(도로교통법 제2조 제1호)를 말한다.[1]

2. 자동차전용도로와 고속도로

"자동차전용도로"란 자동차만 다닐 수 있도록 설치된 도로를 말한다(도로교통법 제2조 제2호). "고속도로"란 자동차의 고속 운행에만 사용하기 위하여 지정된 도로를 말한다(도로교통법 제2조 제3호).

3. 도로교통법상 차와 자동차

(1) 차

도로교통법상 "차"라 함은, "자동차·건설기계·원동기장치자전거·자전거·사람 또는 가축의 힘이나 그 밖의 동력(動力)으로 도로에서 운전되는 것. 다만, 철길이나 가설(架設)된 선을 이용하여 운전되는 것, 유모차와 행정안전부령으로 정하는 보행보조용 의자차는 제외한다."를 말한다(도로교통법 제2조 제17호).

---

[1] 도로교통법 제2조 제1호에서 "도로"라 함은 도로법에 의한 도로, 유료도로법에 의한 도로 그 밖의 일반교통에 사용되는 모든 곳을 말한다고 규정하고 있는데, 여기서 "일반교통에 사용되는 모든 곳"이라 함은 현실적으로 불특정의 사람이나 차량의 통행을 위하여 공개된 장소로서 교통질서유지 등을 목적으로 하는 일반 교통경찰권이 미치는 공공성이 있는 곳을 의미하고, 특정인들 또는 그들과 관련된 특정한 용건이 있는 자들만이 사용할 수 있고 자주적으로 관리되는 장소는 이에 포함되지 않는다고 할 것이다 (대법원 2004. 6. 25. 선고 2002도6710 판결 등 참조).

(2) 자동차

　도로교통법상 "자동차"란 "철길이나 가설된 선을 이용하지 아니하고 원동기를 사용하여 운전되는 차(견인되는 자동차도 자동차의 일부로 본다)로서 승용자동차·승합자동차·화물자동차·특수자동차·이륜자동차를 말한다. 다만, 원동기장치자전거[2]는 제외한다."(도로교통법 제2조 제18호 가목).[3] 또한 "「건설기계관리법」제26조 제1항 단서에 따른 건설기계"를 말한다(도로교통법 제2조 제18호 나목).

　건설기계관리법 제26조 제1항 단서의 규정에서 말하는 자동차를 구체적으로 나열하면, 덤프트럭·아스팔트살포기·노상안정기·콘크리트믹서트럭·콘크리트펌프·천공기(트럭적재식을 말한다)·영 별표 1의 규정에 의한 특수건설기계중 국토교통부장관이 지정하는 건설기계(도로보수트럭·노면파쇄기·노면측정장비·콘크리트믹서트레일러·아스팔트콘크리트재생기·수목이식기·터널용고소작업차·트럭지게차)가 여기에 해당한다(건설기계관리법 시행규칙 제73조 제1항 제1호-제7호).

---

2)　도로교통법 제2조(정의) 19. "원동기장치자전거"란 다음 각 목의 어느 하나에 해당하는 차를 말한다.
　　가. 「자동차관리법」제3조에 따른 이륜자동차 가운데 배기량 125시시 이하의 이륜자동차
　　나. 배기량 50시시 미만(전기를 동력으로 하는 경우에는 정격출력 0.59킬로와트 미만)의 원동기를 단 차(「자전거 이용 활성화에 관한 법률」제2조제1호의2에 따른 전기자전거는 제외한다)
3)　자동차관리법 제3조(자동차의 종류) ① 자동차는 다음 각 호와 같이 구분한다.
　　1. 승용자동차: 10인 이하를 운송하기에 적합하게 제작된 자동차
　　2. 승합자동차: 11인 이상을 운송하기에 적합하게 제작된 자동차. 다만, 다음 각 목의 어느 하나에 해당하는 자동차는 승차인원에 관계없이 이를 승합자동차로 본다.
　　　가. 내부의 특수한 설비로 인하여 승차인원이 10인 이하로 된 자동차
　　　나. 국토교통부령으로 정하는 경형자동차로서 승차인원이 10인 이하인 전방조종자동차
　　　다. 캠핑용자동차 또는 캠핑용트레일러
　　3. 화물자동차: 화물을 운송하기에 적합한 화물적재공간을 갖추고, 화물적재공간의 총적재화물의 무게가 운전자를 제외한 승객이 승차공간에 모두 탑승했을 때의 승객의 무게보다 많은 자동차
　　4. 특수자동차: 다른 자동차를 견인하거나 구난작업 또는 특수한 작업을 수행하기에 적합하게 제작된 자동차로서 승용자동차·승합자동차 또는 화물자동차가 아닌 자동차
　　5. 이륜자동차: 총배기량 또는 정격출력의 크기와 관계없이 1인 또는 2인의 사람을 운송하기에 적합하게 제작된 이륜의 자동차 및 그와 유사한 구조로 되어 있는 자동차

(3) 긴급자동차

"긴급자동차"란 소방차·구급차·혈액 공급차량·그 밖에 대통령령으로 정하는 자동차와 같이 그 본래의 긴급한 용도로 사용되고 있는 자동차를 말한다(도로교통법 제2조 제22호).

"대통령령으로 정하는 긴급자동차"를 구체적으로 살펴보면, 경찰용 자동차 중 범죄수사, 교통단속, 그 밖의 긴급한 경찰업무 수행에 사용되는 자동차(도로교통법 시행령 제2조 제1항 제1호)·국군 및 주한 국제연합군용 자동차 중 군 내부의 질서 유지나 부대의 질서 있는 이동을 유도(誘導)하는 데 사용되는 자동차(도로교통법 시행령 제2조 제1항 제2호)·수사기관의 자동차 중 범죄수사를 위하여 사용되는 자동차(도로교통법 시행령 제2조 제1항 제3호)·교도소·소년교도소 또는 구치소, 소년원 또는 소년분류심사원, 보호관찰소의 시설 또는 기관의 자동차 중 도주자의 체포 또는 수용자, 보호관찰 대상자의 호송·경비를 위하여 사용되는 자동차(도로교통법 시행령 제2조 제1항 제4호)·국내외 요인(要人)에 대한 경호업무 수행에 공무(公務)로 사용되는 자동차(도로교통법 시행령 제2조 제1항 제5호)는 긴급자동차이다.

다만, 전기사업, 가스사업, 그 밖의 공익사업을 하는 기관에서 위험 방지를 위한 응급작업에 사용되는 자동차·민방위업무를 수행하는 기관에서 긴급예방 또는 복구를 위한 출동에 사용되는 자동차·도로관리를 위하여 사용되는 자동차 중 도로상의 위험을 방지하기 위한 응급작업에 사용되거나 운행이 제한되는 자동차를 단속하기 위하여 사용되는 자동차·전신·전화의 수리공사 등 응급작업에 사용되는 자동차·긴급한 우편물의 운송에 사용되는 자동차· 전파감시업무에 사용되는 자동차(도로교통법 시행령 제2조 제1항 제6호–제11호)는 이를 사용하는 사람 또는 기관 등의 신청에 의하여 지방경찰청장이 지정하는 경우로 한정하여 긴급자동차에 해당한다(도로교통법 시행령 제2조 제1항 단서).

또한, 경찰용 긴급자동차에 의하여 유도되고 있는 자동차·국군 및 주한 국제연합군용의 긴급자동차에 의하여 유도되고 있는 국군 및 주한 국제연합군의 자동차·생명이 위급한 환자 또는 부상자나 수혈을 위한 혈액을 운송 중인 자동차는 긴급자동차로 본다(도로교통법 시행령 제2조 제2항).

(4) 자전거

도로교통법상 "자전거"란 「자전거 이용 활성화에 관한 법률」 제2조 제1호 및 제1호의2[4]

에 따른 자전거 및 전기자전거를 말한다(도로교통법 제2조 제20호).

4. 보행자의 통행방법과 도로의 횡단

(1) 보행자의 통행방법

보행자는 보도와 차도가 구분된 도로에서는 언제나 보도로 통행하여야 한다. 다만, 차도를 횡단하는 경우, 도로공사 등으로 보도의 통행이 금지된 경우나 그 밖의 부득이한 경우에는 그러하지 아니하다(도로교통법 제8조 제1항).[5] 보행자는 보도와 차도가 구분되지 아니한 도로에서는 차마와 마주보는 방향의 길가장자리 또는 길가장자리구역으로 통행하여야 한다. 다만, 도로의 통행방향이 일방통행인 경우에는 차마를 마주보지 아니하고 통행할 수 있다(도로교통법 제8조 제2항). 보행자는 보도에서는 우측통행을 원칙으로 한다(도로교통법 제8조 제3항).

(2) 도로의 횡단

지방경찰청장은 도로를 횡단하는 보행자의 안전을 위하여 행정안전부령으로 정하는 기준에 따라 횡단보도를 설치할 수 있다(도로교통법 제10조 제1항). 보행자는 횡단보도, 지하도, 육교나 그 밖의 도로 횡단시설이 설치되어 있는 도로에서는 그 곳으로 횡단하여야

---

4) 자전거 이용 활성화에 관한 법률 제2조(정의) 이 법에서 사용하는 용어의 뜻은 다음과 같다.
　1. "자전거"란 사람의 힘으로 페달이나 손페달을 사용하여 움직이는 구동장치(驅動裝置)와 조향장치(操向裝置) 및 제동장치(制動裝置)가 있는 바퀴가 둘 이상인 차로서 행정안전부령으로 정하는 크기와 구조를 갖춘 것을 말한다.
　1의2. "전기자전거"란 자전거로서 사람의 힘을 보충하기 위하여 전동기를 장착하고 다음 각 목의 요건을 모두 충족하는 것을 말한다.
　가. 페달(손페달을 포함한다)과 전동기의 동시 동력으로 움직이며, 전동기만으로는 움직이지 아니할 것
　나. 시속 25킬로미터 이상으로 움직일 경우 전동기가 작동하지 아니할 것
　다. 부착된 장치의 무게를 포함한 자전거의 전체 중량이 30킬로그램 미만일 것
5) "보행자의 통행방법에 관한 도로교통법 제8조 제1항, 제2항, 제10조 제2항 내지 제5항의 각 규정의 위반은 법상의 주의의무위반으로서 타인에 대한 의무위반을 내용으로 하는 것이고, 보행자가 이에 위반하여 사고를 야기케 하였다면 보행자의 그러한 잘못은 불법행위의 성립요건으로서의 과실에 해당하는 것으로 보아야 한다."(대법원 1993.12.10, 93다36721).

한다. 다만, 지하도나 육교 등의 도로 횡단시설을 이용할 수 없는 지체장애인의 경우에는 다른 교통에 방해가 되지 아니하는 방법으로 도로 횡단시설을 이용하지 아니하고 도로를 횡단할 수 있다(도로교통법 제10조 제2항). 횡단보도가 설치되어 있지 아니한 도로에서는 가장 짧은 거리로 횡단하여야 한다(도로교통법 제10조 제3항).

보행자는 차와 노면전차의 바로 앞이나 뒤로 횡단하여서는 아니 된다. 다만, 횡단보도를 횡단하거나 신호기 또는 경찰공무원등의 신호나 지시에 따라 도로를 횡단하는 경우에는 그러하지 아니하다(도로교통법 제10조 제4항).

보행자는 안전표지 등에 의하여 횡단이 금지되어 있는 도로의 부분에서는 그 도로를 횡단하여서는 아니 된다(도로교통법 제10조 제5항).

기출문제

1   「도로교통법」에서 규정하고 있는 용어에 대한 정의로 가장 적절하지 않은 것은? (2015년 3차)

① 자동차전용도로란 자동차만 다닐 수 있도록 설치된 도로를 말한다.

② 고속도로란 자동차의 고속 운행에만 사용하기 위하여 지정된 도로를 말한다.

③ 길가장자리구역이란 보도와 차도가 구분된 도로에서 보행자의 안전을 확보하기 위하여 안전표지 등으로 경계를 표시한 도로의 가장자리 부분을 말한다.

④ 안전지대란 도로를 횡단하는 보행자나 통행하는 차마의 안전을 위하여 안전표지나 이와 비슷한 인공구조물로 표시한 도로의 부분을 말한다.

 ③ 길가장자리구역이란 보도와 차도가 <u>구분되지 아니한 도로</u>에서 보행자의 안전을 확보하기 위하여 안전표지 등으로 경계를 표시한 도로의 가장자리 부분을 말한다.   🖋 ③

2   다음 중 지방경찰청장의 지정에 관계없이 인정되는 법정긴급자동차인 것은? (2007.12.2. 여자기동대)

① 전기사업・가스사업 그 밖의 공익사업기관에서 위험방지를 위한 응급작업에

사용되는 자동차

② 민방위업무를 수행하는 기관에서 긴급예방 또는 복구를 위한 출동에 사용되는
   자동차

③ 도로관리를 위하여 사용되는 자동차 중 도로상의 위험을 방지하기 위한 응급
   작업에 사용되는 자동차

④ 국내외 요인에 대한 경호업무수행에 공무로서 사용되는 자동차

> **해설** 지방경찰청장의 지정에 관계없이 인정되는 법정긴급자동차는 국내외 요인에 대한
> 경호업무수행에 공무로서 사용되는 자동차이다(도로교통법 제2조 제20호 및 동법
> 시행령 제2조 참조).   **답 ④**

3   「도로교통법」상 용어의 정의에 대한 설명 중 가장 옳지 않은 것은? (2016년 경간부)

① "길가장자리구역"이란 보도와 차도가 구분되지 아니한 도로에서 보행자의 안
   전을 확보하기 위하여 안전표지 등으로 경계를 표시한 도로의 가장자리 부분
   을 말한다.

② "고속도로"란 자동차의 고속 운행에만 사용하기 위하여 지정된 도로를 말한다.

③ "긴급자동차"란 소방차, 구급차, 혈액 공급차량, 그 밖에 대통령령으로 정하는
   자동차로서 그 본래의 긴급한 용도로 사용되고 있는 자동차를 말한다.

④ "보도"(步道)란 연석선, 안전표지나 그와 비슷한 인공구조물로 경계를 표시하
   여 보행자(유모차와 행정자치부령으로 정하는 보행보조용 의자차를 제외한다)
   가 통행할 수 있도록 한 도로의 부분을 말한다.

> **해설** ④ (유모차와 행정자치부령으로 정하는 보행보조용 의자차를 포함한다)   **답 ④**

18

도로교통법과 주·정차 금지

 밥 줄

주차할 곳을 찾아 주변을 몇 바퀴나 돌던 한 남자가 결국 주차 금지 구역에 차를 대며 다음과 같은
메모를 써 놓았다.

'경찰관 귀하.
저는 이 주변을 20바퀴나 돌았으나 결국 주차할 곳을 찾지 못했지요. 저는 중요한 약속이 있는데 만
약 지키지 못하면 밥줄이 끊긴답니다. 그러니 제발 저의 죄를 사하여 주옵소서.'

한참 후 용무를 다 마치고 돌아온 남자는 차 앞유리에 주차 위반 딱지와 함께 붙어 있는 또 한 장의
쪽지를 발견했다.

'차주에게.
저는 이 주변을 20년이나 돌았지요. 만약 제가 주차 위반 딱지를 떼지 않으면 제 밥줄이 끊긴답니
다. 제발 저를 시험에 들게 하지 마세요.'

1. 도로교통법과 주·정차의 개념

도로교통법은 도로에서 일어나는 교통상의 모든 위험과 장해를 방지하고 제거하여 안전하고 원활한 교통을 확보함을 목적으로 한다(동법 제1조).

(1) 주차의 개념

도로교통법에서 "주차"란 운전자가 승객을 기다리거나 화물을 싣거나 차가 고장 나거나 그 밖의 사유로 차를 계속 정지 상태에 두는 것 또는 운전자가 차에서 떠나서 즉시 그 차를 운전할 수 없는 상태에 두는 것을 말한다(동법 제2조 24호).[1]

(2) 정차의 개념

"정차"란 운전자가 5분을 초과하지 아니하고 차를 정지시키는 것으로서 주차 외의 정지 상태를 말한다(동법 제2조 25호).

2. 도로교통법과 정차 및 주차의 금지 장소

모든 차의 운전자는 다음 각 호의 어느 하나에 해당하는 곳에서는 차를 정차하거나 주차하여서는 아니 된다. 다만, 이 법이나 이 법에 따른 명령 또는 경찰공무원의 지시를 따르는 경우와 위험방지를 위하여 일시정지하는 경우에는 그러하지 아니하다(동법 제32조).

1. 교차로·횡단보도·건널목이나 보도와 차도가 구분된 도로의 보도(「주차장법」에 따라 차도와 보도에 걸쳐서 설치된 노상주차장은 제외한다)
2. 교차로의 가장자리나 도로의 모퉁이로부터 5미터 이내인 곳
3. 안전지대가 설치된 도로에서는 그 안전지대의 사방으로부터 각각 10미터 이내인 곳

---

[1] "운전자가 운전을 위하여 차 안에 탑승한 채 차가 움직이지 아니하는 상태에 이르거나, 운전자가 정지된 차에서 이탈하였지만 객관적으로 보아 즉시 운전할 수 있는 상태에 있는 경우에 그 차의 정지 상태가 5분 이내이면 '정차'에 해당하고, 객관적으로 보아 운전자가 차에서 이탈하여 즉시 운전할 수 없는 상태에 이르면 차가 정지된 시간의 경과와는 관계없이 바로 '주차'에 해당한다."(대법원 1997.9.30, 97다24412).

4. 버스여객자동차의 정류지(停留地)임을 표시하는 기둥이나 표지판 또는 선이 설치된 곳으로부터 10미터 이내인 곳. 다만, 버스여객자동차의 운전자가 그 버스여객자동차의 운행시간 중에 운행노선에 따르는 정류장에서 승객을 태우거나 내리기 위하여 차를 정차하거나 주차하는 경우에는 그러하지 아니하다.

5. 건널목의 가장자리 또는 횡단보도로부터 10미터 이내인 곳

6. 다음 각 목의 곳으로부터 5미터 이내인 곳

　　가. 「소방기본법」제10조에 따른 소방용수시설 또는 비상소화장치가 설치된 곳

　　나. 「화재예방, 소방시설 설치·유지 및 안전관리에 관한 법률」제2조 제1항 제1호에 따른 소방시 설로서 대통령령으로 정하는 시설이 설치된 곳

7. 지방경찰청장이 도로에서의 위험을 방지하고 교통의 안전과 원활한 소통을 확보하기 위하여 필요하다고 인정하여 지정한 곳

3. 도로교통법과 주차금지의 장소

모든 차의 운전자는 다음 각 호의 어느 하나에 해당하는 곳에 차를 주차해서는 아니 된다(동법 제33조).[2]

1. 터널 안 및 다리 위

2. 다음 각 목의 곳으로부터 5미터 이내인 곳

　　가. 도로공사를 하고 있는 경우에는 그 공사 구역의 양쪽 가장자리

　　나. 「다중이용업소의 안전관리에 관한 특별법」에 따른 다중이용업소의 영업장이 속한 건축물로 소방본부장의 요청에 의하여 지방경찰청장이 지정한 곳

3. 지방경찰청장이 도로에서의 위험을 방지하고 교통의 안전과 원활한 소통을 확보하기 위하여 필요하다고 인정하여 지정한 곳

---

2) 밤에 도로의 가장자리에 자동차를 주차하는 자로서는, 그 곳이 관계법령에 따라 주차가 금지된 장소가 아니라고 하더라도 미등과 차폭등을 켜 두어 다른 차의 운전자가 주차사실을 쉽게 식별할 수 있도록 하여야 함은 물론 다른 교통에 장해가 되지 아니하도록 주차하여야 할 법령상의 의무가 있다(대법원 1992.5.12, 92다6112).

4. 정차 또는 주차의 방법 및 시간의 제한

　도로 또는 노상주차장에 정차하거나 주차하려고 하는 차의 운전자는 차를 차도의 우측 가장자리에 정차하는 등 대통령령으로 정하는 정차 또는 주차의 방법·시간과 금지사항 등을 지켜야 한다(동법 제34조).

(1) 차의 운전자가 도로교통법에 따라 지켜야 하는 정차 또는 주차의 방법 및 시간은 다음 각 호와 같다(도로교통법 시행령 제11조 제1항).

　1. 모든 차의 운전자는 도로에서 정차할 때에는 차도의 오른쪽 가장자리에 정차할 것. 다만, 차도와 보도의 구별이 없는 도로의 경우에는 도로의 오른쪽 가장자리로부터 중앙으로 50센티미터 이상의 거리를 두어야 한다.

　2. 여객자동차의 운전자는 승객을 태우거나 내려주기 위하여 정류소 또는 이에 준하는 장소에서 정차하였을 때에는 승객이 타거나 내린 즉시 출발하여야 하며 뒤따르는 다른 차의 정차를 방해하지 아니할 것

　3. 모든 차의 운전자는 도로에서 주차할 때에는 지방경찰청장이 정하는 주차의 장소·시간 및 방법에 따를 것

(2) 모든 차의 운전자는 정차하거나 주차할 때에는 다른 교통에 방해가 되지 아니하도록 하여야 한다. 다만, 다음 각 호의 어느 하나에 해당하는 경우에는 그러하지 아니하다 (도로교통법 시행령 제11조 제2항).

　1. 안전표지 또는 다음 각 목의 어느 하나에 해당하는 사람의 지시에 따르는 경우

　　가. 국가경찰공무원(의무경찰을 포함한다)

　　나. 제주특별자치도의 자치경찰공무원

　　다. 국가경찰공무원 또는 자치경찰공무원을 보조하는 제6조 각 호의 어느 하나에 해당하는 사람[3]

　2. 고장으로 인하여 부득이하게 주차하는 경우

---

[3]　도로교통법 시행령 제6조(경찰공무원을 보조하는 사람의 범위) 도로교통법 제5조 제1항 제2호에서 "대통령령으로 정하는 사람"이란 다음 각 호의 어느 하나에 해당하는 사람을 말한다.
　1. 모범운전자
　2. 군사훈련 및 작전에 동원되는 부대의 이동을 유도하는 헌병
　3. 본래의 긴급한 용도로 운행하는 소방차·구급차를 유도하는 소방공무원

도로교통법에 따른 정차나 주차가 금지된 장소 중 지방경찰청장이 안전표지로 구역·시간·방법 및 차의 종류를 정하여 정차나 주차를 허용한 곳에서는 제32조 제7호 또는 제33조 제3호에도 불구하고 정차하거나 주차할 수 있다(도로교통법 제34조의2). 또한 경사진 곳에 정차하거나 주차(도로 외의 경사진 곳에서 정차하거나 주차하는 경우를 포함한다)하려는 자동차의 운전자는 대통령령으로 정하는 바에 따라 고임목을 설치하거나 조향장치(操向裝置)를 도로의 가장자리 방향으로 돌려놓는 등 미끄럼 사고의 발생을 방지하기 위한 조치를 취하여야 한다(도로교통법 제34조의3).

5. 주차위반에 대한 조치

(1) 경찰공무원이나 시장등(도지사를 포함한다)이 대통령령으로 정하는 바에 따라 임명하는 공무원은 정차 및 주차의 금지(제32조)·주차금지의 장소(제33조), 정차 또는 주차의 방법 및 시간의 제한(제34조)를 위반하여 주차하고 있는 차가 교통에 위험을 일으키게 하거나 방해될 우려가 있을 때에는 차의 운전자 또는 관리 책임이 있는 사람에게 주차 방법을 변경하거나 그 곳으로부터 이동할 것을 명할 수 있다(도로교통법 제35조 제1항).

(2) 경찰서장이나 시장등은 차의 운전자나 관리 책임이 있는 사람이 현장에 없을 때에는 도로에서 일어나는 위험을 방지하고 교통의 안전과 원활한 소통을 확보하기 위하여 필요한 범위에서 그 차의 주차방법을 직접 변경하거나 변경에 필요한 조치를 할 수 있으며, 부득이한 경우에는 관할 경찰서나 경찰서장 또는 시장등이 지정하는 곳으로 이동하게 할 수 있다(도로교통법 제35조 제2항).

(3) 경찰서장이나 시장등은 주차위반 차를 관할 경찰서나 경찰서장 또는 시장등이 지정하는 곳으로 이동시킨 경우에는 선량한 관리자로서의 주의의무를 다하여 보관하여야 하며, 그 사실을 차의 사용자(소유자 또는 소유자로부터 차의 관리에 관한 위탁을 받은 사람을 말한다.)나 운전자에게 신속히 알리는 등 반환에 필요한 조치를 하여야 한다(도로교통법 제35조 제3항).

(4) 차의 사용자나 운전자의 성명·주소를 알 수 없을 때에는 대통령령으로 정하는 방법에 따라 공고하여야 한다(도로교통법 제35조 제4항).

(5) 경찰서장이나 시장등은 차의 반환에 필요한 조치 또는 공고를 하였음에도 불구하고

그 차의 사용자나 운전자가 조치 또는 공고를 한 날부터 1개월 이내에 그 반환을 요구하지 아니할 때에는 대통령령으로 정하는 바에 따라 그 차를 매각하거나 폐차할 수 있다(도로교통법 제35조 제5항). 차를 매각하거나 폐차한 경우 그 차의 이동·보관·공고·매각 또는 폐차 등에 들어간 비용을 충당하고 남은 금액이 있는 경우에는 그 금액을 그 차의 사용자에게 지급하여야 한다. 다만, 그 차의 사용자에게 지급할 수 없는 경우에는 「공탁법」에 따라 그 금액을 공탁하여야 한다(도로교통법 제35조 제7항).

(6) 주차위반 차의 이동·보관·공고·매각 또는 폐차 등에 들어간 비용은 그 차의 사용자가 부담한다. 이 경우 그 비용의 징수에 관하여는 「행정대집행법」제5조 및 제6조를 적용한다(도로교통법 제35조 제6항).

기출문제

1 다음 중 주차금지 장소에 해당하는 것은 모두 몇 개인가? (2007.10.21, 남자기동대)

> ① 소방용기계, 기구가 설치된 곳으로부터 5미터 이내의 곳
> ② 화재경보기로부터 3미터 이내의 곳
> ③ 터널 안 및 다리 위
> ④ 도로공사를 하고 있는 경우에는 그 공사구역의 양쪽 가장자리로부터 5미터 이내의 곳
> ⑤ 교차로, 횡단보도
> ⑥ 건널목의 가장자리 또는 횡단보도로부터 10미터 이내의 곳

① 2개   ② 3개   ③ 4개   ④ 5개

해설 ①②③④는 주차금지 장소이거, ⑤⑥은 주·정차금지 장소이다(도로교통법 제32조 및 제33조 참조). 답 ③

2 「도로교통법」제2조에서 규정하고 있는 용어의 정의로 가장 적절하지 <u>않은</u> 것은? (13-2차)

① "교차로"란 '十'자로, 'T'자로나 그 밖에 둘 이상의 도로(보도와 차도가 구분되어 있는 도로에서는 차도를 말한다)가 교차하는 부분을 말한다.

② "신호기"란 도로교통에서 문자·기호 또는 등화를 사용하여 진행·정지·방향 전환·주의 등의 신호를 표시하기 위하여 사람이나 전기의 힘으로 조작하는 장치를 말한다.

③ "주차"란 운전자가 승객을 기다리거나 화물을 싣거나 차가 고장 나거나 그 밖의 사유로 차를 계속 정지 상태에 두는 것 또는 운전자가 차에서 떠나서 즉시 그 차를 운전할 수 없는 상태에 두는 것을 말한다.

④ "보도"란 보행자만 다닐 수 있도록 안전표지나 그와 비슷한 인공구조물로 표시한 도로를 말한다.

> **해설** "보도"(步道)란 연석선, 안전표지나 그와 비슷한 인공구조물로 경계를 표시하여 보행자(유모차와 안전행정부령으로 정하는 보행보조용 의자차를 포함한다. 이하 같다)가 통행할 수 있도록 한 도로의 부분을 말한다. "보행자전용도로"란 보행자만 다닐 수 있도록 안전표지나 그와 비슷한 인공구조물로 표시한 도로를 말한다.
>
> 답 ④

3 다음 중 「도로교통법」상 정차 및 주차 모두가 금지되는 장소는 모두 몇 개인가? (2016년 경간부)

> ㉠ 교차로·횡단보도·건널목이나 보도와 차도가 구분된 도로의 보도(「주차장법」에 따라 차도와 보도에 걸쳐서 설치된 노상주차장은 제외)
> ㉡ 화재경보기로부터 3미터 이내인 곳
> ㉢ 도로공사를 하고 있는 경우에는 그 공사 구역의 양쪽 가장자리 5미터 이내인 곳
> ㉣ 교차로의 가장자리나 도로의 모퉁이로부터 5미터 이내인 곳
> ㉤ 건널목의 가장자리 또는 횡단보도로부터 10미터 이내인 곳
> ㉥ 터널안 및 다리 위

① 2개   ② 3개   ③ 4개   ④ 5개

> **해설** ㉠㉣㉤ → 정차 및 주차 모두가 금지되는 장소
> ㉡㉢㉥ → 주차가 금지되는 장소
>
> 답 ②

4 「도로교통법」상 '주차금지장소'에 대한 설명으로 가장 적절하지 않은 것은? (2017-1차)

> 도로교통법
> 제33조(주차금지의 장소) 모든 차의 운전자는 다음 각 호의 어느 하나에 해당하는 곳에 차를 주차하여서는 아니 된다.
> 1. 터널 안 및 다리 위
> 2. 화재경보기로부터 3미터 이내인 곳
> 3. 다음 각 목의 곳으로부터 5미터 이내인 곳
>   가. 소방용 기계·기구가 설치된 곳
>   나. 소방용 방화(防火) 물통
>   다. 소화전(消火栓) 또는 소화용 방화 물통의 흡수구나 흡수관(吸水管)을 넣는 구멍
>   라. 도로공사를 하고 있는 경우에는 그 공사 구역의 양쪽 가장자리
> 4. 지방경찰청장이 도로에서의 위험을 방지하고 교통의 안전과 원활한 소통을 확보하기 위하여 필요하다고 인정하여 지정한 곳

① 터널 안 및 다리 위
② 화재경보기로부터 3미터 이내인 곳
③ 소방용 기계·기구가 설치된 곳으로부터 5미터 이내인 곳
④ 도로공사를 하고 있는 경우에는 그 공사 구역의 양쪽 가장자리로부터 10미터 이내인 곳

답 ④

5 「도로교통법」상 주차금지 장소로 옳은 것은 모두 몇 개인가? (2016년 1차)

> ⊙ 소방용 기계·기구가 설치된 곳으로부터 5미터 이내인 곳
> ⓛ 터널 안 및 다리 위
> ⓒ 화재경보기로부터 3미터 이내인 곳
> ⓔ 도로공사를 하고 있는 경우에는 그 공사구역의 양쪽 가장 자리로부터 5미터 이내인 곳

① 1개   ② 2개   ③ 3개   ④ 4개

해설 설문은 모두 주차금지 장소에 해당한다.   답 ④

> **도로교통법 제33조(주차금지의 장소)**
> 모든 차의 운전자는 다음 각 호의 어느 하나에 해당하는 곳에 차를 주차하여서
> 는 아니 된다.
> 1. 터널 안 및 다리 위
> 2. 화재경보기로부터 (3 미터) 이내인 곳
> 3. 다음 각 목의 곳으로부터 (5 미터) 이내인 곳
>   가. 소방용 기계·기구가 설치된 곳
>   나. 소방용 방화 물통
>   다. 소화전 또는 소화용 방화 물통의 흡수구나 흡수관(흡 수관)을 넣는 구멍
>   라. 도로공사를 하고 있는 경우에는 그 공사 구역의 양쪽 가장자리
> 4. 지방경찰청장이 도로에서의 위험을 방지하고 교통의 안전과 원활한 소통을
>   확보하기 위하여 필요하다고 인정하여 지정한 곳

19

도로교통법과 음주운전

 음주운전 단속 피하는 방법

한 부부가 7살 아이와 차를 타고 가다가 음주운전 단속을 하게 됐다.

경찰: 부시죠.
남편: 후~~!
"삐이익!"

경찰: 한계치 초과입니다. 내리시죠.
남편: 아니, 뭐라구요? 난 술 안먹었습니다. 기계가 문제라구요!! 여보! 당신이 한 번 불어봐!

아내: 후~~~!
"삐이익!"

경찰: 아니 두 분이 다 드셨군요!! 서까지 가시죠.
남편: 아니 정말 당신 왜이래!
야, 울 이쁜 공주님! 너도 한 번 불어봐라!
공주: 후~~~~~!
"삐이익!"
남편: 이것 보라구요!!! 내 참!!

경찰: 죄송합니다! 실례했습니다.
안녕히 가십시오.
"부우우우웅~~~~~~~~~~"

한 참을 가다가...
남편: 여보,
거 봐 쟤도 먹이길 잘했지? ㅋㅋㅋ...

1. 음주단속의 역사

알코올(alcohol)은 사람의 중추신경을 마비시키고 자동차운전능력을 저하시켜서, 일정량이상의 음주로 인한 알콜 영향하에서의 운전은 자신뿐만 아니라 타인의 생명·신체·재산 등에 중대한 침해를 가할 위험성이 크다. 따라서 우리의 현행 도로교통법은 일정량이상의 알콜 영향하에서의 음주운전을 금지하고 이에 위반한 경우에는 형사처벌을 하도록 규정하고 있다.[1] 우리나라는 1962년 도로교통법 시행령을 고쳐 음주운전 단속을 시작했다. 그러나 음주운전이 사회문제로 본격 등장하기 시작한 것은 1980년대 마이카(My Car) 시대 이후다. 음주측정기로 음주운전 단속 시작은 1980년 6월 11일이다. 퇴근 이후 야간에 주요 길목에 차단기를 설치하고 음주측정기를 사용, 일제단속을 벌이기도 했다. 그때까지만 해도 음주운전이 범법행위라는 사회적 인식이 희박했다. 그래서 2001년에는 음주운전으로 3번 이상 적발되면 2년간 운전면허 취득이 불가능한 '삼진아웃제'가 실시되기도 했다(염주영, 음주운전, 파이낸셜, 2017.6.28 참조).

음주운전 적발도구가 된 알코올측정기는 처음에는 알코올 중독 상태를 측정하는데 이용되었다. 1961년 5월 1일 독일 홀슈타인주 뤼베크시에 위치한 드라위게르베크 회사가 알코올중독자 진찰도구로 최초 개발 특허를 획득했다. 음주측정기는 미국 인디애나대학의 생화학실험실에서 최초로 발명되었고, 인디애나 주정부는 미국 최초로 운전자 음주단속법을 만들었다.[2]

2. 음주운전 교통사고 및 음주운전단속 현황

2016년 말을 기준으로 음주운전 교통사고 발생 건수는 1만 9769건으로 전체 교통사고에서 8.9%의 점유율을 보이고 있어, 아직도 교통사고 10건 중 1건 정도는 음주운전으로 인해 발생하고 있다. 2017년 9월을 기준으로 음주운전으로 인한 사망자는 전년 대비 20% 감소하여 괄목할 만한 감소율을 보이고 있다. 하지만 전체 교통사고 사망자 중에 음주운전으로 인한 비율이 아직도 11.2%나 차지하고 있다.[3][4]

1) 김형준, 『음주운전과 형사책임』, 진원사(2007), 10면.
2) 피에르 제르마(PIERRE GERMA), 『세상을 바꾼 최초들』, 하늘연못(2006), 421면.
3) 치안정책연구소, 『치안전망 2018』, 160면.

<표> 음주운전 교통사고 현황

연도	전체 교통사고 건수	음주운전 단속 현황(건)	음주운전사고 발생 건수	음주운전사고 사망자(명)	음주운전사고 부상자(명)
1998	239,721	343,487	25,269	1,113	40,489
1999	275,938	241,373	23,718	998	39,282
2000	290,481	274,400	28,074	1,217	47,155
2001	260,579	372,319	24,994	1,004	42,165
2002	231,026	419,805	24,983	907	42,316
2003	240,832	485,149	31,227	1,113	55,230
2004	220,755	500,446	25,150	875	44,552
2005	214,171	385,178	26,460	910	48,153
2006	213,745	353,580	29,990	920	54,255
2007	211,662	412,482	28,416	991	51,370
2008	215,822	434,148	26,873	969	48,497
2009	231,990	327,606	28,207	898	50,797
2010	226,878	302,707	28,641	781	51,364
2011	221,711	258,213	28,461	733	51,135
2012	223,656	246,283	29,093	815	52,345
2013	215,354	269,836	26,589	727	47,711
2014	223,552	251,788	24,043	592	42,772
2015	232,035	243,100	24,399	583	42,880

※ 경찰청, 『경찰통계연보』(2015), 271면.

---

4) 숙취운전(宿醉運轉)이란 전 날 마신 술이 완전히 깨지 않은 상태에서 오전에 운전하는 것을 말하며, 도로교통법상 음주단속기준을 초과하는 경우 이 또한 음주운전에 해당한다. 술 마신 다음 날, 잠을 푹 잤으니 괜찮을 거라는 생각으로 운전대를 잡았다 낭패를 보는 경우는 비일비재하다. 몸무게가 70kg인 성인 남성이 소주 한 병을 마신 뒤, 알코올을 완전히 분해시키려면 10시간 이상을 쉬어야 한다. 6시간가량 자고 일어나도 혈중 알코올 농도는 0.05% 수준이어서 다음 달부터 적용되는 강화된 음주운전 단속기준(0.03%)을 훌쩍 뛰어넘는다. 체질이나 체격, 안주에 따라 알코올 분해에 걸리는 시간이 훨씬 길어질 수도 있다. 술을 마셨다면 무조건 조심하고 운전을 하지 않는 것이 상책이다. 숙취 운전자는 상황 판단과 반응 속도가 떨어져 사고를 낼 가능성이 높다. 시속 80km로 주행할 때 숙취(혈중 알코올 농도 0.05%) 운전자의 급제동 거리는 53.3m로 정상 운전자의 47.5m와 큰 차이가 난다. 숙취 운전자는 맑은 정신인 운전자보다 평균 시속 16km 빠르게 달리고 차선 이탈은 4배, 교통신호 위반은 2배 더 많이 한다는 해외 연구 결과도 있다. 숙취 운전에 대한 우리 사회의 인식은 아직 미약하다. 술이 안 깬 상태에서 운전을 한다는 점에서, 숙취 운전은 음주운전과 똑같다. 술을 마시면 대리운전 기사를 부르는 것이 당연하듯이, 음주 다음 날에는 대중교통을 이용하는 게 상식이 돼야 한다. "이 정도 쉬었으면 문제없겠지"하는 생각으로 운전석에 앉는 것은 본인은 물론이고 남의 생명까지 위협하는 중대한 범죄다(횡설수설/ 숙취 운전, 동아일보, 2019년 5월 29일, A34면).

경찰청에서는 상습 음주운전자 특별교통교육을 강화하여 음주운전예방 및 교통사고를 방지하는 프로그램을 시행하고 있다. 상습 음주운전자는 처벌과 더불어 충분한 교육 및 전문가의 상담 등을 통하여 잘못된 운전 행동습관을 교정한 후 운전면허를 재취득 할 수 있도록 하는 것이 안전운전에 효과적이다. 이에 따라 기존의 음주운전 위반횟수와 관계없이 일괄적으로 운전면허정지자(4시간)와 운전면허취소자(6시간)를 구분하여 특별교통안전교육만을 받도록 하던 것을 음주운전 위반 횟수에 따라 교육시간을 차등화하여 시행하고 있다. 음주운전 1회 적발시는 6시간, 과거 5년이내 2회 적발시에는 8시간, 과거 5년이내 3회 이상 적발시에는 16시간 특별교통안전교육을 시행하고 있다. 또한 3회 이상 상습 음주운전자에 대해서는 교육내용에 시뮬레이터(simulator)를 이용한 음주운전체험 및 심리상담 프로그램을 추가할 수 있도록 교육을 강화하여 2012년 6월 1일부터 시행하고 있다.[5]

〈표〉 음주운전 단속 및 3회 이상 적발 통계 현황

구분	2010	2011	2012	2013	2014	2015	2016
단속	302,707	258,213	269,283	269,836	251,788	243,100	226,599
3회 이상	44,307 (14.6%)	39,355 (15.2%)	39,490 (16.0%)	39,490 (16.6%)	44,717 (17.7%)	44,986 (18.5%)	43,197 (19.1)

※ 경찰청, 『2017 경찰백서』(2017.11), 280면.

3. 도로교통법과 음주운전

도로교통법은 "누구든지 술에 취한 상태에서 자동차등(「건설기계관리법」제26조 제1항 단서에 따른 건설기계 외의 건설기계를 포함한다)을 운전하여서는 아니 된다"(도로교통법 제44조 제1항)규정하고, 경찰공무원은 교통의 안전과 위험방지를 위하여 필요하다고 인정하거나 술에 취한 상태에서 자동차등을 운전하였다고 인정할 만한 상당한 이유가 있는 경우에는 운전자가 술에 취하였는지를 호흡조사로 측정할 수 있다. 이 경우 운전자는 경찰공무원의 측정에 응하여야 한다(도로교통법 제44조 제2항). 측정 결과에 불복하는 운전자에 대하여는 그 운전자의 동의를 받아 혈액 채취 등의 방법으로 다시 측정할 수 있다(도

---

5) 경찰청, 『2017 경찰백서』, 280면.

로교통법 제44조 제3항).⁶⁾

  운전이 금지되는 술에 취한 상태의 기준은 운전자의 혈중알코올농도가 0.03퍼센트 이상인 경우로 한다(도로교통법 제44조 제4항).

---

6) 판례 : "[1] 구 도로교통법(2014. 12. 30. 법률 제12917호로 개정되기 전의 것, 이하 같다) 제44조 제2항, 제3항, 제148조의2 제1항 제2호의 입법연혁과 내용 등에 비추어 보면, 구 도로교통법 제44조 제2항, 제3항은 음주운전 혐의가 있는 운전자에게 수사를 위한 호흡측정에도 응할 것을 간접적으로 강제하는 한편 혈액 채취 등의 방법에 의한 재측정을 통하여 호흡측정의 오류로 인한 불이익을 구제받을 수 있는 기회를 보장하는 데 취지가 있으므로, 이 규정들이 음주운전에 대한 수사방법으로서의 혈액 채취에 의한 측정의 방법을 운전자가 호흡측정 결과에 불복하는 경우에만 한정하여 허용하려는 취지의 규정이라고 해석할 수는 없다. [2] 음주운전에 대한 수사 과정에서 음주운전 혐의가 있는 운전자에 대하여 구 도로교통법(2014. 12. 30. 법률 제12917호로 개정되기 전의 것) 제44조 제2항에 따른 호흡측정이 이루어진 경우에는 그에 따라 과학적이고 중립적인 호흡측정 수치가 도출된 이상 다시 음주측정을 할 필요성은 사라졌으므로 운전자의 불복이 없는 한 다시 음주측정을 하는 것은 원칙적으로 허용되지 아니한다. 그러나 운전자의 태도와 외관, 운전 행태 등에서 드러나는 주취 정도, 운전자가 마신 술의 종류와 양, 운전자가 사고를 야기하였다면 경위와 피해 정도, 목격자들의 진술 등 호흡측정 당시의 구체적 상황에 비추어 호흡측정기의 오작동 등으로 인하여 호흡측정 결과에 오류가 있다고 인정할 만한 객관적이고 합리적인 사정이 있는 경우라면 그러한 호흡측정 수치를 얻은 것만으로는 수사의 목적을 달성하였다고 할 수 없어 추가로 음주측정을 할 필요성이 있으므로, 경찰관이 음주운전 혐의를 제대로 밝히기 위하여 운전자의 자발적인 동의를 얻어 혈액 채취에 의한 측정의 방법으로 다시 음주측정을 하는 것을 위법하다고 볼 수는 없다. 이 경우 운전자가 일단 호흡측정에 응한 이상 재차 음주측정에 응할 의무까지 당연히 있다고 할 수는 없으므로, 운전자의 혈액 채취에 대한 동의의 임의성을 담보하기 위하여는 경찰관이 미리 운전자에게 혈액 채취를 거부할 수 있음을 알려주었거나 운전자가 언제든지 자유로이 혈액 채취에 응하지 아니할 수 있었음이 인정되는 등 운전자의 자발적인 의사에 의하여 혈액 채취가 이루어졌다는 것이 객관적인 사정에 의하여 명백한 경우에 한하여 혈액 채취에 의한 측정의 적법성이 인정된다."(대법원 2015.7.9선고, 2014도16051).

4. 음주운전과 형사처벌

(1) 술에 취한 상태에서 자동차 등을 운전한 사람은 다음 구분에 따라 처벌한다(도로교통법 제148조의2 제3항).

혈중알콜농도	벌칙
0.2% 이상	2년 이상 5년 이하의 징역이나 1천만원 이상 2천만원 이하의 벌금
0.08% 이상 0.2% 미만	1년 이상 2년 이하의 징역이나 500만원 이상 1천만원 이하의 벌금
0.03% 이상 0.08% 미만	1년 이하의 징역이나 500만원 이하의 벌금

(2) 음주운전 금지를 2회 이상 위반한 사람으로서 다시 술에 취한 상태에서 자동차 등을 운전한 사람은 2년 이상 5년 이하의 징역이나 1천만원 이상 2천만원 이하의 벌금에 처한다(도로교통법 제148조의2 제1항). 또한 술에 취한 상태에 있다고 인정할 만한 상당한 이유가 있는 사람으로서 경찰공무원의 측정에 응하지 아니한 사람도 1년 이상 5년 이하의 징역이나 500만원 이상 2천만원 이하의 벌금에 처한다(도로교통법 제148조의2 제2항).[7]

---

7) 판례 : "도로교통법 제148조의2 제1항 제2호(이하 '처벌조항'이라 한다)의 주된 목적은 음주측정을 간접적으로 강제함으로써 교통의 안전을 도모함과 동시에 음주운전에 대한 입증과 처벌을 용이하게 하려는 데 있는 것이지, 측정불응행위 자체의 불법성을 처벌하려는 데 있는 것은 아닌 점, 한편 처벌조항의 음주측정불응죄는 주취운전죄 중에서도 불법성이 가장 큰 유형인 3회 이상 또는 혈중알코올농도 0.2% 이상의 주취운전죄와 동일한 법정형으로 규율되고 있는 점, 경찰청의 교통단속처리지침 제38조 제11항은 처벌조항의 입법 취지 등을 참작하여 "음주측정 요구에 불응하는 운전자에 대하여는 음주측정 불응에 따른 불이익을 10분 간격으로 3회 이상 명확히 고지하고, 고지에도 불구하고 측정을 거부한 때(최초 측정 요구 시로부터 30분 경과)에는 측정결과란에 로 기재하여 주취운전자 적발보고서를 작성한다."고 규정하고 있는 점 등을 고려해 볼 때, 처벌조항에서 말하는 '경찰공무원의 측정에 응하지 아니한 경우'란 전체적인 사건의 경과에 비추어 술에 취한 상태에 있다고 인정할 만한 상당한 이유가 있는 운전자가 음주측정에 응할 의사가 없음이 객관적으로 명백하다고 인정되는 때를 의미하고, 운전자가 경찰공무원의 1차 측정에만 불응하였을 뿐 곧이어 이어진 2차 측정에 응한 경우와 같이 측정거부가 일시적인 것에 불과한 경우까지 측정불응행위가 있었다고 보아 처벌조항의 음주측정불응죄가 성립한다고 볼 것은 아니다. 따라서 술에 취한 상태에 있다고 인정할 만한 상당한 이유가 있는 운전자가 호흡측정기에 숨을 내쉬는 시늉만 하는 등으로 음주측정을 소극적으로 거부한 경우라면, 소극적 거부행위가 일정 시간 계속적으로 반복되어 운전자의 측정불응의사가 객관적으로 명백하다고 인정되는 때에 비로소 음주측정불응죄가 성립하고, 반면 운전자가 명시적이고도 적극적으로 음주측정을 거부하겠다는 의사를 표명한 것이라면 즉시 음주측정불응죄가 성립할 수 있으나, 그 경우 운전자의 측정불응의사가 객관적으로 명백하였는지는 음주측정을 요구받을 당시의 운전자의 언행이나 태도 등을 비롯하여 경찰공무원이 음주측정을 요구하게 된 경

5. 음주운전과 운전면허 취소와 정지

술마신 운전자는 형사처벌외에도 운전면허 취소 또는 정지에 대한 행정처분도 동시에 받게 된다.

지방경찰청장은 운전면허를 받은 사람이 음주운전을 한 때에는 행정안전부령으로 정하는 기준에 따라 운전면허를 취소하거나 1년 이내의 범위에서 운전면허의 효력을 정지시킬 수 있다(도로교통법 제93조 제1항). 도로교통법 운전면허를 취소 또는 정지시킬 수 있는 기준(교통법규를 위반하거나 교통사고를 일으킨 경우 그 위반 및 피해의 정도 등에 따라 부과하는 벌점의 기준을 포함한다)과 도로교통법 제97조 제1항에 따라 자동차등의 운전을 금지시킬 수 있는 기준은 별표 28과 같다(도로교통법 시행규칙 제91조 제1항). 경찰서장 또는 도로교통공단은 운전면허를 받은 사람이 도로교통법에 따른 취소사유에 해당하는 경우에는 즉시 그 사람의 인적사항 및 면허번호 등을 전산입력하여 지방경찰청장에게 보고하여야 한다(도로교통법 시행규칙 제91조 제4항).

(1) 운전면허 취소

① 술에 취한 상태의 기준(혈중알콜농도 0.03퍼센트 이상)을 넘어서 운전을 하다가 교통사고로 사람을 죽게 하거나 다치게 한 때, ② 혈중알콜농도 0.08퍼센트 이상의 상태에서 운전한 때, ③ 1회 이상 술에 취한 상태의 기준을 넘어 운전하거나 술에 취한 상태의 측정에 불응한 사람이 다시 술에 취한 상태(혈중알콜농도 0.03퍼센트 이상)에서 운전한 때, ④ 술에 취한 상태에서 운전하거나 술에 취한 상태에서 운전하였다고 인정할 만한 상당한 이유가 있음에도 불구하고 경찰공무원의 측정 요구에 불응한 때에는 운전면허는 취소된다(도로교통법 제93조 제1항 제1호 및 도로교통법 시행규칙 [별표 28] 제2호 2·3).[8]

위 및 측정요구의 방법과 정도, 주취운전자 적발보고서 등 측정불응에 따른 관련 서류의 작성 여부 및 운전자가 음주측정을 거부한 사유와 태양 및 거부시간 등 전체적 경과를 종합적으로 고려하여 신중하게 판단하여야 한다."(대법원 2015.12.24선고, 2013도8481).

8) "운전면허를 받은 사람이 음주운전을 한 경우에 운전면허의 취소 여부는 행정청의 재량행위이나, 음주운전으로 인한 교통사고의 증가와 그 결과의 참혹성 등에 비추어 보면 음주운전으로 인한 교통사고를 방지할 공익상의 필요는 더욱 중시되어야 하고, 운전면허의 취소에서는 일반의 수익적 행정행위의 취소와는 달리 취소로 인하여 입게 될 당사자의 불이익보다는 이를 방지하여야 하는 일반에

(2) 면허정지

혈중알콜농도 0.03% 이상 0.08% 미만으로 술에 취한 상태의 기준을 넘어서 운전한 때에는 면허가 정지되고 벌점 100점이 부과된다(도로교통법 제93조 제1항 제1호 및 도로교통법 시행규칙 [별표 28] 제3호 가목 2).

방적 측면이 더욱 강조되어야 한다."(대법원 2018.2.28, 2017두67476); "자동차가 대중적인 교통수단이고 그에 따라 자동차운전면허가 대량으로 발급되어 교통상황이 날로 혼잡해짐에 따라 교통법규를 엄격히 지켜야 할 필요성은 더욱 커지는 점, 음주운전으로 인한 교통사고 역시 빈번하고 그 결과가 참혹한 경우가 많아 대다수의 선량한 운전자 및 보행자를 보호하기 위하여 음주운전을 엄격하게 단속하여야 할 필요가 절실한 점 등에 비추어 보면, 음주운전으로 인한 교통사고를 방지할 공익상의 필요는 더욱 중시되어야 하고 운전면허의 취소는 일반의 수익적 행정행위의 취소와는 달리 그 취소로 인하여 입게 될 당사자의 불이익보다는 이를 방지하여야 하는 일반예방적 측면이 더욱 강조되어야 한다."(대법원 2019.1.17, 2017두59949).

기출문제

1 음주운전 관련 판례의 내용으로 가장 적절하지 않은 것은? (2018년 1차 경찰공무원 공채)

① 형사소송법 규정에 위반하여 수사기관이 법원으로부터 영장 또는 감정처분허가장을 발부받지 아니한 채 피의자의 동의 없이 피의자의 신체로부터 혈액을 채취하고 더구나 사후적으로도 지체 없이 이에 대한 영장을 발부받지도 아니하고서 그 강제 채혈한 피의자의 혈액 중 알코올농도에 관한 감정결과보고서 등은 피고인이나 변호인의 증거동의가 있다고 하더라도 유죄의 증거로 사용할 수 없다.

② 음주운전과 관련한 도로교통법위반죄의 범죄수사를 위하여 미성년자인 피의자의 혈액채취가 필요한 경우에도 피의자에게 의사능력이 있다면 피의자 본인만이 혈액채취에 관한 유효한 동의를 할 수 있고, 피의자에게 의사능력이 없는 경우에도 명문의 규정이 없는 이상 법정대리인이 피의자를 대리하여 동의할 수는 없다.

③ 도로교통법에 규정된 음주측정은 성질상 강제될 수 있는 것이 아니며 궁극적으로 당사자의 자발적인 협조가 필수적인 것이므로 이를 두고 법관의 영장을 필요로 하는 강제처분이라 할 수 없다. 따라서 주취운전의 혐의자에게 영장없는 음주측정에 응할 의무를 지우고 이에 불응한 사람을 처벌한다고 하더라도 영장주의에 위배되지 아니한다.

④ 위드마크 공식은 운전자가 음주한 상태에서 운전한 사실이 있는지에 대한 경험법칙에 의한 증거수집 방법이므로 경찰공무원에게 위드마크 공식의 존재 및 나아가 호흡측정에 의한 혈중알코올 농도가 음주운전 처벌기준 수치에 미달하였더라도 위드마크 공식에 의한 역추산 방식에 의하여 운전 당시의 혈중알코올농도를 산출할 경우 그 결과가 음주운전 처벌기준 수치 이상이 될 가능성이 있다는 취지를 운전자에게 미리 고지하여야 할 의무가 있다.

해설 ① (대법원 2009도 10871). ② (대법원 2013도 1228). ③ (96헌가11) ④ 위드마크 공식은 운전자가 음주한 상태에서 운전한 사실이 있는지에 대한 경험법칙에 의한 증거수집 방법에 불과하다. 따라서 경찰공무원에게 위드마크 공식의 존재 및 나아가 호흡측정에 의한 혈중알코올농도가 음주운전 처벌 기준 수치에 미달하였더라도 위드마크 공식에 의한 역추산 방식에 의하여 운전 당시의 혈중알코올농도를 산출할 경우 그 결과가 음주운전 처벌기준 수치 이상이 될 가능성이 있다는 취지를 운전자에게 미리 고지하여야 할 의무가 있다고 보기도 어렵다(대법원 2017도 661). **답 ④**

2 수사상 채혈에 대한 설명으로 가장 적절한 것은? (다툼이 있는 경우 판례에 의함) (2018년 3차 경찰공무원 공채)

① 수사기관은 「형사소송법」이 정한 압수의 방법으로 피의자의 동의 없이 그의 혈액을 범죄 증거의 수집목적으로 취득·보관할 수 있으나, 감정에 필요한 처분으로는 이를 할 수 없다.

② 경찰관이 담당의사로부터 진료 목적으로 이미 채혈되어 있던 피고인의 혈액 중 일부를 주취운전 여부에 대한 감정을 목적으로 임의로 제출받아 이를 압수한 경우, 그 압수절차가 피고인 또는 피고인의 가족의 동의 및 영장 없이 행하여졌다고 하더라도 이에 적법절차를 위반한 위법이 있다고 할 수 없다.

③ 피의자의 신체 내지 의복류에 주취로 인한 냄새가 강하게 나는 등 범죄의 증적이 현저한 준현행범인의 요건이 갖추어져 있고 교통사고 발생 시각으로부터 사회통념상 범행 직후라고 볼 수 있는 시간 내라면, 피의자의 생명·신체를 구조하기 위하여 사고현장으로부터 곧바로 후송된 병원 응급실 등의 장소는 「형사소송법」 제216조 제1항 제2호의 체포현장에 준하므로 수사기관은 영장없이 혈액을 압수할 수 있다.

④ 음주운전과 관련한 「도로교통법」 위반죄의 범죄수사를 위하여 미성년자인 피의자의 혈액채취가 필요한 경우, 수사기관은 피의자의 의사능력이 있는 경우라도 그 법정대리인의 동의를 얻어야 피의자의 혈액을 압수할 수 있다.

답 ②

도로교통법과 좌석안전띠

맹구는 술만 취하면 마누라와 싸우고 미안한 생각에 화해도 할 겸 저녁 외식이나 하자며 차를 끌고 나갔다.

때 마침 도로에 차도 없고 해서 쌩쌩 달리는데, 저만치 앞에서 경찰이 차를 세우라고 했다.

경찰: 선생님 과속하셨습니다.

남편: 무슨 말을 하는 거예요?   90km로 달렸단 말이에요.

마누라: 여보 당신 100km넘었어요.

남편: 어? (마누라 맞아?)

경찰: 라이트도 나가 불도 안들어 오네요. 벌금내야 됩니다.

남편: 무슨 소리. 조금 전에도 잘 들어 왔는데

마누라: 지난번 앞차 박아서 깨졌잖아요.

남편: 어? (화가 덜 풀려서 그렇지)

경찰: 안전벨트도 안 매셨네요.

남편: 조금 전까지도 맸는데 당신이 차 세우는 바람에 풀었잖아요.

마누라: 무슨 말이에요, 당신 언제 안전벨트 매고 운전한적 있어요.

남편: 이 마누라가!! 죽을래?

경찰: 바깥양반이 원래 말투가 이렇습니까?

마누라: 아니요 술만 취하면 그래요.

1. 자동차 등의 속도

자동차 등의 도로 통행 속도는 행정안전부령으로 정한다(도로교통법 제17조 제1항).[1]
경찰청장이나 지방경찰청장은 도로에서 일어나는 위험을 방지하고 교통의 안전과 원활한
소통을 확보하기 위하여 필요하다고 인정하는 경우에는 ① 경찰청장은 고속도로, ② 지방
경찰청장은 고속도로를 제외한 도로의 구분에 따라 구역이나 구간을 지정하여 속도를 제

---

1) 도로교통법 시행규칙 제19조(자동차등의 속도) ① 법 제17조제1항에 따른 자동차등의 운행속도는
　다음 각 호와 같다.
　1. 일반도로(고속도로 및 자동차전용도로 외의 모든 도로를 말한다)에서는 매시 60킬로미터 이내.
　　다만, 편도 2차로 이상의 도로에서는 매시 80킬로미터 이내
　2. 자동차전용도로에서의 최고속도는 매시 90킬로미터, 최저속도는 매시 30킬로미터
　3. 고속도로
　　가. 편도 1차로 고속도로에서의 최고속도는 매시 80킬로미터, 최저속도는 매시 50킬로미터
　　나. 편도 2차로 이상 고속도로에서의 최고속도는 매시 100킬로미터[화물자동차(적재중량 1.5톤
　　　을 초과하는 경우에 한한다. 이하 이 호에서 같다)·특수자동차·위험물운반자동차(별표 9
　　　(주) 6에 따른 위험물 등을 운반하는 자동차를 말한다. 이하 이 호에서 같다) 및 건설기계의
　　　최고속도는 매시 80킬로미터], 최저속도는 매시 50킬로미터
　　다. 나목에 불구하고 편도 2차로 이상의 고속도로로서 경찰청장이 고속도로의 원활한 소통을 위
　　　하여 특히 필요하다고 인정하여 지정·고시한 노선 또는 구간의 최고속도는 매시 120킬로
　　　미터(화물자동차·특수자동차·위험물운반자동차 및 건설기계의 최고속도는 매시 90킬로
　　　미터) 이내, 최저속도는 매시 50킬로미터
　② 비·안개·눈 등으로 인한 악천후 시에는 제1항에 불구하고 다음 각 호의 기준에 의하여 감속운
　행하여야 한다. 다만, 경찰청장 또는 지방경찰청장이 별표 6 Ⅰ. 제1호타목에 따른 가변형 속도제
　한표지로 최고속도를 정한 경우에는 이에 따라야 하며, 가변형 속도제한표지로 정한 최고속도와 그
　밖의 안전표지로 정한 최고속도가 다를 때에는 가변형 속도제한표지에 따라야 한다. 〈개정
　2010.7.9.〉
　1. 최고속도의 100분의 20을 줄인 속도로 운행하여야 하는 경우
　　가. 비가 내려 노면이 젖어있는 경우
　　나. 눈이 20밀리미터 미만 쌓인 경우
　2. 최고속도의 100분의 50을 줄인 속도로 운행하여야 하는 경우
　　가. 폭우·폭설·안개 등으로 가시거리가 100미터 이내인 경우
　　나. 노면이 얼어 붙은 경우
　　다. 눈이 20밀리미터 이상 쌓인 경우
　③ 경찰청장 또는 지방경찰청장이 법 제17조제2항에 따라 구역 또는 구간을 지정하여 자동차등의
　속도를 제한하려는 경우에는 「도로의 구조·시설기준에 관한 규칙」 제8조에 따른 설계속도, 실제
　주행속도, 교통사고 발생 위험성, 도로주변 여건 등을 고려하여야 한다.

한할 수 있다(도로교통법 제17조 제2항).

　자동차 등의 운전자는 최고속도보다 빠르게 운전하거나 최저속도보다 느리게 운전하여서는 아니 된다. 다만, 교통이 밀리거나 그 밖의 부득이한 사유로 최저속도보다 느리게 운전할 수밖에 없는 경우에는 그러하지 아니하다(도로교통법 제17조 제3항).

2. 자동차 운전자 및 동승자의 좌석안전띠 착용 의무

　경찰청의 「좌석안전띠 효과성 연구용역」 연구에 의하면, 뒷좌석 승차자가 안전띠 착용 시 본인 사망위험이 15-32% 감소하는 반면, 착용하지 않으면 앞좌석 승차자의 사망 위험이 75% 증가한다고 한다. 이처럼 자동차 좌석안전띠 착용은 생명보호와 직결되어 있다.

　자동차(이륜자동차는 제외한다)의 운전자는 자동차를 운전할 때에는 좌석안전띠를 매어야 하며, 모든 좌석의 동승자에게도 좌석안전띠(영유아인 경우에는 유아보호용 장구를 장착한 후의 좌석안전띠를 말한다.)를 매도록 하여야 한다. 다만, 질병 등으로 인하여 좌석안전띠를 매는 것이 곤란하거나 행정안전부령으로 정하는 사유가 있는 경우에는 그러하지 아니하다(도교통법 제50조 제1항).

　고속도로 등을 운행하는 자동차 가운데 행정안전부령으로 정하는 자동차의 운전자는 모든 동승자에게 좌석안전띠를 매도록 하여야 한다. 다만, 질병 등으로 인하여 좌석안전띠를 매는 것이 곤란하거나 행정안전부령으로 정하는 사유가 있는 경우에는 그러하지 아니하다(도로교통법 제67조 제1항).

　동승자에게 좌석안전띠를 매도록 하지 아니한 운전자에게는 500만원 이하의 과태료를 부과한다(도로교통법 제160조 제1항).

21

도로교통법과 모범운전자

 모범 운전자

어떤 가족이 승용차를 몰고 고속도로를 달리는데 경찰이 차를 세웠다. 운전자가 경찰에게 물었다.

"제가 무슨 잘못이라도 했나요?"

경찰이 웃음을 띠며 말했다.

"아닙니다. 선생님께서 안전하게 운전을 하셔서 '이달의 모범 운전자'로 선택되셨습니다. 축하합니다. 상금이 500만 원인데 어디에 쓰실 생각이십니까?"

"그래요? 감사합니다. 우선 운전면허를 따는 데 쓰겠습니다."

그러자 옆자리에 앉아 있던 여자가 황급히 말을 잘랐다.

"아, 신경 쓰지 마세요. 저희 남편이 술 마시면 농담을 잘해서요."

1. 도로의 개념

도로교통법에서 정의하고 있는 "도로"라 함은 「도로법」에 따른 도로, 「유료도로법」에 따른 유료도로, 「농어촌도로 정비법」에 따른 농어촌도로, 그 밖에 현실적으로 불특정 다수의 사람 또는 차마(車馬)가 통행할 수 있도록 공개된 장소로서 안전하고 원활한 교통을 확보할 필요가 있는 장소를 말한다(도로교통법 제2조 제1호).[1]

2. 고속도로 및 자동차 전용도로 개념

고속도로(高速道路)란 자동차의 고속 운행에만 사용하기 위하여 지정된 도로를 말한다(도로교통법 제2조 제3호).[2]

자동차전용도로란 자동차만 다닐 수 있도록 설치된 도로를 말한다(도로교통법 제2조 제2호). 도로교통법상 자동차전용도로는 자동차만이 다닐 수 있도록 설치된 도로로서 보행자 또는 자동차 외의 차마는 자동차전용도로를 통행하거나 횡단하여서는 안되도록 되어 있으므로(제2조 제2호 및 제58조), 자동차전용도로를 운행하는 자동차의 운전자로서는 특별한 사정이 없는 한 자동차도로를 무단횡단하는 보행자가 나타날 경우를 미리 예상하여 이를 피할 수 있도록 감속 서행할 주의의무는 없다고 할 것이다(대법원 1989.2.28, 88도1689).

---

[1] 도로교통법 제2조 제1호는 "도로"라 함은 도로법에 의한 도로, 유료도로법에 의한 도로 그 밖의 일반교통에 사용되는 모든 곳을 말한다고 도로의 정의에 관하여 규정하고 있는바, 여기서 말하는 "일반교통에 사용되는 곳"이라 함은 현실적으로 불특정다수의 사람 또는 차량의 통행을 위하여 공개된 장소로서 교통질서유지 등을 목적으로 하는 일반교통경찰권이 미치는 공공성이 있는 곳을 의미하는 것이고, 특정인들 또는 그들과 관련된 특정한 용건이 있는 자들만이 사용할 수 있고 자주적으로 관리되는 장소는 이에 포함된다고 볼 수 없다(대법원 1992.10.9, 92도1662).

[2] 도로교통법 제63조는 보행자는 자동차전용도로를 통행하거나 횡단하여서는 아니 된다고 규정하고 있으므로, 자동차전용도로를 운행하는 자동차의 운전자로서는 특별한 사정이 없는 한 보행자가 자동차전용도로를 통행하거나 횡단할 것까지 예상하여 급정차를 할 수 있도록 대비하면서 운전할 주의의무는 없다 할 것이고, 따라서 자동차전용도로를 무단횡단하는 피해자를 충격하여 사고를 발생시킨 경우라도 운전자가 상당한 거리에서 그와 같은 무단횡단을 미리 예상할 수 있는 사정이 있었고, 그에 따라 즉시 감속하거나 급제동하는 등의 조치를 취하였다면 피해자와의 충돌을 면할 수 있었다는 등의 특별한 사정이 인정되지 아니하는 한 자동차 운전자에게 과실이 있다고는 볼 수 없다(대법원 2007.7.13, 2007다26240; 대법원 1996.10.15, 96다22525 판결; 대법원1998.4.28, 98다5135 판결 등 참조).

3. 고속도로에서의 자동차 운전

자동차의 운전자는 고속도로 등에서 자동차의 고장 등 부득이한 사정이 있는 경우를 제외하고는 행정안전부령으로 정하는 차로에 따라 통행하여야 하며, 갓길(「도로법」에 따른 길어깨를 말한다)로 통행하여서는 아니 된다. 다만, 긴급자동차와 고속도로등의 보수·유지 등의 작업을 하는 자동차를 운전하는 경우에는 그러하지 아니하다(도로교통법 제60조 제1항). 자동차의 운전자는 고속도로에서 다른 차를 앞지르려면 방향지시기, 등화 또는 경음기를 사용하여 행정안전부령으로 정하는 차로로 안전하게 통행하여야 한다(도로교통법 제60조 제2항).

자동차의 운전자는 그 차를 운전하여 고속도로 등을 횡단하거나 유턴 또는 후진하여서는 아니 된다(도로교통법 제62조). 자동차(이륜자동차는 긴급자동차만 해당한다) 외의 차마의 운전자 또는 보행자는 고속도로 등을 통행하거나 횡단하여서는 아니 된다(도로교통법 제63조). 자동차의 운전자는 고속도로 등에서 차를 정차하거나 주차시켜서는 아니 된다(도로교통법 제64조).[3]

자동차(긴급자동차는 제외한다)의 운전자는 고속도로에 들어가려고 하는 경우에는 그 고속도로를 통행하고 있는 다른 자동차의 통행을 방해하여서는 아니 된다. 긴급자동차 외의 자동차의 운전자는 긴급자동차가 고속도로에 들어가는 경우에는 그 진입을 방해하여

---

[3] 도로교통법 제64조(고속도로등에서의 정차 및 주차의 금지) 자동차의 운전자는 고속도로등에서 차를 정차하거나 주차시켜서는 아니 된다. 다만, 다음 각 호의 어느 하나에 해당하는 경우에는 그러하지 아니하다.
  1. 법령의 규정 또는 경찰공무원(자치경찰공무원은 제외한다)의 지시에 따르거나 위험을 방지하기 위하여 일시 정차 또는 주차시키는 경우
  2. 정차 또는 주차할 수 있도록 안전표지를 설치한 곳이나 정류장에서 정차 또는 주차시키는 경우
  3. 고장이나 그 밖의 부득이한 사유로 길가장자리구역(갓길을 포함한다)에 정차 또는 주차시키는 경우
  4. 통행료를 내기 위하여 통행료를 받는 곳에서 정차하는 경우
  5. 도로의 관리자가 고속도로등을 보수·유지 또는 순회하기 위하여 정차 또는 주차시키는 경우
  6. 경찰용 긴급자동차가 고속도로등에서 범죄수사, 교통단속이나 그 밖의 경찰임무를 수행하기 위하여 정차 또는 주차시키는 경우
  7. 교통이 밀리거나 그 밖의 부득이한 사유로 움직일 수 없을 때에 고속도로등의 차로에 일시 정차 또는 주차시키는 경우

서는 아니 된다(도로교통법 제65조 제1항 및 제2항).

4. 도로교통법과 모범운전자의 법적 지위

도로를 통행하는 보행자, 차마 또는 노면전차의 운전자는 교통안전시설이 표시하는 신호 또는 지시와 ① 교통정리를 하는 국가경찰공무원(의무경찰을 포함한다.) 및 제주특별자치도의 자치경찰공무원, ② 국가경찰공무원 및 자치경찰공무원을 보조하는 사람으로서 대통령령으로 정하는 사람이 하는 신호 또는 지시를 따라야 한다(도로교통법 제5조 제1항).[4]

도로교통법에서 규정하고 있는 경찰공무원을 보조하는 사람으로는 ① 모범운전자, ② 군사훈련 및 작전에 동원되는 부대의 이동을 유도하는 헌병, ③ 본래의 긴급한 용도로 운행하는 소방차·구급차를 유도하는 소방공무원이다(도로교통법 제5조 제1항 제2호 및 도로교통법 시행령 제6조). 따라서 도로교통법상 '모범운전자'는 경찰보조자(警察補助者)라 할 것이다.

모범운전자들의 상호협력을 증진하고 교통안전 봉사활동을 효율적으로 운영하기 위하여 모범운전자연합회를 설립할 수 있다(도로교통법 제5조의2). 국가는 예산의 범위에서 모범운전자에게 교통정리 등의 업무를 수행하는 데 필요한 복장 및 장비를 지원할 수 있는 바(도로교통법 제5조의3 제1항), 경찰청장은 모범운전자에게 복장(모자, 근무복, 점퍼 등), 장비(경적, 신호봉, 야광조끼 등)를 지원할 수 있다(도로교통법 시행령 제6조의2 제1항).

국가는 모범운전자가 교통정리 등의 업무를 수행하는 도중 부상을 입거나 사망한 경우에 이를 보상할 수 있도록 보험에 가입할 수 있다(도로교통법 제5조의3 제2항). 지방자치단체는 예산의 범위에서 모범운전자연합회의 사업에 필요한 보조금을 지원할 수 있다(도로교통법 제5조의3 제3항).

---

4) 도로를 통행하는 보행자나 차마는 신호기 또는 안전표지가 표시하는 신호 또는 지시와 교통정리를 하는 경찰공무원 등의 지시 또는 신호에 따라야 하고, 신호기 또는 안전표지가 표시하는 신호 또는 지시와 경찰공무원 등의 신호 또는 지시가 다른 때에는 경찰공무원 등의 신호 또는 지시에 따라야 하며, 의무전투경찰순경은 치안업무를 보조하는 업무의 일환으로서 경찰공무원법의 규정에 의한 경찰공무원과 마찬가지로 단독으로 교통정리를 위한 지시 또는 신호를 할 수 있고, 이 경우 그 수신호(手信號)는 도로교통법시행규칙 제7조 [별표 7]의 규정에 따라 보행자나 차마의 운전자가 명료하게 이해할 수 있는 방법으로 행하여져야 한다(대법원 1998.7.24, 98다18339).

5. 운전면허의 발급권자

자동차 등을 운전하려는 사람은 지방경찰청장으로부터 운전면허를 받아야 한다. 다만, 제2조 제19호 나목의 원동기를 단 차 중 「교통약자의 이동편의 증진법」 제2조 제1호에 따른 교통약자(장애인, 고령자, 임산부, 영유아를 동반한 사람, 어린이 등 일상생활에서 이동에 불편을 느끼는 사람)가 최고속도 시속 20킬로미터 이하로만 운행될 수 있는 차를 운전하는 경우에는 그러하지 아니하다(도로교통법 제80조 제1항).

6. 무면허운전과 처벌

운전면허 없이 자동차를 운전하는 것을 '무면허운전'(無免許運轉)이라고 한다. 도로교통법은 "누구든지 지방경찰청장으로부터 운전면허를 받지 아니하거나 운전면허의 효력이 정지된 경우에는 자동차등을 운전하여서는 아니 된다"(도로교통법 제43조)고 규정하여 무면허운전을 금지하고 있다.[5]

운전면허(원동기장치자전거면허는 제외한다)를 받지 아니하거나(운전면허의 효력이 정지된 경우를 포함한다) 또는 국제운전면허증을 받지 아니하고(운전이 금지된 경우와 유효기간이 지난 경우를 포함한다)자동차를 운전한 사람은 1년 이하의 징역이나 300만원 이하의 벌금에 처한다(도로교통법 제152조 제1호).

---

5) 도로교통법 제152조, 제43조를 위반한 무면허운전이 성립하기 위해서는 운전면허를 받지 않고 자동차 등을 운전한 곳이 도로교통법 제2조 제1호에서 정한 도로, 즉 '도로법에 따른 도로', '유료도로법에 따른 유료도로', '농어촌도로 정비법에 따른 농어촌도로', '그 밖에 현실적으로 불특정 다수의 사람 또는 차마가 통행할 수 있도록 공개된 장소로서 안전하고 원활한 교통을 확보할 필요가 있는 장소' 중 하나에 해당해야 한다. 위에서 본 도로가 아닌 곳에서 운전면허 없이 운전한 경우에는 무면허운전에 해당하지 않는다. 도로에서 운전하지 않았는데도 무면허운전으로 처벌하는 것은 유추해석이나 확장해석에 해당하여 죄형법정주의에 비추어 허용되지 않는다. 따라서 운전면허 없이 자동차 등을 운전한 곳이 위와 같이 일반교통경찰권이 미치는 공공성이 있는 장소가 아니라 특정인이나 그와 관련된 용건이 있는 사람만 사용할 수 있고 자체적으로 관리되는 곳이라면 도로교통법에서 정한 '도로에서 운전'한 것이 아니므로 무면허운전으로 처벌할 수 없다(대법원 2017.12.28, 2017도17762).

22

도로교통법과 교통사고발생시 조치

 나도 처음이야

택시운전사가 횡단보도를 건너는 한 할아버지를 미처 보지 못하고 달리다가 그만 살짝 치고 말았다.

깜짝 놀란 운전사가 할아버지를 병원으로 모셔가면서 툴툴댔다.

"운전경력 30년에 사람 치어 보기는 처음이네…."

그러자 화가 난 할아버지가 쏘아붙였다.

"이놈아! 나도 70년 동안 걸어 다녔지만 차에 치이기는 이번이 처음이여."

1. 횡단보도

"횡단보도"란 보행자가 도로를 횡단할 수 있도록 안전표지로 표시한 도로의 부분을 말한다(도로교통법 제2조 제12호).

2. 보행자와 도로의 횡단

지방경찰청장은 도로를 횡단하는 보행자의 안전을 위하여 행정안전부령으로 정하는 기준에 따라 횡단보도를 설치할 수 있다(도로교통법 제10조 제1항).

보행자는 횡단보도, 지하도, 육교나 그 밖의 도로 횡단시설이 설치되어 있는 도로에서는 그 곳으로 횡단하여야 한다. 다만, 지하도나 육교 등의 도로 횡단시설을 이용할 수 없는 지체장애인의 경우에는 다른 교통에 방해가 되지 아니하는 방법으로 도로 횡단시설을 이용하지 아니하고 도로를 횡단할 수 있다(도로교통법 제10조 제2항). 보행자는 횡단보도가 설치되어 있지 아니한 도로에서는 가장 짧은 거리로 횡단하여야 한다(도로교통법 제10조 제3항). 보행자는 차와 노면전차의 바로 앞이나 뒤로 횡단하여서는 아니 된다. 다만, 횡단보도를 횡단하거나 신호기 또는 경찰공무원등의 신호나 지시에 따라 도로를 횡단하는 경우에는 그러하지 아니하다(도로교통법 제10조 제4항). 보행자는 안전표지 등에 의하여 횡단이 금지되어 있는 도로의 부분에서는 그 도로를 횡단하여서는 아니 된다(도로교통법 제10조 제5항).

3. 운전자의 보행자 보호

모든 차 또는 노면전차의 운전자는 보행자(제13조의2 제6항에 따라 자전거에서 내려서 자전거를 끌고 통행하는 자전거 운전자를 포함한다)가 횡단보도를 통행하고 있을 때에는 보행자의 횡단을 방해하거나 위험을 주지 아니하도록 그 횡단보도 앞(정지선이 설치되어 있는 곳에서는 그 정지선을 말한다)에서 일시정지하여야 한다(도로교통법 제27조 제1항).[1]

---

1) 도로교통법 제27조 제1항의 내용 및 도로교통법 제27조 제1항의 입법 취지가 차를 운전하여 횡단보도를 지나는 운전자의 보행자에 대한 주의의무를 강화하여 횡단보도를 통행하는 보행자의 생명·신체의 안전을 두텁게 보호하려는 데 있음을 감안하면, 모든 차의 운전자는 신호기의 지시에 따라

모든 차 또는 노면전차의 운전자는 교통정리를 하고 있는 교차로에서 좌회전이나 우회전을 하려는 경우에는 신호기 또는 경찰공무원등의 신호나 지시에 따라 도로를 횡단하는 보행자의 통행을 방해하여서는 아니 된다(도로교통법 제27조 제2항). 모든 차의 운전자는 교통정리를 하고 있지 아니하는 교차로 또는 그 부근의 도로를 횡단하는 보행자의 통행을 방해하여서는 아니 된다(도로교통법 제27조 제3항).[2] 모든 차의 운전자는 도로에 설치된 안전지대에 보행자가 있는 경우와 차로가 설치되지 아니한 좁은 도로에서 보행자의 옆을 지나는 경우에는 안전한 거리를 두고 서행하여야 한다(도로교통법 제27조 제4항). 모든 차 또는 노면전차의 운전자는 보행자가 횡단보도가 설치되어 있지 아니한 도로를 횡단하고 있을 때에는 안전거리를 두고 일시정지하여 보행자가 안전하게 횡단할 수 있도록 하여야 한다(도로교통법 제27조 제5항).

4. 교통사고발생 시의 조치

차 또는 노면전차의 운전 등 교통으로 인하여 사람을 사상하거나 물건을 손괴한 경우에는 그 차 또는 노면전차의 운전자나 그 밖의 승무원은 즉시 정차하여 다음 각 호의 조치를 하여야 한다(도로교통법 제54조 제1항).[3]

횡단보도를 횡단하는 보행자가 있을 때에는 횡단보도에의 진입 선후를 불문하고 일시정지하는 등의 조치를 취함으로써 보행자의 통행이 방해되지 아니하도록 하여야 한다. 다만 자동차가 횡단보도에 먼저 진입한 경우로서 그대로 진행하더라도 보행자의 횡단을 방해하거나 통행에 아무런 위험을 초래하지 아니할 상황이라면 그대로 진행할 수 있다(대법원 2017.3.15, 2016도17442).

2) 자동차는 통행의 우선 순위와는 관계없이 교통정리가 행하여지고 있지 아니하며 좌우를 확인할 수 없는 교차로에 있어서는 서행하여야 하고, 교통정리가 행하여지고 있지 아니하는 교통이 빈번한 교차로에서는 일시 정지하여(도로교통법 제27조), 전방과 좌우를 잘 살펴 안전하게 교차로를 진입하고 통과하여야 할 주의의무가 있다고 할 것이지만, 교차로에 진입함에 있어 일단 전방 좌우를 살펴 안전하다는 판단하에 먼저 교차로에 진입한 이상 통행의 후순위 차량의 통행법규위반 가능성까지 예상하여 운전하여야 할 주의의무까지 있다고 할 수는 없을 것이다(대법원 1992.8.18, 92도934).

3) 도로교통법 제54조 제1항, 제2항이 규정한 교통사고 발생 시의 구호조치의무 및 신고의무는 차의 교통으로 인하여 사람을 사상하거나 물건을 손괴한 때에 운전자 등으로 하여금 교통사고로 인한 사상자를 구호하는 등 필요한 조치를 신속히 취하게 하고, 또 속히 경찰관에게 교통사고의 발생을 알려서 피해자의 구호, 교통질서의 회복 등에 관하여 적절한 조치를 취하게 하기 위한 방법으로 부과된 것이므로, 교통사고의 결과가 피해자의 구호 및 교통질서의 회복을 위한 조치가 필요한 상황인 이상 그 의무는 교통사고를 발생시킨 당해 차량의 운전자에게 그 사고 발생에 있어서 고의·과실

1. 사상자를 구호하는 등 필요한 조치
2. 피해자에게 인적 사항(성명·전화번호·주소 등을 말한다.)제공

　　차 또는 노면전차의 운전자 등은 경찰공무원이 현장에 있을 때에는 그 경찰공무원에게, 경찰공무원이 현장에 없을 때에는 가장 가까운 국가경찰관서(지구대, 파출소 및 출장소를 포함한다.)에 다음 각 호의 사항을 지체 없이 신고하여야 한다. 다만, 차 또는 노면전차만 손괴된 것이 분명하고 도로에서의 위험방지와 원활한 소통을 위하여 필요한 조치를 한 경우에는 그러하지 아니하다(도로교통법 제54조 제2항).4) 사고발생 시 조치상황 등의 신고를 하지 아니한 사람은 30만원 이하의 벌금이나 구류에 처한다(도로교통법 제154조 제4호).

1. 사고가 일어난 곳
2. 사상자 수 및 부상 정도
3. 손괴한 물건 및 손괴 정도
4. 그 밖의 조치사항 등

혹은 유책·위법의 유무에 관계없이 부과된 의무라고 해석함이 타당하고, 당해 사고의 발생에 귀책사유가 없는 경우에도 위 의무가 없다 할 수 없다(대법원 2002.5.24, 2000도1731 판결 참조; 대법원 2015.10.15, 2015도12451).

4)　도로교통법 제54조 제2항 본문은, 차의 운전 등 교통으로 인하여 사람을 사상하거나 물건을 손괴한 경우 그 차의 운전자나 그 밖의 승무원은 경찰공무원이 현장에 있을 때에는 그 경찰공무원에게, 경찰공무원이 현장에 없을 때에는 가장 가까운 국가경찰관서(지구대, 파출소 및 출장소를 포함한다)에 사고가 일어난 곳, 사상자 수 및 부상 정도, 손괴한 물건 및 손괴 정도, 그 밖의 조치사항 등을 지체 없이 신고하여야 한다고 규정하고 있다. 위와 같은 도로교통법상의 신고의무는, 교통사고가 발생한 때에 이를 지체 없이 경찰공무원 또는 경찰관서에 알려서 피해자의 구호, 교통질서의 회복 등에 관한 적절한 조치를 취하게 함으로써 도로상의 소통장해를 제거하고 피해의 확대를 방지하여 교통질서의 유지 및 안전을 도모하는 데 그 입법취지가 있다. 이와 같은 도로교통법상 신고의무 규정의 입법취지와 헌법상 보장된 진술거부권 및 평등원칙에 비추어 볼 때, 교통사고를 낸 차의 운전자 등의 신고의무는 사고의 규모나 당시의 구체적인 상황에 따라 피해자의 구호 및 교통질서의 회복을 위하여 당사자의 개인적인 조치를 넘어 경찰관의 조직적 조치가 필요하다고 인정되는 경우에만 있는 것이라고 해석하여야 한다(대법원 1991. 6. 25. 선고 91도1013 판결 참조). 그리고 위 조항 단서를 신설하여 '운행 중인 차만 손괴된 것이 분명하고 도로에서의 위험방지와 원활한 소통을 위하여 필요한 조치를 한 경우에는 그러하지 아니하다'고 규정한 것은 이와 같은 법리를 확인하는 것으로 해석된다(대법원 2014.2.27, 2013도15499).

　　신고를 받은 국가경찰관서의 경찰공무원은 부상자의 구호와 그 밖의 교통위험 방지를 위하여 필요하다고 인정하면 경찰공무원(자치경찰공무원은 제외한다)이 현장에 도착할 때까지 신고한 운전자등에게 현장에서 대기할 것을 명할 수 있다(도로교통법 제54조 제3항). 경찰공무원은 교통사고를 낸 차 또는 노면전차의 운전자 등에 대하여 그 현장에서 부상자의 구호와 교통안전을 위하여 필요한 지시를 명할 수 있다(도로교통법 제54조 제4항). 긴급자동차, 부상자를 운반 중인 차, 우편물자동차 및 노면전차 등의 운전자는 긴급한 경우에는 동승자 등으로 하여금 사상자 구호 등의 조치나 신고를 하게 하고 운전을 계속할 수 있다(도로교통법 제54조 제5항). 경찰공무원(자치경찰공무원은 제외한다)은 교통사고가 발생한 경우에는 대통령령으로 정하는 바에 따라 필요한 조사를 하여야 한다(도로교통법 제54조 제6항).

23

검사와 피의자·피고인

 불쌍할 때

남편 독살 피의자를 검사가 심문하고 있다.

검사: 남편이 독이 든 커피를 마실 때 양심의 가책을 조금도 못 느꼈나요?

피의자: 불쌍하다고 생각한 적도 있었죠.

검사: 그때가 언제였죠?

피의자: 커피가 맛있다며 한 잔 더 달라고 할 때요.

1. 검사의 법적 지위

(1) 검사의 의의

검사(檢事)는 검찰권을 행사하는 국가기관이다. 검사는 범죄수사와 공소유지가 주된 업무이다(검찰청법 제4조 제1항).[1]

(2) 검사의 소송법적 지위

가. 수사의 주체

검사의 수사의 주체이다. 검사는 수사의 주체로서 직접 범죄수사를 행하기도 하고(형사소송법 제195조),[2] 사법경찰관리의 수사활동을 지휘하거나(형사소송법 제196조), 수사를 종결하는 권한을 가지고 있다.

수사관, 경무관, 총경, 경정, 경감, 경위는 사법경찰관으로서 모든 수사에 관하여 검사의 지휘를 받는다(형사소송법 제196조 제1항). 경사, 경장, 순경은 사법경찰리로서 수사의 보조를 하여야 한다(형사소송법 제196조 제5항).

사법경찰관은 범죄의 혐의가 있다고 인식하는 때에는 범인, 범죄사실과 증거에 관하여 수사를 개시·진행하여야 한다(형사소송법 제196조 제2항).

사법경찰관리는 검사의 지휘가 있는 때에는 이에 따라야 한다. 검사의 지휘에 관한 구체적 사항은 대통령령으로 정한다(형사소송법 제196조 제3항). 사법경찰관은 범죄를 수사한 때에는 관계 서류와 증거물을 지체 없이 검사에게 송부하여야 한다(형사소송법 제196조 제4항).

---

[1]　검찰청법 제4조(검사의 직무) ① 검사는 공익의 대표자로서 다음 각 호의 직무와 권한이 있다.
　　1. 범죄수사, 공소의 제기 및 그 유지에 필요한 사항
　　2. 범죄수사에 관한 사법경찰관리 지휘·감독
　　3. 법원에 대한 법령의 정당한 적용 청구
　　4. 재판 집행 지휘·감독
　　5. 국가를 당사자 또는 참가인으로 하는 소송과 행정소송 수행 또는 그 수행에 관한 지휘·감독
　　6. 다른 법령에 따라 그 권한에 속하는 사항
[2]　형사소송법 제195조(검사의 수사) 검사는 범죄의 혐의 있다고 사료하는 때에는 범인, 범죄사실과 증거를 수사하여야 한다.

검사의 사법경찰관리에 대한 수사지휘에 관하여는 "검사의 사법경찰관리에 대한 수사지휘 및 사법경찰관리의 수사준칙에 관한 규정"에서 자세히 규정하고 있다.

나. 공소권의 주체

형사소송법은 "공소는 검사가 제기하여 수행한다."(형사소송법 제246조)고 규정하고 있다. 공소(公訴)라 함은 국가기관인 검사가 법원에 대하여 특정한 형사사건의 심판을 요구하는 법률행위로서의 소송행위를 말한다. 공소제기에 의하여 수사가 종결되고, 법원의 심판절차가 개시된다. 공소제기가 없으면 법원도 심판할 수 없다. 이를 '불고불리의 원칙'(不告不理의 原則)이라 한다.

공소권의 주체라 함은 검사가 공소를 제기하거나 제기된 공소를 수행하는 검사의 지위를 말한다.

다. 재판의 집행기관

재판의 집행은 그 재판을 한 법원에 대응한 검찰청검사가 지휘한다(형사소송법 제460조 제1항).

라. 공익적 지위

검사는 공익의 대표자로서 피의자 및 피고인의 이익을 옹호할 의무와 권한을 가진다(검찰청법 제4조).

2. 피의자와 피고인

(1) 피의자

피의자(被疑者)는 수사기관에 의하여 범죄의 혐의자로 지목되어 수사의 대상이 되고 있는 자를 말한다. 수사기관에 입건(立件)된 자로서 공소제기 이전까지의 단계에 있는 자를 말한다. 헌법과 형사소송법은 피고인에 대해서만 무죄로 추정된다고 규정하고 있지만(헌법 제27조 제4항 및 형사소송법 제275조의2),[3] 피의자도 무죄로 추정된다.

(2) 피고인

피고인(被告人)이라 함은 범죄혐의자로서 검사에 의하여 공소(公訴)가 제기된 사람을 말한다. 경찰서장에 의하여 즉결심판이 청구된 자도 피고인에 포함된다.

기출문제

1 형사소송법상 피의자에게 인정되는 권리가 아닌 것은? (2016 경찰승진)

① 수사상의 증인신문청구권

② 체포·구속적부심사청구권

③ 진술거부권

④ 증거보전청구권

해설 ① 증인심문의 청구권자는 검사에 한한다(형사소송법 제221조의2 제1항).

답 ①

---

3) 형사소송법 제275조의2(피고인의 무죄추정) 피고인은 유죄의 판결이 확정될 때까지는 무죄로 추정된다.

[판례] : "무죄추정을 받는 피의자라고 하더라도 그에게 구속의 사유가 있어 구속영장이 발부, 집행된 이상 신체의 자유가 제한되는 것은 당연한 것이고, 특히 수사기관에서 구속된 피의자의 도주, 항거 등을 억제하는데 필요하다고 인정할 상당한 이유가 있는 경우에는 필요한 한도 내에서 포승이나 수갑을 사용할 수 있는 것이며, 이러한 조치가 무죄추정의 원칙에 위배되는 것이라고 할 수는 없다."(대법원 1996.5.14, 96도561).

24

변호인

(1) 명변호사란

한 변호사(辯護士)는 자기가 변호한 사람치고 석방 안 된 사람이 없다고 늘 큰소리쳐 사건 의뢰인을 많이 모으고선 이렇게 말했다.

"아무리 최악의 경우라도 만기석방으로 다 풀려 나왔다."

(2) 상담료

다람쥐 두 마리가 숲 속을 걷고 있었다. 앞에 가던 다람쥐가 도토리를 발견하고 "도토리다." 라고 소리 지르자, 뒤에 가던 다람쥐가 펄쩍 뛰면서 도토리를 잡은 뒤 "내 거다." 라고 말했다.

"그건 불공평해, 내가 먼저 봤잖아."

"그래, 네가 먼저 봤을지도 모르지. 그러나 내가 잡았는 걸."

"그럼, 이 문제는 변호사 다람쥐에게 풀어 달라고 하자."

두 다람쥐는 변호사 다람쥐에게 갔다.

변호사 다람쥐는 도토리를 달라고 하여 받아 들고는 두 조각을 냈다.

"이렇게 해결하면 되지." 하면서 도토리 껍질 반 개씩을 나눠 줬다.

그러고는 알맹이는 본인의 주머니에 넣는 게 아닌가. 이에 화가 난 다람쥐.

"아니! 알맹이는요?"

"이건 내 법률 상담료야."

1. 변호인

변호인(辯護人, counsel)이란 피의자나 피고인의 방어능력을 보충하기 위한 보조자를 말한다. 변호인은 공판절차에서 피고인에게 검사와의 당사자대등을 기하여 대등한 입장에서 방어권을 행사하도록 하기 위한 것이다. 검사와 피고인 사이에 무기대등의 원칙이 보장되지 않을 때에는 당사자주의에 의한 실체진실 발견의 이념이나 공정한 재판의 원칙은 실현될 수 없다.[1]

변호인은 그 선임방법에 따라 사선변호인(私選辯護人)과 국선변호인(國選辯護人)으로 구별된다. 사선변호인은 피고인·피의자 또는 그와 일정한 관계가 있는 사인이 선임한 변호인을 말한다. 국선변호인은 법원에 의하여 선정되는 변호인을 말한다.

(1) 변호인 선임권자

피고인 또는 피의자는 변호인을 선임할 수 있다. 피고인 또는 피의자의 법정대리인, 배우자, 직계친족과 형제자매는 독립하여 변호인을 선임할 수 있다(형사소송법 제30조).

(2) 변호인의 자격과 수

변호인은 변호사 중에서 선임하여야 한다. 단, 대법원 이외의 법원은 특별한 사정이 있으면 변호사 아닌 자를 변호인으로 선임함을 허가할 수 있다(형사소송법 제31조).

1인의 피의자 또는 피고인이 선임할 수 있는 변호인의 수에는 제한이 없다. 형사소송법은 소송지연을 방지하고 소송의 원활한 진행을 위하여 3인의 범위 내에서 대표변호인제도를 두고 있다(형사소송법 제32조의2).

(3) 변호인 선임의 방식과 효력

변호인의 선임은 변호인과 연명날인한 서면인 변호인선임서를 공소제기 전에는 해당 수사기관에, 공소제기 후에는 해당 법원에 제출하여야 한다. 변호인의 선임은 심급마다 하여야 한다(형사소송법 제32조 제1항). 공소제기 전의 변호인 선임은 제1심에도 그 효력

---

[1] 이재상·조균석, 형사소송법(제10판 보정판), 132면.

이 있다(형사소송법 제32조 제2항).

(4) 사임과 해임

변호인은 언제든지 사임할 수 있고, 피의자 또는 피고인도 언제든지 변호인을 해임할 수 있다.

2. 헌법상 변호인의 도움을 받을 권리

(1) 의 의

헌법 제12조 제4항은 「누구든지 체포 또는 구속을 당한 때에는 즉시 변호인의 조력을 받을 권리를 가진다. 다만, 형사피고인이 스스로 변호인을 구할 수 없을 때에는 법률이 정하는 바에 의하여 국가가 변호인을 붙인다」고 규정하고 있다. 변호인(辯護人)의 조력을 받을 권리(변호인의뢰권)란 신체구속(무죄추정을 받는 피의자·피고인)의 상황에서 발생하는 갖가지 폐해를 제거하고 국가형벌권의 일방적 행사로 인한 구속이 악용되지 않도록 하기 위하여 인정된 권리이다(무기대등원칙의 실질적 실현).[2]

(2) 변호인의 접견교통권

헌법 제12조 제4항은 형사피의자이건 피고인이건 간에, 공소제기 전 혹은 구류·구금되었을 때에 즉시 전문가인 변호인에 의뢰하여, 자기의 법률지식의 보완과 이익 및 안전

---

2) "헌법상 보장되는 '변호인의 조력을 받을 권리'는 변호인의 '충분한 조력'을 받을 권리를 의미하므로, 피고인에게 국선변호인의 조력을 받을 권리를 보장하여야 할 국가의 의무에는 피고인이 국선변호인의 실질적 조력을 받을 수 있도록 할 의무가 포함된다(대법원 2012. 2. 16.자 2009모1044 전원합의체 결정 등 참조). 공소사실 기재 자체로 보아 어느 피고인에 대한 유리한 변론이 다른 피고인에 대하여는 불리한 결과를 초래하는 경우 공동피고인들 사이에 그 이해가 상반된다고 할 수 있다. 이와 같이 이해가 상반된 피고인들 중 어느 피고인이 특정 법무법인을 변호인으로 선임하고, 해당 법무법인이 담당변호사를 지정하였을 때, 법원이 위 담당변호사 중 1인 또는 수인을 다른 피고인을 위한 국선변호인으로 선정한다면, 국선변호인으로 선정된 변호사는 이해가 상반된 피고인들 모두에게 유리한 변론을 하기 어렵다. 결국 이로 인하여 위 다른 피고인은 국선변호인의 실질적 조력을 받을 수 없게 되었다고 보아야 하고, 따라서 위와 같은 국선변호인 선정은 국선변호인의 조력을 받을 피고인의 권리를 침해하는 것이다."(대법원 2015.12.23, 2015도9951).

의 자유를 보호하고자 하는 것이다. 변호인의 조력을 받을 권리를 실질적으로 보장하기 위하여는 변호인접견교통권(辯護人接見交通權)이 인정되어야 하며, 이는 신체의 구속을 당한 피의자나 피고인의 인권보장과 방어준비를 위하여 필요불가결한 권리로서, 수사기관의 처분이나 법원의 결정으로도 이를 제한할 수 없다(어떠한 명문으로도 제한될 수 없다). 만일 수사기관이 구속수사중인 피의자 변호인접견을 방해하고 변호인의 조력을 받을 권리를 침해한다면, 이것은 형법상 직권남용에 의한 타인의 권리행사방해죄[3]에 해당된다.[4][5]

변호인 또는 변호인이 되려는 자는 신체구속을 당한 피고인 또는 피의자와 접견하고 서류 또는 물건을 수수할 수 있으며 의사로 하여금 진료하게 할 수 있다(형사소송법 제34조). 이를 변호인의 접견교통권이라고 한다.

변호인의 접견교통권은 감시받지 않는 자유로운 접견교통을 내용으로 한다. 따라서 변호인과 구속된 피고인 또는 피의자와의 접견은 비밀이 보장되어야 한다. 그러므로 변호인

---

3) 형법 제123조(직권남용) 공무원이 직권을 남용하여 사람으로 하여금 의무없는 일을 하게 하거나 사람의 권리행사를 방해한 때에는 5년 이하의 징역, 10년 이하의 자격정지 또는 1천만원 이하의 벌금에 처한다.
[판례]: "형법 제123조는 "공무원이 그 직권을 남용하여 사람으로 하여금 의무없는 일을 하게 하거나 사람의 권리행사를 방해한 때에는 5년 이하의 징역, 10년 이하의 자격정지 또는 1천만 원 이하의 벌금에 처한다"라고 규정하고 있는바, 여기서 말하는 '권리'는 법률에 명기된 권리에 한하지 않고 법령상 보호되어야 할 이익이면 족한 것으로서, 공법상의 권리인지 사법상의 권리인지를 묻지 않는다고 봄이 상당하다"(대법원 2010.1.28., 2008도7312).
4) 권영성, 헌법학원론, 419면.
5) 판례(헌재) : ① 변호인의 접견교통권은 헌법에 정해 놓은 변호인의 조력을 받을 권리를 실질적으로 보장하기 위한 것으로 국가가 최대한 보장하여야 할 의무를 지는 기본권리의 하나이고, 피구속자에 대한 접견이 접견신청일로부터 상당한 기간이 경과하도록 허용되지 않고 있는 것은 접견불허처분과 동일시한 것으로서 이는 곧 기본권의 침해가 된다는 것은 판례나 학설을 통해서 밝혀져 헌법문제로서는 이미 해명된 과제이다(1991.7.8. 89헌마181). ② 청구인이 국가안전기획부 면회실에서 그 변호인과 접견할 때 안기부소속 수사관이 참여하여 대화내용을 듣거나 기록한 것은 헌법 제12조 제4항이 규정한 변호인의 조력을 받을 권리를 침해한 것이다. … 미결수용자의 변호인접견에 행형법 제18조 제3항에 따라서 교도관이 참여할 수 있게한 것도 신체구속을 당한 미결수용자에게 보장된 변호인의 조력을 받을 권리를 침해하는 것이다(1992.1.28. 92헌마111). ③ 미결수용자가 변호사에게 발송의뢰한 서신, 변호사가 미결수에게 보낸 서신에 대해 교도관이 서신검열한 행위는 통신비밀의 자유 및 변호인의 조력을 받을 권리를 침해한 것으로 위헌이다(1995.7.21. 92헌마144).

과의 접견에 입회하거나 감시하는 것은 절대로 허용될 수 없으며, 수수한 서류나 물건을 압수하는 것도 허용되지 않는다. 접견교통권을 침해하여 얻은 증거의 증거능력도 부정된다.[6]

(3) '국선변호인'의 조력을 받을 권리

1) 국선변호인 선정사유와 필요적 변론사건

헌법 제12조 제4항 단서에서는 국선변호인(國選辯護人)의 선임은 형사피고인에게만 인정된다. 국선변호인이란 피고인의 이익을 위하여 법원이 직권으로 선임하는 변호인을 의미한다.

형사소송법상 법원이 직권으로 변호인을 선임하여야 하는 경우로는 피고인이 ⅰ) 구속된 때,[7] ⅱ) 미성년자인 때 , ⅲ) 70세 이상인 때, ⅳ) 농아자인 때, ⅴ) 심신장애의 의심이 있는 때, ⅵ) 피고인이 사형·무기 또는 단기 3년 이상의 징역이나 금고에 해당하는 사건으로 기소된 때 변호인이 없는 경우에는 직권으로 변호인을 선정하여야 한다(형사소송법 제33조 제1항).

또한 법원은 피고인이 빈곤 그 밖의 사유로 변호인을 선임할 수 없는 경우에 피고인의 청구가 있는 때에는 변호인을 선정하여야 한다(형사소송법 제33조 제2항). 법원은 피고인의 연령·지능 및 교육 정도 등을 참작하여 권리보호를 위하여 필요하다고 인정하는 때에는 피고인의 명시적 의사에 반하지 아니하는 범위 안에서 변호인을 선정하여야 한다(형사소송법 제33조 제3항).

공판준비기일이 지정된 사건(형사소송법 제266조의8 제4항)이나 군사법원사건(군사법

---

6) 이재상·조균석, 형사소송법(제10판 보정판), 149면.

7) "구속제도는 형사소송의 진행과 형벌의 집행을 확보하기 위하여 법이 정한 요건과 절차에 따라 피고인의 신병을 확보하는 제도이다. 형사소송법 제33조 제1항은 국선변호인을 반드시 선정해야 하는 사유를 정하고 있는데, 그 제1호에서 정한 '피고인이 구속된 때'라고 함은, 피고인이 형사사건에서 구속되어 재판을 받고 있는 경우를 의미하고, 피고인이 별건으로 구속되어 있거나 다른 형사사건에서 유죄로 확정되어 수형 중인 경우는 이에 해당하지 않는다(대법원 2009.5.28. 선고 2009도 579 판결 등 참조). 이는 특별한 사정이 없는 한 재판을 받고 있는 형사사건과 별건으로 구속된 형사사건을 병합하여 심리하기로 하였다가 위 두 사건에 대한 변론을 분리하기로 한 경우에도 마찬가지이다."(대법원 2017.5.17, 2017도3780).

원법 제62조 제1항)에서 변호인이 없거나, 치료감호가 청구된 사건에서 변호인이 없거나 변호인이 출석하지 아니한 때(치료감호법 제15조 제2항)에는 직권으로 국선변호인을 선정하여야 한다.

2) 체포·구속적부심사

체포·구속적부심을 청구한 피의자가 형사소송법 국선변호인 선임사유에 해당하고 변호인이 없는 때에는 법원은 직권으로 국선변호인을 선정하여야 하여야 한다(형사소송법 제214조의2 제10항).[8]

3) 구속전피의자심문

구속영장을 청구받은 지방법원판사가 피의자를 심문하는 경우에, 심문할 피의자에게 변호인이 없는 때에는 직권으로 변호인을 선정하여야 한다. 이 경우 변호인의 선정은 피의자에 대한 구속영장청구가 기각되어 효력이 소멸한 경우를 제외하고는 제1심까지 효력이 있다(형사소송법 제201조의2 제8항).

4) 재심사건

재심개시의 결정이 확정한 사건에 있어서 ① 사망자 또는 회복할 수 없는 심신장애인을 위하여 재심의 청구가 있는 때, ② 유죄의 선고를 받은 자가 재심의 판결 전에 사망하거나 회복할 수 없는 심신장애인으로 된 때에 재심청구자가 변호인을 선임하지 아니한 경우에도 국선변호인을 선임하여야 한다(형사소송법 제438조 제4항).

---

8) "헌법 제12조 제6항은 누구든지 체포 또는 구속을 당한 때에는 적부의 심사를 법원에 청구할 권리를 가진다고 규정하고 있고, 형사소송법 제214조의2 제1항은 체포영장 또는 구속영장에 의하여 체포 또는 구속된 피의자 등이 체포 또는 구속의 적부심사를 청구할 수 있다고 규정하고 있는바, 형사소송법의 위 규정이 체포영장에 의하지 아니하고 체포된 피의자의 적부심사청구권을 제한한 취지라고 볼 것은 아니므로 긴급체포 등 체포영장에 의하지 아니하고 체포된 피의자의 경우에도 헌법과 형사소송법의 위 규정에 따라 그 적부심사를 청구할 권리를 가진다."(대법원 1997.8.27, 97모21결정).

3. 변호인의 지위

변호인의 소송법상 지위로는 ① 보호자로서의 지위와 ② 공익적 지위를 가진다.

(1) 보호자로서의 지위

변호인은 피의자 또는 피고인을 위한 보호자로서의 기능이 가장 중요한 지위이다. 변호인이 법적 정의감 또는 개인적 양심에 의하여 피의자 또는 피고인에게 불리한 행동을 하는 것은 허용되지 않는다. 변호인의 보호자적 지위는 변호인을 단순한 대리인의 역할에 머물게 하지 않는다. 따라서 변호인은 때로 자신의 판단에 따라 피의자 및 피고인의 정당한 이익을 옹호하게 된다.[9]

(2) 공익적 지위

변호사법은 "변호사는 기본적 인권을 옹호하고 사회정의를 실현함을 사명으로 한다."(변호사법 제1조 제1항)고 규정하고 있으며, 또한 "변호사는 그 직무를 수행할 때에 진실을 은폐하거나 거짓 진술을 하여서는 아니 된다."(변호사법 제24조 제2항)[10]고 규정하여 변호인의 공익적 지위를 표현하고 있다.

변호인의 피의자 및 피고인에 대한 이익보호라는 것도 정당한 이익에 제한되고, 이를 통하여 변호인은 국가형벌권의 공정한 실현에 협력하게 된다. 이를 변호인의 공익적 지위라고 한다. 변호인의 보호자적 지위와 공익적 지위가 충돌하는 경우에는 보호자적 지위를 우선하고 공익적 지위는 그 한계로서 소극적 의미를 갖는다고 보아야 할 것이다.[11] 변호

---

9) 이재상 · 조균석, 형사소송법(제10판 보정판), 143면; 최영승, 형사소송법, 피앤씨미디어(2013), 37면.

10) "변호사는 공공성을 지닌 법률 전문직으로서 독립하여 자유롭게 직무를 수행하여야 하고(변호사법 제2조), 직무를 수행하면서 진실을 은폐하거나 거짓 진술을 하여서는 아니 된다(같은 법 제24조 제2항). 따라서 형사변호인의 기본적인 임무가 피고인 또는 피의자를 보호하고 그의 이익을 대변하는 것이라고 하더라도, 그러한 이익은 법적으로 보호받을 가치가 있는 정당한 이익으로 제한되고, 변호인이 의뢰인의 요청에 따른 변론행위라는 명목으로 수사기관이나 법원에 대하여 적극적으로 허위의 진술을 하거나 피고인 또는 피의자로 하여금 허위진술을 하도록 하는 것은 허용되지 않는다." (대법원 2012.8.30, 2012도6027).

11) 이재상 · 조균석, 형사소송법(제10판 보정판), 145면; 최영승, 형사소송법, 38면.

인이 피의자 또는 피고인에게 적극적으로 허위진술을 권고하는 행위, 증거의 조작과 인멸을 권고하는 행위, 도망을 권고하는 행위 등은 공익적 지위에 명백히 반하므로 허용되지 않는다.12)

4. 변호인의 피의자신문참여권

변호인의 피의자신문참여권이란 검사 또는 사법경찰관의 피의자신문에 변호인이 참여할 수 있는 권리를 말한다. 변호인의 피의자신문과정의 참여는 피의자의 인권침해를 방지하고 조서내용의 적정성을 보장하기 위한 것이다. 피의자에는 구속된 피의자뿐만 아니라 불구속 상태에 있는 피의자를 포함한다.

검사 또는 사법경찰관은 피의자 또는 그 변호인·법정대리인·배우자·직계친족·형제자매의 신청에 따라 변호인을 피의자와 접견하게 하거나 정당한 사유가 없는 한 피의자에 대한 신문에 참여하게 하여야 한다(형사소송법 제243조의2 제1항). 신문에 참여하고자 하는 변호인이 2인 이상인 때에는 피의자가 신문에 참여할 변호인 1인을 지정한다. 지정이 없는 경우에는 검사 또는 사법경찰관이 이를 지정할 수 있다(형사소송법 제243조의2 제2항).

신문에 참여한 변호인은 신문 후 의견을 진술할 수 있다. 다만, 신문 중이라도 부당한 신문방법에 대하여 이의를 제기할 수 있고, 검사 또는 사법경찰관의 승인을 얻어 의견을 진술할 수 있다(형사소송법 제243조의2 제3항). 변호인의 의견이 기재된 피의자신문조서는 변호인에게 열람하게 한 후 변호인으로 하여금 그 조서에 기명날인 또는 서명하게 하여야 한다(형사소송법 제243조의2 제4항).

검사 또는 사법경찰관은 변호인의 신문참여 및 그 제한에 관한 사항을 피의자신문조서에 기재하여야 한다(형사소송법 제243조의2 제5항).

형사소송법은 검사 또는 사법경찰관은 정당한 사유가 있는 때에는 변호인참여권을 제한할 수 있다고 규정하고 있다(형사소송법 제243조의2 제1항).

변호인참여권을 제한할 수 있는 정당한 사유에는 수사방해, 수사기밀누설 및 증거인멸의 위험을 들 수 있다. 신문에 참여한 변호인이 신문을 부당하게 제지 또는 중단시키거나

---

12) 최영승, 형사소송법, 38면.

피의자의 특정한 답변을 유도하거나 진술을 번복하게 하는 행위, 신문내용을 촬영·녹음하는 행위가 참여권을 제한할 수사방해에 해당한다고 할 수 있다.[13]

5. 변호인의 기록열람·등사권

형사피의자와 형사피고인은 자신의 피의사실과 관련하여 그 조사절차나 공판절차 등 형사절차에 관하여 자세한 사항의 알 권리를 가지므로, 적어도 자신에 관한 형사소송기록과 소송계속중인 증거서류들을 열람(閱覽)하고 복사(複寫)하여 주도록 요구할 권리를 가진다(1994.12.29. 92헌바31).[14]

피고인과 변호인은 소송계속 중의 관계 서류 또는 증거물을 열람하거나 복사할 수 있다(형사소송법 제35조 제1항). 변호인의 열람 및 등사는 '소송계속 중'의 서류 또는 증거물에 제한되기 때문에 수사기록은 열람·등사의 대상이 아니다. '소송계속 중'이란 검사의 공소제기에 의하여 사건이 법원의 지배 아래 놓여있는 상태를 말한다.

피고인 또는 변호인은 검사에게 공소제기된 사건에 관한 서류 또는 물건의 목록과 공소사실의 인정 또는 양형에 영향을 미칠 수 있는 서류등의 열람·등사 또는 서면의 교부를 신청할 수 있다. 다만, 피고인에게 변호인이 있는 경우에는 피고인은 열람만을 신청할 수 있다(형사소송법 제2266조의3 제1항).

---

13) 이재상·조균석, 형사소송법(제10판 보정판), 151면.
14) 이철호·남궁승태, 『헌법강의』, 21세기사(2016), 237면.

기출문제

1 국선변호인에 관한 설명 중 가장 적절하지 않은 것은? (2016 경찰승진)

① 피고인이 70세 이상인 때에 변호인이 없으면 국선변호인을 선정하여야 한다.

② 피고인이 사형, 무기 또는 장기 3년 이상의 징역이나 금고에 해당하는 사건으로 기소 된 때에는 법원은 직권으로 변호인을 선정하여야 한다.

③ 법원은 피고인이 빈곤 그 밖의 사유로 변호인을 선임할 수 없는 경우에 피고인의 청구가 있는 때에는 변호인을 선정하여야 한다.

④ 법원은 공판준비기일이 지정된 사건에 관하여 변호인이 없는 때에는 직권으로 변호인을 선정하여야 한다.

 ① 형사소송법 제33조 제1항 제3호. ② 피고인이 사형, 무기 또는 단기 3년 이상의 징역이나 금고에 해당하는 사건으로 기소 된 때에는 법원은 직권으로 변호인을 선정하여야 한다(형사소송법 제33조 제1항 제6호). ③ 형사소송법 제33조 제2항. ④ 형사소송법 제266조의8 제4항　　　目 ②

2 국선변호인에 대한 설명으로 옳지 않은 것은? (다툼이 있는 경우 판례에 의함) (2016 검찰직)

① 피고인에게 국선변호인의 조력을 받을 권리를 보장하여야 할 국가의 의무에는 피고인이 국선변호인의 실질적 조력을 받을 수 있도록 할 의무가 포함된다.

② 항소심에서 국선변호인이 선정된 이후 변호인이 없는 다른 사건이 병합된 경우, 항소법원은 지체 없이 국선변호인에게 병합된 사건에 관한 소송기록 접수통지를 함으로써 국선변호인으로 하여금 피고인을 위하여 병합된 다른 사건에도 항소 이유서를 작성·제출 할 수 있도록 하여야 한다.

③ 국선변호인이 법정기간 내에 항소이유서를 제출하지 아니한 때에는 그에 대한 피고인의 귀책사유의 유무를 불문하고 피고인 본인이 적법한 항소이유서를 제출하지 아니한 이상 항소기각의 결정을 하여야 한다.

④ 법원은 시각장애인인 피고인의 연령·지능·교육 정도를 비롯한 시각장애의 정도 등을 확인한 다음 권리보호를 위하여 필요하다고 인정하는 때에는 피고인의 명시적 의사에 반하지 아니하는 범위 안에서 국선변호인을 선정하는 절

차를 취하여야 한다.

 ① 대법원 2012.2.16. 299모1044 전원합의체 판결. ② 대판 2015.4.23. 2015도 2046. ③ 피고인과 국선변호인이 모두 법정기간 내에 항소이유서를 제출하지 아니하였더라도, 국선변호인이 항소이유서를 제출하지 아니한 데 대하여 피고인에게 귀책사유가 있음이 특별히 밝혀지지 않는 한, 항소법원은 종전 국선변호인의 선정을 취소하고 새로운 국선변호인을 선정하여 다시 소송기록접수통지를 함으로써 새로운 국선변호인으로 하여금 그 통지를 받은 때로부터 형사소송법 제361조의3 제1항의 기간 내에 피고인을 위하여 항소이유서를 제출하도록 하여야 한다(대결 2012.2.16. 2009모1044 전합). ④ 대판 2010.4.29. 2010도881　　　답 ③

3　「헌법」 제12조에서 형사절차와 관련하여 명시적으로 규정한 것을 모두 고른 것은?
(2018년 1차 경찰공무원 공채)

> ㉠ 누구든지 체포 또는 구속을 당한 때에는 적부의 심사를 법원에 청구할 권리를 가진다.
> ㉡ 체포·구속·압수 또는 수색을 할 때에는 적법한 절차에 따라 검사의 신청에 의하여 법관이 발부한 영장을 제시하여야 한다. 다만, 현행범인 경우와 장기 3년 이상의 형에 해당하는 죄를 범하고 도피 또는 증거인멸의 염려가 있을 때에는 사후에 영장을 청구할 수 있다.
> ㉢ 적법한 절차에 따르지 아니하고 수집한 증거는 증거로 할 수 없다.
> ㉣ 재판장은 검사의 의견을 들은 후 피고인과 변호인에게 최종의 의견을 진술할 기회를 주어야 한다.
> ㉤ 모든 국민은 고문을 받지 아니하며, 형사상 자기에게 불리한 진술을 강요당하지 아니한다.

① ㉠㉡㉣　　　② ㉠㉡㉤　　　③ ㉡㉣㉤　　　④ ㉢㉣㉤

답 ②

25

묵비권과 변호인을 선임할 권리

형사 : 내 심장을 훔쳐간 죄로 당신을 체포합니다. 당신은 묵비권을 행사할 권리나 변호사를 선임할

권리도 없어요. 모든 물음에 "예"로만 대답해야 해요. 나와 결혼해주겠어요?

1. 묵비권(진술거부권)

묵비권(默秘權)이란 피고인 또는 피의자가 공판절차 또는 수사절차에서 법원 또는 수사기관의 심문에 대하여 진술을 거부할 수 있는 권리를 의미한다. 묵비권은 영·미의 자기부죄거부의 특권에서 유래되었다. 형사피의자나 형사피고인에게 묵비권이 인정되며(무기대등원칙의 실질적 실현) 동시에 묵비권이 있음을 사전에 고지하여야 한다.[1] 묵비권은 구두진술 뿐 아니라 문서로 제출하는 경우에도 적용된다. 형사상 자기에게 불이익이 될 수 있는 경우이므로 민사·행정상 불이익이 되는 경우는 제외되며, 또한 자기에게 불이익이 되어야 하므로 친구, 친척들에게 불이익이 되는 경우까지는 포함하지 않는다고 하겠다.[2]

검사 또는 사법경찰관은 피의자를 신문하기 전에 ① 일체의 진술을 하지 아니하거나 개개의 질문에 대하여 진술을 하지 아니할 수 있다는 것, ② 진술을 하지 아니하더라도 불이익을 받지 아니한다는 것, ③ 진술을 거부할 권리를 포기하고 행한 진술은 법정에서 유죄의 증거로 사용될 수 있다는 것, ④ 신문을 받을 때에는 변호인을 참여하게 하는 등 변호인의 조력을 받을 수 있다는 것을 알려주어야 한다(형사소송법 제244조의3 제1항).[3]

---

1) 수사기관에서 한 진술들이 참고인 진술서나 진술조서 형식을 취해 작성됐더라도, 실질적으로는 피의자신문조서의 성격을 가지므로 진술거부권을 고지하지 않고 작성된 진술 내용은 위법하게 수집된 증거로써 그 증거능력이 부인돼야 한다(2013.7.25. 대판 2012도8698).

2) 판례(헌재, 대법원) : ① 교통사고를 일으킨 운전자가 사고를 경찰에 신고할 것을 규정한 도로교통법 제50조 제2항과 신고하지 않은 경우 처벌되도록 규정한 도로교통법 제111조 제3호는 헌법 제12조 제2항의 자기부죄진술거부권(묵비권)을 침해할 수 있음을 인정하면서도, 동법 동규정들이 피의자의 구호 및 교통질서의 회복을 위한 조치가 필요한 상황에만 적용되는 것이고 형사책임과 관련되는 사항에는 적용되지 아니하는 것으로 해석하는 한 동규정은 묵비권을 침해하는 것은 아니다(1990.8.27. 89헌가118). ② 수사기관이 피의자를 訊問하면서 피의자에게 진술거부권을 고지하지 아니한 경우에는 그 자백의 임의성이 인정되는 경우에도 위법수집증거배제의 법칙에 의하여 그 자백의 증거능력을 부정하여야 한다(1992.6.23. 대판 92도682). ③ 피의자가 경찰수사단계에서 고문에 의한 자백을 하고 그 임의성없는 심리상태가 검사의 피의자신문시까지 계속되었다고 인정되는 경우에는, 검사의 피의자신문시에 자백강요사실이 없었다 할지라도 검찰자백의 임의성을 부정하여야 한다(1992.11.24. 대판 92도2409).

3) "헌법 제12조는 제1항에서 적법절차의 원칙을 선언하고, 제2항에서 "모든 국민은 고문을 받지 아니하며, 형사상 자기에게 불리한 진술을 강요당하지 아니한다."고 규정하여 진술거부권을 국민의 기본적 권리로 보장하고 있다. 이는 형사책임과 관련하여 비인간적인 자백의 강요와 고문을 근절하고 인간의 존엄성과 가치를 보장하려는 데에 그 취지가 있다. 그러나 진술거부권이 보장되는 절차에서 진술거부권을 고지받을 권리가 헌법 제12조 제2항에 의하여 바로 도출된다고 할 수는 없고, 이를

검사 또는 사법경찰관은 피의자에게 진술을 거부할 권리와 변호인의 조력을 받을 권리를 알려 준 때에는 피의자가 진술을 거부할 권리와 변호인의 조력을 받을 권리를 행사할 것인지의 여부를 질문하고, 이에 대한 피의자의 답변을 조서에 기재하여야 한다. 이 경우 피의자의 답변은 피의자로 하여금 자필로 기재하게 하거나 검사 또는 사법경찰관이 피의자의 답변을 기재한 부분에 기명날인 또는 서명하게 하여야 한다(형사소송법 제244조의3 제2항).

기출문제

1 진술거부권에 대한 설명으로 가장 적절하지 <u>않은</u> 것은? (다툼이 있는 경우 판례에 의함) (2018년 2차 경찰공무원 공채)

① 수사기관에 의한 진술거부권 고지의 대상이 되는 피의자의 지위는 수사기관이 범죄인지서를 작성하는 등의 형식적인 사건수리 절차를 거치기 전이라도 조사대상자에 대하여 범죄의 혐의가 있다고 보아 실질적으로 수사를 개시하는 행위를 한 때에 인정된다.

② 만일 법률이 범법자에게 자기의 범죄사실을 반드시 신고하도록 명시하고 그 미신고를 처벌하는 벌칙을 규정하였다면 이는 헌법상 보장된 국민의 기본권인 진술거부권을 침해하는 것이 된다.

③ 조사대상자의 진술 내용이 제3자의 피의사실뿐만 아니라 자신의 피의사실에 관한 것이기도 하여 실질이 피의자신문조서의 성격을 가지는 경우에 수사기관은 진술을 듣기 전에 미리 진술거부권을 고지하여야 한다.

④ 진술거부권의 행사가 피고인에게 보장된 방어권 행사의 범위를 넘어 객관적이고 명백한 증거가 있음에도 진실의 발견을 적극적으로 숨기거나 법원을 오도하려는 시도에 기인한 경우, 법원이 이를 가중적 양형의 조건으로 참작하는 것은 자백을 강요하는 것이 되므로 허용되지 않는다.

답 ④

인정하기 위해서는 입법적 뒷받침이 필요하다."(대법원 2014.1.16, 2013도5441).

2. 변호인을 선임할 권리

헌법은 구속된 피고인 또는 피의자의 변호인의 도움을 받을 권리를 규정하고 있다(헌법 제12조 제4항).

우리 헌법은 변호인의 조력을 받을 권리가 불구속 피의자·피고인 모두에게 포괄적으로 인정되는지 여부에 관하여 명시적으로 규율하고 있지는 않지만, 불구속 피의자의 경우에도 변호인의 조력을 받을 권리는 우리 헌법에 나타난 법치국가원리, 적법절차원칙에서 인정되는 당연한 내용이고, 헌법 제12조 제4항도 이를 전제로 특히 신체구속을 당한 사람에 대하여 변호인의 조력을 받을 권리의 중요성을 강조하기 위하여 별도로 명시하고 있다. 피의자·피고인의 구속 여부를 불문하고 조언과 상담을 통하여 이루어지는 변호인의 조력자로서의 역할은 변호인선임권과 마찬가지로 변호인의 조력을 받을 권리의 내용 중 가장 핵심적인 것이고, 변호인과 상담하고 조언을 구할 권리는 변호인의 조력을 받을 권리의 내용 중 구체적인 입법형성이 필요한 다른 절차적 권리의 필수적인 전제요건으로서 변호인의 조력을 받을 권리 그 자체에서 막바로 도출되는 것이다(2004.9.23. 헌법재판소 전원재판부2000헌마138).

형사소송법은 피의자에 대하여도 변호인선임권을 인정하고(형사소송법 제30조),[4] 피고인에게는 광범위한 국선변호인선임청구권을 보장하며(동법 제33조), 신체를 구속당하고 있는 피고인 또는 피의자의 변호인의 접견교통권(형사사송법 제34조)을 인정하고 있다.

---

4) "변호인의 조력을 받을 권리를 실질적으로 보장하기 위하여는 변호인과의 접견교통권의 인정이 당연한 전제가 되므로, 임의동행의 형식으로 수사기관에 연행된 피의자에게도 변호인 또는 변호인이 되려는 자와의 접견교통권은 당연히 인정된다고 보아야 하고, 임의동행의 형식으로 연행된 피내사자의 경우에도 이는 마찬가지이다."(대법원 1996.6.3, 96모18,결정).

26

위법수집증거배제법칙과 자백배제법칙

 코끼리를 냉장고에 넣는 방법

유전공학과 : 유전자 조작을 하여 냉장고에 들어갈 만한 코끼리를 만든다.

전자공학과 : 코끼리가 들어갈 만한 큰 냉장고를 만든다.

경찰행정학과 : 닭을 심문(審問)한 다음에 코끼리라는 자백(自白)을 받아 낸 뒤 냉장고에 넣는다.

Ⅰ. 위법수집증거배제법칙

1. 위법수집증거배제법칙의 의의

위법수집증거배제법칙이란 위법한 절차에 의하여 수집된 증거의 증거능력을 부정하는 법칙을 말한다. 형사소송법은 "적법한 절차에 따르지 아니하고 수집한 증거는 증거로 할 수 없다."(동법 제308조의2)고 명문으로 규정하고 있다.

형사소송법 제308조의2의 위법수집증거(illegally obtained evidence)의 배제 조항은 수사기관에 의한 모든 위법수집증거가 적용대상이다.

2. 위법수집증거배제법칙의 근거

위법수집증거배제법칙의 근거는 일반적으로 적정절차의 보장과 위법수사의 억지라는 이유에서 찾고 있다.

위법수집증거배제법칙의 이론적 근거는 위법하게 수집된 증거는 적정절차의 보장이라는 관점에서 그 증거능력이 부정되어야 하고, 위법수집증거의 배제는 위법수사를 방지·억제하기 위한 가장 유효한 방법(an effective deterrent to illegal police action)이라는 점에 그 정책적 근거가 있다.[1]

3. 위법수집증거배제법칙의 적용범위

위법하게 수집된 증거의 배제범위는 그 궁극적 근거인 법의 적정절차 및 인권옹호의 요청과 절차의 위법의 성질·정도 그리고 그 증거사용의 필요성 등을 구체적으로 비교 형량하여 개별적으로 결정하여야 할 것이다.[2] 일반적으로는 단순한 훈시규정의 위반만으로는 족하지 않고 본질적 증거절차규정을 위반 한 때, 즉 중대한 위법이 있는 때에 한하여 증거능력이 배제된다고 해야 한다. 여기서 중대한 위법이란 'due process의 기본이념에 반하

---

[1] 이재상·조명균, 형사소송법, 박영사(2016), 582면.
[2] 차용석·최용성, 형사소송법(제3판), 21세기사(2008), 499면.

는 경우 '또는' 정의감에 반하고 문명사회의 양심에 충격을 주는 것'을 의미한다고 할 수 있다.[3]

검증에 필요한 영장없이, 상대방의 동의없이 실시된 혈중알코올농도 측정을 위한 채혈(採血)은 그 수집절차에 위법이 있으므로 그 검사결과보고서는 증거능력이 부정되어야 한다.[4] 압수물건이 특정성을 결여한 경우처럼 형식적으로는 영장주의에 반하지 않지만 실질적 판단에서 헌법이나 형사소송법의 취지에 반하여 취득한 물건은 증거능력이 배제되어야 한다. 전화·통화의 도청(wiretapping)에 의해서 얻은 회화의 내용도 대화자 전원의 동의가 없는 경우에는 적정절차를 위반한 증거로서 배제되어야 한다.[5] 별건구속이나 별

---

3) 이재상·조명균, 형사소송법, 박영사(2016), 584면.

4) "수사기관이 법원으로부터 영장 또는 감정처분허가장을 발부받지 아니한 채 피의자의 동의 없이 피의자의 신체로부터 혈액을 채취하고 사후적으로도 지체 없이 이에 대한 영장을 발부받지도 아니한 채 강제채혈한 피의자의 혈액 중 알콜농도에 관한 감정이 이루어졌다면, 이러한 감정결과보고서 등은 형사소송법상 영장주의 원칙을 위반하여 수집되거나 그에 기초한 증거로서 그 절차 위반행위가 적법절차의 실질적인 내용을 침해하는 정도에 해당하고, 이러한 증거는 피고인이나 변호인의 증거동의가 있다고 하더라도 유죄의 증거로 사용할 수 없다."(대법원 2011.4.28, 2009도2109).

5) "통신비밀보호법(이하 '법'이라고만 한다) 제2조 제7호는 "감청"이라 함은 전기통신에 대하여 당사자의 동의없이 전자장치·기계장치 등을 사용하여 통신의 음향·문언·부호·영상을 청취·공독하여 그 내용을 지득 또는 채록하거나 전기통신의 송·수신을 방해하는 것을 말한다고 규정하고, 제3조 제1항은 누구든지 이 법과 형사소송법 또는 군사법원법의 규정에 의하지 아니하고는 전기통신의 감청을 하지 못한다고 규정하며, 나아가 제4조는 제3조의 규정에 위반하여, 불법감청에 의하여 지득 또는 채록된 전기통신의 내용은 재판 또는 징계절차에서 증거로 사용할 수 없다고 규정하고 있다. 이에 따르면 전기통신의 감청은 제3자가 전기통신의 당사자인 송신인과 수신인의 동의를 받지 아니하고 전기통신 내용을 녹음하는 등의 행위를 하는 것만을 말한다고 풀이함이 상당하다고 할 것이므로, 전기통신에 해당하는 전화통화 당사자의 일방이 상대방 모르게 통화 내용을 녹음하는 것은 여기의 감청에 해당하지 아니하지만, 제3자의 경우는 설령 전화통화 당사자 일방의 동의를 받고 그 통화 내용을 녹음하였다 하더라도 그 상대방의 동의가 없었던 이상, 이는 여기의 감청에 해당하여 법 제3조 제1항 위반이 되고(대법원 2002.10.8. 선고 2002도123 판결 참조), 이와 같이 법 제3조 제1항에 위반한 불법감청에 의하여 녹음된 전화통화의 내용은 법 제4조에 의하여 증거능력이 없다(대법원 2001.10.9. 선고 2001도3106 판결 등 참조). 그리고 사생활 및 통신의 불가침을 국민의 기본권의 하나로 선언하고 있는 헌법규정과 통신비밀의 보호와 통신의 자유 신장을 목적으로 제정된 통신비밀보호법의 취지에 비추어 볼 때 피고인이나 변호인이 이를 증거로 함에 동의하였다고 하더라도 달리 볼 것은 아니다(대법원 2009.12.24. 선고 2009도11401 판결 참조). 기록에 의하면, 공소외인은 2009. 9. 21.경 검찰에서 피고인의 이 사건 공소사실 범행을 진술하는 등 다른 마약사범에 대한 수사에 협조해 오던 중, 같은 달 29일경 필로폰을 투약한 혐의 등으로 구속되었는데, 구치소에 수감되어 있던 같은 해 11. 3.경 피고인의 이 사건 공소사실에 관한 증거를 확보할 목적으로 검

건체포 등 위법한 신체구속 중에 채취한 자백도 증거능력이 부인되어야 한다. 변호인의뢰권을 침해하여 얻은 자백은 증거능력이 부인되어야 할 것이다.[6]

4. 독수의 과실이론

독수(毒樹)의 과실(果實)이론(doctrine of the fruit the poisonous tree)이란 위법하게 수집된 증거에 의하여 발견된 제2차 증거의 증거능력을 배제하는 이론을 말한다.[7][8]

찰로부터 자신의 압수된 휴대전화를 제공받아 구속수감 상황 등을 숨긴 채 피고인과 통화하고 그 내용을 녹음한 다음 그 휴대전화를 검찰에 제출한 사실, 이에 따라 작성된 이 사건 수사보고는 '공소외인이 2009. 11. 3. 오전 10:00경 피고인으로부터 걸려오는 전화를 자신이 직접 녹음한 후 이를 수사기관에 임의제출하였고, 이에 필로폰 관련 대화 내용을 붙임과 같이 녹취하였으며, 휴대전화에 내장된 녹음파일을 mp3파일로 변환시켜 붙임과 같이 첨부하였음을 보고한다'는 내용으로, 첨부된 녹취록에는 피고인이 이전에 공소외인에게 준 필로폰의 품질에는 아무런 문제가 없다는 피고인의 통화 내용이 포함되어 있는 사실을 알 수 있다. 위 인정 사실을 앞서 본 법리에 비추어 보면, 위와 같은 녹음행위는 수사기관이 공소외인으로부터 피고인의 이 사건 공소사실 범행에 대한 진술을 들은 다음 추가적인 증거를 확보할 목적으로 구속수감되어 있던 공소외인에게 그의 압수된 휴대전화를 제공하여 그로 하여금 피고인과 통화하고 피고인의 이 사건 공소사실 범행에 관한 통화 내용을 녹음하게 한 것이라 할 것이고, 이와 같이 수사기관이 구속수감된 자로 하여금 피고인의 범행에 관한 통화 내용을 녹음하게 한 행위는 수사기관 스스로가 주체가 되어 구속수감된 자의 동의만을 받고 상대방인 피고인의 동의가 없는 상태에서 그들의 통화 내용을 녹음한 것으로서 범죄수사를 위한 통신제한조치의 허가 등을 받지 아니한 불법감청에 해당한다고 보아야 할 것이므로, 그 녹음 자체는 물론이고 이를 근거로 작성된 이 사건 수사보고의 기재 내용과 첨부 녹취록 및 첨부 mp3파일도 모두 피고인과 변호인의 증거동의에 상관없이 증거능력이 없다고 할 것이다."(대법원 2010.10.14, 2010도9016).

6) 차용석·최용성, 형사소송법(제3판), 21세기사(2008), 499-500면.
7) "(가) 기본적 인권 보장을 위하여 압수수색에 관한 적법절차와 영장주의의 근간을 선언한 헌법과 이를 이어받아 실체적 진실 규명과 개인의 권리보호 이념을 조화롭게 실현할 수 있도록 압수수색절차에 관한 구체적 기준을 마련하고 있는 형사소송법의 규범력은 확고히 유지되어야 한다. 그러므로 헌법과 형사소송법이 정한 절차에 따르지 아니하고 수집한 증거는 기본적 인권 보장을 위해 마련된 적법한 절차에 따르지 않은 것으로서 원칙적으로 유죄 인정의 증거로 삼을 수 없다. 수사기관의 위법한 압수수색을 억제하고 재발을 방지하는 가장 효과적이고 확실한 대응책은 이를 통하여 수집한 증거는 물론 이를 기초로 하여 획득한 2차적 증거를 유죄 인정의 증거로 삼을 수 없도록 하는 것이다. (나) 다만, 법이 정한 절차에 따르지 아니하고 수집한 압수물의 증거능력 인정 여부를 최종적으로 판단함에 있어서는, 실체적 진실 규명을 통한 정당한 형벌권의 실현도 헌법과 형사소송법이 형사소송 절차를 통하여 달성하려는 중요한 목표이자 이념이므로, 형식적으로 보아 정해진 절차에 따르지 아니하고 수집한 증거라는 이유만을 내세워 획일적으로 그 증거의 증거능력을 부정하는 것 역

시 헌법과 형사소송법이 형사소송에 관한 절차 조항을 마련한 취지에 맞는다고 볼 수 없다. 따라서 수사기관의 증거 수집 과정에서 이루어진 절차 위반행위와 관련된 모든 사정 즉, 절차 조항의 취지와 그 위반의 내용 및 정도, 구체적인 위반 경위와 회피가능성, 절차 조항이 보호하고자 하는 권리 또는 법익의 성질과 침해 정도 및 피고인과의 관련성, 절차 위반행위와 증거수집 사이의 인과관계 등 관련성의 정도, 수사기관의 인식과 의도 등을 전체적·종합적으로 살펴 볼 때, 수사기관의 절차 위반행위가 적법절차의 실질적인 내용을 침해하는 경우에 해당하지 아니하고, 오히려 그 증거의 증거능력을 배제하는 것이 헌법과 형사소송법이 형사소송에 관한 절차 조항을 마련하여 적법절차의 원칙과 실체적 진실 규명의 조화를 도모하고 이를 통하여 형사 사법 정의를 실현하려 한 취지에 반하는 결과를 초래하는 것으로 평가되는 예외적인 경우라면, 법원은 그 증거를 유죄 인정의 증거로 사용할 수 있다고 보아야 한다. 이는 적법한 절차에 따르지 아니하고 수집한 증거를 기초로 하여 획득한 2차적 증거의 경우에도 마찬가지여서, 절차에 따르지 아니한 증거 수집과 2차적 증거 수집 사이 인과관계의 희석 또는 단절 여부를 중심으로 2차적 증거 수집과 관련된 모든 사정을 전체적·종합적으로 고려하여 예외적인 경우에는 유죄 인정의 증거로 사용할 수 있다."(대법원 2007.11. 5, 2007도3061 전원합의체 판결).

8) "[1] 형사소송법 제308조의2는 "적법한 절차에 따르지 아니하고 수집한 증거는 증거로 할 수 없다"고 규정하고 있는바, 수사기관이 헌법과 형사소송법이 정한 절차에 따르지 아니하고 수집한 증거는 물론, 이를 기초로 하여 획득한 2차적 증거 역시 유죄 인정의 증거로 삼을 수 없는 것이 원칙이다. 다만, 수사기관의 절차 위반 행위가 적법절차의 실질적인 내용을 침해하는 경우에 해당하지 아니하고, 오히려 그 증거의 증거능력을 배제하는 것이 헌법과 형사소송법이 형사소송에 관한 절차 조항을 마련하여 적법절차의 원칙과 실체적 진실 규명의 조화를 도모하고 이를 통하여 형사 사법 정의를 실현하려 한 취지에 반하는 결과를 초래하는 것으로 평가되는 예외적인 경우라면, 법원은 그 증거를 유죄 인정의 증거로 사용할 수 있다. 따라서 법원이 2차적 증거의 증거능력 인정 여부를 최종적으로 판단할 때에는 먼저 절차에 따르지 아니한 1차적 증거 수집과 관련된 모든 사정들, 즉 절차 조항의 취지와 그 위반의 내용 및 정도, 구체적인 위반 경위와 회피가능성, 절차 조항이 보호하고자 하는 권리 또는 법익의 성질과 침해 정도 및 피고인과의 관련성, 절차 위반행위와 증거수집 사이의 인과관계 등 관련성의 정도, 수사기관의 인식과 의도 등을 살펴야 한다. 나아가 1차적 증거를 기초로 하여 다시 2차적 증거를 수집하는 과정에서 추가로 발생한 모든 사정들까지 구체적인 사안에 따라 주로 인과관계 희석 또는 단절 여부를 중심으로 전체적·종합적으로 고려하여야 한다. [2] 구체적인 사안에서 2차적 증거들의 증거능력 인정 여부는 제반 사정을 전체적·종합적으로 고려하여 판단하여야 한다. 예컨대 진술거부권을 고지하지 않은 것이 단지 수사기관의 실수일 뿐 피의자의 자백을 이끌어내기 위한 의도적이고 기술적인 증거확보의 방법으로 이용되지 않았고, 그 이후 이루어진 신문에서는 진술거부권을 고지하여 잘못이 시정되는 등 수사 절차가 적법하게 진행되었다는 사정, 최초 자백 이후 구금되었던 피고인이 석방되었다거나 변호인으로부터 충분한 조력을 받은 가운데 상당한 시간이 경과하였음에도 다시 자발적으로 계속하여 동일한 내용의 자백을 하였다는 사정, 최초 자백 외에도 다른 독립된 제3자의 행위나 자료 등도 물적 증거나 증인의 증언 등 2차적 증거 수집의 기초가 되었다는 사정, 증인이 그의 독립적인 판단에 의해 형사소송법이 정한 절차에 따라 소환을 받고 임의로 출석하여 증언하였다는 사정 등은 통상 2차적 증거의 증거능력을 인정할

우리 대법원(大法院)은 독나무의 과실의 증거능력을 원칙적으로 부인하면서도 예외적으로 "절차에 따르지 아니한 증거 수집과 2차적 증거 수집 사이 인과관계의 희석 또는 단절 여부를 중심으로 2차적 증거 수집과 관련된 모든 사정을 전체적·종합적으로 고려하여 예외적인 경우에는 유죄 인정의 증거로 사용할 수 있다."(대법원 2007.11.5, 2007도3061 전원합의체 판결)고 한다.

II. 자백배제법칙

1. 자백배제법칙의 의의

자백(自白, confession)이라 함은 피의자 또는 피고인이 범죄사실의 전부 또는 일부를 인정하는 진술을 말한다. 자백배제법칙(自白排除法則)이란 임의성에 의심이 있는 자백은 증거로 사용할 수 없다는 원칙이다.

우리 헌법은 "피고인의 자백이 고문·폭행·협박·구속의 부당한 장기화 또는 기망 기타의 방법에 의하여 자의로 진술된 것이 아니라고 인정될 때에는 유죄의 증거로 삼을 수 없다"(헌법 제12조 제7항)고 규정하고 있으며, 형사소송법은 "피고인의 자백이 고문·폭행·협박·신체구속의 부당한 장기화 또는 기망 기타의 방법으로 임의로 진술한 것이 아니라고 의심할 만한 이유가 있는 때에는 이를 유죄의 증거로 하지 못한다."(형사소송법 제309조)고 규정하여 임의성이 의심되는 자백의 증거능력을 부정하는 자백배제법칙을 채택하고 있다.9)10)

만한 정황에 속한다."(대법원 2009.3.12, 2008도11437).

9) "피고인의 자백은 형사소송법 제309조에서 정한 바와 같이 임의로 진술한 것이 아니라고 의심할 만한 이유가 있으면 증거로 할 수 없다. 나아가 자백의 증거능력이 있는 경우 자백의 내용 자체가 객관적으로 합리성을 띠고 있는지, 자백의 동기나 이유가 무엇이며 자백에 이르게 된 경위는 어떠한지, 그리고 자백 이외의 정황증거 중 자백과 저촉되거나 모순되는 것이 있는지를 고려하여 자백의 신빙성을 판단하여야 한다(대법원 1998.3.13. 선고 98도159 판결, 대법원 2000.12.8. 선고 99도214 판결 등 참조)."(대법원 2017.12.28, 2017도17628).

10) "임의성 없는 진술의 증거능력을 부정하는 취지는, 허위진술을 유발 또는 강요할 위험성이 있는 상

2. 자백배제법칙의 이론적 근거

임의성에 의심 있는 자백의 증거능력을 부정하는 이론적 근거에 대하여는 허위배제설, 인권옹호설, 위법배제설 등이 있다.

(1) 허위배제설

허위배제설은 고문이나 유인 등에 의한 임의성 없는 자백은 허위의 가능성이 많고 진실발견을 해치게 되어 증거능력이 부정된다는 견해이다.

(2) 인권옹호설

인권옹호설은 자백배제법칙을 헌법상의 묵비권(진술거부권)을 보장하기 위하여 강제된 자백이 배제된다고 보는 견해이다.

(3) 위법배제설

위법배제설은 자백배제법칙을 자백을 얻는 과정에서의 적법절차를 보장하기 위한 증거법상의 원칙으로 파악하는 견해이다. 즉 자백법칙은 자백취득과정의 위법성으로 인하여 위법수집증거배제법칙에 의하여 증거능력이 부정된다는 것이다.[11]

태하에서 행하여진 진술은 그 자체가 실체적 진실에 부합하지 아니하여 오판을 일으킬 소지가 있을 뿐만 아니라 그 진위를 떠나서 진술자의 기본적 인권을 침해하는 위법·부당한 압박이 가하여지는 것을 사전에 막기 위한 것이므로, 그 임의성에 다툼이 있을 때에는 그 임의성을 의심할 만한 합리적이고 구체적인 사실을 피고인이 증명할 것이 아니고 검사가 그 임의성의 의문점을 없애는 증명을 하여야 하고, 검사가 그 임의성의 의문점을 없애는 증명을 하지 못한 경우에는 그 진술증거는 증거능력이 부정된다. 나아가 피고인이 경찰에서 가혹행위 등으로 인하여 임의성 없는 자백을 하고 그 후 검찰이나 법정에서도 임의성 없는 심리상태가 계속되어 동일한 내용의 자백을 하였다면 각 자백도 임의성 없는 자백이라고 보아야 한다(대법원 2014.12.11. 선고 2012도15405 판결 등 참조)."(대법원 2015.9.10, 2012도9879).

11) 이재상·조명균, 형사소송법, 박영사(2016), 567면.

3. 자백배제법칙의 적용범위

자백배제법칙은 피고인의 자백이 고문, 폭행, 협박, 신체구속의 부당한 장기화 또는 기망 기타의 방법으로 임의로 진술한 것이 아니라고 의심할 만한 이유가 있는 때에 적용된다(형사소송법 제309조).

(1) 고문, 폭행, 협박, 신체구속의 부당한 장기화에 의한 자백

고문, 폭행 또는 협박에 의한 자백은 당연히 증거능력이 없다. 반드시 피고인이 직접 고문을 당하지 않았다 할지라도 다른 피고인이 고문당하는 것을 보고 자백한 경우도 증거능력이 없다. 경찰에서의 고문(拷問) 등으로 임의성없는 진술을 하고 그 심리상태가 검사의 조사단계까지 계속된 경우에는 검사 앞에서의 자백도 증거능력이 없다(대판 1985.2. 26, 82도2413; 대판 1992.11.24, 92도2409).

부당하게 장기간에 걸친 구속 후의 자백은 증거능력이 없다. 즉, 영장없이 13일간 불법 구속되어 있으면서 고문이나 잠을 재우지 않는 등 진술의 자유를 침해하여 얻어낸 자백은 증거능력이 없다. 밤샘조사는 피의자의 잠을 재우지 않고 밤을 새우며 조사를 진행하는 것을 말한다. 이는 인간의 수면권(睡眠權)과 휴식권(休息權)을 보장하는 헌법 정신에 비추어 원칙적으로 허용되지 않는다.12)13)

(2) 기망 기타 방법에 의한 자백

위계(危計), 책술 등을 사용하여 자백하게 하는 경우에도 증거능력이 없다. 기망에 의한 자백이란 상대방을 속여서 착오에 빠뜨린 후에 얻은 자백을 말한다. 경(輕)한 죄로 처벌받게 해주겠다는 약속하에 자백을 시키거나 다른 공범이 이미 자백하였다는 거짓말로 피고인의 자백을 유도하여 받아내는 것 등이 이에 해당한다.

---

12) 최영승, 형사소송법개론, 피앤씨미디어(2013), 290면.
13) "피고인이 검찰에 연행된 때로부터 약 30시간 동안 잠을 재우지 않고 회유하여 받아낸 진술에 대하여 임의성이 의심된다며 제309조에 의하여 증거능력을 부정한다"(대판 2000.1.21, 99도4940).

(3) 기타 임의성없는 자백

이는 피의자 또는 피고인 등이 자기가 한 자백에 임의성이 없음을 입증하는 것이 현실적으로 매우 곤란하다는 것을 고려하여 법관으로 하여금 임의성이 없다는 의심만 갖게 하여도 자백의 증거능력은 부정된다는 것이다. 따라서 법관은 자백의 임의성의 존부(存否)에 관하여 의심을 갖는다면 이러한 자백을 증거로 할 수 없다는 취지로 본다. 예를 들면 위법한 신문이나 진술거부권을 고지하지 않은 자백, 변호인선임권, 변호인접견교통권을 침해하여 얻어낸 자백 등은 임의성에 의심있는 자백으로서 증거능력이 부정된다.[14]

(4) 자백의 임의성의 입증

자백의 임의성에 대하여 다툼이 있는 경우 그 거증책임은 검사에게 있다.[15]

---

14) "헌법상 보장된 변호인과의 접견교통권이 위법하게 제한된 상태에서 얻어진 피의자의 자백은 그 증거능력을 부인하는 유죄의 증거에서 실질적이고 완전하게 배제하여야 하는 것인바, 피고인이 구속되어 국가안전기획부에서 조사를 받다가 변호인의 접견신청이 불허되어 이에 대한 준항고를 제기 중에 검찰로 송치되어 검사가 피고인을 신문하여 제1회 피의자신문조서를 작성한 후 준항고절차에서 위 접견불허처분이 취소되어 접견이 허용된 경우에는 검사의 피고인에 대한 위 제1회 피의자신문은 변호인의 접견교통을 금지한 위법상태가 계속된 상황에서 시행된 것으로 보아야 할 것이므로 그 피의자신문조서는 증거능력이 없다."(대법원 1990.9.25, 90도1586).

15) "임의성 없는 자백의 증거능력을 부정하는 취지가 허위진술을 유발 또는 강요할 위험성이 있는 상태 하에서 행하여진 자백은 그 자체가 실체적 진실에 부합하지 아니하여 오판의 소지가 있을 뿐만 아니라, 그 진위 여부를 떠나서 자백을 얻기 위하여 피의자의 기본적 인권을 침해하는 위법·부당한 압박이 가하여지는 것을 사전에 막기 위한 것이므로, 그 임의성에 다툼이 있을 때에는 그 임의성을 의심할 만한 합리적이고 구체적인 사실을 피고인이 입증할 것이 아니고 검사가 그 임의성의 의문점을 해소하는 입증을 하여야 한다(대법원 1998.4.10. 97도3234 판결, 2002.10.8. 2001도3931 판결 등 참조)"(대법원 2005.11.10, 2004도42)"

기출문제

1 자백에 대한 설명으로 가장 적절하지 <u>않은</u> 것은? (다툼이 있는 경우 판례에 의함) (2019 경찰공채)

① 「형사소송법」 제310조 소정의 '피고인의 자백'에 공범인 공동피고인의 진술은 포함되지 아니하므로 공범인 공동피고인들의 각 진술은 상호간에 서로 보강증 거가 될 수 있다.

② 검찰에서의 피고인의 자백이 법정진술과 다르다는 사유만으로는 그 자백의 신빙성이 의심스럽다고 볼 수 없다.

③ 일정한 증거가 발견되면 피의자가 자백하겠다고 한 약속이 검사의 강요나 위계에 의하여 이루어졌다든가 경한 죄의 소추 등 이익과 교환조건으로 된 것으로 인정되지 않는 한, 위와 같은 약속하에 된 자백이라 하여 곧 임의성 없는 자백이라고 단정할 수는 없다.

④ 피고인의 자백에 임의성이 없다고 의심할 만한 사유가 있다면, 임의성이 없다고 의심하게 된 사유와 피고인의 자백과의 사이에 인과관계 여부를 불문하고 그 자백의 증거능력은 부정된다.

답 ④

2 독수의 과실이론에 관한 설명으로 가장 적절하지 않은 것은? (다툼이 있으면 판례에 의함) (2015 경찰채용 1차)

① 독수의 과실이론이란 위법하게 수집된 증거에 의하여 발견된 제2차 증거의 증거능력을 배제하는 이론이다.

② 대법원은 위법수집 증거에 의하여 획득한 2차적 증거도 원칙적으로 유죄 인정의 증거로 삼을 수 있다고 판시한 바 있다.

③ 적법절차를 따르지 않고 수집한 증거를 기초로 획득한 2차적 증거라도 1차 증거수집과의 사이에 인과관계의 희석 또는 단절여부를 중심으로 2차적 증거수집과 관련된 모든 사정을 전체적·종합적으로 고려하여 예외적인 경우에는 유죄 인정의 증거로 사용할 수 있다.

④ 강도 현행범으로 체포된 피고인이 진술거부권을 고지받지 아니한 채 자백을 하고, 이후 40여일이 지난 후에 변호인의 충분한 조력을 받으면서 공개된 법정에서 임의로 자백한 경우에 법정에서의 피고인의 자백은 증거로 사용할 수 있다.

 ② 기본적 인권 보장을 위하여 압수수색에 관한 적법절차와 영장주의의 근간을 선언한 헌법과 이를 이어받아 실체적 진실 규명과 개인의 권리보호 이념을 조화롭게 실현할 수 있도록 압수수색절차에 관한 구체적 기준을 마련하고 있는 형사소송법의 규범력은 확고히 유지되어야 한다. 그러므로 헌법과 형사소송법이 정한 절차에 따르지 아니하고 수집한 증거는 기본적 인권 보장을 위해 마련된 적법한 절차에 따르지 않은 것으로서 원칙적으로 유죄 인정의 증거로 삼을 수 없다. 수사기관의 위법한 압수수색을 억제하고 재발을 방지하는 가장 효과적이고 확실한 대응책은 이를 통하여 수집한 증거는 물론 이를 기초로 하여 획득한 2차적 증거를 유죄 인정의 증거로 삼을 수 없도록 하는 것이다(대판 2007.11.15, 2007도3016 전원합의체 판결) ③ 대판 2007.11.15, 2007도3016 전원합의체 판결 ④ 대판 2009.3.12, 2008도11437   답 ②

3 위법수집증거에 관한 설명 중 가장 적절하지 않은 것은? (다툼이 있으면 판례에 의함)
(2016 경찰승진)

① 수사기관이 압수영장 또는 감정처분허가장을 발부받지 아니한 채 피의자의 동의 없이 피의자의 신체로부터 혈액을 채취하고 사후에 지체 없이 영장을 발부받지 않았다면, 그 혈액의 알코올농도에 관한 감정회보는 유죄의 증거로 사용할 수 없다.

② 선거관리위원회 위원·직원이 관계인에게 진술이 녹음된다는 사실을 미리 알려주지 아니한 채 진술을 녹음하였더라도, 그와 같은 조사절차에 의하여 수집한 녹음 파일 내지 그에 터 잡아 작성된 녹취록이 증거능력이 부정된다고 할 수 없다.

③ 검사가 공소제기 후 수소법원 이외의 지방법원 판사에게 청구하여 발부받은 영장에 의하여 압수·수색을 하였다고 하면, 그에 따라 수집된 증거는 원칙적으로 유죄의 증거로 삼을 수 없다.

④ 피고인이 범행 후 피해자에게 전화를 걸어오자 피해자가 증거를 수집하려고 그 전화내용을 녹음한 경우, 그 녹음테이프가 피고인 모르게 녹음된 것이라 하여 이를 위법하게 수집된 증거라고 할 수 없다.

① 대판 2011.4.27, 2009도2109 ② 공직선거법 제272조의2 제1항은 선거범죄 조사와 관련하여 선거관리위원회 위원·직원은 관계인에 대하여 질문·조사를 할 수 있다는 취지로 규정하고, 공직선거관리규칙 제146조의3 제3항에서는 "위원·직원은 조사업무 수행 중 필요하다고 인정되는 때에는 질문답변내용의 기록, 녹음·녹화, 사진촬영, 선거범죄와 관련 있는 서류의 복사 또는 수집 기타 필요한 조치를 취할 수 있다."고 규정하고 있으므로 선거관리위원회의 직원은 선거범죄의 조사를 위하여 관계인의 진술내용을 녹음할 수 있다. 한편 공직선거법 제272조의2 제6항은 선거관리위원회 위원·직원이 선거범죄와 관련하여 질문·조사하거나 자료의 제출을 요구하는 경우에는 관계인에게 그 신분을 표시하는 증표를 제시하고 소속과 성명을 밝히고 그 목적과 이유를 설명하여야 한다고 규정하고 있는데, 이는 선거범죄 조사와 관련하여 조사를 받는 관계인의 사생활의 비밀과 자유 내지 자신에 대한 정보를 결정할 자유, 재산권 등이 침해되지 않도록 하기 위한 절차적 규정이므로, 선거관리위원회 직원이 관계인에게 사전에 설명할 '조사의 목적과 이유'에는 조사할 선거범죄혐의의 요지, 관계인에 대한 조사가 필요한 이유뿐만 아니라 관계인의 진술을 기록 또는 녹음·녹화한다는 점도 포함된다. 따라서 선거관리위원회 위원·직원이 관계인에게 진술이 녹음된다는 사실을 미리 알려 주지 아니한 채 진술을 녹음하였다면, 그와 같은 조사절차에 의하여 수집한 녹음파일 내지 그에 터 잡아 작성된 녹취록은 형사소송법 제308조의2에서 정하는 '적법한 절차에 따르지 아니하고 수집한 증거'에 해당하여 원칙적으로 유죄의 증거로 쓸 수 없다(대법원 2014.10.15, 2011도3509). ③ 대판 2011.4.28, 2009도10412, ④ 대판 1997.3.28, 97도240 답 ②

27

과학수사와 거짓말탐지기

거짓말 탐지기

아빠가 거짓말 탐지기를 샀어요.

이 거짓말 탐지기는 거짓말을 하는 사람을 때리는 로봇이에요. 아빠는 아들에게 이 기계를 테스트

해 보기로 했어요.

"너 어제 어디 있었니?"

"도서관에 있었어요."

로봇이 아들을 때렸어요.

"네, 친구 집에 있었어요."

"뭐했는데?" 하고 아빠가 물어봤어요.

"토이스토리(애니메이션)를 봤어요."

로봇이 아들을 때렸어요.

"네, 포르노를 봤어요!"

아들이 소리쳤어요.

아빠가 화를 내며 말했어요.

"뭐라고? 내가 너 나이에는 포르노를 알지도 못했어!"

로봇이 아빠를 때렸어요.

옆에 있던 엄마가 웃으면서 말했어요.

"역시 당신 아들이에요."

로봇이 엄마를 때렸어요!

1. 거짓말탐지기

거짓말탐지기(Polygraph, lie detector) 검사란 피의자 등 피검사자에게 범죄사실과 관련된 질문을 하여 거짓말을 할 경우에 나타나는 호흡, 혈압, 맥박 등의 신체적·생리적 변화를 관찰·분석하여 진술의 허위나 인식의 유무를 판단하는 것을 검사방법을 말한다.

최초의 거짓말탐지기는 1895년 이탈리아 범죄심리학자 체자레 롬브로소(Cesare Lombroso, 1836~1909)가 개발했다. 거짓말할 때 무의식 중에 심장박동, 호흡, 혈압 등의 변화를 감지하는 원리다. 국내에는 1960년대에 도입돼 1980년 이윤상군 유괴살해범[1]을 잡는 데 공헌하기도 했다. 거짓말탐지기의 정확도는 90%가 넘지만 완벽한 건 아니다. 정서 반응에 의존하기에 잘 훈련된 사람이나 사이코패스(psychopath), 정신이상자 등에겐 소용이 없다. 법정에서도 직접 증거로는 채택하지 않는다. 요즘엔 기존 탐지기의 단점을 보완한 뇌지문감식기, 표정으로 심리를 읽는 신형 거짓말탐지기 등도 속속 개발되고 있다. 국립과학수사연구소는 동공, 근육, 괄약근 변화까지 포착하는 거짓말탐지의자를 2008년 개발해 특허를 얻기도 했다.[2]

거짓말탐지기 검사는 과학적 수사방법의 하나로서 우리나라에서도 활용하고 있기는 하지만 기계측정의 신뢰도나 헌법상 진술거부권 침해와 같은 문제를 가지고 있어서 그 검사결과의 증거능력을 인정할 것인가에 대한 논의와 비판을 동시에 받고 있다.[3]

---

1) 이윤상 납치 살해 사건(李潤相拉致殺害事件)은 1980년 11월 13일 장애(소아마비)를 앓던 중학생 1학년 이윤상이 납치되어 살해된 사건이다. 1981년 11월 30일 검거된 납치살해범은 이윤상의 중학교 체육교사 주영형이었다. 범인 주영형은 이윤상을 이불로 덮어 질식사시킨 뒤 전화를 걸어 피해자의 부모에게 돈을 요구하였다. 주 교사는 노름빚 1천만원을 갚기 위해 자신이 가르치던 중학교의 제자를 납치하였으며, 수사과정에서 주 교사를 따르던 여고생 2명이 주 교사의 범행을 도운 것으로 드러났다. 피해자 이윤상은 납치된 지 1년 만에 강변 야산에서 시신으로 발견되었다.

2) 오형규, 거짓말탐지기, 한국경제 2011년 12월 17일 참조.

3) 최영승, 형사소송법, 322면; 이창현, "거짓말탐지기 검사결과의 증거능력", 법률저널, 2013년 11월 15일.

2. 증거능력의 인정 여부

거짓말탐지기 검사에 피검사자가 동의하지 않음에도 불구하고 검사가 강행되었다고 한다면 이는 인간의 인격에 대한 명백한 침해일 뿐만 아니라 진술거부권의 침해에도 해당되므로 그 검사결과는 위법수집증거배제법칙에 의해서 당연히 증거능력(證據能力)이 인정되지 않는다고 할 것이다. 그리고 피검사자의 동의를 얻어서 검사가 행하여진 경우에 그 검사결과에 대하여 증거능력을 인정할 수 있는가에 대하여는 견해가 나뉘고 있다.[4]

(1) 학 설

(가) 긍정설

피검사자의 명시적 동의 또는 적극적인 요구가 있을 것을 요건으로 거짓말탐지기 검사결과에 대한 증거능력을 인정할 수 있다는 견해이다. 이 견해에 따르면 ① 피검사자의 동의가 있는 경우에는 검사를 인격의 침해라고 볼 수 없고, ② 검사결과 피의자의 진술이 진실이라고 인정될 때에는 수사가 신속히 종결되고 피검사자는 피의자의 신분에서 벗어날 수 있고, ③ 검사결과는 감정서의 성격을 가지므로 형사소송법 제313조 제2항의 요건을 충족한 경우에 증거로 인정될 수 있다는 것이다.

(나) 부정설

거짓말탐지기 검사결과의 증거능력을 부정하는 학설은 ① 거짓말탐지기에 의한 검사는 인간의 인격을 침해하는 것이므로 동의여부를 불문하고 증거능력이 부정된다는 견해와 ② 거짓말탐지기에 의한 검사는 그 과학적 정확성을 신뢰할 수 없기 때문에 증거능력을 부정할 수밖에 없다는 견해가 있다. 거짓말탐지기 검사를 인격권에 대한 중대한 침해로 보는 견해에서는 거짓말탐지기 검사결과는 처음부터 위법수집증거배제법칙에 의하여 증거능력이 부정되어야 한다는 주장을 하고 있다.

---

4) 이하 학설에 대한 설명은 이창현, 위의 논문을 참조함. 거짓말탐지기와 증거능력에 관한 자세한 내용은 최정학, "거짓말탐지기 검사결과의 증거능력-'과학적 증거'의 허용기준과 관련하여-", 「경희법학」제44권 제1호(2009), 9-33면 참조.

(2) 판 례

대법원 판례는 거짓말탐지기의 검사결과에 대하여 사실적 관련성을 가진 증거로서 증거능력을 인정할 수 있으려면, ① 거짓말을 하면 반드시 일정한 심리상태의 변동이 일어나고, ② 그 심리상태의 변동은 반드시 일정한 생리적 반응을 일으키며, ③ 그 생리적 반응에 의하여 피검사자의 말이 거짓인지 아닌지가 정확히 판정될 수 있다는 세 가지 전제 요건이 충족되어야 할 것이며, ④ 특히 마지막 생리적 반응에 대한 거짓 여부 판정은 거짓말탐지기가 검사에 동의한 피검사자의 생리적 반응을 정확히 측정할 수 있는 장치이어야 하고, 질문사항의 작성과 검사의 기술 및 방법이 합리적이어야 하며, ⑤ 검사자가 탐지기의 측정내용을 객관성 있고 정확하게 판독할 능력을 갖춘 경우라야만 그 정확성을 확보할 수 있는 것이므로, 이상과 같은 여러 가지 요건이 충족되지 않는 한 거짓말탐지기 검사 결과에 대하여 형사소송법상 증거능력을 부여할 수는 없다고 함으로써[5] 사실상 증거능력 인정에 부정적인 입장이다. 또한 대법원 판례는 거짓말탐지기 검사에 있어서의 위와 같은 엄격한 허용기준에 따라 증거능력이 만일 인정되는 경우에도 그 검사결과는 검사를 받는 사람의 진술의 신빙성을 가늠하는 정황증거(情況證據)로서의 기능을 하는데 그친다는 입장이다.[6]

3. 거짓말탐지기 검사결과로 얻은 자백의 증거능력

거짓말탐지기의 검사에 의하여 얻은 자백의 증거능력을 인정할 것인가는 형사소송법 제309조[7]의 문제로 해결해야 한다. 강제에 의한 거짓말탐지기 검사는 임의성에 의심 있는 자백으로 증거능력을 부정해야 한다. 그러나 거짓말탐지기를 사용하는데 피검자의 동의가 있는 경우에는 증거능력을 부정할 수는 없다[8]고 보는 것이 타당하다.

---

5) 대법원 2005.5.26, 2005도130.
6) 대법원 1987.7.21, 87도968.
7) 형사소송법 제309조(강제등 자백의 증거능력) 피고인의 자백이 고문, 폭행, 협박, 신체구속의 부당한 장기화 또는 기망 기타의 방법으로 임의로 진술한 것이 아니라고 의심할 만한 이유가 있는 때에는 이를 유죄의 증거로 하지 못한다.
8) 이재상·조균석, 형사소송법, 박영사(2016), 654면.

28

성희롱

한 남자가 사무실의 여직원에게 다가가 몸에서 좋은 냄새가 난다고 이야기했다.

그러자 그 여직원이 즉시 상사에게 가 그 남자를 성희롱으로 고소하겠다고 말했다.

당황한 상사가 말했다.

"동료가 향기가 좋다고 칭찬한 게 뭐가 문제지?"

여직원이 즉각 대답했다.

"그 남자는 못생겼단 말이에요."

1. 직장 내 성희롱(Sexual Harassment)이란

직장 내에서 상대방의 의사에 반하여 성과 관련된 언동을 하여 그 상대방이 몹시 불쾌하고 굴욕적인 느낌을 갖게 하는 행위라고 정의할 수 있다. 우리 법제에서는 「남녀고용평등과 일·가정 양립 지원에 관한 법률」과 「양성평등기본법」에서 성희롱을 규정하고 있다.[1]

「남녀고용평등과 일·가정 양립 지원에 관한 법률」에서 정의하고 있는 "직장 내 성희롱"이란 사업주·상급자 또는 근로자가 직장 내의 지위를 이용하거나 업무와 관련하여 다른 근로자에게 성적 언동 등으로 성적 굴욕감 또는 혐오감을 느끼게 하거나 성적 언동 또는 그 밖의 요구 등에 따르지 아니하였다는 이유로 근로조건 및 고용에서 불이익을 주는 것을 말한다(동법 제2조 제2호).

또한, 「양성평등기본법」에서 성희롱을 다음과 같이 규정하고 있다(동법 제3조 제2호).

"성희롱"이란 업무, 고용, 그 밖의 관계에서 국가기관·지방자치단체 또는 대통령령으로 정하는 공공단체의 종사자, 사용자 또는 근로자가 다음 각 목의 어느 하나에 해당하는 행위를 하는 경우를 말한다.

가. 지위를 이용하거나 업무 등과 관련하여 성적 언동 또는 성적 요구 등으로 상대방에게 성적 굴욕감이나 혐오감을 느끼게 하는 행위

나. 상대방이 성적 언동 또는 요구에 대한 불응을 이유로 불이익을 주거나 그에 따르는 것을 조건으로 이익 공여의 의사표시를 하는 행위[2]

---

1) 「국가인권위원회법」에서는 성희롱을 다음과 같이 정의하고 있다. "라. 성희롱[업무, 고용, 그 밖의 관계에서 공공기관(국가기관, 지방자치단체, 「초·중등교육법」 제2조, 「고등교육법」 제2조와 그 밖의 다른 법률에 따라 설치된 각급 학교, 「공직자윤리법」 제3조의2 제1항에 따른 공직유관단체를 말한다)의 종사자, 사용자 또는 근로자가 그 직위를 이용하여 또는 업무 등과 관련하여 성적 언동 등으로 성적 굴욕감 또는 혐오감을 느끼게 하거나 성적 언동 또는 그 밖의 요구 등에 따르지 아니한다는 이유로 고용상의 불이익을 주는 것을 말한다] 행위"(동법 제2조 제3호 라목)

2) "[1] 성희롱이란 업무, 고용, 그 밖의 관계에서 국가기관·지방자치단체, 각급 학교, 공직유관단체 등 공공단체의 종사자, 직장의 사업주·상급자 또는 근로자가 ① 지위를 이용하거나 업무 등과 관련하여 성적 언동 또는 성적 요구 등으로 상대방에게 성적 굴욕감이나 혐오감을 느끼게 하는 행위,

직장 내 성희롱은 형법상 성범죄와 다르다. 국내에서 '성희롱'이 법적으로 처음 가시화된 것은 '서울대 申교수사건(일명 우조교사건)'을 통해서이다. 대법원은 이 사건에 대해 대학교수의 조교에 대한 성적인 언동이 불법행위를 구성한다고 판시하였다(대법원 1998. 2. 10. 선고 95다39533판결).

직장 내 성희롱 행위자는 사업주, 상급자, 동료, 하급자이며, 거래처 관계자나 고객 등 제3자에 의한 성희롱 방지 노력에 따라 제3자도 일정 범주 내에서 포함된다.

노동법상 성희롱과 형법상 성범죄의 차이점

차이점	노동법상 성희롱	형법상 성범죄
유형	언어적 · 육체적 · 시각적 성희롱	강간, 강제추행, 음행매개, 음화등 제조 · 판매, 공연음란, 추행 등
고의 유무	의도 불필요	고의 필요
형벌 유무	형벌보다는 근로관계에서의 불이익을 통해서 규제	국가형벌권의 발동에 의해 형벌 부과
입증책임	사업주	검사
강제성	강제력 없어도 성립	강간, 강제추행과 같은 성폭력의 경우 폭행, 협박 등의 강제력이 동원되어야 성립

② 상대방이 성적 언동 또는 요구 등에 따르지 아니한다는 이유로 불이익을 주거나 그에 따르는 것을 조건으로 이익 공여의 의사표시를 하는 행위를 하는 것을 말한다[양성평등기본법 제3조 제2호, 남녀고용평등과 일·가정 양립 지원에 관한 법률 제2조 제2호, 국가인권위원회법 제2조 제3호 (라)목 등 참조]. 여기에서 '성적 언동'이란 남녀 간의 육체적 관계나 남성 또는 여성의 신체적 특징과 관련된 육체적, 언어적, 시각적 행위로서 사회공동체의 건전한 상식과 관행에 비추어 볼 때, 객관적으로 상대방과 같은 처지에 있는 일반적이고도 평균적인 사람으로 하여금 성적 굴욕감이나 혐오감을 느끼게 할 수 있는 행위를 의미한다. [2] 성희롱이 성립하기 위해서는 행위자에게 반드시 성적 동기나 의도가 있어야 하는 것은 아니지만, 당사자의 관계, 행위가 행해진 장소 및 상황, 행위에 대한 상대방의 명시적 또는 추정적인 반응의 내용, 행위의 내용 및 정도, 행위가 일회적 또는 단기간의 것인지 아니면 계속적인 것인지 등의 구체적 사정을 참작하여 볼 때, 객관적으로 상대방과 같은 처지에 있는 일반적이고도 평균적인 사람으로 하여금 성적 굴욕감이나 혐오감을 느낄 수 있게 하는 행위가 있고, 그로 인하여 행위의 상대방이 성적 굴욕감이나 혐오감을 느꼈음이 인정되어야 한다."(대법원 2018.4.12, 2017두74702).

2. 성희롱의 구체적인 사례

성희롱의 구체적인 사례를 열거하면 다음과 같다.

- 외설적인 사진이나 낙서, 그림, 음란출판물 등을 보여주는 행위
- 음란한 농담이나 음담패설
- 생리휴가 사용을 조롱하는 언어의 사용,
- 옷차림 신체 외모에 대한 성적인 비유나 평가
- 성적관계를 강요하거나 회유하는 행위
- 입맞춤이나 포옹, 등뒤에서 껴안기 등의 신체적 접촉
- 회식자리에서 옆에 앉히고서 술을 따르도록 강요하는 행위
- 원하지 않는 사적인 만남을 강요하는 행위
- 가슴이나 엉덩이 등 특정 신체부위를 만지는 행위
- 안마 등을 강요하는 행위
- 음란한 내용의 전화통화
- 상대방의 특정 신체부위를 유심히 쳐다보거나 훑어보는 행위 등을 들 수 있다.

3. 직장 내 성희롱의 금지와 대처

(1) 직장 내 성희롱의 금지 : 사업주의 의무

1) 직장 내 성희롱 고충 처리

사업주는 성희롱과 관련한 고충처리기관이나 절차를 마련해야 한다. 또한 사업주는 고객 등 업무와 밀접한 관련이 있는 자가 업무수행 과정에서 성적인 언동 등을 통하여 근로자에게 성적 굴욕감 또는 혐오감 등을 느끼게 하여 해당 근로자가 그로 인한 고충 해소를 요청할 경우 근무 장소 변경, 배치전환 등 가능한 조치를 취하도록 노력하여야 한다.

2) 성희롱 행위자에 대한 징계조치

사업주는 직장 내 성희롱 행위자에 대해 성희롱의 정도, 지속성 등을 감안하여 경고,

견책, 휴직, 전직, 대기 발령, 해고 등의 적절한 징계조치를 내려야 한다. 이를 위반하는 경우 사업주는 5백만원 이하의 과태료에 처한다(남녀고용평등과 일·가정 양립 지원에 관한 법률 제39조 제2항).

3) 성희롱 피해자에 대한 불이익 조치 금지

사업주는 성희롱 발생 사실을 신고한 근로자 및 피해근로자등에게 불리한 처우를 하여서는 아니 된다(남녀고용평등과 일·가정 양립 지원에 관한 법률 제14조 제6항). 사업주가 성희롱 피해자 등에게 불이익한 처분을 한 경우에는 3년 이하의 징역 또는 3천만원 이하의 벌금에 처한다(남녀고용평등과 일·가정 양립 지원에 관한 법률 제37조 제2항).

4) 성희롱 예방 교육

사업주는 직장 내 성희롱을 예방하고 근로자가 안전한 근로환경에서 일할 수 있는 여건을 조성하기 위하여 직장 내 성희롱의 예방을 위한 교육을 매년 실시하여야 한다. 아울러 사업주 및 근로자는 성희롱 예방 교육을 받아야 한다(남녀고용평등과 일·가정 양립 지원에 관한 법률 제13조 제1항, 제2항).

(2) 직장 내 성희롱에 대한 대처

1) 거부의 의사표시와 중지 요구

피해자는 성희롱 행위에 대한 거부 의사를 분명히 밝히고, 적극적으로 행위의 중지를 요청하여야 한다.

2) 회사 내 고충처리기관에 신고

거부의사와 중지 요청에도 성희롱이 계속되면 회사 내 노사협의회, 명예고용평등감독관3) 등 고충처리기관에 신고하여 적절한 조치가 이루어지도록 하여야 한다.

---

3) 남녀고용평등과 일·가정 양립 지원에 관한 법률 제24조(명예고용평등감독관) ① 고용노동부장관은 사업장의 남녀고용평등 이행을 촉진하기 위하여 그 사업장 소속 근로자 중 노사가 추천하는 자를 명예고용평등감독관으로 위촉할 수 있다.

3) 고용노동부에 진정

사업주가 직장 내 성희롱 예방교육, 성희롱 행위자에 대한 조치, 피해 근로자에 대한 고용상의 불이익 금지 등을 지키지 않았을 경우에는 사업장 소재 지방고용노동관서에 진정이나 고소·고발을 할 수 있다.

4) 국가인권위원회에 진정

고용노동부와 국가인권위원회에 진정할 수 있다.

5) 민사소송 제기

성희롱 피해자가 사업주와 성희롱 행위자를 상대로 민사상 손해배상을 청구할 수 있다.

---

② 명예감독관은 다음 각 호의 업무를 수행한다.
1. 해당 사업장의 차별 및 직장 내 성희롱 발생 시 피해 근로자에 대한 상담·조언
2. 해당 사업장의 고용평등 이행상태 자율점검 및 지도 시 참여
3. 법령위반 사실이 있는 사항에 대하여 사업주에 대한 개선 건의 및 감독기관에 대한 신고
4. 남녀고용평등 제도에 대한 홍보·계몽
5. 그 밖에 남녀고용평등의 실현을 위하여 고용노동부장관이 정하는 업무

29

학교폭력

"엄마, 나 학교 못 다니겠어!"

"아니, 왜?"

"애들이 나만 왕따 시킨단 말이야~."

"휴… 그래도 어떻게 해! 네가 선생인데…."

1. 학교폭력과 따돌림의 개념

"학교폭력"이란 학교 내외에서 학생을 대상으로 발생한 상해, 폭행, 감금, 협박, 약취·유인, 명예훼손·모욕, 공갈, 강요·강제적인 심부름 및 성폭력, 따돌림, 사이버 따돌림, 정보통신망을 이용한 음란·폭력 정보 등에 의하여 신체·정신 또는 재산상의 피해를 수반하는 행위를 말한다(학교폭력예방 및 대책에 관한 법률 제2조 제1호).

"따돌림"이란 학교 내외에서 2명 이상의 학생들이 특정인이나 특정집단의 학생들을 대상으로 지속적이거나 반복적으로 신체적 또는 심리적 공격을 가하여 상대방이 고통을 느끼도록 하는 일체의 행위를 말한다(학교폭력예방 및 대책에 관한 법률 제2조 제1의2호).

"사이버 따돌림"이란 인터넷, 휴대전화 등 정보통신기기를 이용하여 학생들이 특정 학생들을 대상으로 지속적, 반복적으로 심리적 공격을 가하거나, 특정 학생과 관련된 개인정보 또는 허위사실을 유포하여 상대방이 고통을 느끼도록 하는 일체의 행위를 말한다(학교폭력예방 및 대책에 관한 법률 제2조 제1의3호).

2. 학교폭력과 국가 및 지방자치단체의 책무

국가 및 지방자치단체는 학교폭력을 예방하고 근절하기 위하여 조사·연구·교육·계도 등 필요한 법적·제도적 장치를 마련하여야 한다(학교폭력예방 및 대책에 관한 법률 제4조 제1항). 국가 및 지방자치단체는 청소년 관련 단체 등 민간의 자율적인 학교폭력 예방활동과 피해학생의 보호 및 가해학생의 선도·교육활동을 장려하여야 한다(학교폭력예방 및 대책에 관한 법률 제4조 제2항). 국가 및 지방자치단체는 청소년 관련 단체 등 민간이 건의한 사항에 대하여는 관련 시책에 반영하도록 노력하여야 한다(학교폭력예방 및 대책에 관한 법률 제4조 제3항). 국가 및 지방자치단체는 학교폭력의 예방과 근절을 위한 책무를 다하기 위하여 필요한 행정적·재정적 지원을 하여야 한다(학교폭력예방 및 대책에 관한 법률 제4조 제4항).

3. 학교폭력 실태

교육부의 2017년 2차 학교폭력 실태조사[1]에 의하면, 피해유형별 비중은 언어폭력, 집단따돌림, 스토킹 등의 순으로 나타났다. 피해유형별 학생 천명당 피해응답 건수는 언어폭력(5.6건), 집단따돌림(2.6건), 스토킹(1.7건), 신체폭행(1.7건) 등의 순으로 나타났으며, 피해유형별 비율도 언어폭력(35.6%), 집단따돌림(16.4%), 스토킹(11.1%), 신체폭행(11.0%) 등으로 나타났다.

〈그림〉 학생 천명당 피해응답 건수 및 피해유형별 비율

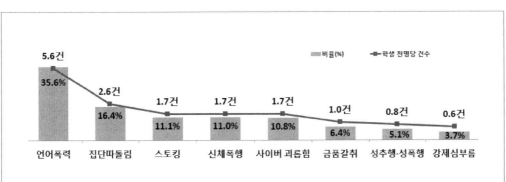

학교폭력 피해 장소는 주로 학교 안에서, 피해 시간은 주로 쉬는 시간이 높았다. 학교폭력 피해 장소는 '교실 안'(32.6%), '복도'(14.0%), '급식실·매점 등'(9.5%) 등 주로 '학교 안'(69.6%)에서 발생하였다. 학교폭력 피해 시간은 '쉬는 시간'(35.1%), '점심 시간'(18.0%), '하교 이후'(13.6%), '수업 시간'(10.5%) 등의 순으로 나타났다.

피해 후 신고 및 목격 후 행동엔 적극적이고, 방관응답은 줄었다. 피해 사실을 주위에 알리거나 신고한 응답은 79.3%이며, 대상은 '가족'(38.1%), '학교'(22.2%), '친구나 선배'(13.2%) 등의 순으로 나타났다. 학교폭력 목격 후 '알리거나 도와줬다'는 응답은 76.3%이며, '모르는 척 했다'는 방관 응답은 지난해 같은 기간 대비 감소(25.5%→22.8%)하였다.

학교폭력 피해 미신고 이유로는 '별일이 아니라고 생각해서'(29.1%)가 '스스로 해결하려고'(16.6%) 했다는 대답보다 더 많았다.

---

1) 교육부, 2017년 2차 학교폭력 실태조사 결과 발표 보도자료(2017.12.5).

4. 경찰의 학교폭력 검거현황

경찰의 2017년 학교폭력 유형별 검거인원을 살펴보면 폭행·상해 등 폭력사건이 71.7%로 대부분을 차지하고 있으며, 강제추행, 카메라 등 이용촬영 등 성폭력이 12.1%로 그 다음을 차지하고 있다.

〈표〉 학교폭력 유형별 검거현황　　　　(단위: 명)

구분	계	폭행·상해	금품갈취	성폭력	기타
2013년	17,385	11,048	2,603	1,067	2,667
2014년	13,268	8,974	1,582	1,295	1,417
2015년	12,495	9,188	1,153	1,253	901
2016년	12,805	9,396	1,161	1,364	884
2017년	14,000	10,038	1,191	1,695	1,076

학교폭력 검거인원에 대한 조치 중 구속·불구속 등 입건 비중은 감소(77.4%→75.8%)한 반면, 촉법소년(觸法少年)[2]의 소년부 송치 비중은 증가(8.4%→9.3%)하여 저연령 청소년의 학교폭력이 늘고 있음을 알 수 있다.[3]

〈표〉 학교폭력 가해학생 조치 현황　　　　(단위: 명)

구분	계	구속	불구속	즉심·훈방	내사종결 등
2013년	17,385	294	11,016	1,211	3,040
2014년	13,268	167	8,586	406	2,918
2015년	12,495	93	9,157	189	1,997
2016년	12,805	62	9,852	216	1,578
2017년	14,000	61	10,556	228	1,859

---

2) 촉법소년(觸法少年)이란 형벌 법령에 저촉되는 행위를 한 10세 이상 14세 미만 소년을 말한다(형법 제9조 및 소년법 제4조 제2호).
3) 경찰청, 『2018경찰백서』, 147면.

5. 학교전담경찰관의 운영과 주요 활동

경찰은 학교 안전망을 강화하기 위해 2012년 6월 학교전담경찰관을 발대한 이후, 학교폭력 근절을 위해 학교전담경찰관을 1,138명으로 증원하여 1인당 10.3개교를 담당하고 있다.

2017년 「학교폭력예방 및 대책에 관한 법률」에 학교전담경찰관에 대한 근거규정4)을 마련하였다.

학교전담경찰관의 업무영역을 폭력사안 대응 및 위기 청소년 집중관리 중심으로 정예화 하는 등 학교와의 역할분담을 통해 업무 집중도를 높이고 경·학간 공동 대응체계를 강화하고 있다. 학교전담경찰관은 학교폭력 예방활동은 물론 신고접수 및 사건처리, 가·피해 학생 사후관리까지 학교와 협력하여 학교폭력에 대한 전반적인 업무를 전담 처리하고 있다.

〈표〉 2017년 학교전담경찰관 주요 활동성과

범죄예방교육		신고접수 (건)	사건처리(회)		사후관리(명)	
횟수(회)	인원(명)		선도심사위원회 참여(회)	학교폭력대책 자치위원회참여(회)	피해학생 멘토링	가해학생선도
40,122	4,374,903	17,382	1,322	21,065	12,549	15,737

6. 학교폭력예방 및 대책에 관한 법률의 주요 내용

(1) 학교폭력예방 및 대책에 관한 법률의 목적

학교폭력예방 및 대책에 관한 법률은 학교폭력의 예방과 대책에 필요한 사항을 규정함으로써 피해학생의 보호, 가해학생의 선도·교육 및 피해학생과 가해학생 간의 분쟁조정을 통하여 학생의 인권을 보호하고 학생을 건전한 사회구성원으로 육성함을 목적으로 한

---

4) 학교폭력예방 및 대책에 관한 법률 제20조의6(학교전담경찰관) ① 국가는 학교폭력 예방 및 근절을 위하여 학교폭력 업무 등을 전담하는 경찰관을 둘 수 있다. ② 제1항에 따른 학교전담경찰관의 운영에 필요한 사항은 대통령령으로 정한다.

다(학교폭력예방 및 대책에 관한 법률 제1조).

(2) 학교폭력대책자치위원회의 설치 · 기능

학교폭력의 예방 및 대책에 관련된 사항을 심의하기 위하여 학교에 학교폭력대책자치위원회를 둔다. 다만, 자치위원회 구성에 있어 대통령령으로 정하는 사유가 있는 경우에는 교육감의 보고를 거쳐 둘 이상의 학교가 공동으로 자치위원회를 구성할 수 있다(학교폭력예방 및 대책에 관한 법률 제12조 제1항). 학교폭력대책자치위원회는 해당 지역에서 발생한 학교폭력에 대하여 학교장 및 관할 경찰서장에게 관련 자료를 요청할 수 있다(학교폭력예방 및 대책에 관한 법률 제12조 제3항).

학교폭력대책자치위원회는 학교폭력의 예방 및 대책 등을 위하여 다음 각 호의 사항을 심의한다(학교폭력예방 및 대책에 관한 법률 제12조 제2항).

1. 학교폭력의 예방 및 대책수립을 위한 학교 체제 구축
2. 피해학생의 보호
3. 가해학생에 대한 선도 및 징계
4. 피해학생과 가해학생 간의 분쟁조정
5. 그 밖에 대통령령으로 정하는 사항

(3) 학교폭력대책자치위원회의 구성 · 운영

자치위원회는 위원장 1인을 포함하여 5인 이상 10인 이하의 위원으로 구성하되, 대통령령으로 정하는 바에 따라 전체위원의 과반수를 학부모전체회의에서 직접 선출된 학부모대표로 위촉하여야 한다. 다만, 학부모전체회의에서 학부모대표를 선출하기 곤란한 사유가 있는 경우에는 학급별 대표로 구성된 학부모대표회의에서 선출된 학부모대표로 위촉할 수 있다(학교폭력예방 및 대책에 관한 법률 제13조 제1항). 학교폭력대책자치위원회는 분기별 1회 이상 회의를 개최하고, 자치위원회의 위원장은 다음 각 호의 어느 하나에 해당하는 경우에 회의를 소집하여야 한다(학교폭력예방 및 대책에 관한 법률 제13조 제2항).

1. 자치위원회 재적위원 4분의 1 이상이 요청하는 경우
2. 학교의 장이 요청하는 경우
3. 피해학생 또는 그 보호자가 요청하는 경우
4. 학교폭력이 발생한 사실을 신고받거나 보고받은 경우
5. 가해학생이 협박 또는 보복한 사실을 신고받거나 보고받은 경우
6. 그 밖에 위원장이 필요하다고 인정하는 경우

학교폭력대책자치위원회는 회의의 일시, 장소, 출석위원, 토의내용 및 의결사항 등이 기록된 회의록을 작성·보존하여야 한다(학교폭력예방 및 대책에 관한 법률 제13조 제3항).

(4) 전문상담교사 배치 및 전담기구 구성

학교의 장은 학교에 상담실을 설치하고, 「초·중등교육법」 제19조의2에 따라 전문상담교사를 둔다(학교폭력예방 및 대책에 관한 법률 제14조 제1항). 전문상담교사는 학교의 장 및 자치위원회의 요구가 있는 때에는 학교폭력에 관련된 피해학생 및 가해학생과의 상담결과를 보고하여야 한다(학교폭력예방 및 대책에 관한 법률 제14조 제2항).

학교의 장은 교감, 전문상담교사, 보건교사 및 책임교사(학교폭력문제를 담당하는 교사를 말한다) 등으로 학교폭력문제를 담당하는 전담기구를 구성하며, 학교폭력 사태를 인지한 경우 지체 없이 전담기구 또는 소속 교원으로 하여금 가해 및 피해 사실 여부를 확인하도록 한다(학교폭력예방 및 대책에 관한 법률 제14조 제3항). 전담기구는 학교폭력에 대한 실태조사와 학교폭력 예방 프로그램을 구성·실시하며, 학교의 장 및 자치위원회의 요구가 있는 때에는 학교폭력에 관련된 조사결과 등 활동결과를 보고하여야 한다(학교폭력예방 및 대책에 관한 법률 제14조 제4항). 피해학생 또는 피해학생의 보호자는 피해사실확인을 위하여 전담기구에 실태조사를 요구할 수 있다(학교폭력예방 및 대책에 관한 법률 제14조 제5항). 국가 및 지방자치단체는 실태조사에 관한 예산을 지원하고, 관계 행정기관은 실태조사에 협조하여야 하며, 학교의 장은 전담기구에 행정적·재정적 지원을 할 수 있다(학교폭력예방 및 대책에 관한 법률 제14조 제6항). 전담기구는 성폭력 등 특수한 학교폭력사건에 대한 실태조사의 전문성을 확보하기 위하여 필요한 경우 전문기관에 그 실

태조사를 의뢰할 수 있다. 이 경우 그 의뢰는 자치위원회 위원장의 심의를 거쳐 학교의 장 명의로 하여야 한다(학교폭력예방 및 대책에 관한 법률 제14조 제7항).

(5) 학교폭력 예방교육

학교의 장은 학생의 육체적·정신적 보호와 학교폭력의 예방을 위한 학생들에 대한 교육(학교폭력의 개념·실태 및 대처방안 등을 포함하여야 한다)을 학기별로 1회 이상 실시하여야 한다(학교폭력예방 및 대책에 관한 법률 제15조 제1항). 학교의 장은 학교폭력의 예방 및 대책 등을 위한 교직원 및 학부모에 대한 교육을 학기별로 1회 이상 실시하여야 한다(학교폭력예방 및 대책에 관한 법률 제15조 제2항). 학교의 장은 학교폭력 예방교육 프로그램의 구성 및 그 운용 등을 전담기구와 협의하여 전문단체 또는 전문가에게 위탁할 수 있다(학교폭력예방 및 대책에 관한 법률 제15조 제3항).

(6) 피해학생의 보호

학교폭력대책자치위원회는 피해학생의 보호를 위하여 필요하다고 인정하는 때에는 피해학생에 대하여 다음 각 호의 어느 하나에 해당하는 조치(수 개의 조치를 병과하는 경우를 포함한다)를 할 것을 학교의 장에게 요청할 수 있다. 다만, 학교의 장은 피해학생의 보호를 위하여 긴급하다고 인정하거나 피해학생이 긴급보호의 요청을 하는 경우에는 학교폭력대책자치위원회의 요청 전에 제1호, 제2호 및 제6호의 조치를 할 수 있다. 이 경우 학교폭력대책자치위원회에 즉시 보고하여야 한다(학교폭력예방 및 대책에 관한 법률 제16조 제1항).

1. 학내외 전문가에 의한 심리상담 및 조언
2. 일시보호
3. 치료 및 치료를 위한 요양
4. 학급교체
6. 그 밖에 피해학생의 보호를 위하여 필요한 조치

　　학교폭력대책자치위원회는 피해학생의 보호조치를 요청하기 전에 피해학생 및 그 보호자에게 의견진술의 기회를 부여하는 등 적정한 절차를 거쳐야 한다(학교폭력예방 및 대책에 관한 법률 제16조 제2항). 학교의 장은 피해학생의 보호자의 동의를 받아 7일 이내에 해당 조치를 하여야 하고 이를 학교폭력대책자치위원회에 보고하여야 한다(학교폭력예방 및 대책에 관한 법률 제16조 제3항). 보호가 필요한 학생에 대하여 학교의 장이 인정하는 경우 그 조치에 필요한 결석을 출석일수에 산입할 수 있다(학교폭력예방 및 대책에 관한 법률 제16조 제4항).

　　피해학생이 전문단체나 전문가로부터 학내외 전문가에 의한 심리상담 및 조언, 일시보호, 치료 및 치료를 위한 요양에 따른 상담 등을 받는 데에 사용되는 비용은 가해학생의 보호자가 부담하여야 한다. 다만, 피해학생의 신속한 치료를 위하여 학교의 장 또는 피해학생의 보호자가 원하는 경우에는 「학교안전사고 예방 및 보상에 관한 법률」 제15조에 따른 학교안전공제회 또는 시·도교육청이 부담하고 이에 대한 구상권을 행사할 수 있다(학교폭력예방 및 대책에 관한 법률 제16조 제6항). 학교의 장 또는 피해학생의 보호자는 필요한 경우 「학교안전사고 예방 및 보상에 관한 법률」 제34조의 공제급여를 학교안전공제회에 직접 청구할 수 있다(학교폭력예방 및 대책에 관한 법률 제16조 제7항).

(7) 가해학생에 대한 조치

　　학교폭력대책자치위원회는 피해학생의 보호와 가해학생의 선도·교육을 위하여 가해학생에 대하여 다음 각 호의 어느 하나에 해당하는 조치(수 개의 조치를 병과하는 경우를 포함한다)를 할 것을 학교의 장에게 요청하여야 하며, 각 조치별 적용 기준은 대통령령으로 정한다. 다만, 퇴학처분은 의무교육과정에 있는 가해학생에 대하여는 적용하지 아니한다(학교폭력예방 및 대책에 관한 법률 제17조 제1항).

1. 피해학생에 대한 서면사과

2. 피해학생 및 신고·고발 학생에 대한 접촉, 협박 및 보복행위의 금지

3. 학교에서의 봉사

4. 사회봉사

5. 학내외 전문가에 의한 특별 교육이수 또는 심리치료

6. 출석정지

7. 학급교체

8. 전학

9. 퇴학처분

학교폭력대책자치위원회가 학교의 장에게 가해학생에 대한 조치를 요청할 때 그 이유가 피해학생이나 신고·고발 학생에 대한 협박 또는 보복 행위일 경우에는 같은 항 각 호의 조치를 병과하거나 조치 내용을 가중할 수 있다(학교폭력예방 및 대책에 관한 법률 제17조 제2항).

학교폭력예방 및 대책에 관한 법률 제17조 제1항 제2호부터 제4호까지 및 제6호부터 제8호까지의 처분을 받은 가해학생은 교육감이 정한 기관에서 특별교육을 이수하거나 심리치료를 받아야 하며, 그 기간은 학교폭력대책자치위원회에서 정한다(학교폭력예방 및 대책에 관한 법률 제17조 제3항). 학교의 장은 가해학생에 대한 선도가 긴급하다고 인정할 경우 우선 제1항 제1호부터 제3호까지, 제5호 및 제6호의 조치를 할 수 있으며, 제5호와 제6호는 병과조치할 수 있다. 이 경우 학교폭력대책자치위원회에 즉시 보고하여 추인을 받아야 한다(학교폭력예방 및 대책에 관한 법률 제17조 제4항).

학교폭력대책자치위원회는 제1항 또는 제2항에 따른 조치를 요청하기 전에 가해학생 및 보호자에게 의견진술의 기회를 부여하는 등 적정한 절차를 거쳐야 한다. 학교의 장이 제4항에 따른 조치를 한 때에는 가해학생과 그 보호자에게 이를 통지하여야 하며, 가해학생이 이를 거부하거나 회피하는 때에는 「초·중등교육법」 제18조에 따라 징계하여야 한다. 가해학생이 제1항 제3호부터 제5호까지의 규정에 따른 조치를 받은 경우 이와 관련된 결석은 학교의 장이 인정하는 때에는 이를 출석일수에 산입할 수 있다.

학교폭력대책자치위원회는 가해학생이 특별교육을 이수할 경우 해당 학생의 보호자도 함께 교육을 받게 하여야 한다. 가해학생이 다른 학교로 전학을 간 이후에는 전학 전의 피해학생 소속 학교로 다시 전학올 수 없도록 하여야 한다.

30

가정폭력

어떤 부부싸움

한 남자가 파출소로 뛰어 들어오며 말했다.

"제 아내를 때렸습니다. 저를 유치장에 가둬 주세요!"

당황한 경찰이 물었다.

"아내가 죽었습니까?"

남자는 화를 버럭 내며 말했다.

"죽었으면 유치장에 가둬 달라고 하겠습니까? 쫓아오니까 그렇지요!"

1. 가정폭력과 법

(1) 가정폭력의 개념과 실태

1) 가정폭력의 개념

가정폭력에 대한 일반적인 정의는 가족구성원간의 갈등양상을 띠어 국가 개입이 불가피한 경우를 말한다. 「가정폭력범죄의 처벌 등에 관한 특례법」은 " '가정폭력'이란 가정구성원 사이의 신체적, 정신적 또는 재산상 피해를 수반하는 행위를 말한다."규정하고 있다 (동법 제2조).

2) 「가정폭력범죄의 처벌 등에 관한 특례법」의 내용

(가) 가정폭력의 가정구성원

「가정폭력범죄의 처벌 등에 관한 특례법」에서 '가정구성원'이란, ① 배우자(사실상 혼인관계에 있는 사람을 포함한다) 또는 배우자였던 사람, ② 자기 또는 배우자와 직계존비속관계(사실상의 양친자관계를 포함한다)에 있거나 있었던 사람, ③ 계부모와 자녀의 관계 또는 적모(嫡母)와 서자(庶子)의 관계에 있거나 있었던 사람, ④ 동거하는 친족을 말한다(동법 제2조 제2호).

(나) 가정폭력의 유형

가정폭력의 유형에는 폭행, 협박, 상해, 아동학대, 감금, 손괴, 모욕, 성폭력 등이 있다 (동법 제2조 제3호).

(다) 가정폭력의 신고의무

가정폭력범죄를 알게 된 사람은 누구나 수사기관에 신고할 수 있다(동법 제4조 제1항). 만약 아동복지시설과 같은 아동의 교육과 보호를 담당하는 기관에 종사하는 사람이거나 아동·60세 이상 노인·기타 정상적 판단능력이 결여된 자를 치료하는 의료인의 경우, 또는 노인복지시설이나 장애인복지시설에 종사하는 사람 등이 직무를 수행하면서 가정폭력범죄를 알게 된 경우에는 정당한 사유가 없으면 즉시 수사기관에 신고하여야 한다.

(라) 경찰의 응급조치

가정폭력 발생 사실이 경찰에 신고된 경우, 경찰은 가정폭력행위자와 피해자를 분리하고, 피해자가 동의한 경우 피해자를 가정폭력 관련 상담소 또는 보호시설로 인도하며, 치료가 필요한 경우 피해자를 의료기관으로 인도하는 등의 조치를 취할 수 있다(동법 제5조).

검사는 가정폭력이 재발될 우려가 있다면 직권으로 또는 경찰관의 신청에 의하여 법원에 다음의 임시조치를 청구할 수 있다. 피해자 또는 그 법정대리인도 검사 또는 경찰관에게 임시조치를 청구할 수 있고 그에 관하여 의견을 진술할 수 있다.

경찰은 위와 같은 응급조치에도 불구하고 가정폭력범죄가 재발될 우려가 있고, 긴급을 요하여 법원의 임시조치 결정을 받을 수 없을 때에는 직권 또는 피해자나 그 법정대리인의 신청에 의하여 '긴급임시조치'도 행할 수 있다.[1]

(마) 피해자 등의 긴급임시조치 신청

피해자 또는 그 법정대리인은 경찰에게 주거지 등에서의 가해자 퇴거, 주거지와 직장 등에서 100미터 이내의 접근 금지, 전화, 이메일 등을 통한 접근 금지 등의 긴급임시조치를 신청할 수 있다(동법 제8조). 다만, 경찰이 긴급임시조치를 함에는 가정폭력범죄의 재발 우려, 긴급성, 법원의 임시조치결정을 받을 수 없는 상황이라는 일정한 요건이 필요하

---

[1] 가정폭력 초동조치 시, 피해자 구호의 실효성 확보를 위해 현장출입 및 조사의 법적근거를 마련('12년. 5월) 하였으나, 가해자가 이를 거부할 경우 제재 수단이 없어 가정폭력 피해자 보호의 한계로 지적되어 왔다. 이러한 문제점을 해소하기 위해 법령 개정 등 제도 개선 노력을 꾸준히 한 결과, 경찰의 가정폭력 현장출동 및 출입·조사 규정이 강화되었고, 경찰의 현장출입·조사를 방해하는 행위에 대해 과태료(500만 원 이하)를 부과할 수 있도록 「가정폭력방지 및 피해자 보호 등에 관한 법률」이 개정(2013.7.30.공포, 2014.1.31.시행) 되었다. 이에 현장 출입·조사 유형별 대응 지침 및 위반자에 대한 과태료 부과 절차를 가정폭력 대응 매뉴얼에 마련하여, 가정폭력 초기대응 및 피해자 보호를 더욱 강화하였다. 기존 임시조치는 법원의 결정을 받기까지 일정한 시간이 소요되어 가정폭력 발생 현장에서 즉시성 있는 피해자 보호에 한계가 있었다. 이에, 가정폭력 현장에서 재발 우려(가정폭력 재범위험성 조사표 활용)가 있음에도 긴급하여 법원의 결정을 받을 수 없는 경우, 경찰관 직권 또는 피해자 신청으로 바로 격리·접근금지 등 조치를 할 수 있게 하는 이른바 '긴급임시조치'를 2011년 10월 제도적으로 도입하였다. 하지만 긴급임시조치 제도는 또다시 가해자가 이를 위반할 경우, 제재할수 있는 방법이 없다는 문제에 직면했고, 이에 다시 법령 개정을 추진한 결과, 긴급임시조치 위반 시 과태료(300만 원 이하) 부과가 가능하도록 「가정폭력범죄의 처벌 등에 관한 특례법」이 개정되었다(2014.12.30.공포, 2015.7.1.시행)(경찰청, 『2017 경찰백서』, 152-153면).

다(동법 제8조의2).

피해자 또는 그 법정대리인은 법원에 피해자보호명령, 신변안전조치 등을 청구할 수도 있다(동법 제55조의2).

(바) 검사의 가정보호사건의 처리

검사는 가정폭력범죄로서 사건의 성질·동기 및 결과, 가정폭력행위자의 성행 등을 고려하여 가정보호사건으로 처리하는 것이 적정하다고 판단하면 그 사건을 관할 가정법원이나 지방법원으로 송치한다. 검사는 가정폭력사건을 수사한 결과 가정폭력행위자의 성행 교정을 위하여 필요하다고 인정하는 경우에는 '상담조건부 기소유예'를 할 수 있다.

(사) 법원의 심리와 보호처분

법원은 가정보호사건을 조사·심리할 때 의학, 심리학, 사회복지학 등 전문적인 지식을 활용하여 가정폭력범죄의 행위자와 피해자, 가정 상황, 가정폭력범죄의 동기 및 실태 등을 밝혀서 적정한 처분이 이루어지도록 노력하여야 한다. 이를 위해 법원에 가정보호사건 조사관을 두고 있으며, 전문가의 의견을 조회하여 참조하기도 한다. 또한 판사는 당연히 가정폭력행위자에게 임시조치결정을 할 수 있다.

판사는 심리 후 보호처분이 필요하다고 인정하는 경우에는 다음의 결정을 할 수 있다.

① 가정폭력행위자가 피해자 또는 가정구성원에게 접근하는 것을 제한
② 가정폭력행위자가 피해자 또는 가정구성원에게 전기통신을 이용하여 접근하는 행위의 제한
③ 가정폭력행위자가 친권자인 경우 피해자에 대한 친권 행사의 제한, 이 경우 피해자를 다른 친권자나 친족 또는 적당한 시설로 인도할 수 있다.
④ 「보호관찰 등에 관한 법률」에 따른 사회봉사·수강명령
⑤ 「보호관찰 등에 관한 법률」에 따른 보호관찰
⑥ 「가정폭력방지 및 피해자보호 등에 관한 법률」에서 정하는 보호시설에의 감호위탁
⑦ 의료기관에의 치료위탁
⑧ 상담소등에의 상담위탁

2. 가정폭력과 경찰의 엄정 대응

가정폭력은 주요 범죄의 잠재적 요인이 되며 자녀에게 대물림 되는 등 악순환 되는 경향이 있기 때문에 상습·고질적 가정폭력에 대해 엄정하게 대응할 필요가 있다. 경찰은 가정폭력 피의자 조사 시 과거 가정폭력 전력, 최종 처분 등 확인하여 상습성을 검토하고, '상습 가정폭력 무관용 원칙'에 입각하여 3년 이내 가정폭력 2회 이상 재범자, 흉기 휴대 또는 심각한 위해를 가할 우려가 있는 자등 상습 행위자에 대해 원칙적으로 구속수사를 실시하였다. 또한 향후 보복범죄 등에 대한 적극적 수사의지 표명 등 피해자와의 신뢰관계를 형성하여 피해사실에 대한 충분한 진술을 확보하고, 이웃이나 가족 등 상대 진술을 통해 피해사실을 적극 소명하도록 하였다. 그리고 재발 우려가 있는 경우에는 격리·접근금지 등 임시조치를 적극 신청하고, 정당한 사유 없이 임시조치 결정을 위반한 행위자에 대해서는 유치장·구치소 유치(임시조치 5호)를 적극 신청하도록 하였다. 다만, 피해자가 가해자의 격리·접근금지 등은 원하지만 경제적인 부담, 가해자 전과 등의 문제로 사건처리를 원하지 않는 경우 가정보호사건 처리절차를 적극 안내하여 가해자 치료·상담위탁 등의 보호처분이 가능하다는 사실을 설명하여 가해자 성행교정을 위해서도 힘쓰고 있다.[2]

3. 가정폭력 실태

가정폭력 실태조사는 「가정폭력방지 및 피해자보호 등에 관한 법률」 제4조의2에 따라 2007년부터 매 3년마다 실시하고 있다. 여기 인용한 가정폭력 실태는 2016년 9월 22일 ~ 12월 8일까지 만 19세 이상 일반국민 6,000명(여성 4,000명, 남성 2,000명) (95% 신뢰수준 ±1.3%p), 대면 자기기입식 조사에 의한 것이다.[3]

---

2) 경찰청, 『2017 경찰백서』, 153–154면.
3) 여성가족부, 『2016년 가정폭력 실태조사 연구』(2016.12) 및 여성가족부 "『2016년도 전국 가정폭력 실태조사』 결과 발표" 보도자료(2017.3.24).

(1) 부부폭력

(가) 지난 1년간 부부폭력률[4]을 살펴보면, 여성이 응답한 지난 1년간 배우자로부터의 폭력 피해율은 12.1%('13년 29.8%)로, 폭력유형별로는, 정서적 폭력 10.5%('13년 28.6%), 신체적 폭력 3.3%('13년 4.9%), 경제적 폭력 2.4%('13년 3.5%), 성적 폭력 2.3%('13년 4.3%) 순이었다. 남성이 응답한 지난 1년간 배우자로부터의 폭력 피해율은 8.6%('13년 27.3%)로, 폭력유형별로는, 정서적 폭력 7.7%('13년 26.7%), 신체적 폭력 1.6%('13년 2.8%), 경제적 폭력 0.8%('13년 2.1%), 성적 폭력 0.3%('13년 0.9%) 순이었다.

〈표〉 지난 1년간 부부폭력률

구분	전체	여성			남성		
		피해	가해	상호폭력	피해	가해	상호폭력
부부폭력률	14.1	12.1	9.1	6.5	8.6	11.6	6.2
신체적 폭력[5]	3.7	3.3	1.9	0.9	1.6	2.1	0.6
경한 폭력	3.6	3.2	1.8	0.9	1.6	2.1	0.6
중한 폭력	0.4	0.5	0.2	–	0.1	–	–
정서적 폭력	12.5	10.5	8.4	6.2	7.7	10.5	5.9
경제적 폭력	2.5	2.4	1.1	0.3	0.8	1.5	0.4
성적 폭력	2.2	2.3	0.3	0.1	0.3	1.8	0.1

주: 백분율은 3,961명(응답자수)을 기준으로 가중치를 부여하여 추정함

---

4) 부부폭력은 신체적 폭력, 정서적 폭력, 경제적 폭력, 성적 폭력을 포함함. 만 19세 이상 유배우자 (사실혼 포함)를 대상으로 조사한 결과이며, 폭력률은 지난 1년간 유형별 폭력행위 중 하나라도 경험했다고 응답한 비율임
  - 신체적 폭력 중 경한 폭력은 '물건을 집어던졌다', '밀치거나 어깨나 목 등을 꽉 움켜잡았다', '손바닥으로 뺨이나 몸을 때렸다'에 해당하며, 중한 폭력은 '목을 조르거나 고의로 화상을 입혔다', '칼이나 흉기 등으로 위협하거나, 다치게 하였다', '주먹으로 때리거나, 맞으면 다칠 수 있는 물건으로 때렸다', '사정없이 마구 때렸다'에 해당함
  - 정서적 폭력은 '모욕하거나 욕을 했다', '때리려고 위협하였다', '물건을 부쉈다'에 해당함
  - 경제적 폭력은 '생활비를 주지 않았다', '동의 없이 재산을 임의로 처분하였다', '수입과 지출을 독점하였다'에 해당함
  - 성적 폭력은 '내가 원치 않음에도 성관계를 강요하였다', '내가 원치 않는 형태의 성관계를 강요하였다'에 해당함

(나) 부부폭력 피해영향을 보면, 부부폭력을 경험한 응답자 중 14.5%(여성 20.0%, 남성 6.3%)가 '신체적 상처가 있었다'고 응답하였다. 신체적 상처로 병원치료를 받은 경우는 여성의 경우 11.0%, 남성의 경우는 없었다.

〈표〉 배우자의 폭력으로 인한 신체적 상처(부상) 정도

구분	전체	여성	남성
별다른 상처 없었다	85.4	80.0	93.7
약간의 상처를 입었다	12.5	17.3	5.2
다소 심각한 상처를 입었다	1.9	2.5	1.1
매우 심각한 상처를 입었다	0.1	0.2	–
계	100.0	100.0	100.0

* 주: 백분율은 배우자 폭력 피해를 입은 426명(응답자수; 여성 315명, 남성 111명)을 기준으로 가중치를 부여하여 추정

부부폭력을 경험한 응답자 중 33.8%(여성 43.4%, 남성 18.9%)가 '정신적 고통이 있었다'고 응답하였다. 정신적 고통의 내용으로는, '자신에 대한 실망, 무력감, 자아상실' 65.8%, '매사에 대한 불안, 우울' 33.8%, '가해자에 대한 적대감이나 분노' 31.5% 순으로 나타났다(복수응답). 정신적 고통으로 병원치료를 받은 경우는 여성 0.9%, 남성 4.1%로 나타났다.

〈표〉 배우자의 폭력으로 인한 정신적 고통 정도

구분	전체	여성	남성
별다른 정신적 고통 없었다	66.3	56.6	81.0
약간의 고통을 겪었다	28.0	35.6	16.4
다소 심각한 고통을 겪었다	3.9	6.4	–
매우 심각한 고통을 겪었다	1.9	1.4	2.5
계	100.0	100.0	100.0

* 주 : 백분율은 배우자 폭력 피해를 입은 426명(응답자수)을 기준으로 가중치를 부여하여 추정함

---

5) 신체적 폭력률은 경한 신체적 폭력이나 중한 신체적 폭력 행위 중 하나라도 경험한 비율임.

배우자의 폭력행동 시 여성 피해자의 45.1%, 남성 피해자의 17.2%가 '위협이나 공포심을 느꼈다'고 응답하였다. 이 중 '상당한 위협이나 공포심'을 느낀 경우는 여성 7.2%, 남성 0.5%였다.

〈표〉 배우자의 폭력행동 시, 위협이나 공포심 느낀 정도

구분	전체	여성	남성
별다른 위협이나 공포심은 느끼지 않았다	66.0	54.9	82.8
약간의 위협이나 공포심을 느꼈다	29.0	37.6	16.1
상당한 위협이나 공포심을 느꼈다	4.6	7.2	0.5
매우 심각한 위협이나 공포심을 느꼈다	0.4	0.3	0.6
계	100.0	100.0	100.0

* 주: 백분율은 배우자 폭력 피해를 입은 426명(응답자수)을 기준으로 가중치를 부여하여 추정함

(다) 폭력을 먼저 시작한 사람을 보면, 부부폭력 발생시 남성이 주로 또는 항상 먼저 폭력행동을 시작한 경우가 48.4%, 여성이 먼저 시작한 경우는 15.8%였다. 여성의 경우 59.2%, 남성의 경우 26.8%가 주로 또는 항상 배우자가 먼저 폭력행동을 시작했다고 응답했다.

〈표〉 폭력발생 시 주로 그 행동을 시작한 사람

구분	전체	여성	남성
항상 남편이 먼저	12.0	11.4	12.8
주로 남편이 먼저	36.4	47.8	19.1
서로 비슷하게	35.8	32.1	41.4
주로 아내가 먼저	12.8	5.6	23.7
항상 아내가 먼저	3.0	3.0	3.1
계	100.0	100.0	100.0

* 주: 백분율은 배우자 폭력 피해를 입은 426명(응답자수)을 기준으로 가중치를 부여하여 추정함

　(라) 부부폭력 첫 발생 시기 및 폭력 이유를 보면, 여성과 남성 모두 배우자로부터 폭력 피해가 시작된 시기는 '결혼 후 5년 미만'이 50%를 상회하는 것으로 나타났다. 여성의 경우, 배우자로부터 폭력피해가 시작된 시기는 '결혼 후 5년 미만'이 62.3%(결혼후 1년미만 18.1%+결혼후 1년이상–5년미만 44.2%)였으며, '결혼전 교제기간'에 폭력피해가 시작되었다는 응답은 2.0%있다. 남성의 경우, 배우자로부터 폭력피해가 시작된 시기는 '결혼 후 5년 미만'이 50.4%(결혼후 1년미만 13.5%+결혼후 1년이상–5년미만 36.9%)였고, '결혼전 교제기간'에 폭력피해가 시작되었다는 응답은 없었다.

　부부폭력이 일어나게 된 이유에 대해 여성과 남성 모두 '성격차이'와 '경제적인 문제'라는 응답이 가장 많았다.

〈표〉 부부폭력 첫 발생 시기

구분	여성		남성	
	피해	가해	피해	가해
결혼 전 교제 기간	2.0	1.9	–	3.5
결혼 후 1년 미만	18.1	16.7	13.5	13.9
결혼 후 1년 이상 5년 미만	44.2	41.5	36.9	44.4
결혼 후 5년 이후	35.7	39.9	49.6	38.3
계	100.0	100.0	100.0	100.0

* 주: 백분율은 여성 응답자의 경우 피해와 가해 각각 315명, 238명(응답자수)을 기준으로, 남성 응답자의 경우 피해와 가해 각각 111명, 147명을 기준으로 가중치를 부여하여 추정함

〈표〉 부부폭력이 일어나게 된 이유

구분	여성		남성	
	피해	가해	피해	가해
경제적인 문제	25.7	22.6	22.4	24.0
성격차이	45.3	45.3	47.5	49.5
시가, 처가 문제	9.3	11.0	4.4	2.3
자녀문제	1.8	3.1	4.5	3.7
배우자의 음주문제	9.6	10.7	5.4	2.9
귀하의 음주문제	4.4	2.0	7.5	9.4
배우자의 이성문제(외도 또는 외도의심)	1.1	1.4	-	0.7
귀하의 이성문제(외도 또는 외도의심)	0.4	0.3	2.1	-
이유를 모르겠다	2.2	2.9	6.3	6.3
기타	0.3	0.8	-	1.3
계	100.0	100.0	100.0	100.0

* 주: 백분율은 여성 응답자의 경우 피해와 가해 각각 315명, 238명(응답자수)을 기준으로, 남성 응답자의 경우 피해와 가해 각각 111명, 147명을 기준으로 가중치를 부여하여 추정함

(마) 부부폭력에 대한 대응을 보면, 부부폭력이 일어난 당시에 66.6%가 '그냥 있었다'고 응답하였고, '자리를 피하거나 집밖으로 도망' 24.1%, '함께 폭력행사' 8.1%, '주위에 도움 요청' 1.0% 순으로 나타났다. 그냥 있었던 이유는 여성의 경우 '그 순간만 넘기면 되기 때문' 28.6%, '배우자이기 때문에' 21.9%, '창피하고 자존심이 상해서' 16.1%였으며, 남성의 경우 '배우자이기 때문에' 26.0%, '그 순간만 넘기면 되기 때문' 23.1% 순으로 나타났다.

〈표〉 배우자 폭력에 대한 대응

구분	전체	여성	남성
그냥 있었다	66.6	63.9	70.7
자리를 피하거나, 집밖으로 피하였다	24.1	24.7	23.2
함께 폭력을 행사하였다	8.1	10.0	5.2
주위에 도움을 요청하였다	1.0	1.1	0.9
기타	0.1	0.2	-
계	100.0	100.0	100.0

* 주: 백분율은 배우자 폭력 피해를 입은 426명(응답자수)을 기준으로 가중치를 부여하여 추정함

〈표〉 그냥 있었던 이유(1순위)

구분	전체	여성	남성
무서워서	3.0	5.1	–
대응하면 폭력이 심해지므로	12.7	15.1	9.4
내가 잘못한 것이므로	12.7	5.2	22.9
배우자이기 때문에	23.6	21.9	26.0
창피하고 자존심 상해서	15.6	16.1	14.9
그 순간만 넘기면 되어서	26.3	28.6	23.1
아이들 때문에	5.5	6.8	3.7
기타	0.7	1.3	–
계	100.0	100.0	100.0

* 주: 백분율은 그냥 있었다고 응답한 275명(응답자수)을 기준으로 가중치를 부여하여 추정함

  폭력발생 이후 가족이나 친척, 이웃이나 친구 등에 도움을 요청한 비율이 경찰이나 여성긴급상담전화1366 등의 공적지원체계 이용비율보다 더 높았다. 부부폭력을 경험한 응답자들이 폭력발생 이후 도움 요청한 대상은, '가족이나 친척' 12.1%, '이웃이나 친구' 10.3%, '경찰' 1.7%순이었다. 경찰에 도움을 요청하지 않은 이유는 '폭력이 심각하지 않다고 생각해서' 41.2%, '집안 일이 알려지는 것이 창피해서' 29.6% 순이었다. 여성긴급전화 1366이나 상담소 및 보호시설 등 지원기관에 도움을 요청하지 않은 이유는 '부부간에 알아서 해결할 일인 것 같아서' 27.6%, '폭력이 심각하지 않다고 생각해서' 18.6% 순으로 나타났다.

〈표〉 폭력발생 이후 도움 요청 경험

구분	전체	여성	남성
경찰	1.7	2.8	–
가족이나 친척	12.1	16.3	5.8
이웃이나 친구	10.3	12.9	6.5
종교지도자	1.0	1.6	–
여성긴급전화 1366	0.6	1.0	–
가정폭력상담소 및 보호시설/쉼터(입소시설)	0.6	1.0	–

* 주: 1) 백분율은 배우자 폭력 피해를 입은 426명(응답자수)을 기준으로 가중치를 부여하여 추정함
     2) 각 대상별 도움요청 비율임

〈표〉 폭력발생 이후 경찰에 도움 요청하지 않은 이유(1순위)

구분	전체	여성	남성
배우자의 보복이 두려워서	2.8	3.1	2.3
배우자가 전과자가 될까봐	3.2	2.4	4.5
신고하면 이혼하게 될까봐	0.8	1.0	0.5
신고해도 소용이 없을 것 같아서	14.8	19.3	8.1
집안 일이 알려지는 것이 창피해서	29.6	28.7	30.8
폭력이 심각하지 않다고 생각해서	41.2	35.4	49.8
자녀들을 생각해서	7.3	9.7	3.9
신고할 수 있다는 것을 몰라서	–	–	–
기타	0.2	0.3	–
계	100.0	100.0	100.0

* 주: 백분율은 경찰에 도움을 요청하지 않았다고 한 418명(응답자수)을 기준으로 가중치를 부여하여　추정함

〈표〉 폭력발생 이후 지원기관에 도움 요청하지 않은 이유(1순위)

구분	전체	여성	남성
관련기관의 존재를 몰라서	12.7	14.4	10.2
도움이 될 것 같지 않아	12.1	11.2	13.4
주변에 알려지는 것이 창피해서	15.2	16.9	12.7
부부간에 알아서 해결할 일인 것 같아서	27.6	26.7	28.9
그 순간만 넘기면 되어서	13.8	14.9	12.0
폭력이 심각하지 않다고 생각해서	18.6	15.9	22.9
계	100.0	100.0	100.0

* 주: 백분율은 관련기관(여성긴급전화 1366, 가정폭력상담소 및 보호시설/쉼터)에 도움을 요청하지 않았다고 한 424명(응답자수)을 기준으로 가중치를 부여하여 추정함

(2) 자녀학대

지난 1년간 자녀학대율6)을 보면, 만 18세 미만 자녀를 둔 응답자의 지난 1년간 자녀학

---

6) 자녀학대는 신체적 학대, 정서적 학대, 방임 행위를 포함함. 만 18세 미만 자녀를 둔 응답자를 대상으로 조사한 결과이며, 자녀학대율은 지난 1년간 유형별 학대행위 중 하나라도 자녀에게 행사했다고 응답한 비율임
  ● 신체적 학대는 '손바닥으로 뺨이나 머리를 때렸다', '허리띠, 몽둥이 등으로 때렸다', '자녀를 잡고 던지거나 넘어뜨렸다', '주먹이나 발로 세게 때렸다', '사정없이 마구 때렸다', '목을 졸랐다', '고

대율은 27.6%이다. 유형별로는, 정서적 학대 25.7%, 신체적 학대 7.3%, 방임 2.1%로, 정서적 학대의 비율이 가장 높았다. 여성 응답자의 자녀학대율은 32.1%, 남성 응답자의 자녀학대율은 22.4%로 나타났다.

(3) 가족원폭력

가족원폭력[7])에 의한 가정폭력 실태를 보면, 만 65세 미만 응답자가 가족원으로부터 폭력을 경험한 피해율은 3.7%였고, 응답자가 가족원에게 폭력을 행사한 가해율은 3.6%였다. 유형별로 피해율은 정서적 폭력 3.2%, 신체적 폭력 1.1%, 경제적 폭력 0.6%였으며, 가해율은 정서적 폭력 3.1%, 신체적 폭력 1.1%, 경제적 폭력 0.4%로 나타났다.

가족원에 의한 노인학대를 보면 만 65세 이상 응답자[8]) 지난 1년간 가족원으로부터 학

의적으로 화상을 입혔다', '칼, 가위 등으로 위협했다'에 해당함
- 정서적 학대는 '때리겠다고 위협했다', '욕하거나 나쁜 말을 퍼부었다'에 해당함
- 방임은 '자녀의 식사를 제때에 잘 챙겨주지 않았다', '치료가 필요할 때 병원에 데리고 가지 않았다', '술이나 약물에 취해서 자녀를 돌보지 않았다', '어른과 함께 있어야 하는 상황임에도 불구하고 혼자 있게 하였다'에 해당함

7) 가족원폭력은 배우자를 제외한 부모, 형제자매, 배우자의 부모, 친척 등의 가족원간에 발생한 신체적, 정서적, 경제적 폭력을 말함. 가족원폭력률은 가족원간 지난 1년간 유형별 폭력행위 중 하나라도 경험했다고 응답한 비율임
- 신체적 폭력유형 중 경한폭력은 '상대방에게 물건을 집어던졌다', '밀치거나 어깨나 목 등을 꽉 움켜잡았다', '손바닥으로 뺨이나 몸을 때렸다'에 해당하며, 중한 폭력은 '목을 조르거나 고의로 화상을 입혔다', '칼이나 흉기 등으로 위협하거나, 다치게 하였다', '주먹으로 때리거나, 맞으면 다칠 수 있는 물건으로 때렸다(허리띠, 몽둥이 등)', '사정없이 마구 때렸다'에 해당함
- 정서적 폭력은 '모욕하거나 욕을 했다', '때리려고 위협하였다', '상대방의 물건을 부쉈다'에 해당함
- 경제적 폭력은 '생활비를 주지 않았다', '동의 없이 재산을 임의로 처분하였다', '수입과 지출을 독점하였다'에 해당함

8) 노인학대는 만 65세 이상 응답자가 가족원(자녀, 사위, 며느리, 손자녀)으로부터 지난 1년간 신체적, 정서적, 경제적 학대, 방임 중 하나라도 경험했다고 응답한 비율임
- 신체적 학대는 '화풀이 또는 거친 의사표시를 하는 행위(물건 던지기, 부수기 등의 기물파손)', '할퀴거나 꼬집거나 물어뜯는 행위', '머리(채)나 목 또는 몸을 강하게 잡거나 흔드는 행위', '밀치거나 넘어뜨리는 행위', '발로 차거나 주먹으로 때리는 행위', '도구나 흉기를 사용하여 위협하거나 상해 또는 화상을 입히는 행위', '방이나 제한된 공간에 강제로 가두거나 묶어두는 행위'에 해당함
- 정서적 학대는 '모욕적인 말을 하여 감정을 상하게 하거나 수치심을 느끼도록 하는 행위', '집을 나가라는 폭언을 하는 행위', '가족으로부터 따돌리거나 가족모임 또는 의사결정 과정에서 자주 소외시키는 행위', '대화를 기피하거나 노인의 의견을 무시 또는 화를 내는 행위(못 들은 척, 무관

대를 경험한 피해율은 7.3%였고, 유형별로는, 정서적 학대 6.5%, 경제적 학대 1.5%, 방임 1.4%, 신체적 학대 0.4%로 나타났다.

〈표〉 지난 1년간 노인학대 피해율

구분	전체	여성	남성
노인학대 피해율	7.3	6.2	8.6
신체적 학대	0.4	0.6	–
정서적 학대	6.5	5.7	7.5
경제적 학대	1.5	0.4	2.9
방임	1.4	0.7	2.3

*주: 백분율은 만 65세 이상 661명(응답자수)을 기준으로 가중치를 부여하여 추정함

가해자는 아들·딸인 경우가 69.5%로 가장 많고, 다음은 사위·며느리 20.2%, 손자·손녀 7.0% 순임. 가해자와 동거하는 비율은 28.6%였다.

〈표〉 노인학대의 주 가해자인 가족원

구분	전체	여성	남성
아들, 딸	69.5	53.0	85.1
사위, 며느리	20.2	25.7	14.9
손자, 손녀	7.0	14.3	–
기타	3.4	6.9	–
계	100.0	100.0	100.0

* 주: 백분율은 학대를 받았다고 한 42명(응답자수)을 기준으로 가중치를 부여하여 추정함

심, 침묵, 냉담, 짜증, 불평)', '신체적 기능 저하로 인한 노인의 실수(실변, 실금)를 비난하거나 꾸짖는 행위', '부양부담으로 인한 스트레스를 노골적으로 표현하는 행위'에 해당함
- 경제적 학대는 '연금, 임대료 등의 소득 또는 저축, 주식 등을 가로채거나 임의로 사용하는 행위', '부동산에 대한 권리를 동의 없이 임의로 행사하거나 강제로 명의 변경하는 행위', '빌린 돈을 갚지 않거나 물건을 돌려주지 않는 행위', '유언장을 허위로 작성하거나 변조하여 재산을 취하는 행위'에 해당함
- 방임은 '길이나 낯선 장소 등에 버려 사고를 당할 수 있는 위험한 상황에 처하게 하는 행위', '스스로 식사하기 힘든 노인을 방치하는 행위', '경제적 능력이 있음에도 불구하고 필요한 보장구를 제공하지 않는 행위(틀니, 보청기, 돋보기, 지팡이, 휠체어 등)', '병원에서 치료를 받아야 할 상황인데도 노인을 병원에 모시지 않는 행위', '필요한 기본생계비용을 제공하지 않거나 중단하는 행위, 연락 또는 왕래를 하지 않고 방치하는 행위', '동의 없이 시설에 입소시키거나 병원에 입원시키고 연락을 끊는 행위'에 해당함

응답자가 생각하는 가족원의 학대 이유는 '해당 가족원의 나에 대한 부양부담으로'라는 응답이 36.4%로 가장 많았고, '해당 가족원의 스트레스로' 29.4%, '이유를 모름' 15.6%, '해당가족원이 내가 좋은 부모가 아니었다고 생각해서' 10.4%순으로 나타났다.

〈표〉 가족원의 노인학대 이유

구분	전체	여성	남성
해당 가족원의 스트레스로	29.4	28.5	30.2
해당 가족원의 음주문제로	4.1	2.9	5.3
해당 가족원의 나에 대한 부양부담으로	36.4	44.9	28.3
해당가족원이 내가 좋은 부모가 아니었다고 생각해서	10.4	2.2	18.2
이유를 모르겠다	15.6	18.5	12.8
기타	4.1	2.9	5.3
계	100.0	100.0	100.0

* 주: 백분율은 학대를 받았다고 한 42명(응답자수)을 기준으로 가중치를 부여하여 추정함

노인학대 발생 시 주위에 도움을 요청한 응답자는 없었다. 주위에 도움을 요청하지 않은 이유는 '가족이라서' 61.1%, '창피하고 자존심 상해서' 23.3%, '그 순간만 넘기면 되어서' 15.6% 순으로 응답한 것으로 나타났다.

〈표〉 노인학대 발생시 주위에 도움 요청하지 않은 이유

구분	전체	여성	남성
가족이라서	61.1	78.6	44.4
무서워서	–	–	–
대응하면 폭력이 심해지므로	–	–	–
내가 잘못한 것이므로	–	–	–
창피하고 자존심 상해서	23.3	11.2	34.9
그 순간만 넘기면 되어서	15.6	10.2	20.7
계	100.0	100.0	100.0

* 주: 백분율은 학대를 받았다고 한 42명(응답자수)을 기준으로 가중치를 부여하여 추정함

기출문제

1 「가정폭력범죄의 처벌 등에 관한 특례법」에 대한 다음 설명 중 가장 옳지 않은 것은?
(2016 경간부 기출)

① "피해자"란 가정폭력범죄로 인하여 직접적으로 피해를 입은 사람을 말한다.

② "가정구성원"중 배우자 또는 배우자였던 자에는 사실상 혼인관계에 있는 사람을 포함한다.

③ 명예훼손, 약취유인, 재물손괴, 상해, 공갈은 가정폭력범죄에 해당한다.

④ 사법경찰관은 가정폭력범죄를 신속하게 수사하여 사건을 검사에게 송치하여야 한다. 이 경우 사법경찰관은 해당 사건을 가정보호사건으로 처리하는 것이 적절한지에 관한 의견을 제시할 수 있다.

해설   ③ 약취유인은 가정폭력범죄가 아니다.   답 ③

2 다음 중 '가정폭력범죄의 처벌 등에 관한 특례법'상의 가정폭력범죄에 해당하지 않는 것은? (2014년 경간부 기출)

① 명예훼손 ② 출판물등에 의한 명예훼손 ③ 재물손괴 ④ 퇴거불응

해설   ④ 퇴거불응, 주거침입 등은 가정폭력 개념에 포함되지 않는다.(가족의 구성원임을 고려)   답 ④

3 「가정폭력범죄의 처벌 등에 관한 특례법」상 가정폭력범죄에 대해 사법경찰관이 취할 수 있는 조치에 대한 설명으로 틀린 것은 모두 몇 개인가? (2015년 순경 공채 1차)

> ㉠ 긴급치료가 필요한 피해자를 의료기관으로 인도하여야 한다.
> ㉡ 피해자의 동의 없이도 피해자를 가정폭력 관련 상담소 또는 보호시설로 인도할 수 있다.
> ㉢ 가정폭력범죄가 재발될 우려가 있다고 인정하는 경우에는 사법경찰관의 직권으로 법원에 임시조치를 청구할 수 있다.
> ㉣ 사법경찰관은 가정폭력범죄를 신속히 수사하여 사건을 검사에게 송치하여야 한다. 이 경우 사법경찰관은 해당 사건을 가정보호사건으로 처리하는 것이 적절한지에 관한 의견을 제시할 수 있다.

① 1개   ② 2개   ③ 3개   ④ 4개

 ㉡ 피해자의 동의가 있어야 피해자를 가정폭력 관련 상담소 또는 보호시설로 인도할 수 있다.
㉢ 가정폭력범죄가 재발될 우려가 있다고 인정하는 경우에는 검사[사법경찰관 아님]의 직권으로 법원에 임시조치를 청구할 수 있다. 📖 ②

4 「가정폭력범죄의 처벌 등에 관한 특례법」상 가정폭력범죄에 해당하지 않는 것은? (2015년 순경 공채 1차)

① 공갈죄   ② 주거·신체수색죄
③ 약취·유인죄   ④ 명예훼손죄

 ③ 약취·유인죄는 가정폭력범죄가 아니다. 📖 ③

5 「가정폭력범죄의 처벌 등에 관한 특례법」에 대한 설명으로 가장 적절하지 <u>않은</u> 것은? (2016년 경찰순경공채 2차)

① 검사는 가정폭력범죄가 재발될 우려가 있다고 인정하는 경우에는 직권으로 또는 사법경찰관의 신청에 의하여 법원에 피해자 또는 가정구성원의 주거 또는 점유하는 방실로부터의 퇴거 등 격리, 피해자 또는 가정구성원의 주거·직장 등에서 100미터 이내의 접근 금지, 의료기관이나 그 밖의 요양소에 위탁의 임시조치를 청구할 수 있다.

② 사법경찰관은 응급조치에도 불구하고 가정폭력범죄가 재발될 우려가 있고, 긴급을 요하여 법원의 임시조치 결정을 받을 수 없을 때에는 직권 또는 피해자나 그 법정대리인의 신청에 의하여 긴급임시조치를 할 수 있다.

③ 임시조치의 청구는 긴급임시조치를 한 때부터 48시간 이내에 청구하여야 하며, 긴급임시조치결정서를 첨부하여야 한다.

④ 「형법」상 유기죄는 가정폭력범죄에 해당한다.

답 ①

31

대통령의 지위와 국가원수모독죄

 국가원수모독죄

어떤 사람이 광화문 이순신 동상 앞에서 외쳤다.

"대통령은 무능하다! 대통령은 거짓말쟁이다!"

경찰들이 와서 즉시 체포했다.

그는 이후 재판 결과 3년형을 선고받았다.

그의 죄목은 2개였다.

국가원수모독죄* 1년,

국가기밀누설죄 2년.

* 형법에 '국가원수모독죄'란 명칭은 없다. 정확한 명칭은 '국가모독죄'였다.

Ⅰ. 대통령의 지위

1. 대통령의 헌법상 지위

1) 국가원수로서의 지위

국가원수(國家元首)란 대외적으로 국가를 대표하고, 대내적으로 국민의 통일성·전체성을 대표할 자격을 가진 국가기관을 말한다. 따라서 국가원수로서의 대통령의 지위는 전체적인 국가이익과 국가적 통일의 대표를 의미하는 것으로 이와 같은 지위는 입법부·사법부에 대하 상대적으로 우월한 지위이다.

(가) 대외적으로 국가를 대표할 지위

헌법 제66조 제1항에 의하여 대통령은 국가의 원수이며, 국가를 대표하는 지위에 있다. 따라서 대통령은 대한민국의 대표로서 조약을 체결·비준하고, 외교사절을 신임·접수 또는 파견하며, 선전포고와 강화를 한다(헌법 제73조).

(나) 국가 및 헌법 수호자로서의 지위

헌법 제66조 제2항은 「대통령은 국가의 독립·영토의 보전·국가의 계속성과 헌법을 수호할 책무를 진다」라고 규정하고, 제69조는 「나는 헌법을 준수하고 국가를 보위하며…」라고 선서하는 것은 곧 대통령이 국가와 헌법의 수호자라는 것을 규정한 것이다. 또한 긴급명령권과 긴급재정·경제처분 및 그 명령권, 계엄선포권, 위헌정당해산제소권 등은 헌법이 대통령에게 국가와 헌법의 수호자로서의 권한과 책임을 부여한 것이다.

(다) 국정의 통합조정자로서의 지위

헌법은 권력분립의 원리를 초월하여 입법·사법·행정의 3권을 통합·조정하고 중재하는 권한을 대통령에게 부여하고 있다. 헌법개정안제안권, 국가안위에 관한 중요정책의 국민투표부의권, 국회임시회의 집회요구권, 법률안제출권, 사면·감형 및 복권에 관한 권한 등이 이에 해당하는 권한이다.

(라) 헌법기관구성자로서의 지위

헌법은 국회의 동의를 얻어 대법원장과 헌법재판소의 장 및 감사원장을 임명하고, 대법원장의 제청으로 국회의 동의를 얻어 대법관을 임명할 권한, 헌법재판소 재판관의 임명권, 중앙선거관리위원회 위원 3인의 임명권, 감사원장의 제청에 의한 감사위원의 임명권 등의 권한을 대통령에게 부여하고 있다.

2) 집행부수반으로서의 지위

헌법 제66조 제4항은 집행부수반으로서의 대통령의 지위를 규정하고 있다. 이는 대통령이 집행부를 조직·편성하고, 집행하는 데 있어 최고책임자임을 뜻한다. 집행부의 수반으로서의 대통령의 지위는 입법부나 사법부와 동등한 병렬적 지위에 불과하다.

(가) 정부의 최고지휘권자·최고책임자로서의 지위

대통령은 집행에 관한 실질적인 최종 결정권과 집행권을 행하고, 집행부의 모든 구성원에 대하여 지휘·감독권을 행사한다.

(나) 정부조직권자로서의 지위

대통령은 국무총리·국무위원 등을 임명하고, 헌법과 법률이 정하는 바에 의하여 공무원을 임면한다.

(다) 국무회의 의장으로서의 지위

대통령은 국무회의의 의장으로서의 국무회의를 소집하고 주재하며 그 운영을 통할한다 (헌법 제88조).

2. 대통령의 신분상 지위

(1) 대통령선거

1) 선출방법

헌법 제67조 제1항은 「대통령은 국민의 보통·평등·직접·비밀선거에 의하여 선출한다」고 규정하여 국민이 직접 대통령을 선출한다. 따라서 현행헌법에 있어서 대통령은 원칙적으로 직선제에 의해 선출되고 예외적으로 국회에서 간선한다(헌법 제67조 제2항).

2) 대통령의 선거권과 피선거권

19세 이상의 국민은 대통령선거권이 있다. 대통령으로 선거될 수 있는 자는 국회의원의 피선거권이 있고, 대통령선거일 현재 5년 이상 국내에 거주하고 있는 자로서 40세에 달해야 한다(헌법 제67조 제4항, 공직선거법 제16조). 다만 공직선거법 제18조(선거권)와 제19조(피선거권)의 결격사유에 해당하지 않아야 한다.

(2) 신분상의 지위

1) 임 기

대통령의 임기는 5년이며 중임할 수 없다(헌법 제70조). 대통령의 임기연장 또는 중임변경을 위한 헌법개정은 그 헌법개정제안 당시의 대통령에 대하여는 효력이 없도록 규정하였다(헌법 제128조 제2항).

2) 선 서

대통령은 취임에 즈음하여 "나는 헌법을 준수하고 국가를 보위하며, 조국의 평화적 통일과 국민의 자유와 복리의 증진 및 민족문화의 창달에 노력하여 대통령으로서의 직책을 성실히 수행할 것을 국민 앞에 엄숙히 선서합니다"라고 선서를 한다(헌법 제69조).

3) 형사상 특권

헌법 제84조는 "대통령은 내란 또는 외환의 죄를 범한 경우를 제외하고는 재직중 형사상의 소추를 받지 아니한다"라고 하여 대통령의 형사상 특권을 규정하고 있다.[1] 대통령의 형사상 특권(刑事上 特權)은 국가원수로서의 권위를 유지하기 위하여 인정되는 제도이다.[2]

형사소추(刑事訴追)란 본래 공소의 제기를 의미하나, 헌법 제84조의 소추란 체포·구속·수색·검증까지도 포함하는 것으로 본다.[3] 그러나 대통령에 대하여 수사가 가능한지에 대하여는 의견이 대립하고 있다.

헌법 제84조는 소추유예의 예외로서 '내란 또는 외환의 죄를 범한 경우'를 명시하고 있다. 그러나 내란죄 또는 외환죄에 해당돼 재직 중이라도 소추할 수 있는지, 아니면 그 외의 범죄로서 소추를 유예해야 하는 경우인지 확인하기 위해서도 수사가 필요하다. 나아가 수사 결과 후자의 경우에 해당돼 당장은 소추할 수 없다고 하더라도 퇴직 후의 소추를 위한 증거 확보 차원에서 퇴직 전이라도 수사가 필요하다. 또한 재직 중 증거인멸의 가능성이 있으므로 이에 대처해야 할 필요가 있다. 즉 증거확보 및 증거보전을 위한 수사는 재직

---

1) 한국의 대통령은 재임중 내란과 외환의 죄를 범한 경우 이외에는 소추당하지 않는 형사상 특권이 있다. 군주의 지위에 준하는 특권이라고 할까? 미국 대통령에게는 그러한 특권이 없다. 닉슨이 탄핵될 당시에도 현직 대통령으로 아무런 형사상 특권이 인정되지 않았다. 따라서 글자 그대로 법 앞에 평등으로서 사법적 정의(司法的 正義)가 구현되어야 한다는 것이 보장된다. 대통령에게 형사상 특권을 인정해야만 권위가 선다고 하는 것은 그에게 무법적(無法的) 특권을 인정해서 그 존재가 국민을 초월하는 존재로 인정해야 한다고 하는 것인데, 이야말로 민주적이지 못한 사고방식이고 관행이 아닌가? 대통령은 재임중 살인을 해도 소추할 수 없다고 하는 말이 되는데 이는 납득이 안되는 것이다. 이렇게 전제군주제에서나 있을 대통령의 특권을 인정하여 놓고 탄핵을 한다고 하는 것은 실현 불가능한 비현실적 제도를 만들어 놓고 있는 것이다. 한국 대통령의 만능에 가까운 권한과 특권의 제도의 한 보기라고 할 것이다(한상범, "법적 관점에서 본 권력구조의 문제", 「공공정책연구」 통권 제4호, 1998, 10면).

2) 판례(헌재) : 대통령의 불소추특권에 관한 헌법의 규정이, 대통령이라는 특수한 신분에 따라 일반국민과는 달리 대통령 개인에게 특권을 부여한 것으로 볼 것이 아니라, 단지 국가의 원수로서 외국에 대하여 국가를 대표하는 지위에 있는 대통령이라는 특수한 직책의 원활한 수행을 보장하고, 그 권위를 확보하여 국가의 체면과 권위를 유지하여야 할 실제상의 필요 때문에 대통령으로 재직중인 동안만 형사상 특권을 부여하고 있음에 지나지 않는 것으로 보아야 할 것이다. 헌법 제84조의 근본취지를 이와 같이 해석하는 한, 그 규정에 의하여 부여되는 대통령의 형사상 특권은 문언 그대로 "재직중 형사상의 소추를 받지 아니하는" 것에 그칠 뿐, 대통령에게 일반국민과는 다른 그 이상의 형사상 특권을 부여하고 있는 것으로 보아서는 안될 것이다(1995.1.20. 94헌마246, 판례집 7-1, 15).

3) 강경근, 헌법학, 법문사(1997), 608면; 김철수, 헌법학신론(제21전정신판), 박영사2013), 1478면; 정종섭, 헌법학원론, 박영사(2006), 962면; 홍성방, 헌법(Ⅱ), 현암사(2000), 446면.

중이라도 할 수 있고 또 해야만 한다.[4][5]

　대통령은 내란 또는 외환의 죄를 제외하고는 재직 중에는 원칙적으로 형사재판을 받지 아니한다. 만약 대통령에 대하여 형사소추가 있을 경우에 법원은 형사소송법 제327조 제1호의 재판권 부존재를 이유로 공소기각판결을 하여야 한다.[6]

　그러나 퇴직 후에는 형사상 소추가 가능하며 재직중이라도 민사소송·행정소송과 탄핵소추는 면제되지 아니한다.[7]

4) 대통령의 의무

　헌법에 규정된 대통령의 의무는 직무상 의무와 겸직금지의무가 있다. 직무상 의무는 취임선서(就任宣誓)에서 밝힌 의무(헌법 제69조)이며, 겸직금지의무는 헌법 제83조에 규정된 것으로 대통령은 국무총리·국무위원·행정각부의 장, 기타 법률이 정하는 공·사의 직을 겸할 수 없다는 것이다.

5) 전직대통령의 예우

　헌법 제85조는 "전직 대통령의 신분과 예우에 관하여는 법률로 정한다"고 하여, 전직대통령에게도 그에 상응하는 신분보장·예우를 하고 있다. 특히 직전대통령은 국가원로자

---

4)　김선택, "헌법은 대통령 수사를 막지 않는다", 「중앙일보」2016년 11월 3일, 33면.

5)　대통령 재직 중 수사(搜査)의 가능여부에 관련하여 수사가 가능하다는 견해도 있다. "법원의 재판을 전제로 하는 공소의 제기와 이와 연관된 체포나 구속이 금지되는 것이므로 수사기관의 수사는 가능하다. 따라서 대통령이 내란 또는 외환의 죄에 해당하지 아니하는 죄를 범한 경우에 수사기관은 수사를 할 수 있다. 수사를 하는　이상 수사의 방법으로 압수·수색을 하는 것도 가능하다. 시간이 경과하면 증거를 수집하기 어려우므로 대통령의 재직중에 행해진 범죄행위에 대해서도 수사기관은 언제나 수사할 수 있어야 한다. 대통령이 재직하고 있는 중에 자기에 대한 임면권(任免權)을 가지는 대통령에 대해 경찰이나 검찰이 공정하게 수사하는 것은 쉽지 않으므로, 이해관계충돌(conflict of interest)의 법리상 대통령의 영향력이 미칠 수 없는 독립된 특별수사기관으로 하여금 수사하게 하는 것이 타당하다"(정종섭, 헌법학원론, 박영사, 2006, 963면 참조).

6)　성낙인, 헌법학, 법문사(2016), 556면.

7)　판례(헌재) : 내란·외환의 죄의 경우에는 재직중 형사소추가 가능하기 때문에 시효가 진행되며, 내란·외환 이외의 형사상의 죄(반란죄)는 재직중 형사소추가 불가능하기 때문에 시효가 중단된다. 이 경우는 대통령의 임기만료시부터 다시 시효가 진행하므로 재직후 소추할 수 있다(1995.1.20 94헌마246).

문회의의 의장이 된다(헌법 제90조 제2항).

전직대통령예우에 관한 법률에 따라 본인과 일정한 범위의 유족에 대해서 연금의 지급, 경호, 경비, 교통, 체신의 편의와 사무실제공, 의료 등의 혜택을 받는다.

그러나 다음의 경우에는 전직대통령으로서의 예우를 하지 않는다. ⅰ) 재직 중 탄핵결정을 받아 퇴임한 경우, ⅱ) 금고 이상의 형이 확정된 경우, ⅲ) 형사처분을 회피할 목적으로 외국정부에 대하여 도피처 또는 보호를 요청한 경우, ⅳ) 대한민국의 국적을 상실한 경우이다(전직대통령 예우에 관한 법률 제7조 제2항).

Ⅱ. 국가모독죄

박정희 정권은 1975년 3월 25일 국가모독죄를 형법에 신설 제정했다. 유신시절 해외에 거주하는 한국인들이 박정희 정권을 비판하는 것을 막기 위한 것이었다. 국가모독죄 조항은 다음과 같다. '내국인이 국외에서 대한민국이나 헌법에 따라 설치된 국가기관을 비방하거나 허위사실을 유포하면 7년 이하 징역에 처한다'(형법 제104조의2)[8]규정했다.[9]

---

[8] 형법 제104조의2 (국가모독등) ① 내국인이 국외에서 대한민국 또는 헌법에 의하여 설치된 국가기관을 모욕 또는 비방하거나 그에 관한 사실을 왜곡 또는 허위사실을 유포하거나 기타 방법으로 대한민국의 안전·이익 또는 위신을 해하거나, 해할 우려가 있게한 때에는 7년 이하의 징역이나 금고에 처한다. ② 내국인이 외국인이나 외국단체등을 이용하여 국내에서 전항의 행위를 한 때에도 전항의 형과 같다. ③ 제2항의 경우에는 10년 이하의 자격정지를 병과할 수 있다.

[9] "국가모독죄는 내국인이 외국인이나 외국단체등을 이용하여 대한민국 또는 헌법에 의하여 설치된 국가기관을 모욕 또는 비방하거나 그에 관한 사실을 왜곡 또는 허위사실을 유포하거나 기타의 방법으로 대한민국의 안전, 이익 또는 위신을 해하거나 해할 우려가 있게 한 때에 성립됨은 형법 제104조의 2 제2항, 제1항에 규정하고 있는 바, 이 범죄는 헌법기관을 특정하여 비방하여야 하고 또한 단순한 정치적인 견해 표명만으로는 범죄가 성립되지 아니함은 논지가 지적하는 바와 같으나, 원심이 적법하게 확정한 사실에 의하면, 헌법에 의하여 설치된 국가기관인 대통령을 모욕 또는 비방하고 그에 관한 사실을 왜곡 또는 허위사실을 유포하여 대한민국의 안전, 이익 및 위신을 해할 우려가 있으므로 범죄구성요건을 충족한다 할 것이고, 논지주장의 성명서가 단순히 헌법기관을 특정한 바도 없이 대통령을 초청한 미국정부에 항의하고 방미초청은 취소되어야 한다는 국민의 정치적 의견을 표명한 것이라고는 도저히 볼 수 없고, 국민의 정치적 자유권의 범위를 훨씬 초과한 것으로 국가

　　당시 국가모독죄 신설의 형법개정안 제안이유를 보면, 국가모독등 사대행위를 처단함으로써 일부 고질적 사대풍조를 뿌리뽑고 자주독립국가 국민으로서의 자각과 긍지를 드높여 국민윤리와 도의를 앙양함과 아울러 국가의 안전과 이익 그리고 위신을 보전하려는 것으로 ① 내국인이 국외에서 대한민국 또는 대한민국의 헌법상의 기관을 모욕·비방하거나, 그에 관한 사실을 왜곡 또는 허위사실을 유포하거나 기타의 방법으로 대한민국의 안전이나 이익 또는 위신을 해하거나 해할 우려가 있게한 때에는 7년이하의 징역이나 금고에 처하며, ② 내국인이 국내에서 외국인 또는 외국단체등을 이용하여 헌법상의 기관을 모독하는 등의 행위를 한때에도 동일하게 처벌하며 10년이하의 자격정지를 병과할 수 있도록 하고 있다.

　　7-80년대 국가모독죄는 국가나 헌법기관에 대한 모욕, 비방, 사실 왜곡 또는 허위사실 유포 등 국민의 표현행위를 규제 및 처벌할 수 있는 근거가 되고, 국내 언론이 통제되고 있는 상황에서 외국 언론이나 외국 단체, 외국인과의 접촉을 억제하여, 정부에 대한 국민의 비판 등 정치적 표현을 억압하기 위해 악용될 소지가 있다는 이유로 비판을 받아 왔다.

　　1987년 6월 항쟁 민주화 이후 1988년 제13대 국회가 구성되면서 발족된 '민주발전을 위한 법률개폐특별위원회'는 국민의 건전한 비판을 통한 민주사회 발전에 이바지한다는 목적으로 국가모독죄를 폐지하는 내용의 형법개정안을 제출하였고, 1988.12.31. 법률 제4040호로 개정된 형법에서는 국가모독죄 조항이 폐지됐다.

　　2015년 10월 21일 헌법재판소는 "형법상 국가모독죄 조항은 그 의미내용이 불명확할 뿐만 아니라, 그 적용범위가 지나치게 광범위하여 국가와 국가기관에 대한 자유로운 비판과 토론을 위축시키고, 표현의 자유를 광범위하고 과도하게 제한하고 있다. 또한 표현의 자유를 광범위하고 과도하게 제한하고 있을 뿐만 아니라, 그 입법목적을 달성하기 위하여 국민의 기본권을 덜 제한하는 방법이 있음에도 표현의 자유에 대한 제한의 정도가 가장 큰 형사처벌을 그 수단으로 삼고 있으므로, 기본권 제한입법이 준수해야 할 침해의 최소성 원칙

의 안전, 이익과 위신을 보전하려는 법익을 침해한 범죄행위로서 국가모독죄에 해당함이 명백하고, 피고인이 판시와 같이 피고인의 집에서 공소외 김근태 등과 대통령의 방미 반대투쟁방법을 협의하고 민청련에서 외신기자 회견을 열어 방미 반대성명서를 발표하기로 하였다면 민청련운영위원회의 결의나 그 성명서의 배포에 직접 관여하지 아니하였다 할지라도 피고인으로서는 국가모독죄의 공동정범으로서 책임을 져야 할 것이다."(대법원 1986.8.19, 86도1209).

에 어긋난다. 결국 1975년 신설된 국가모독죄 조항은 과잉금지원칙에 위배되어 표현의 자유를 침해한다."(헌재 2015.10.21, 전원재판부 2013헌가20)고 하여 재판관 9명 전원 일치로 위헌결정을 하였다. 이로서 국가모독죄 조항은 법률의 세계에서 영원히 사라졌다.

III. 국가기밀누설죄

형법은 기밀누설죄로 외교상기밀누설죄(제113조)[10]와 공무상 비밀누설죄(제127조)[11]를 규정하고 있다.

1. 외교상 기밀누설죄

형법의 외교상기밀누설죄에서 "외교상의 기밀이라 함은, 외국과의 관계에서 국가가 보지해야 할 기밀로서, 외교정책상 외국에 대하여 비밀로 하거나 확인되지 아니함이 대한민국의 이익이 되는 모든 정보자료를 말한다. 외국에 이미 널리 알려져 있는 사항은 특단의 사정이 없는 한 이를 비밀로 하거나 확인되지 아니함이 외교정책상의 이익이 된다고 할 수 없는 것이어서 외교상의 기밀에 해당하지 아니한다."(대법원 1995.12.5, 94도2379).

2. 공무상 비밀누설죄

공무상 누설죄의 주체는 공무원 또는 공무원이었던 자이다. 공무상 비밀누설죄의 객체는 법령에 의한 직무상 비밀이다. 직무수행중 알게 된 비밀을 말한다. 자기의 직무와 관련된 비밀인가 타인의 직무와 관련된 비밀인가는 불문한다. 법령에 의한 비밀은 법령에 의

---

10) 형법 제113조 (외교상기밀의 누설) ① 외교상의 기밀을 누설한 자는 5년 이하의 징역 또는 2만5천환 이하의 벌금에 처한다. ② 누설할 목적으로 외교상의 기밀을 탐지 또는 수집한 자도 전항의 형과 같다.
11) 형법 제127조(공무상 비밀의 누설) 공무원 또는 공무원이었던 자가 법령에 의한 직무상 비밀을 누설한 때에는 2년 이하의 징역이나 금고 또는 5년 이하의 자격정지에 처한다.

하여 특히 비밀로 할 것이 요구되는 사항에 한한다.

〈판례〉

"형법 제127조는 공무원 또는 공무원이었던 자가 법령에 의한 직무상 비밀을 누설하는 것을 구성요건으로 하고, 비밀 그 자체를 보호하는 것이 아니라 공무원의 비밀엄수의무의 침해에 의하여 위험하게 되는 이익, 즉 비밀 누설에 의하여 위협받는 국가의 기능을 보호하기 위한 것이다. 여기에서 '법령에 의한 직무상 비밀'이란 반드시 법령에서 비밀로 규정되었거나 비밀로 분류 명시된 사항에 한정되지 않고, 정치·군사·외교·경제·사회적 필요에 따라 비밀로 된 사항은 물론 정부나 공무소 또는 국민이 객관적, 일반적인 입장에서 외부에 알려지지 않는 것에 상당한 이익이 있는 사항도 포함하나, 실질적으로 그것을 비밀로서 보호할 가치가 있다고 인정할 수 있는 것이어야 한다."(대법원 2018. 2. 13, 2014도11441).

공무상 비밀누설죄의 행위는 누설하는 것으로서, 비밀사항을 모르는 제3자에게 알리는 것을 말한다. 이미 알고 있는 자에게 알리는 것은 누설이 아니다.

Ⅳ. 체포와 긴급체포

1. 체포(逮捕, arrest)

죄를 범하였다고 의심할 만한 상당한 이유가 있는 피의자를 단시간 동안 수사관서 등 일정한 장소에 인치하는 것을 말한다.

(1) 체포영장에 의한 체포

피의자가 죄를 범하였다고 의심할 만한 상당한 이유가 있고, 정당한 이유없이 검사 또는 사법경찰관의 출석요구에 응하지 아니하거나 응하지 아니할 우려가 있는 때에는 검사는 관할 지방법원판사에게 청구하여 체포영장을 발부받아 피의자를 체포할 수 있고, 사법 경찰관은 검사에게 신청하여 검사의 청구로 관할지방법원판사의 체포영장을 발부받아 피의자를 체포할 수 있다. 다만, 다액 50만원이하의 벌금, 구류 또는 과료에 해당하는 사건에 관하여는 피의자가 일정한 주거가 없는 경우 또는 정당한 이유없이 제200조의 규정에 의한 출석요구에 응하지 아니한 경우에 한한다(형사소송법 제200조의2 제1항).

체포영장의 청구를 받은 지방법원판사는 상당하다고 인정할 때에는 체포영장을 발부한다. 다만, 명백히 체포의 필요가 인정되지 아니하는 경우에는 그러하지 아니하다(형사소송법 제200조의2 제2항).

체포한 피의자를 구속하고자 할 때에는 체포한 때부터 48시간이내에 제201조의 규정[12]에 의하여 구속영장을 청구하여야 하고, 그 기간내에 구속영장을 청구하지 아니하는 때에는 피의자를 즉시 석방하여야 한다(형사소송법 제200조의 2 제5항).

체포영장에 의하여 체포된 피의자에게도 체포적부심사청구권이 인정된다(형사소송법 제214조의2 제1항).

(2) 체포영장의 집행

피의자를 체포한 때에는 즉시 영장에 기재된 인치, 구금장소로 호송하여 인치 또는 구금하여야 한다(형사소송법 제200조의 6 및 제85조 제1항). 구금장소의 변경은 판사의 허가사항으로 수사기관의 임의변경은 위법하다.

---

12) 형사소송법 제201조(구속) ① 피의자가 죄를 범하였다고 의심할 만한 상당한 이유가 있고 제70조 제1항 각 호의 1에 해당하는 사유가 있을 때에는 검사는 관할지방법원판사에게 청구하여 구속영장을 받아 피의자를 구속할 수 있고 사법경찰관은 검사에게 신청하여 검사의 청구로 관할지방법원판사의 구속영장을 받아 피의자를 구속할 수 있다. 다만, 다액 50만원이하의 벌금, 구류 또는 과료에 해당하는 범죄에 관하여는 피의자가 일정한 주거가 없는 경우에 한한다. ② 구속영장의 청구에는 구속의 필요를 인정할 수 있는 자료를 제출하여야 한다. ③ 제1항의 청구를 받은 지방법원판사는 신속히 구속영장의 발부여부를 결정하여야 한다. ④ 제1항의 청구를 받은 지방법원판사는 상당하다고 인정할 때에는 구속영장을 발부한다. 이를 발부하지 아니할 때에는 청구서에 그 취지 및 이유를 기재하고 서명날인하여 청구한 검사에게 교부한다. ⑤ 검사가 제1항의 청구를 함에 있어서 동일한 범죄사실에 관하여 그 피의자에 대하여 전에 구속영장을 청구하거나 발부받은 사실이 있을 때에는 다시 구속영장을 청구하는 취지 및 이유를 기재하여야 한다.

2. 긴급체포

긴급체포(緊急逮捕)란 중대한 죄를 범하였다고 의심할 만한 상당한 이유가 있는 피의자를 수사기관이 법관의 체포영장을 발부받지 않고 체포하는 것을 말한다.

헌법은 영장주의(令狀主義)를 선언하면서, "다만 장기 3년 이상의 형에 해당하는 범죄를 범하고 도피 또는 증거인멸의 염려가 있을 때에는 사후에 영장을 청구할 수 있다"(헌법 제12조 제3항 단서)고 규정하여 긴급체포에 대한 헌법적 근거를 마련하고 있다.[13]

(1) 긴급체포의 요건

검사 또는 사법경찰관은 피의자가 사형·무기 또는 장기 3년이상의 징역이나 금고에 해당하는 죄를 범하였다고 의심할 만한 상당한 이유가 있고, ① 피의자가 증거를 인멸할 염려가 있는 때, ② 피의자가 도망하거나 도망할 우려가 있는 때의 어느 하나에 해당하는 사유가 있는 경우에 긴급을 요하여 지방법원판사의 체포영장을 받을 수 없는 때에는 그 사유를 알리고 영장없이 피의자를 체포할 수 있다. 이 경우 긴급을 요한다 함은 피의자를 우연히 발견한 경우등과 같이 체포영장을 받을 시간적 여유가 없는 때를 말한다(형사소송법 제200조의3 제1항).[14]

(2) 긴급체포의 절차

검사 또는 사법경찰관은 피의자에게 긴급체포를 한다는 사유를 알리고 영장 없이 피의자를 체포할 수 있다. 사법경찰관이 피의자를 긴급체포한 경우에는 즉시 검사의 승인을 얻어야 한다(형사소송법 제200조의3 제2항).

검사 또는 사법경찰관은 피의자를 체포한 경우에는 즉시 긴급체포서를 작성하여야 한

---

13) 이재상·조명균, 형사소송법, 박영사(2016), 250면.
14) "긴급체포의 요건을 갖추었는지 여부는 사후에 밝혀진 사정을 기초로 판단하는 것이 아니라 체포 당시의 상황을 기초로 판단하여야 하고, 이에 관한 검사나 사법경찰관 등 수사 주체의 판단에는 상당한 재량의 여지가 있다고 할 것이나, 긴급체포 당시의 상황으로 보아서도 그 요건의 충족 여부에 관한 검사나 사법경찰관의 판단이 경험칙에 비추어 현저히 합리성을 잃은 경우에는 그 체포는 위법한 체포라 할 것이다(2002.6.11. 선고 2000도5701 판결, 대법원 2003.3.27. 자 2002모81 결정 등 참조)"(대법원 2008.5.29, 2008도2099).

다(형사소송법 제200조의3 제3항). 긴급체포서에는 범죄사실의 요지, 긴급체포의 사유등을 기재하여야 한다(형사소송법 제200조의3 제4항).

검사 또는 사법경찰관이 피의자를 체포한 경우 피의자를 구속하고자 할 때에는 지체 없이 검사는 관할지방법원판사에게 구속영장을 청구하여야 하고, 사법경찰관은 검사에게 신청하여 검사의 청구로 관할지방법원판사에게 구속영장을 청구하여야 한다. 이 경우 구속영장은 피의자를 체포한 때부터 48시간 이내에 청구하여야 하며, 긴급체포서를 첨부하여야 한다(형사소송법 제2000조의4 제1항).[15] 48시간 이내에 구속영장을 청구하지 아니하거나 발부받지 못한 때에는 피의자를 즉시 석방하여야 한다(형사소송법 제2000조의4 제2항).

긴급체포되었으나 구속영장을 청구하지 아니하거나 구속영장을 발부받지 못하여 석방된 자는 영장없이는 동일한 범죄사실에 관하여 체포하지 못한다(형사소송법 제2000조의4 제3항).[16] 사법경찰관은 긴급체포한 피의자에 대하여 구속영장을 신청하지 아니하고 석방한 경우에는 즉시 검사에게 보고하여야 한다(형사소송법 제2000조의4 제6항).

검사는 구속영장을 청구하지 아니하고 피의자를 석방한 경우에는 석방한 날부터 30일 이내에 서면으로 ① 긴급체포 후 석방된 자의 인적사항, ② 긴급체포의 일시·장소와 긴급체포하게 된 구체적 이유, ③ 석방의 일시·장소 및 사유, ④ 긴급체포 및 석방한 검사

---

15) "헌법에서 현행범인 체포의 경우 사전영장원칙의 예외를 인정하고 있을 뿐 사후 영장의 청구 방식에 대해 특별한 규정을 두지 않고 있는 이상 이 사건 영장청구조항이 사후 체포영장제도를 규정하지 않았다고 하여 헌법상 영장주의에 위반된다고 볼 수는 없다. 또한, '범인과 범증의 명백성'이 외부적으로 명백하여야 하는 현행범인 체포의 특수성, 현행범인 체포에 따른 구금의 성격, 형사절차에 불가피하게 소요되는 시간 및 수사현실 등을 종합적으로 고려하면, 체포한 때부터 "48시간 이내"를 사후영장의 청구기간으로 정한 것이 입법재량을 현저히 일탈한 것으로 볼 수도 없다. 따라서 이 사건 영장청구조항은 헌법상 영장주의에 반하지 않는다."(헌법재판소 지정재판부 2012.5.31, 2010헌마672).

16) "형사소송법 제200조의4 제3항은 영장 없이는 긴급체포 후 석방된 피의자를 동일한 범죄사실에 관하여 체포하지 못한다는 규정으로, 위와 같이 석방된 피의자라도 법원으로부터 구속영장을 발부받아 구속할 수 있음은 물론이고, 같은 법 제208조 소정의 '구속되었다가 석방된 자'라 함은 구속영장에 의하여 구속되었다가 석방된 경우를 말하는 것이지, 긴급체포나 현행범으로 체포되었다가 사후영장발부 전에 석방된 경우는 포함되지 않는다 할 것이므로, 피고인이 수사 당시 긴급체포되었다가 수사기관의 조치로 석방된 후 법원이 발부한 구속영장에 의하여 구속이 이루어진 경우 앞서 본 법조에 위배되는 위법한 구속이라고 볼 수 없다."(대법원 2001.9.28, 2001도4291).

또는 사법경찰관의 성명을 법원에 통지하여야 한다. 이 경우 긴급체포서의 사본을 첨부하여야 한다(형사소송법 제200조의4 제4항).

긴급체포 후 석방된 자 또는 그 변호인·법정대리인·배우자·직계친족·형제자매는 통지서 및 관련 서류를 열람하거나 등사할 수 있다(형사소송법 제200조의4 제5항).

3. 현행범인의 체포와 헌법상 영장주의의 예외

(1) 헌법상의 영장주의

(가) 헌법 제12조 제1항은 "모든 국민은 신체의 자유를 가진다. 누구든지 법률에 의하지 아니하고는 체포·구속·압수·수색 또는 심문을 받지 아니하며, 법률과 적법한 절차에 의하지 아니하고는 처벌·보안처분 또는 강제노역을 받지 아니한다."라고 규정함으로써, 국가가 신체의 자유를 침해하거나 제한하는 경우에는 적법절차의 원칙에 따라야 함을 선언하고 있다. 나아가 헌법 제12조 제3항은 "체포·구속·압수 또는 수색을 할 때에는 적법한 절차에 따라 검사의 신청에 의하여 법관이 발부한 영장을 제시하여야 한다."라고 규정함으로써 영장주의를 천명하고 있는바, 영장주의란 위 적법절차원칙에서 도출되는 원리로서, 형사절차와 관련하여 체포·구속·압수·수색의 강제처분을 함에 있어서는 사법권 독립에 의하여 신분이 보장되는 법관이 발부한 영장에 의하지 않으면 아니 된다는 원칙이다. 따라서 영장주의의 본질은 신체의 자유를 침해하는 강제처분을 함에 있어서는 중립적인 법관이 구체적 판단을 거쳐 발부한 영장에 의하여야만 한다는 데에 있다(헌재 2008. 1. 10. 2007헌마1468, 판례집 20-1상, 1, 35).

(나) 헌법 제12조 제3항은 "체포·구속·압수 또는 수색을 할 때에는 … 영장을 제시하여야 한다."라고 규정하고 있으므로, 영장주의는 원칙적으로 사전영장의 원칙을 의미한다. 다만 같은 항 단서는 "현행범인인 경우와 장기 3년 이상의 형에 해당하는 죄를 범하고 도피 또는 증거인멸의 염려가 있을 때에는 사후에 영장을 청구할 수 있다."고 규정하여 사전영장원칙의 예외를 인정하고 있는데, 현행범인을 체포하는 경우와 형사소송법 제200조의3 제1항 소정 요건을 갖춘 긴급한 경우의 경우에는 법관이 사전에 발부한 영장을 제시하지 않아도 체포할 수 있도록 허용하고 있다.

(2) 현행범인의 체포

현행범인(現行犯人)이란 범죄의 실행중이거나 실행의 즉후인 자를 말한다(형사소송법 제211조 제1항).

1) 현행범인과 준현행범인

형사소송법은 "현행범인은 누구든지 영장 없이 체포할 수 있다."고 규정하고 있다(동법 제212조). 여기에서 현행범인이란 '범죄의 실행 중이거나 실행의 즉후인 자'를 말하는데(법 제211조 제1항), 그 중 '범죄의 실행 중'이란 범죄의 실행에 착수하여 종료하지 못한 상태를 말하고, '범죄의 실행 즉후'란 행위를 종료한 순간 또는 이에 접착한 시간적 단계로서 결과발생의 유무와 관계없고 실행행위를 전부 종료하였을 것도 요하지 않는다. 이와 같이 현행범인은 시간적 단계의 개념이지만, 범인이 범행장소를 이탈한 때에는 시간적 접착성도 인정되지 않으므로 동시에 장소적 접착성도 필요하다고 보아야 한다.

그리고 형사소송법은 범죄의 실행 중이거나 실행의 즉후가 아니더라도 범인으로 호칭되어 추적되고 있는 자, 장물이나 범죄에 사용되었다고 인정함에 충분한 흉기 기타의 물건을 소지하고 있는 자, 신체 또는 의복류에 현저한 증적이 있는 자, 누구임을 물음에 대하여 도망하려 하는 자를 현행범인으로 간주한다(동법 제211조 제2항).

2) 현행범인의 체포와 인도

현행범인은 누구든지 영장 없이 체포할 수 있다(형사소송법 제212조). 누구든지란 수사기관뿐만 아니라 사인(私人)도 체포할 수 있다는 의미이다. 다만 사인은 체포할 권한을 가질 뿐이며 체포의 의무가 있는 것은 아니다.[17]

사법경찰리가 현행범인으로 체포하는 경우에는 반드시 피의사실의 요지, 고속의 이유와 변호인을 선임할 수 있음을 말하고 변명할 기회를 주어야 한다(형사소송법 제213조의2 및 200조의 5).[18]

---

[17] 이재상·조명균, 형사소송법, 박영사(2016), 255면.

[18] "검사 또는 사법경찰관리가 현행범인을 체포하는 경우에는 반드시 피의사실의 요지, 체포의 이유와 변호인을 선임할 수 있음을 말하고 변명할 기회를 주어야 한다(형사소송법 제213조의2, 제200조의

검사 또는 사법경찰관리가 아닌 자가 현행범인을 체포한 때에는 즉시 검사 또는 사법경찰관리에게 인도하여야 한다(형사소송법 제213조 제1항). 사법경찰관리가 현행범인의 인도를 받은 때에는 체포자의 성명, 주거, 체포의 사유를 물어야 하고 필요한 때에는 체포자에 대하여 경찰관서에 동행함을 요구할 수 있다(형사소송법 제213조 제2항).

3) 현행범인의 구속영장 청구

현행범인의 체포의 경우에도 체포영장에 의한 체포의 규정에 의하여 구속영장을 청구하여야 한다. 검사 또는 사법경찰관리가 체포한 현행범인을 구속하고자 할 때에는 체포한 때로부터 48시간 이내에 구속영장을 청구하여야 하고, 그 기간 내에 구속영장을 청구하지 아니한 때에는 피의자를 즉시 석방하여야 한다(형사소송법 제213조의 2, 제200조의 2 제5항). 검사 또는 사법경찰관리가 아닌 자에 의하여 현행범인이 체포된 후 검사 등에게 인도된 경우는 위 48시간의 기산점은 체포시가 아니라 현행범인을 인도받은 때이다(대법원 2011.12.22, 2011도12927).[19]

---

5). 이와 같은 고지는 체포를 위한 실력행사에 들어가기 전에 미리 하는 것이 원칙이다. 그러나 달아나는 피의자를 쫓아가 붙들거나 폭력으로 대항하는 피의자를 실력으로 제압하는 경우에는 붙들거나 제압하는 과정에서 고지하거나, 그것이 여의치 않은 경우에는 일단 붙들거나 제압한 후에 지체없이 고지하여야 한다."(대법원 2017.3.15, 2013도2168).

19) 이재상·조명균, 형사소송법, 박영사(2016), 258면.

1 영장에 의한 체포에 대한 설명으로 가장 적절한 것은? (다툼이 있는 경우 판례에 의함)
(2018년 2차 경찰공무원 채용시험)

① 수사기관이 영장에 의한 체포를 하고자 하는 경우 검사는 관할지방법원 판사에게 체포영장을 청구할 수 있고, 사법경찰관리는 검사의 승인을 얻어 관할지방법원 판사에게 체포영장을 청구할 수 있다.

② 수사기관이 체포영장을 집행하는 경우 「형사소송법」 제216조에 의하여 필요한 때에는 영장 없이 타인의 주거에서 피의자 수색을 할 수 있으며, 이러한 「형사소송법」 제216조의 규정은 헌법상 영장주의에 위반되지 않는다.

③ 체포영장을 발부받은 후 피의자를 체포하지 아니한 경우 검사 또는 사법경찰관은 변호인이 있는 경우는 피의자의 변호인에게, 변호인이 없는 경우에는 피의자 혹은 변호인선임권자 중 피의자가 지정하는 자에게 지체없이 그 사유를 서면으로 통지해야 한다.

④ 경찰관들이 체포를 위한 실력행사에 나아가기 전에 체포영장을 제시하고 미란다 원칙을 고지할 여유가 있었음에도 애초부터 미란다 원칙을 체포 후에 고지할 생각으로 먼저 체포행위에 나선 경우 이러한 행위는 적법하지 않다.

🗒 ④

2 현행범체포에 대한 설명으로 가장 적절하지 <u>않은</u> 것은? (다툼이 있는 경우 판례에 의함)
(2018년 2차 경찰공무원 채용시험)

① 현행범인으로 체포하려면 행위의 가벌성, 범죄의 현행성·시간적 접착성, 범인·범죄의 명백성 외에 체포의 필요성, 즉 도망 또는 증거인멸의 염려가 있어야 한다.

② 현행범인 체포의 요건을 갖추었는지에 대한 수사주체의 판단에는 상당한 재량의 여지가 있으므로 체포 당시의 상황에서 보아 그 요건에 관한 수사주체의 판단이 경험칙에 비추어 현저히 합리성이 없다고 인정되지 않는 한 수사주체의 현행범인 체포를 위법하다고 단정할 것은 아니다.

③ 검사 또는 사법경찰관은 현행범 체포 현장에서 소지자 등이 임의로 제출하는 물건을 영장 없이 압수할 수 있으나, 이 경우 계속 압수할 필요가 있는 경우에는 체포한 때로부터 48시간 이내에 압수영장을 청구하여야 한다.

④ 피고인의 소란행위가 업무방해죄의 구성요건에 해당하지 않아 사후적으로 무죄로 판단된다고 하더라도, 피고인이 경찰관 앞에서 소란을 피운 당시 상황에서는 객관적으로 보아 피고인이 업무방해죄의 현행범이라고 인정할 만한 충분한 이유가 있었다면 경찰관들이 피고인을 현행범으로 체포하려고 한 행위는 적법하다.

답 ③

32

사기죄

(1) 사기의 본질

판사 : 어떻게 당신을 믿는 사람들을 상대로 사기를 칠 수가 있단 말이오?

죄수 : 저를 믿지 않는 사람들은 사기를 당하지도 않기 때문이죠.

(2) 무당벌레의 사기 행각

점(占)을 보러 온 곤충들을 속여 거액을 갈취해 온 무당벌레가 경찰에 잡혔다.

무당벌레는 하루살이에게 "재물을 바치고 굿을 하면 영생을 얻을 수 있다"고 현혹시켰는가 하면, 모기에게 "부적을 붙이고 사람의 피를 먹으면 잠자리가 될 수 있다"고 속여 가짜 부적을 팔아 온 혐의를 받고 있다.

1. 사기의 본질과 사기죄

한국 사회를 떠들썩하게 한 사기범죄에는 이루 말 할 수 없이 많이 발생했다. 대한민국 국새(國璽)사기 범죄, 가짜 스위스 명품시계 사기 사건의 피해자는 강남 부유층과 유명 연예인들이 피해자였다. ㅂ아무개 학력위조 사기사건, 피라미드 다단계 사기사건 등 헤아리기 어려울 정도다. 사기(詐欺)는 한자로 속일 사(詐), 속일 기(欺)이다. '나쁜 꾀'로 남을 속인다는 뜻이다. 욕심을 줄이면(버리면) 사기범죄를 줄일 수 있고, 예방할 수 있다. 사기꾼의 특징은 인간의 내밀한 욕망을 잘 이용한다. 사기범죄는 인간의 욕망이 드리워진 어두운 그늘이다.

2. 사기죄

사기죄(詐欺罪)란 사람을 기망하여 재물을 편취하거나 재산상의 불법한 이익을 취득하거나 타인으로 하여금 얻게 함으로써 성립하는 범죄이며, 10년 이하의 징역 또는 2천만원 이하의 벌금에 처한다(형법 제347조).

컴퓨터등 사용사기는 컴퓨터등 정보처리장치에 허위의 정보 또는 부정한 명령을 입력하거나 권한 없이 정보를 입력·변경하여 정보처리를 하게 함으로써 재산상의 이익을 취득하거나 제3자로 하여금 취득하게 한 자는 10년 이하의 징역 또는 2천만원 이하의 벌금에 처한다(형법 제347조의2).

사기죄에서 재물(財物)은 금전, 백지위임장, 보험증서, 주권포기각서를 비롯하여 무효인 약속어음공정증서도 외형상 권리의무를 증명함에 족한 체제를 갖추고 있는 한 재물에 해당한다. 사기죄의 재물에는 동산(動産)뿐만 아니라 부동산(不動産)도 포함된다. 재산상의 이익이란 재물 이외의 일체의 재산상의 이익을 말한다.

사기죄에서 기망(欺罔) 함은 널리 거래관계에서 지켜야 할 신의칙(信義則)에 반하는 행위로서 사람으로 하여금 착오를 일으키게 하는 것을 말한다.

기출문제

1 사기죄에 관한 다음 설명 중 가장 적절하지 <u>않은</u> 것은? (다툼이 있으면 판례에 의함)
(2016년 1차 순경 공채)

① 중고 자동차 매매에 있어서 매도인의 할부금융회사 또는 보증보험에 대한 할부금 채무가 매수인에게 당연히 승계되는 것은 아니므로 그 할부금 채무의 존재를 매수인에게 고지하지 아니한 것은 부작위에 의한 기망에 해당하지 아니한다.

② 예금주인 피고인이 제3자에게 편취당한 송금의뢰인으로부터 자신의 은행계좌에 계좌 송금된 돈을 출금한 사안에서, 피고인은 예금주로서 은행에 대하여 예금반환을 청구할 수 있는 권한을 가진 자이므로, 위 은행을 피해자로 한 사기죄가 성립하지 않는다.

③ 사기죄에 있어서 재물의 교부가 있었다고 하기 위하여는 반드시 재물의 현실의 인도가 필요한 것이므로, 재물이 범인의 사실상의 지배 아래에 들어가 그의 자유로운 처분이 가능한 상태에 놓인 경우라도 재물의 현실의 인도가 없다면 재물의 교부가 있었다고 할 수 없다.

④ 금융기관 직원이 전산단말기를 이용하여 다른 공범들이 지정한 특정계좌에 돈이 입금된 것처럼 허위의 정보를 입력하는 방법으로 위 계좌로 입금되도록 한 경우, 그 후 입금이 취소되어 현실적으로 인출되지 못하였다고 하더라도 이미 성립한 컴퓨터등사용사기죄에 어떤 영향이 있다고 할 수는 없다.

해설 범인의 사실상의 지배로 들어갔다면 현실적인 인도가 없어도 재물의 교부는 있는 것이다.   **답** ③

2 사기의 죄에 대한 설명 중 가장 적절하지 않은 것은? (다툼이 있는 경우 판례에 의함)
(2017년 1차)

① 사기죄에서 처분행위자와 피기망자는 동일인이어야 하나, 피기망자와 재산상 피해자는 동일인이 아니어도 무방하다.

② 컴퓨터 등 사용사기죄에서의 '정보처리'는 입력된 허위의 정보 등에 의하여 계산이나 데이터의 처리가 이루어짐으로써 직접적으로 재산처분의 결과를 초래하여야 하고, 행위자나 제3자의 '재산상 이익 취득'은 사람의 처분행위가 개재됨이 없이 컴퓨터 등에 의한 정보처리 과정에서 이루어져야 한다.

③ 재물을 편취한 후 현실적인 자금의 수수 없이 형식적으로 기왕에 편취한 금원을 새로이 장부상으로만 재투자하는 것으로 처리한 경우 그 재투자금액은 편취액의 합산에서 제외하여야 한다.

④ 상습사기 미수범을 처벌하는 규정은 없다.

 ④ 상습사기 미수범을 처벌(형법 제358조)
　① 대판 2013도16099
　③ 대판2006도7470   답 ④

33

인질범과 협박죄

(1) 인질범 1

어느 인질범이 한 할머니를 납치해서 인질로 잡아 놓고 며느리에게 전화를 걸었다.

인질범: 너의 시어머니를 내가 데리고 있다. 1000만 원 가져오면 풀어주마.

며느리 : 어림없는 소리하고 있네. 네 맘대로 해.

인질범 : 그래? 좋아. 그렇다면 도로 데려다 주지.

며느리 : (당황하고 다급한 목소리로) 여보세요?

(2) 며느리 겁주는 법

시집살이가 고달픈 며느리가 바쁜 오전의 집안 일을 마치고 숨을 돌리려는데 전화가 걸려왔다. "여보세요?"

아무 대답 없이 망설이는 듯 하더니 상대방의 목소리가 들렸다.

"그 집에 이옥순이라는 할머니 계시죠?"

"그런데요, 저의 시어머니신데… 왜 그러세요?"

"그렇군요! 흠~~." "무슨 일인데요?"

"저… 제가 납치를 했습니다. 좋은 말로 할 때 500만 원만 보내세요!"

"어머나!"

한참을 생각하던 며느리가 작심한 듯 말했다.

"돈 없어요!"

그러자 이번에는 납치범이 강하게 다시 말했다 .

"없단 말이죠? 그렇다면 후회 마세요! 할머니를 곧바로 집으로 보내드리겠습니다."

그러자 며느리가 황급히 말했다.

"여보세요! 잠깐만요! 바로 돈 보내드릴게요."

"진작 그렇게 말하시지…"

(3)) 시어머니와 인질범

인질범이 돈이 많아 보이는 할머니를 납치한 뒤 며느리에게 전화를 걸었다.

"너희 시어머니는 내가 데리고 있다. 1억을 가져오면 풀어주마."

그러자 며느리가 말했다.

"어림없는 소리. 네 맘대로 하세요."

그러자 인질범이 당황하며 말했다.

"좋다. 그럼 너희 시어머니를 집 근처에 데려다 놓겠다."

당황한 며느리가 황급한 목소리로 말했다.

"여보세요. 은행 계좌번호가 어떻게 되죠?"

1. 협박죄

협박죄(脅迫罪)는 사람을 협박함으로써 성립하는 범죄이다. 형법은 '사람을 협박한 자는 3년 이하의 징역, 500만원 이하의 벌금, 구류 또는 과료에 처한다'(형법 제283조 제1항) 규정하고 있다. 자기 또는 배우자의 직계존속에 대하여 협박죄를 범한 때에는 5년 이하의 징역 또는 700만원 이하의 벌금에 처한다(형법 제283조의 제2항). 협박죄는 피해자의 명시한 의사에 반하여 공소를 제기할 수 없다(형법 제283조의 제3항). 또한 협박에 대한 미수범은 처벌한다(형법 제286조). 상습으로 협박, 존속협박, 특수협박의 죄를 범한 때에는 그 죄에 정한 형의 2분의 1까지 가중한다(형법 제285조).

2. 협박죄의 객체

협박죄는 사람의 의사결정의 자유를 보호법익으로 하는 범죄로서 형법규정의 체계상 개인적 법익, 특히 사람의 자유에 대한 죄 중 하나로 구성되어 있는바, 위와 같은 협박죄의 보호법익, 형법규정상 체계, 협박의 행위 개념 등에 비추어 볼 때, 협박죄는 자연인만을 그 대상으로 예정하고 있을 뿐 법인은 협박죄의 객체가 될 수 없다(대법원 2010.7.15, 2010도1017).

3. 협박죄에서 '협박'의 의미

형법 제283조에서 정하는 협박죄의 성립에 요구되는 '협박'이라고 함은 일반적으로 그 상대방이 된 사람으로 하여금 공포심을 일으키기에 충분한 정도의 해악을 고지하는 것으로서, 그러한 해악의 고지에 해당하는지 여부는 행위자와 상대방의 성향, 고지 당시의 주변 상황, 행위자와 상대방 사이의 관계·지위, 그 친숙의 정도 등 행위 전후의 여러 사정을 종합하여 판단되어야 한다. 한편 여기서의 '해악'이란 법익을 침해하는 것을 가리키는데, 그 해악이 반드시 피해자 본인이 아니라 그 친족 그 밖의 제3자의 법익을 침해하는 것을 내용으로 하더라도 피해자 본인과 제3자가 밀접한 관계에 있어서 그 해악의 내용이 피해자 본인에게 공포심을 일으킬 만한 것이라면 협박죄가 성립할 수 있다(대법원 2012.8.17, 2011도10451).[1]

---

1) "협박죄에서 협박이란 일반적으로 보아 사람으로 하여금 공포심을 일으킬 정도의 해악을 고지하는 것을 의미하며, 그 고지되는 해악의 내용, 즉 침해하겠다는 법익의 종류나 법익의 향유 주체 등에는 아무런 제한이 없다. 따라서 피해자 본인이나 그 친족뿐만 아니라 그 밖의 '제3자'에 대한 법익 침해를 내용으로 하는 해악을 고지하는 것이라고 하더라도 피해자 본인과 제3자가 밀접한 관계에 있어 그 해악의 내용이 피해자 본인에게 공포심을 일으킬 만한 정도의 것이라면 협박죄가 성립할 수 있다. 이 때 '제3자'에는 자연인뿐만 아니라 법인도 포함된다 할 것인데, 피해자 본인에게 법인에 대한 법익을 침해하겠다는 내용의 해악을 고지한 것이 피해자 본인에 대하여 공포심을 일으킬 만한 정도가 되는지 여부는 고지된 해악의 구체적 내용 및 그 표현방법, 피해자와 법인의 관계, 법인 내에서의 피해자의 지위와 역할, 해악의 고지에 이르게 된 경위, 당시 법인의 활동 및 경제적 상황 등 여러 사정을 종합하여 판단하여야 한다"(대법원 2010.7.15, 2010도1017).

기출문제

1 다음 설명 중 가장 적절하지 <u>않은</u> 것은? (다툼이 있으면 판례에 의함) (2016년 1차 순경 공채)

① 조상천도제를 지내지 아니하면 좋지 않은 일이 생긴다는 취지의 해악의 고지는 길흉화복이나 천재지변의 예고로서 행위자에 의하여 직접·간접적으로 좌우될 수 없는 것이고 가해자가 현실적으로 특정되어 있지도 않으며 해악의 발생가능성이 합리적으로 예견될 수 있는 것이 아니므로 협박으로 평가될 수 없다.

② 폭행죄는 미수범 처벌규정이 없으나, 협박죄의 미수범은 처벌된다.

③ 甲정당의 국회 예산안 강행처리에 화가 나서 경찰서에 전화를 걸어 전화를 받은 경찰관에게 관할구역에 있는 甲정당의 당사를 폭파하겠다고 말한 행위는 공무집행방해죄뿐만 아니라 그 경찰관에 대한 협박죄를 구성한다.

④ "앞으로 수박이 없어지면 네 책임으로 한다"고 말한 것은 해악의 고지라고 보기 어렵고, 가사 다소간의 해악의 고지에 해당한다고 가정하더라도 위법성이 없다.

해설 해악의 상대방과 해악고지의 상대방이 다른 경우 해악고지의 상대방이 해악의 상대방의 안전을 걱정하는 관계가 되어야 협박죄가 성립하나 이 사안은 그런 사안이 아니라는 것이 판례의 입장이다. "피고인이 혼자 술을 마시던 중 甲 정당이 국회에서 예산안을 강행처리하였다는 것에 화가 나서 공중전화를 이용하여 경찰서에 여러 차례 전화를 걸어 전화를 받은 각 경찰관에게 경찰서 관할구역 내에 있는 甲 정당의 당사를 폭파하겠다는 말을 한 사안에서, 피고인은 甲 정당에 관한 해악을 고지한 것이므로 각 경찰관 개인에 관한 해악을 고지하였다고 할 수 없고, 다른 특별한 사정이 없는 한 일반적으로 甲 정당에 대한 해악의 고지가 각 경찰관 개인에게 공포심을 일으킬 만큼 서로 밀접한 관계에 있다고 보기 어렵다"(대법원 2012.8.17, 2011도10451).   **답 ③**

34

도박죄

 노름 좋아하는 여자

카드 도박을 좋아하는 여자가 있었다.

이 여자는 꼭 한 달에 한 번씩 밤늦게까지 도박을 했다.

그런데 새벽 1시쯤에야 집에 오니 남편을 잠에서 깨우는 게 못내 미안했다.

그 생각에 남편이 깨지 않게 하기로 마음먹고 '아이디어'를 하나 고안해 냈다.

그래서 어느 늦은 날, 집에 와 거실에서 옷을 다 벗고 팔에 '핸드백'을 걸친 채 알몸으로 살며시 침실에 들어갔다.

그런데 그날 따라 남편이 자지 않고 책을 읽고 있는 게 아닌가. 부인의 꼴을 보더니, 남편이 냅다 소리쳤다.

"에이, 이 여편네야. 그래 오늘은 몽땅 털렸나?"

1. 도박죄

형법은 "도박을 한 사람은 1천만원 이하의 벌금에 처한다. 다만, 일시오락 정도에 불과한 경우에는 예외로 한다"(형법 제246조 제1항) 규정하고 있으며, "상습으로 제1항의 죄를 범한 사람은 3년 이하의 징역 또는 2천만원 이하의 벌금에 처한다"(동법 제246조 제2항)고 규정하고 있다.

도박(賭博)이란 재물을 걸고 우연에 의하여 재물의 득실을 결정하는 것을 말하며, 도박죄(賭博罪)는 재물로 도박함으로써 성립하는 범죄이다(형법 제246조 제1항). 도박죄는 정당한 근로에 의하지 아니한 재물의 취득을 처벌함으로 경제에 관한 건전한 도덕법칙을 보호하기 위함이다(대법원 1983.3.22, 82도2151).

일시 오락(娛樂)의 정도에 불과한 때에는 단순도박죄는 성립하지 않는다.[1] 일시오락정도에 불과한 것인지 여부는 도박의 시간과 장소, 도박에 건 재물의 가액정도, 도박에 가담한 자들의 사회적 지위나 재산정도, 도박으로 인한 이득의 용도 등 여러 가지 객관적 사정을 참작하여 판단하여야 할 것이다(대법원 1983.6.28, 83도1044; 헌법재판소 전원재판부 2013.12.26, 2011헌마592). 도박죄는 도박행위에 착수하면 기수(旣遂)에 이른다.

도박이란 2인 이상의 자가 상호간에 재물을 도(賭)하여 우연한 승패에 의하여 그 재물의 득실을 결정하는 것이므로, 이른바 사기도박과 같이 도박당사자의 일방이 사기의 수단으로써 승패의 수를 지배하는 경우에는 도박에서의 우연성이 결여되어 사기죄만 성립하고 도박죄는 성립하지 아니한다(대법원 2011.1.13, 2010도9330).

---

[1] 형법 제246조 도박죄를 처벌하는 이유는 정당한 근로에 의하지 아니한 재물의 취득을 처벌함으로써 경제에 관한 건전한 도덕법칙을 보호하기 위한 것인바, 그 처벌은 헌법이 보장하는 국민의 행복추구권이나 사생활의 자유를 침해할 수 없고, 동조의 입법취지가 건전한 근로의식을 배양보호함에 있다면 일반 서민대중이 여가를 이용하여 평소의 심신의 긴장을 해소하는 오락은 이를 인정함이 국가정책적 입장에서 보더라도 허용된다 할 것인바, 형법 제246조 단서가 일시오락의 정도에 불과한 도박행위를 처벌하지 아니하는 소이도 여기에 있다고 해석하여야 할 것이다(대법원 1983.3.22, 82도2151).

2. 도박죄의 비범죄화

도박죄는 경제생활에 있어서의 윤리를 강제하는 범죄이다. 그러나 인간의 사행심은 어린아이 때부터 인간에 내재하는 본능으로 우연에 승패를 걸고 그 득실을 경쟁하는 것은 인간의 자연스러운 면이라고 할 수 있다. 여기서 도박죄의 보호법익인 근로정신은 상습도박(常習賭博)에 의하여만 침해되는 것이므로 단순도박죄는 비범죄화(非犯罪化)[2]해야 한다는 주장이 제기되고 있다. 인간의 본능적인 모험심에서 나온 도박이 처벌과 단속만으로 근절된다고 보기 어렵고 사회에서 각종의 도박행위가 공인되고 있는 실정에 비추어, 단순도박죄는 삭제하고 상습도박내지 직업도박만을 처벌하는 것이 타당하다고 하겠다.[3]

3. 도박죄와 우연성(偶然性)

재물의 득실은 우연에 의하여 결정되어야 한다. 도박죄에서 우연이란 당사자가 확실히 예견하거나 영향을 미칠 수 없는 사정을 말한다.

도박은 '재물을 걸고 우연에 의하여 재물의 득실을 결정하는 것'을 의미하는바, 여기서 '우연'이란 주관적으로 '당사자에 있어서 확실히 예견 또는 자유로이 지배할 수 없는 사실에 관하여 승패를 결정하는 것'을 말하고, 객관적으로 불확실할 것을 요구하지 아니한다. 따라서, 당사자의 능력이 승패의 결과에 영향을 미친다고 하더라도 다소라도 우연성의 사정에 의하여 영향을 받게 되는 때에는 도박죄가 성립할 수 있다(대법원 2008.10.23, 2006도736).

---

2) 비범죄화(非犯罪化, dercriminalization)란 "법정책상의 변화로 말미암아 국가형벌권 행사의 범위를 축소시킬 의도로 일정한 형사제재규정의 폐지 또는 부적용이 일어나거나 형사제재를 보다 가볍게 하려는 모든 시도"를 의미한다. 반면에 비형벌화(非刑罰化, depenalization)라 함은 "일정한 형벌체계 내에서 처벌등급의 저하"를 뜻한다. 예를 들면 자유형이 벌금형으로 바뀌는 경우가 이에 속한다(임웅, 非犯罪化의 理論, 법문사, 1999, 6면).
3) 이재상, 형법각론(제4판), 박영사(2001), 608면.

4. 상습도박죄와 상습성의 판단

상습도박죄는 상습(常習)으로 도박죄를 범한 경우에 책임이 가중되는 가중적 구성요건이다.

상습도박죄에 있어서 도박성과 상습성의 개념은 구별하여 해석하여야 하며, 여기에서 상습성이라 함은 반복하여 도박행위를 하는 습벽으로서 행위자의 속성을 말하는 것이므로 이러한 습벽의 유무를 판단함에 있어서 도박의 전과나 전력유무 또는 도박횟수 등은 중요한 판단자료가 된다(대법원 1990.12.11, 90도2250).[4]

---

[4] 도박에 건 판돈이 크다든가, 밤샘을 하면서 도박행위를 하였다든가, 도박의 방법이 단기간에 승패가 나고 사행성이 강한 도리짓고땡이라는 방법이었다든가, 기타 원심이 들고 있는 여러 사정은 피고인이 행한 도박행위의 악성을 뒷받침하는 자료는 될지언정 그것만 가지고 도박의 습벽, 즉 상습성을 인정하는 자료로 삼기에는 미흡하다(대법원 1990.12.11, 90도2250).

35

뇌물죄

(1) 〈선물과 뇌물의 구별〉

첫째 '물건을 받고 잠을 잘 자면 선물, 잠을 잘 못 이루면 뇌물'이다.

둘째 '언론에 발표되면 문제가 되는 것은 뇌물, 문제가 안 되는 것은 선물'이다.

셋째 '자리를 바꾸면 못 받는 것은 뇌물, 바꾸어도 받는 것은 선물'이다.

넷째 선물은 '선뜻 주는 것', 뇌물은 '뇌를 굴리면서 주는 것'이란 우스갯소리도 있다.

(2) 〈선물과 뇌물의 차이〉

'선'의로 받으면 선물

받고 나서 고 '뇌' 하게 되면 뇌물

(3) 〈정치사건〉

정치인의 뇌물사건을 다루는 재판이 막바지에 이르자 검사는 한 거물급 증인에게 질문했다.

"사건을 무마하기 위해 2억 원을 받은 게 사실이 아닙니까?"

증인은 그 소리를 듣지 못했다는 듯이 창밖을 바라보고 있었다.

"이 사건을 무마하기 위해 2억 원을 받은 게 사실이 아닙니까?"

검사는 큰 소리로 되풀이했다.

증인은 여전히 묵묵부답이었다.

마침내 판사가 증인 쪽을 바라보며 말했다.

"증인은 질문에 답변하세요."

그러자 정치인이 깜짝 놀라면서 말했다.

"어? 난 당신을 보고 하는 소리인 줄 알았는데…"

> **(4) 〈뇌물은 안돼〉**
>
> 한 기업인이 정치인에게 자동차를 선물했다.
>
> 그러자 정치인이 "자동차는 뇌물이라 받을 수 없습니다."하고 거절했다.
>
> 기업인은 잠시 생각하더니 미소 지으며 말했다.
>
> "정 그렇다면 돈을 내고 사시면 될 게 아닙니까? 십만 원만 내시지요."
>
> 그러자 정치인이 웃으며 말했다. "그렇다면 두 대 삽시다."라 했다나........

1. 뇌물죄

　뇌물죄(賂物罪)라 함은 공무원[1][2] 또는 중재인(仲裁人)이 직무행위에 대한 대가로 법이 인정하지 않는 이익을 취득함을 금지하는 것을 내용으로 하는 범죄이다.[3] 뇌물죄의 본질적 구성요소는 직무에 관하여 뇌물을 받는다는 점에 있다.[4]

---

1) 형법 제129조에서의 공무원이라 함은 법령의 근거에 기하여 국가 또는 지방자치단체 및 이에 준하는 공법인의 사무에 종사하는 자로서 그 노무의 내용이 단순한 기계적·육체적인 것에 한정되어 있지 않은 자를 지칭하는 것이다(대법원 2012.8.23, 2011도12639).

2) 형법이 뇌물죄에 관하여 규정하고 있는 것은 공무원의 직무집행의 공정과 그에 대한 사회의 신뢰 및 직무행위의 불가매수성을 보호하기 위한 것이다(대법원 2001.10.12, 2001도3579; 대법원 2012.10.11, 2010도12754 등 참조). 법령에 기한 임명권자에 의하여 임용되어 공무에 종사하여 온 사람이 나중에 그가 임용결격자이었음이 밝혀져 당초의 임용행위가 무효라고 하더라도, 그가 임용행위라는 외관을 갖추어 실제로 공무를 수행한 이상 공무 수행의 공정과 그에 대한 사회의 신뢰 및 직무행위의 불가매수성은 여전히 보호되어야 한다. 따라서 이러한 사람은 형법 제129조에서 규정한 공무원으로 봄이 상당하고, 그가 그 직무에 관하여 뇌물을 수수한 때에는 수뢰죄로 처벌할 수 있다(대법원 2014.3.27, 2013도11357).

3) 「형법」 제129조 제2항에 정한 '공무원 또는 중재인이 될 자'란 공무원채용시험에 합격하여 발령을 대기하고 있는 자 또는 선거에 의해 당선이 확정된 자 등 공무원 또는 중재인이 될 것이 예정되어 있는 자뿐만 아니라 공직취임의 가능성이 확실하지는 않더라도 어느 정도의 개연성을 갖춘 자를 포함한다고 할 것이다. 나아가 뇌물죄에서 뇌물의 내용인 이익이라 함은 금전, 물품 기타의 재산적 이익뿐만 아니라 사람의 수요·욕망을 충족시키기에 족한 일체의 유형, 무형의 이익을 포함한다고 해석되고, 투기적 사업에 참여할 기회를 얻는 것도 이에 해당한다 할 것이다(대법원 2010.5.13, 2009도7040).

2. 뇌물죄의 보호법익과 직무

　　뇌물죄는 직무집행의 공정과 직무행위의 불가매수성을 그 보호법익으로 하고 있으므로, 뇌물성은 의무위반행위의 유무와 청탁의 유무 및 수수시기가 언제인지를 가리지 아니하는 것이고, 따라서 과거에 담당하였거나 장래 담당할 직무 및 사무분장에 따라 현실적으로 담당하지 아니하는 직무라 하더라도 뇌물죄에 있어서의 직무에 해당할 수 있다(대법원 1994.3.22, 93도2962). 뇌물죄에 있어서 '직무'라 함은 공무원이 법령상 관장하는 직무 그 자체 뿐만 아니라 그 직무와 밀접한 관계가 있는 준식행위 또는 관례상이나 사실상 소관하는 직무행위 및 결정권자를 보좌하거나 영향을 줄 수 있는 직무행위도 포함된다(대법원 1980.10.14, 80도1373). 5)6)

---

4) 뇌물죄는 직무집행의 공정과 이에 대한 사회의 신뢰에 기하여 직무행위의 불가매수성을 그 직접의 보호법익으로 하고 있고, 직무에 관한 청탁이나 부정한 행위를 필요로 하지 아니하여 수수된 금품의 뇌물성을 인정하는데 특별히 의무위반행위나 청탁의 유무 등을 고려할 필요가 없으므로, 뇌물은 직무에 관하여 수수된 것으로 족하고 개개의 직무행위와 대가적 관계에 있거나 그 직무행위가 특정된 것일 필요도 없으며, 공무원이 그 직무의 대상이 되는 사람으로부터 금품 기타 이익을 받은 때에는 그것이 그 사람이 종전에 공무원으로부터 접대 받거나 수수한 것을 갚는 것으로서 사회상규에 비추어 볼 때에 의례상의 대가에 불과한 것이라고 여겨지거나, 개인적인 친분관계가 있어서 교분상의 필요에 의한 것이라고 명백하게 인정할 수 있는 경우 등 특별한 사정이 없는 한 직무와의 관련성이 없는 것으로 볼 수 없고, 공무원의 직무와 관련하여 금품을 수수하였다면 비록 사교적 의례의 형식을 빌어 금품을 주고받았다 하더라도 그 수수한 금품은 뇌물이 되는 것이다(대법원 2010.4.29, 2010도1082).

5) 뇌물죄는 직무집행의 공정과 이에 대한 사회의 신뢰에 기하여 직무행위의 불가매수성을 그 직접의 보호법익으로 하고 있으므로 뇌물성은 의무위반 행위나 청탁의 유무 및 금품수수 시기와 직무집행 행위의 전후를 가리지 아니한다 할 것이고, 따라서 뇌물죄에서 말하는 '직무'에는 법령에 정하여진 직무뿐만 아니라 그와 관련 있는 직무, 과거에 담당하였거나 장래에 담당할 직무 외에 사무분장에 따라 현실적으로 담당하지 않는 직무라도 법령상 일반적인 직무권한에 속하는 직무 등 공무원이 그 직위에 따라 공무로 담당할 일체의 직무를 포함한다(대법원 1996.1.23, 94도3022).

6) 뇌물죄에서 말하는 직무에는 공무원이 법령상 관장하는 직무 그 자체뿐만 아니라 직무와 밀접한 관계가 있는 행위 또는 관례상이나 사실상 관여하는 직무행위도 포함된다고 할 것이나, 구체적인 행위가 공무원의 직무에 속하는지 여부는 그것이 공무의 일환으로 행하여졌는가 하는 형식적인 측면과 함께 그 공무원이 수행하여야 할 직무와의 관계에서 합리적으로 필요하다고 인정되는 것이라고 할 수 있는가 하는 실질적인 측면을 아울러 고려하여 결정하여야 한다(대법원 2009.11.26, 2009도8670).

3. 뇌물죄와 이익

뇌물죄에 있어서 뇌물의 내용인 이익은 금전 물품 기타의 재산적 이익뿐만 아니라 사람의 수요, 욕망을 충족시키기에 족한 일체의 유형, 무형의 이익을 포함한다(대법원 1995.6.30, 94도993).[7][8] 공무원이 그 직무의 대상이 되는 사람으로부터 금품 기타 이익을 받은 때에는, 사회상규에 비추어 의례상의 대가에 불과하거나 개인적 친분관계가 있어 교분상의 필요에 의한 것이라고 인정되는 등의 특별한 사정이 없는 한 직무와 관련이 없다고 볼 수 없으며, 공무원이 직무와 관련하여 금품을 수수하였다면 비록 사교적 의례의 형식을 빌려 금품을 주고받았다 하더라도 그 수수한 금품은 뇌물이 된다(대법원 2002.7.26, 2001도6721; 대법원 2008.2.1, 2007도5190 참조).[9]

---

7) 정치자금·선거자금 등의 명목으로 이루어진 금품의 수수라 하더라도 그것이 정치인인 공무원의 직무행위에 대한 대가로서의 실체를 가지는 한 뇌물로서의 성격을 잃지 아니하며, 뇌물죄는 직무집행의 공정과 이에 대한 사회의 신뢰에 기하여 직무수행의 불가매수성을 그 직접의 보호법익으로 하고 있으므로, 공무원의 직무와 금원의 수수가 전체적으로 대가관계에 있으면 뇌물수수죄가 성립하고, 특별히 청탁의 유무, 개개의 직무행위의 대가적 관계를 고려할 필요가 없으며, 그 직무행위가 특정된 것일 필요도 없다 할 것이다(대법원 1997.12.26. 선고 97도2609 판결 등 참조).

8) 뇌물죄에서 뇌물의 내용인 이익이라 함은 금전, 물품 기타의 재산적 이익뿐만 아니라 사람의 수요·욕망을 충족시키기에 족한 일체의 유형·무형의 이익을 포함하며, 제공된 것이 성적 욕구의 충족이라고 하여 달리 볼 것이 아니다. …중략… 유사성교행위 및 성교행위가 '뇌물'에 해당한다고 보고 또한 그 직무관련성을 인정하여 이 사건 공소사실 중 뇌물수수의 점을 유죄로 인정한 것은 정당하다(대법원 2014.1.29, 2013도13937).

9) 공무원이 얻는 어떤 이익이 직무와 대가관계가 있는 부당한 이익으로서 '뇌물'에 해당하는지 여부는 당해 공무원의 직무 내용, 직무와 이익제공자의 관계, 쌍방 간에 특수한 사적인 친분관계가 존재하는지 여부, 이익의 다과, 이익을 수수한 경위와 시기 등의 제반 사정을 참작하여 결정하여야 하고, 뇌물죄가 직무집행의 공정과 이에 대한 사회의 신뢰 및 직무행위의 불가매수성을 보호법익으로 하고 있는 점에 비추어 볼 때, 공무원이 이익을 수수하는 것으로 인하여 사회일반으로부터 직무집행의 공정성을 의심받게 되는지 여부도 뇌물죄의 성립 여부를 판단할 때에 기준이 된다(대법원 2011.3.24, 2010도17797).

4. 뇌물죄에서 수뢰자가 증뢰자에게서 받은 돈을 빌린 것이라고 주장하는 경우, 수뢰자가 돈을 실제로 빌린 것인지에 관한 판단 기준

뇌물죄에 있어서 수뢰자가 증뢰자로부터 돈을 받은 사실은 시인하면서도 그 돈을 뇌물로 받은 것이 아니라 빌린 것이라고 주장하는 경우 수뢰자가 그 돈을 실제로 빌린 것인지 여부는 수뢰자가 증뢰자로부터 돈을 수수한 동기, 전달 경위 및 방법, 수뢰자와 증뢰자 사이의 관계, 양자의 직책이나 직업 및 경력, 수뢰자의 차용 필요성 및 증뢰자 외의 자로부터의 차용 가능성, 차용금의 액수 및 용처, 증뢰자의 경제적 상황 및 증뢰와 관련된 경제적 예상이익의 규모, 담보제공 여부, 변제기 및 이자 약정 여부, 수뢰자의 원리금 변제 여부, 채무불이행 시 증뢰자의 독촉 및 강제집행의 가능성 등 증거에 의하여 나타나는 객관적인 사정을 모두 종합하여 판단하여야 한다(대법원 2011.11.10, 2011도7261).

5. 뇌물수수죄의 공소시효 기산점

공소시효는 범죄행위를 종료한 때로부터 진행하는 것인데(형사소송법 제252조 제1항), 공무원이 그 직무에 관하여 금전을 무이자로 차용한 경우에는 그 차용 당시에 금융이익 상당의 뇌물을 수수한 것으로 보아야 하므로,[10] 그 공소시효는 금전을 무이자로 차용한 때로부터 기산한다(대법원 2012.2.23, 2011도7282).

---

10) 대법원 2004.5.28, 2004도1442 판결; 대법원 2006.7.7, 2005도9763 판결 등 참조.

기출문제

1 뇌물죄에 대한 설명으로 옳지 않은 것은? (다툼이 있는 경우 판례에 의함) (2016년 경간부 기출)

① 형법 제133조 제2항의 제3자뇌물취득죄는 제3자가 증뢰자로부터 교부받는 금품을 수뢰할 사람에게 전달하였는지의 여부에 관계없이 제3자가 그 정을 알면서 금품을 교부받음으로써 성립한다.

② 뇌물을 여러 차례에 걸쳐 수수함으로써 그 행위가 여러 개이더라도 그것이 단일하고 계속적 범의에 의하여 이루어지고 동일법익을 침해한 때에는 포괄일죄로 처벌함이 상당하다.

③ 병역면제를 위해 1억원의 뇌물을 받은 헌병수사관 甲이 독자적 판단에 따라 군의관 乙에게 5천만원을 공여한 경우 甲에게 추징해야 할 금액은 5천만원이다.

④ 피고인이 향응을 제공받는 자리에 피고인 스스로 제3자를 초대하여 함께 접대를 받은 경우 그 제3자가 피고인과는 별도의 지위에서 접대를 받는 공무원이라는 등의 특별한 사정이 없는 한 그 제3자의 접대에 요한 비용도 피고인의 수뢰액으로 보아야 한다.

해설 ① 대판 1997.9.5, 97도1572; 대판 2002.6.14, 2002도1283 등. ② 대판 2000. 1.21, 99도4940 등. ③ 공무원의 직무에 속한 사항의 알선에 관하여 금품을 받은 자가 그 금품 중의 일부를 다른 알선행위자에게 청탁의 명목으로 교부하였다 하더라도 당초 금품을 받을 당시부터 그 금품을 그와 같이 사용하기로 예정되어 있었기 때문에 금품을 받은 취지에 따라 그와 같이 사용한 것이 아니라, 범인이 독자적인 판단에 따라 경비로 사용한 것이라면 이는 범인이 받은 돈을 소비하는 방법에 지나지 아니하므로 그 금액 역시 범인으로부터 추징하여야 할 것이다(대판 1999.5.11., 99도963). 결국 판례(判例)의 취지에 따르면 뇌물을 받은 甲이 '독자적 판단에 따라' 乙에게 5천만원을 공여한 행위는 甲이 받은 뇌물을 소비하는 것에 지나지 않는 것이므로, 甲으로부터 추징해야 할 금액은 받는 뇌물 전부인 '1억원'이다. ④ 대판 2001.10.12, 99도5294. **답 ③**

2 뇌물수수죄에 대한 설명으로 가장 적절하지 <u>않은</u> 것은? (다툼이 있는 경우 판례에 의함)
(2018년 3차 경찰공무원 채용)

① 형사피고사건의 공판참여주사는 공판에 참여하여 양형에 관한 사항의 심리내용을 공판조서에 기재하므로 형사사건의 양형은 참여주사의 직무와 밀접한 관계가 있는 사무이며, 따라서 참여주사가 형량을 감경케하여 달라는 청탁과 함께 금품을 수수하였다면 뇌물수수죄의 주체가 된다.

② 공무원이 직접 뇌물을 받지 않고 증뢰자로 하여금 다른 사람에게 뇌물을 공여하도록 한 경우에는 사회통념상 다른 사람이 뇌물을 받은 것을 공무원이 직접 받은 것과 같이 평가할 수 있는 경우에 한하여 뇌물수수죄가 성립한다.

③ 뇌물을 수수한 자가 공동수수자 아닌 교사범에게 뇌물 중 일부를 사례금으로 교부하였다면, 이는 부수적 비용의 지출 또는 뇌물의 소비행위에 지나지 않으므로 뇌물수수자에게서 수뢰액 전부를 추징하여야 한다.

④ 공무원이 직무집행의 의사 없이 타인을 공갈하여 재물을 교부하게 한 경우에는 공갈죄만이 성립하고 뇌물수수죄는 성립하지 않는다.

답 ①

36

강간죄

뒤집힌 강간죄

어느 바람둥이가 강간죄로 고소당해 구속됐다. 감방에 갇힌 바람둥이가 고참 수감자들에게 입실 신고식을 치렀다.

감방장 : 인마 너는 왜 들어왔어?

바람둥이 : 어느 과부와 연애를 했는데 아, 글시 그녀가 살림 차리자고 매달리지 않겠수?

그래서 그녀를 다시는 안 만나 줬더니 강간했다고 이렇게 고소를 했지 뭐유.

얼마 후 바람둥이의 결심공판 하루 전날 밤. 감옥도사 감방장이 바람둥이를 불러 귀띔을 해 주었다.

"내일 판사가 네게 징역 1년을 선고할 것이다. 그때 너는 이렇게 말해라"

마침내 바람둥이의 결심공판 날

감방장의 예상대로 판사가 징역 1년을 때렸다.

바람둥이 : 판사님 딱 한 번 하고 1년씩이나 콩밥을 먹는다는 것은 정말 억울합니다.

그러자 법정에 나와 있던 고소인 과부.

"판사님 한 번이 아니에요. 스무 번도 더 당했어요."

과부는 여러 번 강간을 당했다면 그만큼 죄가 무거워질 것이라고 생각해서 한 항변이었다.

그러자 판사가 엄숙한 목소리로 말했다.

"본 사건 조금 전 선고를 취소하고 무죄를 선고한다."

판결 이유는 이렇다.

'강간이란 한 번은 있을 수 있으나 20여 번이나 했다면 그건 합의에 의한 것이지 강간이 될 수 없다.'

1. 강간죄

형법은 "폭행 또는 협박으로 사람을 강간한 자는 3년 이상의 유기징역에 처한다."라고 강간죄를 규정하고 있다(형법 제297조).[1][2]

---

1) 형법 제297조는 '폭행 또는 협박으로 부녀를 강간한 자'라고 하여 객체를 부녀에 한정하고 있고 위 규정에서 부녀라 함은 성년이든 미성년이든, 기혼이든 미혼이든 불문하며 곧 여자를 가리키는 것이다. 무릇 사람에 있어서 남자, 여자라는 성(性)의 분화는 정자와 난자가 수정된 후 태아의 형성 초기에 성염색체의 구성(정상적인 경우 남성은 xy, 여성은 xx)에 의하여 이루어지고, 발생과정이 진행됨에 따라 각 성염색체의 구성에 맞추어 내부생식기인 고환 또는 난소 등의 해당 성선(性腺)이 형성되고, 이어서 호르몬의 분비와 함께 음경 또는 질, 음순 등의 외부성기가 발달하며, 출생 후에는 타고난 성선과 외부성기 및 교육 등에 의하여 심리적, 정신적인 성이 형성되는 것이다. 그러므로 형법 제297조에서 말하는 부녀, 즉 여자에 해당하는지 여부도 위 발생학적인 성인 성염색체의 구성을 기본적인 요소로 하여 성선, 외부성기를 비롯한 신체의 외관은 물론이고 심리적, 정신적인 성, 그리고 사회생활에서 수행하는 주관적, 개인적인 성역할(성전환의 경우에는 그 전후를 포함하여) 및 이에 대한 일반인의 평가나 태도 등 모든 요소를 종합적으로 고려하여 사회통념에 따라 결정하여야 한다(대법원 1996.6.11, 96도791).

2) [1] 강간죄의 객체는 부녀로서 여자를 가리키는 것이므로, 강간죄의 성립을 인정하기 위하여는 피해자를 법률상 여자로 인정할 수 있어야 한다. 종래에는 사람의 성을 성염색체와 이에 따른 생식기·성기 등 생물학적인 요소에 따라 결정하여 왔으나, 근래에 와서는 생물학적인 요소뿐 아니라 개인이 스스로 인식하는 남성 또는 여성으로의 귀속감 및 개인이 남성 또는 여성으로서 적합하다고 사회적으로 승인된 행동·태도·성격적 특징 등의 성역할을 수행하는 측면, 즉 정신적·사회적 요소들 역시 사람의 성을 결정하는 요소 중의 하나로 인정받게 되었으므로, 성의 결정에 있어 생물학적 요소와 정신적·사회적 요소를 종합적으로 고려하여야 한다. [2] 성전환증을 가진 사람의 경우에도 남성 또는 여성 중 어느 한쪽의 성염색체를 보유하고 있고 그 염색체와 일치하는 생식기와 성기가 형성·발달되어 출생하지만, 출생 당시에는 아직 그 사람의 정신적·사회적인 의미에서의 성을 인지할 수 없으므로, 사회통념상 그 출생 당시에는 생물학적인 신체적 성징에 따라 법률적인 성이 평가된다. 그러나 출생 후의 성장에 따라 일관되게 출생 당시의 생물학적인 성에 대한 불일치감 및 위화감·혐오감을 갖고 반대의 성에 귀속감을 느끼면서 반대의 성으로서의 역할을 수행하며 성기를 포함한 신체 외관 역시 반대의 성으로서 형성하기를 강력히 원하여, 정신과적으로 성전환증의 진단을 받고 상당기간 정신과적 치료나 호르몬치료 등을 실시하여도 여전히 위 증세가 치유되지 않고 반대의 성에 대한 정신적·사회적 적응이 이루어짐에 따라, 일반적인 의학적 기준에 의하여 성전환수술을 받고 반대 성으로서의 외부 성기를 비롯한 신체를 갖추고, 나아가 전환된 신체에 따른 성을 가진 사람으로서 만족감을 느끼며 공고한 성정체성의 인식 아래 그 성에 맞춘 의복, 두발 등의 외관을 하고 성관계 등 개인적인 영역 및 직업 등 사회적인 영역에서 모두 전환된 성으로서의 역할을 수행함으로써 주위 사람들로부터도 그 성으로서 인식되고 있으며, 전환된 성을 그 사람의 성이라고 보더라도 다른 사람들과의 신분관계에 중대한 변동을 초래하거나 사회에 부정적인 영향을 주지 아니하여 사회적으로 허용된다고 볼 수 있다면, 이러한 여러 사정을 종합적으로 고려하여 사람

(1) 강간죄에 있어서의 폭행 또는 협박의 정도

강간죄에 있어서의 폭행 또는 협박은 피해자의 반항을 현저히 곤란하게 할 정도의 것이어야 한다(대법원 1988.11.8, 88도1628). 강간죄가 되기 위하여는 가해자의 폭행, 또는 협박은 피해자의 항거를 불능하게 하거나 현저히 곤란하게 할 정도의 것이어야 하고, 그 폭행 또는 협박이 피해자의 항거를 불능하게 하거나 현저히 곤란하게 할 정도의 것이었는지 여부는 유형력을 행사한 당해 폭행 및 협박의 내용과 정도는 물론이고, 유형력을 행사하게 된 경위, 피해자와의 관계, 성교 당시의 정황 등 제반 사정을 종합하여 판단하여야 한다(대법원 1992.4.14, 92도259).

(2) 강간죄의 실행의 착수시기

강간죄는 사람을 간음하기 위하여 피해자의 항거를 불능하게 하거나 현저히 곤란하게 할 정도의 폭행 또는 협박을 개시한 때에 그 실행의 착수가 있다고 보아야 할 것이고, 실제로 그와 같은 폭행 또는 협박에 의하여 피해자의 항거가 불능하게 되거나 현저히 곤란하게 되어야만 실행의 착수가 있다고 볼 것은 아니다(대법원 2000.6.9, 2000도1253).

(3) 부부강간과 강간죄

형법(2012. 12. 18. 법률 제11574호로 개정되기 전의 것, 이하 같다) 제297조는 부녀를 강간한 자를 처벌한다고 규정하고 있는데, 형법이 강간죄의 객체로 규정하고 있는 '부녀'란 성년이든 미성년이든, 기혼이든 미혼이든 불문하며 곧 여자를 가리킨다. 이와 같이 형법은 법률상 처를 강간죄의 객체에서 제외하는 명문의 규정을 두고 있지 않으므로, 문언 해석상으로도 법률상 처가 강간죄의 객체에 포함된다고 새기는 것에 아무런 제한이 없다.

의 성에 대한 평가 기준에 비추어 사회통념상 신체적으로 전환된 성을 갖추고 있다고 인정될 수 있는 경우가 있다. 이와 같은 성전환자는 출생시와는 달리 전환된 성이 법률적으로도 그 성전환자의 성이라고 평가받을 수 있다. [3] 성전환자를 여성으로 인식하여 강간한 사안에서, 피해자가 성장기부터 남성에 대한 불일치감과 여성으로의 성귀속감을 나타냈고, 성전환 수술로 인하여 여성으로서의 신체와 외관을 갖추었으며, 수술 이후 30여 년간 개인적·사회적으로 여성으로서의 생활을 영위해 가고 있는 점 등을 고려할 때, 사회통념상 여성으로 평가되는 성전환자로서 강간죄의 객체인 '부녀'에 해당한다(대법원 2009.9.10, 2009도3580).

한편 1953. 9. 18. 법률 제293호로 제정된 형법은 강간죄를 규정한 제297조를 담고 있는 제2편 제32장의 제목을 '정조에 관한 죄'라고 정하고 있었는데, 1995. 12. 29. 법률 제5057호로 형법이 개정되면서 그 제목이 '강간과 추행의 죄'로 바뀌게 되었다. 이러한 형법의 개정은 강간죄의 보호법익이 현재 또는 장래의 배우자인 남성을 전제로 한 관념으로 인식될 수 있는 '여성의 정조' 또는 '성적 순결'이 아니라, 자유롭고 독립된 개인으로서 여성이 가지는 성적 자기결정권이라는 사회 일반의 보편적 인식과 법감정을 반영한 것으로 볼 수 있다. 부부 사이에 민법상의 동거의무가 인정된다고 하더라도 거기에 폭행, 협박에 의하여 강요된 성관계를 감내할 의무가 내포되어 있다고 할 수 없다. 혼인이 개인의 성적 자기결정권에 대한 포기를 의미한다고 할 수 없고, 성적으로 억압된 삶을 인내하는 과정일 수도 없기 때문이다. 결론적으로 헌법이 보장하는 혼인과 가족생활의 내용, 가정에서의 성폭력에 대한 인식의 변화, 형법의 체계와 그 개정 경과, 강간죄의 보호법익과 부부의 동거의무의 내용 등에 비추어 보면, 형법 제297조가 정한 강간죄의 객체인 '부녀'에는 법률상 처가 포함되고, 혼인관계가 파탄된 경우뿐만 아니라 혼인관계가 실질적으로 유지되고 있는 경우에도 남편이 반항을 불가능하게 하거나 현저히 곤란하게 할 정도의 폭행이나 협박을 가하여 아내를 간음한 경우에는 강간죄가 성립한다고 보아야 한다. 다만 남편의 아내에 대한 폭행 또는 협박이 피해자의 반항을 불가능하게 하거나 현저히 곤란하게 할 정도에 이른 것인지 여부는, 부부 사이의 성생활에 대한 국가의 개입은 가정의 유지라는 관점에서 최대한 자제하여야 한다는 전제에서, 그 폭행 또는 협박의 내용과 정도가 아내의 성적 자기결정권을 본질적으로 침해하는 정도에 이른 것인지 여부, 남편이 유형력을 행사하게 된 경위, 혼인생활의 형태와 부부의 평소 성행, 성교 당시와 그 후의 상황 등 모든 사정을 종합하여 신중하게 판단하여야 한다.3)4)

---

3) 대법원 2013.5.16, 2012도14788 전원합의체 판결.

4) [대법관 이상훈, 대법관 김용덕의 반대의견] (가) 강간죄에 대하여 규정한 형법 제297조가 개정 형법(2012. 12. 18. 법률 제11574호로 개정되어 2013. 6. 19. 시행 예정인 것, 이하 '개정 형법'이라 한다)에 의하여 개정되기 전에, 강제적인 부부관계에 대하여 행사된 폭행이나 협박을 처벌 대상으로 삼는 것을 넘어서서 강간죄의 성립을 부정하였던 종전의 판례를 변경하여 강간죄로 처벌하여야 한다는 다수의견에 대하여는 다음과 같은 이유로 찬성할 수 없다. (나) '간음(간음)'의 사전적 의미는 '부부 아닌 남녀가 성적 관계를 맺음'이고, 강간은 '강제적인 간음'을 의미하므로 강간죄는 폭행 또는 협박으로 부부 아닌 남녀 사이에서 성관계를 맺는 것이라 할 것이다. 그리고 강간죄는 '부녀'를 대상으로 삼고 있으므로, 결국 강간죄는 그 문언상 '폭행 또는 협박으로 부인이 아닌 부녀에 대

기출문제

1 강간과 추행의 죄에 대한 설명 중 옳지 않은 것은? (다툼이 있는 경우 판례에 의함) (2016년 경간부 기출)

① 법률상의 배우자인 처도 강간죄의 객체가 될 수 있다.

② 혼인 외 성관계 사실을 폭로하겠다는 등의 내용으로 유부녀인 피해자를 협박하여 간음 또는 추행한 경우에 강간죄 또는 강제추행죄가 성립한다.

③ 강간의 목적으로 여자 혼자 있는 방문을 두드리고 여자가 위험을 느끼고 가까이 오면 창문으로 뛰어내리겠다고 하는데도 방문으로 침입하려 한 때, 또는 강간의 목적으로 피해자의 안방에 들어가 누워 자고 있는 여자의 가슴과 엉덩이를 만진 경우에는 강간죄의 실행착수가 인정된다.

④ 피해자의 입술, 귀, 유두, 가슴 등을 입으로 깨무는 등의 행위를 한 경우, 강제추행죄의 추행에 해당한다.

 ① 대판 2013.5.16, 2012도14788, 전원합의체판결. ② 대판 2007.1.25, 2006도5979. ③ ⅰ) 피고인이 간음할 목적으로 새벽 4시에 여자 혼자 있는 방문 앞에 가서 피해자가 방문을 열어 주지 않으면 부수고 들어갈듯 한 기세로 방문을 두드리고 피해자가 위험을 느끼고 창문에 걸터앉아 가까이 오면 뛰어 내리겠다고 하는데도 베란다를 통하여 창문으로 침입하려고 하였다면 강간의 수단으로서의 폭행에 착수하였다고 할 수 있으므로 강간의 착수가 있었다고 할 것이다(대판 1991.4.9., 91도288). ⅱ) 강간죄의 실행의 착수가 있었다고 하려면 강간의 수단으로서 폭행이나 협박을 한 사실이 있어야 할 터인데 피고인이 강간할 목적으로 피해자의 집에 침입하였다 하더라도 안방에 들어가 누워 자고 있는 피해자의 가슴과 엉덩이를 만지면서 간음을 기도하였다는 사실만으로는 강간의 수단으로 피해자에게 폭행이나 협박을 개시하였다고 하기는 어렵다(대판 1990.5.25, 90도607). ④ 대판 2013.9.26, 2013도5856.　**답 ③**

하여 성관계를 맺는 죄'라고 해석된다. 강간죄는 제정 당시부터 '배우자가 아닌 사람에 의한 성관계'를 강요당한다는 침해적인 요소를 고려하여 형량을 정하였는데, 특별한 구성요건의 변화 없이 형법 제32장의 제목 변경만으로 강간죄를 부부관계에까지 확대하는 것은 강간죄의 규정 취지와 달리 부부관계에 대하여 과도한 처벌이 이루어지게 되어 죄형균형의 원칙을 벗어나게 된다. 혼인생활과 가족관계의 특수성이 갖는 이익과 성적 자기결정권이 갖는 이익의 형량 등을 고려하여 강간죄에 의한 처벌 여부를 가려야 한다면, 차라리 일반적인 강간죄가 성립된다고 보지 않고 그 폭행 또는 협박에 상응한 처벌을 하는 것이 다양한 유형의 성적 자기결정권 침해에 대처할 수 있고 처의 혼인생활 및 권리 보호에 충실할 수 있다(대법원 2013.5.16. 선고 2012도14788 전원합의체 판결).

37

절도죄

(1) 〈억울합니다!〉

어떤 남자가 자동차를 훔친 혐의로 경찰서에 잡혀 왔다.

경찰이 그를 추궁했다.

"당신, 왜 남의 차를 훔친거지?"

그러자 남자는 억울하다는 듯 대답했다.

"난 훔친 게 아닙니다. 묘지 앞에 세워져 있기에 차 주인이 죽은 줄 알았다고요!".

(2) 〈공헌〉

한 남자가 절도죄로 기소되어 법정에 섰다.

재판관 : 피고는 인류를 위해서 조금이라도 공헌한 적이 있습니까?

남자 : 형사 서너 사람과 재판관에게 내내 일거리를 줘 왔습니다요.

(3) 〈도둑의 변명〉

한 도둑이 잡혔다.

경찰: 당신은 절도죄요.

도둑: 참, 어이없네. 난 그냥 새끼줄을 주웠을 뿐이오.

경찰: 새끼줄 끝에 뭐가 달린 줄 아시오?

도둑: (긴 한숨을 쉬며) 나도 이런 줄 몰랐다오. 나중에야 소가 매달려 있다는 것을 알았단 말이오.

1. 절도죄

형법은 "타인의 재물을 절취한 자는 6년 이하의 징역 또는 1천만원 이하의 벌금에 처한다."(형법 제329조)고 절도죄(竊盜罪)를 규정하고 있다.

"야간에 사람의 주거, 간수하는 저택, 건조물이나 선박 또는 점유하는 방실에 침입하여 타인의 재물을 절취한 자는 10년 이하의 징역에 처한다"(형법 제330조)고 야간주거침입절도죄를 규정하고 있고,[1][2] "① 야간에 문호 또는 장벽 기타 건조물의 일부를 손괴하고[3] 전조의 장소에 침입하여 타인의 재물을 절취한 자는 1년 이상 10년 이하의 징역에 처한다. ② 흉기를 휴대하거나 2인 이상이 합동하여 타인의 재물을 절취한 자도 전항의 형과 같다"(형법 제331조)고 특수절도죄를 규정하고 있다.[4][5] 또한 "상습으로 절도죄 등을 범

---

[1] 야간주거침입절도죄에 대하여 정하는 형법 제330조에서 '야간에'라고 함은 일몰 후부터 다음날 일출 전까지를 말한다(대법원 2015.8.27, 2015도5381).

[2] [1] 야간에 타인의 재물을 절취할 목적으로 사람의 주거에 침입한 경우에는 주거에 침입한 단계에서 이미 형법 제330조에서 규정한 야간주거침입절도죄라는 범죄행위의 실행에 착수한 것이라고 보아야 한다. [2] 주거침입죄의 실행의 착수는 주거자, 관리자, 점유자 등의 의사에 반하여 주거나 관리하는 건조물 등에 들어가는 행위, 즉 구성요건의 일부를 실현하는 행위까지 요구하는 것은 아니고 범죄구성요건의 실현에 이르는 현실적 위험성을 포함하는 행위를 개시하는 것으로 족하므로, 출입문이 열려 있으면 안으로 들어가겠다는 의사 아래 출입문을 당겨보는 행위는 바로 주거의 사실상의 평온을 침해할 객관적인 위험성을 포함하는 행위를 한 것으로 볼 수 있어 그것으로 주거침입의 실행에 착수한 것으로 보아야 한다(대법원 2006.9.14, 2006도2824).

[3] 형법 제331조 제1항에 정한 '문호 또는 장벽 기타 건조물의 일부'라 함은 주거 등에 대한 침입을 방지하기 위하여 설치된 일체의 위장시설(圍障施設)을 말하고, '손괴'라 함은 물리적으로 위와 같은 위장시설을 훼손하여 그 효용을 상실시키는 것을 말한다(대법원 2004.10.15, 2004도4505).

[4] 형법 제331조 제2항에서 '흉기를 휴대하여 타인의 재물을 절취한' 행위를 특수절도죄로 가중하여 처벌하는 것은 흉기의 휴대로 인하여 피해자 등에 대한 위해의 위험이 커진다는 점 등을 고려한 것으로 볼 수 있다. 이에 비추어 위 형법 조항에서 규정한 흉기는 본래 살상용·파괴용으로 만들어진 것이거나 이에 준할 정도의 위험성을 가진 것으로 봄이 상당하고, 그러한 위험성을 가진 물건에 해당하는지 여부는 그 물건의 본래의 용도, 크기와 모양, 개조 여부, 구체적 범행 과정에서 그 물건을 사용한 방법 등 제반 사정에 비추어 사회통념에 따라 객관적으로 판단할 것이다(대법원 2012.6.14, 2012도4175).

[5] 형법 제331조 제2항 후단의 2인 이상이 합동하여 타인의 재물을 절취한 경우의 특수절도죄가 성립하기 위하여는 주관적 요건으로서의 공모와 객관적 요건으로서의 실행행위의 분담이 있어야 하고 그 실행행위에 있어서는 시간적으로나 장소적으로 협동관계에 있음을 요한다(대법원 1996.3.22, 96도313).

한 자는 그 죄에 정한 형의 2분의 1까지 가중한다"고 규정하여 가중처벌하고 있다(형법 제332조).[6]

2. 절도죄의 객체 : 재물의 개념

절도죄의 객체인 재물(財物)은 반드시 객관적인 금전적 교환가치를 가질 필요는 없고 소유자·점유자가 주관적인 가치를 가지고 있는 것으로 족하고, 이 경우 주관적·경제적 가치의 유무를 판별함에 있어서는 그것이 타인에 의하여 이용되지 않는다고 하는 소극적 관계에 있어서 그 가치가 성립하더라도 관계없다(대법원 2007.8.23, 2007도2595).

3. 절도죄와 절취

형법상 절취(竊取)란 타인이 점유하고 있는 자기 이외의 자의 소유물을 점유자의 의사에 반하여 그 점유를 배제하고 자기 또는 제3자의 점유로 옮기는 것을 말한다(대법원 2006.9.28, 2006도2963). 어떤 물건이 타인의 점유하에 있는지 여부는, 객관적인 요소로서의 관리범위 내지 사실적 관리가능성 외에 주관적 요소로서의 지배의사를 참작하여 결정하되 궁극적으로는 당해 물건의 형상과 그 밖의 구체적인 사정에 따라 사회통념에 비추어 규범적 관점에서 판단하여야 한다(대법원 2008.7.10, 2008도3252).

4. 절도죄와 불법영득의사

절도죄의 성립에 필요한 불법영득의 의사라 함은 권리자를 배제하고 타인의 물건을 자기의 소유물과 같이 그 경제적 용법에 따라 이용·처분할 의사를 말하는 것으로, 단순한 점유의 침해만으로는 절도죄를 구성할 수 없으나 영구적으로 그 물건의 경제적 이익을 보

---

6)   절도죄에 있어서 상습성을 인정하려면 절도전과가 수회이고 그 수단·방법 및 성질이 같으며 그 범행이 절도습성의 발현인 경우에 한하고 그 범행이 우발적인 동기나 급박한 경제적 사정하에서 이루어진 것이어서 절도습성의 발로라 볼 수 없는 경우에는 상습절도라 볼 수 없는 것이며 장시일이 경과한 전과사실을 근거로 상습성을 인정하려면 그 전후관계를 종합하여 그 범행이 피고인의 습벽의 발로라고 인정함에 상당한 특별사정이 있어야 한다 할 것이다(대법원 1984.3.13, 84도35).

유할 의사가 필요한 것은 아니고, 소유권 또는 이에 준하는 본권을 침해하는 의사 즉 목적물의 물질을 영득할 의사이든 그 물질의 가치만을 영득할 의사이든을 불문하고 그 재물에 대한 영득의 의사가 있으면 족하다(대법원 2006.3.24, 2005도8081).[7]

5. 절도죄의 상습성

절도에 있어서의 상습성은 절도범행을 반복 수행하는 습벽을 말하는 것으로서, 동종 전과의 유무와 그 사건 범행의 횟수, 기간, 동기 및 수단과 방법 등을 종합적으로 고려하여 상습성 유무를 결정하여야 한다(대법원 2009.2.12, 2008도11550).[8]

6. 절도죄 실행의 착수시기

절도죄의 실행의 착수 시기는 재물에 대한 타인의 사실상의 지배를 침해하는 데에 밀접한 행위를 개시한 때라고 할 것이고(대법원 1986.12.23, 86도2256; 대법원 1999.9.17, 98도3077등 참조), 실행의 착수가 있는지 여부는 구체적 사건에 있어서 범행의 방법, 태양, 주변상황 등을 종합 판단하여 결정하여야 한다(대법원 1983.3.8, 82도2944).[9]

---

7) 절도죄의 성립에 필요한 불법영득의 의사라 함은 권리자를 배제하고 타인의 물건을 자기의 소유물과 같이 그 경제적 용법에 따라 이용·처분할 의사를 말하는 것으로 영구적으로 그 물건의 경제적 이익을 보유할 의사가 필요한 것은 아니지만 단순한 점유의 침해만으로서는 절도죄를 구성할 수 없고 소유권 또는 이에 준하는 본권을 침해하는 의사 즉 목적물의 물질을 영득할 의사이거나 또는 그 물질의 가치만을 영득할 의사이든 적어도 그 재물에 대한영득의 의사가 있어야 한다(대법원 1992.9.8, 91도3149).
8) 행위자가 범죄행위 당시 심신미약 등 정신적 장애상태에 있었다고 하여 일률적으로 그 행위자의 상습성이 부정되는 것은 아니다. 심신미약 등의 사정은 상습성을 부정할 것인지 여부를 판단하는 데 자료가 되는 여러 가지 사정들 중의 하나일 뿐이다. 따라서 행위자가 범죄행위 당시 심신미약 등 정신적 장애상태에 있었다는 이유만으로 그 범죄행위가 상습성이 발현된 것이 아니라고 단정할 수 없고 다른 사정을 종합하여 상습성을 인정할 수 있어 심신미약의 점이 상습성을 부정하는 자료로 삼을 수 없는 경우가 있는가 하면, 경우에 따라서는 심신미약 등 정신적 장애상태에 있었다는 점이 다른 사정들과 함께 참작되어 그 행위자의 상습성을 부정하는 자료가 될 수도 있다(대법원 2009.2.12, 2008도11550).
9) 대법원 2010.4.29, 2009도14554.

7. 자동차 등 불법사용죄

형법은 "권리자의 동의없이 타인의 자동차, 선박, 항공기 또는 원동기장치자전차를 일시 사용한 자는 3년 이하의 징역, 500만원 이하의 벌금, 구류 또는 과료에 처한다."(형법 제331조의2)라고 하여 자동차등 불법사용죄를 규정하고 있다.

형법 제331조의2에서 규정하고 있는 자동차등불법사용죄는 타인의 자동차 등의 교통수단을 불법영득의 의사 없이 일시 사용하는 경우에 적용되는 것으로서 불법영득의사가 인정되는 경우에는 절도죄로 처벌할 수 있을 뿐 본죄로 처벌할 수 없다(대법원 2002.9.6, 2002도3465).

38

강도죄

 거래은행

철통같은 경비와 안전장치를 뚫고서 은행 본점만을 털어 온 대담한 은행강도가 경찰의 수사망을 피해 다니다가 끝내 붙잡히고 말았다.

잡혀가는 범인에게 기자들이 몰려들었다.

"어떻게 은행의 경비망과 경찰의 수사망을 뚫었습니까?"

"특수의 변장술과 민첩한 행동으로...."

"유일하게 털리지 않은 은행이 있었는데, 그 이유는 뭡니까?"

"아, 그 은행이요. 거긴 내 돈을 관리해 주는 은행이거든요."

1. 강도죄

강도죄(强盜罪)는 폭행 또는 협박으로 타인의 재물을 강취하거나 기타 재산상의 이익을 취득하거나 제삼자로 하여금 이를 취득하게 함으로써 성립하는 범죄이다(형법 제333조). 강도죄는 3년 이상의 유기징역에 처한다.

2. 강도죄에 있어서 폭행·협박의 정도

강도죄에 있어서 폭행과 협박의 정도는 사회통념상 객관적으로 상대방의 반항을 억압하거나 항거불능케 할 정도의 것이라야 한다(대법원 2001.3.23, 2001도359 판결 등 참조).

3. 강도죄에 있어서의 '재산상 이익'의 의미

강도죄(이른바 강제이득죄)의 요건이 되는 재산상의 이익이란 재물 이외의 재산상의 이익을 말하는 것으로서, 그 재산상의 이익은 반드시 사법상 유효한 재산상의 이득만을 의미하는 것이 아니고 외견상 재산상의 이득을 얻을 것이라고 인정할 수 있는 사실관계만 있으면 여기에 해당된다(대법원 1997.2.25, 96도3411).[1]

---

1) 형법 제333조 후단의 강도죄, 이른바 강제이득죄의 요건인 재산상의 이익이란 재물 이외의 재산상의 이익을 말하는 것으로서 적극적 이익(적극적인 재산의 증가)이든 소극적 이익(소극적인 부채의 감소)이든 상관없는 것이고, 강제이득죄는 권리의무관계가 외형상으로라도 불법적으로 변동되는 것을 막고자함에 있는 것으로서 항거불능이나 반항을 억압할 정도의 폭행 협박을 그 요건으로 하는 강도죄의 성질상 그 권리의무관계의 외형상 변동의 사법상 효력의 유무는 그 범죄의 성립에 영향이 없고, 법률상 정당하게 그 이행을 청구할 수 있는 것이 아니라도 강도죄에 있어서의 재산상의 이익에 해당하는 것이며, 따라서 이와 같은 재산상의 이익은 반드시 사법상 유효한 재산상의 이득만을 의미하는 것이 아니고 외견상 재산상의 이득을 얻을 것이라고 인정할 수 있는 사실관계만 있으면 된다(대법원 1994.2.22, 93도428,).

39

허위·장난전화와 위계에 위한 공무집행방해죄

 혹시라도 이런 장난전화 하지 마세요

▲도둑을 신고하려고 경찰서에 전화를 했습니다.

그랬다가 욕만 먹었습니다.

내 마음을 훔쳐간 그 사람을 신고하려 했는데….

물적 증거가 없다고 욕만 먹었습니다.

▲불이 났다고 소방서에 전화를 했습니다.

그랬다가 욕만 먹었습니다.

사랑하는 마음에 불이 났다고 신고하려 했는데….

장난하냐고 욕만 먹었습니다.

▲심장이 터질 것 같다고 병원에 전화를 했습니다.

그랬다가 미쳤냐고 욕만 먹었습니다.

그대 사랑하는 마음이 터질 것 같아서 전화했는데….

냉수마찰이나 하라며 욕만 먹었습니다.

▲전화국에 전화를 했습니다.

그랬다가 또다시 욕만 먹었습니다.

그 사람과 나만의 직통전화를 개설해 달라고 전화했다가….

어디서 생떼 쓰냐고 욕만 먹었습니다.

1. 허위·장난신고의 현황

허위·장난 112신고로 인해 경찰력이 낭비되고, 다른 범죄나 긴급한 구조가 필요한 경우 신속히 대처하지 못하게 되는 문제가 발생하게 된다. 허위·장난 전화가 2012년부터 연간 1만여 건이 넘어서고 있다.

경찰이 허위, 장난신고자에 대해 형사처벌과 함께 민사 손해배상까지 청구하게 된 것은, 112신고를 받은 경우 지구대등 상시근무자 뿐만 아니라 30-50명의 경찰관을 비상소집하여 긴급출동하게 되는데, 허위신고로 인해 정작 긴급히 구조를 받아야할 선량한 시민들이 피해를 입게 되고 경찰의 근무의욕마저 저하시키는 결과를 초래하기 때문이다.

2. 허위·장난전화의 처벌규정

허위·장난신고를 하는 경우 경범죄처벌법에 따라 벌금·구류·과료처분을 받거나 공무집행방해죄로 처벌될 수 있다.

112 전화에 대한 허위신고 처벌 규정을 보면, ① "있지도 아니한 범죄 또는 재해의 사실을 공무원에게 거짓으로 신고한 사람"에 대해서는 60만원 이하의 벌금, 구류 또는 과료의 형으로 처벌한다(경범죄처벌법 제3조 제3항 제2호).[1] ② 위계로서 공무원의 직무집행을 방해한 자는 5년 이하의 징역 또는 1천만원 이하의 벌금에 처한다(형법 제137조). 아울러 악의적 허위신고자에 대해서는 구속수사를 원칙으로 하고, 경찰력 낭비가 심각한 경우에는 허위 신고자에 대한 손해배상 청구 소송도 병행할 수 있다.[2]

---

[1] 경범죄처벌법 제3조(경범죄의 종류)③ 다음 각 호의 어느 하나에 해당하는 사람은 60만원 이하의 벌금, 구류 또는 과료의 형으로 처벌한다.
   1. (관공서에서의 주취소란) 술에 취한 채로 관공서에서 몹시 거친 말과 행동으로 주정하거나 시끄럽게 한 사람
   2. (거짓신고) 있지 아니한 범죄나 재해 사실을 공무원에게 거짓으로 신고한 사람

[2] 2012년 성남수정경찰서와 안양만안경찰서에서 상습적이고 악의적인 112허위신고자에 대해 구속 등 형사처벌과 함께, 경찰출동비용 등 사회적 비용을 손해배상으로 청구하였다. 성남수정경찰서는 B씨(19세)가 2012. 4. 29. 04:09 "저 지금 위험해요. 위치추적해서 저 좀 살려 주세요"라고 문자를 112로 보내 허위 신고한 것과 관련, 구속한 뒤, 경찰출동 차량 유류비, 시간외 근무비용 등 1,184만원을 손해배상청구했다. 안양만안경찰서는 A씨(22세)가 2012. 4. 18. 19:54 112 지령실에 "모르는 사람이 승용차량에 가두었다. 빨리 도와달라"라고 신고한 것과 관련, 불구속 입건과 함께, 경찰출

3. 112허위신고 처벌현황

112전화에 대한 허위신고를 한 경우 처벌현황을 보면,　2013년 1,837건에서 2014년 1,913건, 2015년 2,734건, 2016년 3,556건, 2017년 4,192건으로, 매년 경찰은 허위신고에 대해 강력히 대응해 오고 있다.

구분	허위신고 처벌 현황							
	계	형사입건			경범처벌(즉심)			
		소계	구속	불구속	소계	벌금	구류	과료
'13년	1,837	188	7	181	1,649	1,571	52	26
'14년	1,913	478	30	448	1,435	1,384	42	9
'15년	2,734	759	22	737	1,975	1,946	22	7
'16년	3,556	947	24	923	2,609	2,580	12	17
'17년	4,192	1,059	21	1,038	3,133	3,094	26	13

경찰청의 2017년 112허위신고 분석자료에 의하면, 주로 4-50대(57.4%), 남성(84.2%)이 주취상태(50.7%)에서 특정동기 없이 사회불만(67.4%)을 품고 범죄(64.2%) 관련 내용으로 허위신고 하는 것으로 나타났다.

시간대별로는 허위신고집중 시간대인 20-04시 사이(51.5%)에 많이 발생했고, 사건종별로는 주로 범죄(64.2%)관련 내용이며, 중요범죄는 25%를 차지했다.

동 비용 등 1,362만원을 손해배상 청구했다. 안양만안경찰서의 경우, 지구대 순찰차 2대, 형사기동대 차량, 실종팀과 과학수사팀 출동, 20:00경 형사기동타격대, 20:20경 안양경찰서 형사과 전 직원이 비상소집, 출동하여 총 50명의 인원이 4시간 동안 수사활동 전개하는 등 경찰력 낭비와 경찰의 근무의욕을 저하시켰다. 경찰이 112 허위 · 장난신고자에 대해 형사처벌과 함께 민사 손해배상까지 청구하게 된 것은, 112신고를 받은경우 지구대등 상시근무자 뿐만 아니라 30~50명의 경찰관을 비상소집하여 긴급출동하게 되는데, 허위신고로 인해 정작 긴급히 구조를 받아야할 선량한 시민들이 피해를 입게되고 경찰의 근무의욕마저 저하시키는 결과를 초래하기 때문이다.

계	범죄신고			교통신고	기타신고
	소계	중요범죄	기타범죄		
4,192	2,692	1,049	1,643	84	1,416

직업별로는 주취상태(50.7%)에서의 신고가 다수이며, 무직(42.1%)이 많았다. 특정동기 없는 사회 불만(67.4%) · 보복(12.9%) · 장난(8%) 등 순으로 나타났다.

사회불만	보복	장난	신고처리불만	기타	가정불화
2,825	540	336	295	140	56

2017년 한해 동안 허위신고로 인해 현장에 출동하거나 수사 등에 동원된 경찰관은 31,405명이며 경찰차량은 9,487대이다.

4. 위계에 의한 공무집행방해죄

형법은 "위계로써 공무원의 직무집행을 방해한 자는 5년 이하의 징역 또는 1천만원 이하의 벌금에 처한다."(동법 제137조)규정하고 있다.

위계에 의한 공무집행방해죄는 상대방의 오인, 착각, 부지를 일으키고 이를 이용하는 위계에 의하여 상대방이 그릇된 행위나 처분을 하게 함으로써 공무원의 구체적이고 현실적인 직무집행[3]을 방해하는 경우에 성립한다(대법원 2009.4.23, 2007도1554). 따라서 행정청에 대한 일방적 통고로 효과가 완성되는 '신고'의 경우에는 신고인이 신고서에 허위사실을 기재하거나 허위의 소명자료를 제출하였더라도, 그것만으로는 담당 공무원의 구체적이고 현실적인 직무집행이 방해받았다고 볼 수 없어 특별한 사정이 없는 한 허위 신고가 위계에 의한 공무집행방해죄를 구성한다고 볼 수 없다. 그러나 행정관청이 출원에 의한 인허가처

---

3) 위계에 의한 공무집행방해죄는 행위목적을 이루기 위하여 상대방에게 오인, 착각, 부지를 일으키게 하여 이를 이용함으로써 법령에 의하여 위임된 공무원의 적법한 직무에 관하여 그릇된 행위나 처분을 하게 하는 경우에 성립하고, 여기에서 공무원의 직무집행이란 법령의 위임에 따른 공무원의 적법한 직무집행인 이상 공권력의 행사를 내용으로 하는 권력적 작용뿐만 아니라 사경제주체로서의 활동을 비롯한 비권력적 작용도 포함되는 것으로 봄이 상당하다(대법원 2003.12.26, 2001도6349).

분 여부를 심사하거나 신청을 받아 일정한 자격요건 등을 갖춘 때에 한하여 그에 대한 수용 여부를 결정하는 등의 업무를 하는 경우에는 위 '신고'의 경우와 달리, 출원자나 신청인이 제출한 허위의 소명자료 등에 대하여 담당 공무원이 나름대로 충분히 심사를 하였으나 이를 발견하지 못하여 인허가처분을 하게 되거나 신청을 수리하게 되었다면, 출원자나 신청인의 위계행위가 원인이 되어 행정관청이 그릇된 행위나 처분에 이르게 된 것이어서 위계에 의한 공무집행방해죄가 성립한다(대법원 2016.1.28, 2015도17297).[4][5][6]

---

4) 형법 제136조가 규정하는 공무집행방해죄는 공무원의 직무집행이 적법한 경우에 성립하는 것이고, 여기서 적법한 공무집행이라고 함은 그 행위가 공무원의 추상적 권한에 속할 뿐 아니라 구체적으로도 그 권한 내에 있어야 하며 또한 직무행위로서의 요건과 방식을 갖추어야 하고, 공무원의 어떠한 공무집행이 적법한지 여부는 행위 당시의 구체적 상황에 기하여 객관적·합리적으로 판단하여야 한다 (대법원 1992.5.22, 92도506 판결; 대법원 2007.10.12, 2007도6088 판결 등 참조).

5) 공무집행방해죄에서 협박이란 상대방에게 공포심을 일으킬 목적으로 해악을 고지하는 행위를 의미하는 것으로서 고지하는 해악의 내용이 그 경위, 행위 당시의 주위 상황, 행위자의 성향, 행위자와 상대방과의 친숙함의 정도, 지위 등의 상호관계 등 행위 당시의 여러 사정을 종합하여 객관적으로 상대방으로 하여금 공포심을 느끼게 하는 것이어야 하고, 그 협박이 경미하여 상대방이 전혀 개의치 않을 정도인 경우에는 협박에 해당하지 않는다(대법원 2011.2.10, 2010도15986).

6) 형법상 공무원이라 함은 국가 또는 지방자치단체 및 이에 준하는 공법인의 사무에 종사하는 자로서 그 노무의 내용이 단순한 기계적 육체적인 것에 한정되어 있지 않은 자를 말한다(대법원 1978.4.25, 77도3709 판결 참조).

기출문제

1 공무방해에 관한 죄에 대한 설명으로 적절하지 <u>않은</u> 것을 모두 고른 것은? (다툼이 있는 경우 판례에 의함) (2018년 제3차 경찰공무원 공채)

> ㉠ 공무집행방해죄의 '직무를 집행하는'이라 함은 공무원이 직무수행에 직접 필요한 행위를 현실적으로 행하고 있는 때만을 가리키는 것이 아니라 공무원이 직무수행을 위하여 근무 중인 상태에 있는 때를 포괄한다.
> ㉡ 참고인이 수사기관에 대하여 허위진술을 한 사실만으로는 위계에 의한 공무집행방해죄가 성립하지 않는다.
> ㉢ 공무집행방해죄는 공무원의 직무집행이 적법한 경우에 한하여 성립하고, 여기서 적법한 공무집행이라고 함은 그 행위가 공무원의 추상적 권한에 속하면 충분하며, 구체적으로 그 권한 내에 있어야 할 필요는 없다.
> ㉣ 유체동산의 가압류집행에 있어 가압류공시서의 기재에 다소의 흠이 있다면, 그 기재 내용을 전체적으로 보아 가압류공시서에 그 가압류목적물이 특정되었다고 인정할 수 있더라도 그 가압류는 당연무효이고, 해당 가압류공시서는 공무상표시무효죄의 객체가 될 수 없다.

① ㉠㉡　　　　② ㉡㉢　　　　③ ㉡㉣　　　　④ ㉢㉣

답 ④

범죄예방

공짜가 어딨어!

어느 부부의 결혼기념일에 발신자가 없는 등기 우편이 도착했다.

봉투를 뜯어보니 정말 보고 싶었던 연극표 2장이 들어 있는 것이었다.

부부는 결혼기념일을 축하하기 위해 친구 중 누군가 보냈다고 생각했다.

오랜만에 연극도 보고, 외식도 하고, 즐거운 시간을 보낸 부부는 집에 도착해서 깜짝 놀라고 말았다.

도둑이 들어 집안이 엉망진창으로 난장판이 되어 있는 것이었다. 정신없이 가재도구를 확인하는 중에 안방에서 조그마한 쪽지 하나가 발견됐다.

"연극 잘 보셨나요? 세상에 공짜는 없답니다."

사회가 복잡해지고 고도화됨에 따라 각종 범죄가 증가하고 있으나 한정된 경찰력만으로 모든 범죄를 완전히 예방하기에는 현실적으로 한계가 있다. "나도 범죄의 피해자가 될 수 있다"는 생각을 가지고 스스로 지키는 자위방범체제를 강화하여야 한다.

1. 범인이 노리는 집은 어떤 집일까?

- 대문이 열려있는 집
- 자물쇠가 밖으로 채워져 있는 집
- 초인종을 눌러도 대답이 없거나 전화를 걸어도 받지 않는 집
- 초저녁에 불이 꺼져있는 집
- 대문·출입문에 정기 배달물(우유, 신문 등)이 쌓여 있는 집

2. 가정에서 지켜야 할 사항

- 강도는 흉기를 소지하고 침입하기도 하지만, 주로 침입한 주택의 부엌칼 등을 이용하므로 흉기가 될 만한 과도 등은 깊숙한 곳에 보관, 사용하는 것이 좋다.
- 야간에 도둑이 침입한 경우 가벼운 기침을 하거나, 선잠에서 깨는 것처럼 하품을 하며 이불을 뒤척이면 도둑은 불안을 느껴 도망가는 경우가 많다.
- 강도가 들었을 경우 그들의 요구대로 따르되 자극적인 말은 삼가고 인상착의를 자세하게 기억해야한다. 또한 범죄를 당한 경우에는 범죄현장을 손대지 말고 그대로 보존하고 신속히 112전화신고를 해야 한다.
- 귀중품(귀금속·현금등)은 은행에 예치하면 좋고, 집안에 둘 때에는 적당한 곳에 분산 보관하는 것이 안전하다.
- 온 가족이 한 방에서 TV를 볼 때에도 집밖의 인기척에 귀를 기울이고 문단속을 확인해야 한다.
- 부득이한 사정으로 집을 비울 때에는 이웃이나 경비원, 파출소에 부탁하고, 밤에는 형광등이나 라디오를 켜놓는 것이 안전하다. 또한 집을 여러 날 비울 때에는 배달물(우유, 신문 등)을 중지하도록 하여 빈집임을 모르게 해야 한다.
- 최근에는 검침원, 동사무소 직원 등을 가장하거나 전세방을 얻으러 다니는 것처럼 가장하여 침입하는 경우도 많으므로 낯선 사람을 함부로 집에 들이지 말아야 한다.

3. 일상에서 일어날 수 있는 범죄와 대책

(1) 가정에서의 방범대책

- 담장이나 창문에 철제 방범 창살이나 경보시설을 설치한다.
- 집 주위 으슥한 곳에는 밝게 하여 도둑의 침입을 방지한다.
- 도둑은 어두운 곳을 골라 침입하므로 부근에 방범등을 설치하고, 주위를 밝게 하여 도둑의 침입을 방지한다.
- 귀금속이나 현금(유가증권)은 은행에 맡기고 집안에 보관할 경우 분산하여 보관한다.
- 귀중품은 특징을 기록하여 별도로 간직하고 귀중품에 자기 또는 가족만이 알 수 있는 부호를 표시한다.
- 장기간 집을 비울 때에는 신문과 우유 등 정기 배달물을 넣지 않도록 사전에 연락한다.

(2) 소매치기

소매치기는 사람이 많은 곳에서 예리한 면도칼 따위로 몰래 찢거나 호주머니의 금품을 감쪽같이 꺼내 가는 경우도 있고, 동전과 같은 물건을 떨어뜨려 시선을 돌리게 한 후 목걸이 등을 따는 수법 등이 있다.

사람이 많이 몰리는 역·버스터미널·백화점·상가, 혼잡한 버스·지하철 내에서 한눈을 팔거나 주위가 산만해지는 경우를 노리고 있다.

(3) 대비책

- 부득이 많은 돈을 가지고 다닐 때에는 여러 곳에 나누어 넣고 주위를 자주 살펴보는 것이 좋다.
- 소매치기는 공연히 시비나 싸움을 걸고 싸우는 순간, 공범이 말리는 체하면서 돈을 빼내어 가는 수가 있으니, 누군가 시비를 걸어오면 빨리 그 자리를 벗어나는 것이 현명한 방법이다.
- 버스 안에서 소매치기를 발견하였거나 당하였을 때에는 침착하게 기사에게 알려 승객이 내리지 못하도록 하고, 가까운 경찰관서나 경찰관에게 신고해야 한다.

(4) 들치기

사람이 많은 곳에서 손님과 이야기하는 사이 또는 자신들끼리 싸움을 하여 시선을 집중시킨 후 감시가 소홀한 틈을 타 몰래 들고 가는 수법이다.

〈대비책〉

● 사람이 많은 곳에서는 핸드백이나 가방 등을 잘 챙기도록 하고, 자리를 비울 때에는 아는 사람에게 부탁하는 것이 좋다.

● 피곤하여 졸거나 신문·잡지 등을 보는 사이에 몰래 들고 가는 경우도 있으므로 주의하여야 한다.

(5) 날치기

핸드백·돈지갑 등을 들고 서 있거나 보행중일 때, 오토바이 등을 타고 뒤따라가 낚아채는 수법이 있고, 특히 금융기관에서 현금을 인출해갈 때 뒤따라가 골목길, 곡각지점 등 한적한 곳이나 횡단보도, 정류장 등 혼잡한 곳에서 핸드백 등을 낚아채어 인근에 대기하고 있던 오토바이나 승용차로 도주하는 2인조 날치기가 많다.

〈대비책〉

● 걸어갈 때에는 핸드백을 길 안쪽으로 옮겨 잡거나 끈을 대각선으로 메고 손으로 잡는 습관을 갖는 것이 좋다.

● 너무 친절하게 접근하는 사람을 경계하고, 외출할 때에는 값비싼 귀금속을 소지하지 말아야한다.

● 금융기관에서 현금을 인출하거나 맡길 때에는 더욱 주의하여야 하고, 특히 다액 을 입·출금할 경우 동료와 함께 회사 등의 전용차로 가는 것이 안전하며, 필요한 때에는 은행 청경이나 경찰관의 도움을 요청하는 것이 좋다.

(6) 노상강도

으슥한 골목길 등에서 지나가는 사람의 뒤통수를 치거나, 정면에서 흉기로 위협하거나 술취한 사람을 상대로 금품을 강탈하는 수법도 있다.

〈대비책〉

- 밤거리를 혼자서 다니는 것은 노상강도의 표적이 된다.
- 술에 취했을 때에는 걸어서 귀가하는 것을 삼가야 한다.
- 대낮이더라도 인적이 드문 골목길, 지하도, 지하주차장 등 한적한 곳은 피하는 것이 좋고 여러 사람이 지나갈 때 함께 가는 것이 좋다.

(7) 마취강도

- 모르는 사람이 음료수 등 음식을 줄 때에는 예, 고맙지만 배가 아파서 등의 말로써 거절해야 한다.
- 모르는 사람이 차를 태워 달라고 하더라도 함부로 승차시키지 말아야 한다.

(8) 승용차, 택시운전사 상대 강력범죄 피해

버스, 택시를 기다리는 사람을 태워주겠다고 유인하여 강도 행위를 하거나 택시승객이 강도로 돌변하기도 하며, 주차시켜 둔 차에 범인들이 미리 들어가 있다가 운전자가 승차하자마자 흉기로 위협하여 현금 등을 강탈하는 수법도 있다.

〈대비책〉

- 모르는 사람이 차를 태워 주겠다고 할 때에는 자연스럽게 거절해야 한다.
- 운전 중에는 차문을 잠그고 밖에서 열지 못하도록 하는 것이 안전하다.
- 주차하는 경우에는 차량열쇠를 뽑은 후 문을 잠그고, 주차장을 이용한다.
- 차량을 발로 차서 시비를 거는 경우나 접촉사고일 때에는 먼저 상대를 파악한 후 안전이 확인되거나 경찰관이 올 때 까지 기다리는 것이 안전하며, 상대방의 차량번호를 확인해 두어야 한다.

(9) 부녀자 납치, 폭행

인신매매의 80%이상이 허위 광고를 이용하거나 좋은 자리에 취직시켜 준다고 유혹하는 경우이다.

또 지나가는 숙녀에게 갑자기 뺨을 때려 부부행세를 하거나 가출한 동생을 강압적으로 데려 가는 오빠행세, 가출한 정신병환자를 병원으로 데려가는 가족행세를 하는 수법 등이 있다.

〈대비책〉

● "고액보수 보장" 운운 등에 속지 않도록 하고, 화려한 옷차림이나 지나친 노출은 삼가해야 한다.

● 길을 가는데 갑자기 뺨을 때리거나 오빠·가족행세를 할 때에는 소리를 질러 위급상황임을 알리고 도움을 청하여 경찰관에게 신고하도록 부탁한다.

● 평소 주머니나 핸드백에 호각을 넣어 다니다가 긴급한 때에 호각을 불어 구원을 요청하는 것도 피해를 막는 방법 이다.

● 혼자 택시를 탈 경우 가급적 뒷좌석을 이용하고 타기 전에 차량번호를 확인한다.

(10) 지하철 범죄

지하철 내에서 혼잡한 틈을 이용하여 떠밀거나 수상한 행동으로 시선을 유도하거나 술에 취해 졸고있는 사람을 상대로 금품을 절취한다.

〈대비책〉

● 지하철 이용시에는 지갑 등 귀중품을 남자는 상의 안주머니, 여자는 핸드백에 넣어 앞쪽에 들고 있는 것이 좋다(바지 뒷주머니는 제일 위험).

● 선반 위에 가방 등을 올려놓을 경우 관심을 가지고 지켜보는 것이 좋다.

● 여러 사람이 주위에 몰려들어 수상한 행동을 할 경우 다른 칸으로 이동하거나 경찰관에게 신고한다.

41

대리운전과 범죄

 대리 운전자의 성(姓)

회사 직원들과 술 한잔 거나하게 걸친 조 과장, 대리운전자를 불렀다.

최 대리, 박 대리 동료들과 서로 헤어지던 찰나 대리운전자가 도착했다.

조 과장이 큰소리로 "야, 양 대리!" 하고 불렀다.

그러자 대리운전자 왈(曰), "저는 김씨, 김 대린데요."

1. 대리운전의 개념과 법적 문제

대리운전업이라 함은 주로 야간취객을 대상으로 자가용 소유주를 대신하여 자가용 자동차를 운전하는 업종을 의미한다.[1] 대리운전자라 함은 자동차보유자의 요청에 따라 그 자동차를 대신 운전하여 자동차 또는 자동차와 사람을 목적지까지 유상으로 운송하는 자를 말한다. 생계목적이나 아르바이트 등의 목적으로 대리운전행위를 하는 사람을 총칭한다고 할 수 있다.[2] 「근로기준법」상 근로자에 해당하는지의 여부는 그 계약이 민법상의 고용계약(雇傭契約)이든 도급계약(都給契約)이든 그 계약의 형식에 관계없이 실질에 있어 근로자가 사업 또는 사업장에 임금을 목적으로 종속적인 관계에서 사용자에게 근로를 제공했는지 여부에 따라 판단해야 한다.

현행법상 대리운전 기사들이 업체로부터 서비스 위탁을 받아 도급계약을 맺고 있는 구조이다. 다시 말해서 대리운전자(기사)는 특수형태근로종사자[3]와 유사한 성격을 가지고 있다고 볼 수 있다.

대리운전자는 근무시간이 정해진 것이 아니어서 원하는 때에 자유롭게 출퇴근할 수 있고 고정급을 받는 것이 아니라 미리 일정금액을 원고에게 예치하고 1건의 정보제공이 있을 때마다 수수료가 자동출금되는 방법으로 수익을 분배하고 있는 실정이다. 대리운전자는 대리운전업체에 소속되어 근로자의 성격을 일부 갖고 있으나, 세무서에서는 특수직종사자로써 사업자의 지위를 갖는 것으로 분류하고 있다. 하급심 판례이지만, 대리운전 기사의 근로기준법상 '근로자'로서의 지위는 부인되고 있다(2007가단108286 참조).

---

1) 현재 대리운전업은 서비스업으로 관할 세무서에 사업자 등록만 하면 대리운전업 사업을 할 수 있고, 정부나 지방자치단체의 관리나 규제를 받지 않고 있다. 따라서 관할 세무서에 신고를 하지 않고 영업을 하더라도 행정적으로 규제하거나 단속할 방법이 없다.

2) 이철호, "대리운전의 법적 문제와 입법의 필요성", 「한국민간경비학회보」제12권 제4호(2013), 170면 이하 참조.

3) 특수형태근로종사자란 계약의 형식에 관계없이 근로자와 유사하게 노무를 제공함에도 「근로기준법」 등이 적용되지 아니하여 업무상의 재해로부터 보호할 필요가 있는 자를 말한다(산업재해보상보험법 제125조 제1항). 특수형태근로종사자 관련 업종은 현재 약 39개 업종이 운영되고 있다. 「산업재해보상보험법」에 의한 업종은 '골프장 캐디', '학습지교사', '공제모집인', '우체국보험 모집인', '보험설계사', '콘크리트믹서트럭 지입차주'로 구분하고 있으며, 기타 특수형태근로종사자와 유사한 성격을 지닌 업종은 화물연대운송차주, 홍익회 판매원, 대리운전자, 프로야구선수, 영화산업종사자 스태프, 덤프종사자, 퀵서비스 배달원, 정수기 코디 등을 들 수 있다(국민권익위원회, 『특수형태근로종사자 권익보호 방안』, 2012, 6면 참조).

2. 대리운전과 범죄

대리운전으로 인한 범죄에 대한 정확한 통계는 없다. 대리운전 이용객들이 대리운전자로부터 어느 정도 범죄로 피해를 입고 있는지, 반대로 음주 이용자인 고객들로부터 대리운전자가 어느 정도 범죄에 노출되는지 알 수 없다.

대리운전자에 의한 범죄로는 ① 대리운전을 불러놓고 취소한 고객차량을 미행해 고의사고를 낸 뒤 보험금과 합의금을 갈취한 범죄,[4][5] ② 대리운전자에 의한 금품 및 네비게이션 등 절도범죄, ③ 대리운전을 요청한 여성 고객을 대상으로 한 성추행범죄 등이 발생하고 있다.

대리운전 이용자에 의한 범죄로는 ① 대리운전자를 폭행하는 범죄, ② 손님이 대리운전자(여)를 강제추행하는 범죄, ③ 대리운전자를 살인하는 범죄까지 발생하고 있는 실정이다. 심지어는 대리운전 영업을 하는 대리운전기사가 음주운전을 하는 경우도 있다.

3. 대리운전과 음주운전

음주운전이란 술에 취한 상태에서 자동차 등을 운전하는 것을 말한다. 우리나라 도로교통법(道路交通法)은 음주운전을 금지하고 있으며(도로교통법 제44조), 이에 위반한 경우에는 혈중 알코올농도에 따라 1년 이하의 징역에서 5년 이하의 징역이나 500백만 원에서 2천만 원 이하의 벌금에 처하도록 규정하고 있다(도로교통법 제148조의2)[6]. 그리고 음주

---

4) 차주와 말다툼 끝에 차량을 남겨두고 자리를 뜬 채, 차주가 음주운전했다고 허위신고한 혐의(무고)로 대리운전기사 김모(46)씨를 불구속기소했다. 검찰에 따르면 김씨는 2008년 7월 25일 새벽 시흥시 시흥관광호텔 앞에서 차주 남모(33)씨의 승용차를 대리운전해 안산시 방면으로 가던 중 신호위반문제로 남씨와 말다툼을 벌이다 남씨를 남겨두고 차에서 내린 뒤, 남씨가 음주운전했다고 신고한 혐의를 받고 있다. 검찰 조사결과 김씨가 돌아가자 남씨는 다른 대리운전기사를 불러 회사로 향했으나 김씨의 신고를 받고 회사로 출동한 경찰은 남씨를 음주운전 혐의로 입건한 것으로 드러났다 (법률신문, 2008년 12월 15일 참조).

5) 대리기사와 차주들이 요금문제 등으로 시비가 일며 예상치 못한 부작용이 생기기도 한다. 대리기사가 시비끝에 갑자기 도로 중앙에 차를 세워놓고 운전석을 이탈한 후 사고를 걱정한 차주가 차를 도로 옆으로 이동주차시키는 것을 음주운전으로 신고하는 경우 등이 대표적이다. 대리기사는 손님을 목적지까지 안전하게 데려다 줄 의무가 있기 때문에 이를 다하지 못할 경우 도로교통법상 음주운전 방조, 유기죄, 교통방해죄가 적용될 수 있다는 것이다. 또 시비를 벌이다 만취상태를 악용하여 운전을 하지 않았는데도 음주운전을 한 것으로 신고한 경우에는 무고죄로 처벌 받을 수 있다.

6) 도로교통법 제148조의2(벌칙) ③ 제44조 제1항을 위반하여 술에 취한 상태에서 자동차 등 또는 노

운전을 하여 인사사고(人死事故)를 낸 경우에는 교통사고처리특례법에 의하여 5년 이하의 금고 또는 2천만 원 이하의 벌금에 처할 수 있다(교통사고처리 특례법 제3조 참조).

　대리운전과 관련한 음주운전 법적 문제로서 많이 발생하는 사례로는, 대리운전기사를 불러 자택 앞까지 운전하여 온 다음 거주자 우선주차구역 안에 주차하기 위해 2~3m 정도 음주운전하는 일이다. 이러한 사안에 운전면허취소처분이 지나치게 가혹하여 운전면허취소에 관한 재량권을 남용한 위법이 있다는 판례[7]도 있다.

　도로교통법 개정 전에는 불특정 다수의 사람 또는 차량이 통행하는 공개된 도로에서 이뤄진 음주운전 등에 대해서만 처벌했다. 이로 인해 공장이나 관공서, 학교, 사기업 등의 정문 안쪽 통행로처럼 문이나 차단기에 의해 도로와 차단돼 별도로 관리되는 장소의 통행로는 물론 호텔이나 백화점, 아파트 같은 건물내 주차장 내에서 발생한 음주운전 등에 대해서는 처벌하지 못했다.[8]

면전차를 운전한 사람은 다음 각 호의 구분에 따라 처불한다.
1. 혈중알코올농도가 0.2퍼센트 이상인 사람은 2년 이상 5년 이하의 징역이나 1천만 원 이상 2천만 원 이하의 벌금
2. 혈중알코올농도가 0.08% 이상 0.2% 미만인 사람은 1년 이상 2년 이하의 징역에 500만 원 이상 1천만 원 이하의 벌금
3. 혈중알코올농도가 0.035 이상 0.08% 미만인 사람은 1년 이하의 징역이나 500만원 이하의 벌금

7)　원고는 음주운전을 하지 않기 위하여 인천에서 대리운전기사를 불러 차를 운전하여 자택 앞까지 운전하여 온 점, 원고가 음주운전을 하게된 것은 거주자 우선주차구역 안에 차를 주차하기 위하여 부득이 하게 한 것으로 보이는 점, 그 운전거리도 불과 2~3m에 불과한 점, 원고는 ○○○회에서 운영하고 있는 조명기구사업소 소장으로 근무하면서 각 거래처에 직접 배달을 해야 하고 나아가 오랜기간 위 차량을 이용하여 고엽제 환자를 후송하는 봉사활동을 수행하여 왔던 바, 그의 업무수행과 위와 같은 봉사활동을 지속하기 위하여는 차량운전이 필요한 점, 원고가 비록 이전에 음주로 인하여 운전면허가 취소된 적이 있지만 이는 이미 10여년 전의 일에 불과한 점 등을 고려하면 원고의 운전면허를 취소함으로써 달성하려는 공익에 비하여 그로 인하여 원고가 입게 될 불이익이 막대하여 원고에게 지나치게 가혹하다고 보인다. 따라서 피고의 이 사건 처분은 운전면허취소에 관한 재량권을 남용한 위법이 있다(서울행정법원 2009.11.26, 2009구단5438).
8)　도로교통법 제2조 제1호는 '도로'라 함은 도로법에 의한 도로, 유료도로법에 의한 유료도로 그 밖의 일반교통에 사용되는 모든 곳을 말한다. 여기서 말하는 '일반교통에 사용되는 곳'에 관하여 판례는 "현실적으로 불특정·다수의 사람 또는 차량의 통행을 위하여 공개된 장소로서 교통질서유지 등을 목적으로 하는 일반교통경찰권이 미치는 공공성이 있는 곳을 의미하는 것이고, 특정인들 또는 그들과 관련된 특정한 용건이 있는 자들만이 사용할 수 있고 자주적으로 관리되는 장소는 이에 포함되지 않는다고 할 것이며, 외부차량이 경비원의 통제 없이 자유롭게 출입할 수 있는 아파트단지 내 통행로는 도로교통법 소정의 도로에 해당한다."(대판 1997.9.30. 선고 97누7585 판결).

2011년 1월 24일부터 아파트 등 건물 주차장과 학교 운동장 등 공개된 도로가 아닌 곳에서 한 음주운전도 처벌된다. 대리운전을 맡기는 경우에도 집 주차장에서 주차를 위해 차를 운전하는 경우가 많은데, 아파트 주차장의 음주운전도 처벌되기 때문에 술을 마시고 대리운전을 통해 귀가하더라도 반드시 주차창의 주차선 안에 주차를 마칠 때까지 대리운전을 하도록 해야 한다.

4. 대리운전자의 인권

현재 영업중인 대리운전 업체들은 대리운전기사들과 고용관계가 아닌 사업자 관계를 맺고 있다며 노동자성(勞動者性)을 부인하고 있다. 이 때문에 대리운전 업체들은 대리운전기사들의 노동조합을 인정하지 않고 있다. 현재 대리운전기사는 개인사업자로 분류돼, 근로기준법 등 노동 관련법 적용을 받지 못하고 있는 상태다. 여기에 공정거래위원회가 학습지 교사나 택배기사 등을 보호하기 위해 만든 '특수형태 근로종사자에 대한 거래상 지위남용 행위 심사지침' 대상에도 해당되지 않아 사실상 법적 보호의 사각지대에 놓여 있다.

대리운전사는 대리운전을 부른 차주인이 때려도 '콜'이 끊길까봐 맞기만하는 실상이다. 이는 고객인 차주인의 부당한 행위에 저항했다간 회사에 고객 불만으로 접수될 때는 '락'(lock)이 걸려 생계를 위협받기도 하는 등 인권침해 실태가 발생하고 있다. 가장 큰 문제로 지적되는 건 이른바 락(lock)이다. 차주가 대리기사에 대한 불만을 업체에 제기하면 업체는 해당 대리기사가 더는 손님들의 '콜'을 프로그램 단말기 상에서 볼 수 없도록 락(lock)을 걸어버린다. 손님을 배려하기 위한 조치지만 결과적으로 차주의 폭력에 적극적으로 대응할 수 없게 만드는 구조다. 대리운전기사들은 싼값에 대리운전을 시키는 소위 '똥콜'9)에 걸려도 과징금이 무서워 갈 수밖에 없는 실정이다.

블랙리스트는 '감시가 필요한 위험인물들의 명단'이라는 뜻이다. 흔히 정보기관 등에서

---

9) 2013년 7월 23일 새벽 1시 대리운전기사 고민영(가명·47)씨의 스마트폰에 '수내동~의정부 30K'라는 오더(고객정보)가 떴다. 경기도 성남시 수내동부터 의정부까지 대리운전 값으로 3만원을 준다는 뜻이다. 정확한 도착지 정보를 보기 위해 '상세보기'를 눌렀다. 도착지가 의정부시 북쪽 끝자락인 녹양동이었다. 58km에 이르는 거리 때문에 3만원으로는 수지가 맞지 않아 어쩔 수 없이 고씨는 '거절' 버튼을 눌렀다. 그 순간 자신의 은행 계좌에서 500원의 벌금이 빠져나갔다. 오더를 거절할 경우 대리기사들에겐 500~1000원의 벌금이 부과된다. 이렇듯 거절할 수밖에 없는 오더를 기사들은 '똥콜'이라 부른다(한겨레신문, 2013년 7월 23일 참조).

위험인물의 동태를 파악하려고 작성한다. 정보기관 등은 노동조합 정화 조치라는 이류로 여러 사업장 노조를 와해시켰고, 사직하거나 해고된 노동자 명단을 블랙리스트 형태로 관련 기관과 사업장에 배포해 재취업을 가로막는 등 노조활동을 탄압했다.[10] 대리운전 업계에서 락(lock) 조치는 노동계의 블랙리스트(black list) 같다. 이와 같은 락(lock)이 남발되는 것은 열악한 업계 환경 때문이다. 한편 락(lock)조치는 대리운전기사의 명백한 취업 방해에 해당하는 조치이지만, 현행 법제에서는 법률의 보호를 받지 못하는 실정이다.

---

10) 한상범·이철호, 『법은 어떻게 독재의 도구가 되었나』, 삼인(2012) 164면 이하.

유실물과 유실물법

 억울합니다!

어떤 남자가 자동차를 훔친 혐의로 경찰서에 잡혀왔다.

경찰이 그의 범죄 사실을 추궁했다.

"당신, 왜 남의 차를 훔친 거지?"

그러자 남자는 억울하다는 듯 신경질적으로 대답했다.

"난, 훔친 게 아닙니다. 묘지 앞에 세워져 있기에 임자가 죽은 줄 알았다고요!"

Ⅰ. 유실물의 개념과 점유이탈물 횡령죄

유실물(遺失物)이라 함은 점유권자의 의사에 의하지 아니하여 점유권자의 지배상태를 벗어난 것으로 도품(盜品)이외의 물건을 말한다.

점유이탈물 횡령죄라 함은 유실물, 포류물 또는 타인의 점유를 이탈한 재물이나 매장물을 횡령함으로 성립하는 죄로 1년 이하의 징역이나 300만원 이하의 벌금 또는 과료에 처한다(형법 제360조 제1항 및 제2항).[1]

Ⅱ. 유실물법의 내용

1. 습득물의 조치

타인이 유실한 물건을 습득한 자는 이를 신속하게 유실자 또는 소유자, 그 밖에 물건회복의 청구권을 가진 자에게 반환하거나 경찰서(지구대·파출소 등 소속 경찰관서를 포함한다.) 또는 제주특별자치도의 자치경찰단 사무소에 제출하여야 한다. 다만, 법률에 따라 소유 또는 소지가 금지되거나 범행에 사용되었다고 인정되는 물건은 신속하게 경찰서 또는 자치경찰단에 제출하여야 한다(유실물법 제1조 제1항). 물건을 경찰서에 제출한 경우에는 경찰서장이, 자치경찰단에 제출한 경우에는 제주특별자치도지사가 물건을 반환받을 자에게 반환하여야 한다. 이 경우에 반환을 받을 자의 성명이나 주거를 알 수 없을 때에는 대통령령[2]으로 정하는 바에 따라 공고하여야 한다(유실물법 제1조 제2항).

---

1) "고속버스 운전사는 고속버스의 관수자로서 차내에 있는 승객의 물건을 점유하는 것이 아니고 승객이 잊고 내린 유실물을 교부받을 권능을 가질 뿐이므로 유실물을 현실적으로 발견하지 않는 한 이에 대한 점유를 개시하였다고 할 수 없고, 그 사이에 다른 승객이 유실물을 발견하고 이를 가져 갔다면 절도에 해당하지 아니하고 점유이탈물횡령에 해당한다."(대법원 1993.3.16, 92도3170).

2) 유실물법 시행령 제3조(습득공고 등) ① 법 제1조 제1항에 따라 습득물을 제출받은 경찰서장 또는 제주특별자치도지사가 제출받은 습득물을 반환받을 자를 알 수 없어 법 제1조 제2항 후단에 따라

2. 유실물 정보 통합관리 등 시책의 수립

국가는 유실물의 반환이 쉽게 이루어질 수 있도록 유실물 정보를 통합관리하는 등 관련 시책을 수립하여야 한다(유실물법 제1조의2).

3. 유실물의 보관방법

경찰서장 또는 자치경찰단을 설치한 제주특별자치도지사는 보관한 물건이 멸실되거나 훼손될 우려가 있을 때 또는 보관에 과다한 비용이나 불편이 수반될 때에는 대통령령3)으로 정하는 방법으로 이를 매각할 수 있다(유실물법 제2조 제1항). 매각에 드는 비용은 매각대금에서 충당한다(유실물법 제2조 제2항). 매각 비용을 공제한 매각대금의 남은 금액은 습득물로 간주하여 보관한다(유실물법 제2조 제3항).

공고할 때에는 그 습득물을 제출받은 날부터 다음 각 호의 어느 하나에 해당하는 날까지 법 제16조에 따라 유실물에 관한 정보를 제공하는 인터넷 사이트에 해당 습득물에 관한 정보를 게시하여야 한다.

1. 습득물의 유실자 또는 소유자, 그 밖에 물건회복의 청구권을 가진 자(이하 "청구권자"라 한다) 또는 습득자가 습득물을 찾아간 날
2. 습득물이 법 제15조에 따라 국고 또는 제주특별자치도의 금고에 귀속하게 된 날

② 경찰서장 또는 제주특별자치도지사는 법 제1조제1항에 따라 습득물을 제출받은 때에는 별지 제3호서식의 관리카드에 그 내용을 기록하여 보관하거나 전자매체에 전산으로 기록하여 관리하여야 한다. ③ 경찰서장 또는 제주특별자치도지사는 제출받은 습득물이 특히 귀중한 물건이라고 인정되는 것은 제1항의 규정에 의한 공고와 동시에 일간신문 또는 방송으로 공고하여야 한다.

3) 유실물법 시행령 제7조(매각) ① 법 제2조 제1항의 규정에 의하여 경찰서장 또는 제주특별자치도지사가 보관한 물건을 매각하고자 할 때에는 「국가를 당사자로 하는 계약에 관한 법률」 또는 「지방자치단체를 당사자로 하는 계약에 관한 법률」의 규정에 준하여 경쟁입찰에 의하여야 한다. 다만, 급속히 매각하지 아니하면 그 가치가 현저하게 감소될 염려가 있는 물건은 수의계약에 의하여 매각할 수 있다. ② 매각공고는 당해 경찰서 또는 자치경찰단의 게시판에만 할 수 있다.

4. 비용부담과 민법의 적용

습득물의 보관비, 공고비(公告費), 그 밖에 필요한 비용은 물건을 반환받는 자나 물건의 소유권을 취득하여 이를 인도(引渡)받는 자가 부담하되, 「민법」제321조부터 제328조[4]까지의 규정을 적용한다(유실물법 제3조).

5. 습득자에 대한 보상금 지급

물건을 반환받는 자는 물건가액(物件價額)의 100분의 5 이상 100분의 20 이하의 범위에서 보상금(報償金)을 습득자에게 지급하여야 한다.[5][6] 다만, 국가・지방자치단체와 그

---

4) **민법 제321조(유치권의 불가분성)** 유치권자는 채권전부의 변제를 받을 때까지 유치물전부에 대하여 그 권리를 행사할 수 있다. **민법 제322조(경매, 간이변제충당)** ① 유치권자는 채권의 변제를 받기 위하여 유치물을 경매할 수 있다. ② 정당한 이유있는 때에는 유치권자는 감정인의 평가에 의하여 유치물로 직접 변제에 충당할 것을 법원에 청구할 수 있다. 이 경우에는 유치권자는 미리 채무자에게 통지하여야 한다. **민법 제323조(과실수취권)** ① 유치권자는 유치물의 과실을 수취하여 다른 채권보다 먼저 그 채권의 변제에 충당할 수 있다. 그러나 과실이 금전이 아닌 때에는 경매하여야 한다. ② 과실은 먼저 채권의 이자에 충당하고 그 잉여가 있으면 원본에 충당한다. **민법 제324조(유치권자의 선관의무)** ① 유치권자는 선량한 관리자의 주의로 유치물을 점유하여야 한다. ② 유치권자는 채무자의 승낙없이 유치물의 사용, 대여 또는 담보제공을 하지 못한다. 그러나 유치물의 보존에 필요한 사용은 그러하지 아니하다. ③ 유치권자가 전2항의 규정에 위반한 때에는 채무자는 유치권의 소멸을 청구할 수 있다. **민법 제325조(유치권자의 상환청구권)** ① 유치권자가 유치물에 관하여 필요비를 지출한 때에는 소유자에게 그 상환을 청구할 수 있다. ② 유치권자가 유치물에 관하여 유익비를 지출한 때에는 그 가액의 증가가 현존한 경우에 한하여 소유자의 선택에 좇아 그 지출한 금액이나 증가액의 상환을 청구할 수 있다. 그러나 법원은 소유자의 청구에 의하여 상당한 상환기간을 허여할 수 있다. 민법 제326조(피담보채권의 소멸시효) 유치권의 행사는 채권의 소멸시효의 진행에 영향을 미치지 아니한다. 민법 제327조(타담보제공과 유치권소멸) 채무자는 상당한 담보를 제공하고 유치권의 소멸을 청구할 수 있다. 민법 제328조(점유상실과 유치권소멸) 유치권은 점유의 상실로 인하여 소멸한다.

5) "유실물 습득자에 대한 보상액은 그 물건의 유실자가 그 유실물의 반환을 받음으로서 면할 수 있었던 객관적인 위험성의 정도를 표준으로 하여 결정하여야 한다"(대법원 1967.5.23, 67다389).

6) "유실물이 수표인 경우 습득자에 대한 보상금산정의 기준이 되는 유실물법 제4조 소정의 "물건의 가액"은 유실자 및 수표지급인이 유실한 사실을 모르는 사이에 습득자 또는 그로부터 수표를 양수한 자가 수표를 지급인에게 지급제시하여 수표금을 수령하든가 또는 습득자가 수표를 제3자에게 양도하여 수표상의 권리가 선의취득될 위험의 정도를 고려하여 산정하여야 한다."(서울민사지법 1988.4.22, 87가합4257, 제6부판결 : 확정).

밖에 대통령령으로 정하는 공공기관은 보상금을 청구할 수 없다(유실물법 제4조).

6. 매각한 물건의 가액

유실물법에 따라 매각한 물건의 가액은 매각대금을 그 물건의 가액으로 한다(유실물법 제5조).

7. 비용 및 보상금의 청구기한

유실물법의 보관비용과 보상금은 물건을 반환한 후 1개월이 지나면 청구할 수 없다(유실물법 제6조).

8. 습득자의 권리 포기

습득자는 미리 신고하여 습득물에 관한 모든 권리를 포기하고 의무를 지지 아니할 수 있다(유실물법 제7조).

9. 유실자의 권리 포기

물건을 반환받을 자는 그 권리를 포기하고 유실물의 보관비용과 보상금 지급의 의무를 지지 아니할 수 있다(유실물법 제8조 제1항). 물건을 반환받을 각 권리자가 그 권리를 포기한 경우에는 습득자가 그 물건의 소유권을 취득한다. 다만, 습득자는 그 취득권을 포기하고 제1항의 예에 따를 수 있다(유실물법 제8조 제2항). 법률에 따라 소유 또는 소지가 금지된 물건의 습득자는 소유권을 취득할 수 없다. 다만, 행정기관의 허가 또는 적법한 처분에 따라 그 소유 또는 소지가 예외적으로 허용되는 물건의 경우에는 그 습득자나 그 밖의 청구권자는 제14조에 따른 기간 내에 허가 또는 적법한 처분을 받아 소유하거나 소지할 수 있다(유실물법 제8조 제3항).

10. 습득자의 권리 상실

습득물이나 그 밖에 유실물법의 규정을 준용하는 물건을 횡령함으로써 처벌을 받은 자 및 습득일부터 7일 이내에 유실물의 습득조치 또는 경찰제출의 절차를 밟지 아니한 자는 유실물의 보관비용비용과 보상금을 받을 권리 및 습득물의 소유권을 취득할 권리를 상실한다(유실물법 제9조).

11. 선박, 차량, 건축물 등에서의 습득

관리자가 있는 선박, 차량, 건축물, 그 밖에 일반인의 통행을 금지한 구내에서 타인의 물건을 습득한 자는 그 물건을 관리자에게 인계하여야 한다(유실물법 제10조 제1항).

제1항의 경우에는 선박, 차량, 건축물 등의 점유자를 습득자로 한다. 자기가 관리하는 장소에서 타인의 물건을 습득한 경우에도 또한 같다(유실물법 제10조 제2항). 보상금은 점유자와 실제로 물건을 습득한 자가 반씩 나누어야 한다(유실물법 제10조 제3항).

「민법」 제253조[7])에 따라 소유권을 취득하는 경우에는 습득자와 사실상의 습득자는 반씩 나누어 그 소유권을 취득한다. 이 경우 습득물은 습득자에게 인도한다(유실물법 제10조 제4항).

12. 장물의 습득

범죄자가 놓고 간 것으로 인정되는 물건을 습득한 자는 신속히 그 물건을 경찰서에 제출하여야 한다(유실물법 제11조 제1항).

물건에 관하여는 법률에서 정하는 바에 따라 몰수할 것을 제외하고는 유실물법 및 「민법」제253조를 준용한다. 다만, 공소권이 소멸되는 날부터 6개월간 환부(還付)받는 자가 없을 때에만 습득자가 그 소유권을 취득한다(유실물법 제11조 제2항).

범죄수사상 필요할 때에는 경찰서장은 공소권이 소멸되는 날까지 공고를 하지 아니할 수 있다(유실물법 제11조 제3항).

---

7) 민법 제253조(유실물의 소유권취득) 유실물은 법률에 정한 바에 의하여 공고한 후 6개월 내에 그 소유자가 권리를 주장하지 아니하면 습득자가 그 소유권을 취득한다.

경찰서장은 제출된 습득물이 장물(贓物)이 아니라고 판단되는 상당한 이유가 있고, 재산적 가치가 없거나 타인이 버린 것이 분명하다고 인정될 때에는 이를 습득자에게 반환할 수 있다(유실물법 제11조 제4항).

13. 준유실물

착오로 점유한 물건, 타인이 놓고 간 물건이나 일실(逸失)한 가축에 관하여는 유실물법 및 「민법」제253조를 준용한다. 다만, 착오로 점유한 물건에 대하여는 유실물의 보관비용과 보상금을 청구할 수 없다(유실물법 제12조).

14. 매장물

매장물(埋藏物)에 관하여는 제10조를 제외하고는 유실물법을 준용한다(유실물법 제13조 제1항). 매장물이 「민법」제255조[8])에서 정하는 물건인 경우 국가는 매장물을 발견한 자와 매장물이 발견된 토지의 소유자에게 통지하여 그 가액에 상당한 금액을 반으로 나누어 국고(國庫)에서 각자에게 지급하여야 한다. 다만, 매장물을 발견한 자와 매장물이 발견된 토지의 소유자가 같을 때에는 그 전액을 지급하여야 한다(유실물법 제13조 제2항). 금액에 불복하는 자는 그 통지를 받은 날부터 6개월 이내에 민사소송을 제기할 수 있다(유실물법 제13조 제3항).

15. 수취하지 아니한 물건의 소유권 상실

유실물법 및 「민법」제253조, 제254조[9])에 따라 물건의 소유권을 취득한 자가 그 취득한 날부터 3개월 이내에 물건을 경찰서 또는 자치경찰단으로부터 받아가지 아니할 때에는 그 소유권을 상실한다(유실물법 제14조).

---

8)　민법 제255조(문화재의 국유) ① 학술, 기예 또는 고고의 중요한 재료가 되는 물건에 대하여는 제252조 제1항 및 전2조의 규정에 의하지 아니하고 국유로 한다. ② 전항의 경우에 습득자, 발견자 및 매장물이 발견된 토지 기타 물건의 소유자는 국가에 대하여 적당한 보상을 청구할 수 있다.

9)　민법 제254조(매장물의 소유권취득) 매장물은 법률에 정한 바에 의하여 공고한 후 1년내에 그 소유자가 권리를 주장하지 아니하면 발견자가 그 소유권을 취득한다. 그러나 타인의 토지 기타 물건으로부터 발견한 매장물은 그 토지 기타 물건의 소유자와 발견자가 절반하여 취득한다.

16. 수취인이 없는 물건의 귀속

유실물법의 규정에 따라 경찰서 또는 자치경찰단이 보관한 물건으로서 교부받을 자가 없는 경우에는 그 소유권은 국고 또는 제주특별자치도의 금고에 귀속한다(유실물법 제15조).

17. 인터넷을 통한 유실물 정보 제공

경찰청장은 경찰서장 및 자치경찰단장이 관리하고 있는 유실물에 관한 정보를 인터넷 홈페이지 등을 통하여 국민에게 제공하여야 한다(유실물법 제16조).

기출문제

1 다음 중 옳지 않은 것은?

① 타인이 유실한 물건을 습득한 자는 이를 신속하게 유실자 또는 소유자, 그 밖에 물건회복의 청구권을 가진 자에게 반환하거나 경찰서 또는 제주특별자치도의 자치경찰단 사무소에 제출하여야 한다.

② 물건을 반환받는 자는 물건가액의 100분의 5 이상 100분의 20 이하의 범위에서 보상금을 습득자에게 지급할 수 있다.

③ 보상금은 물건을 반환한 후 1개월이 지나면 청구할 수 없다.

④ 유실물은 법률에 정한 바에 의하여 공고한 후 6개월 내에 그 소유자가 권리를 주장하지 아니하면 습득자가 그 소유권을 취득한다.

 ① 유실물법 제1조.
② 유실물법 제4조(…지급하여야 한다).
③ 보상금은 물건을 반환한 후 1개월이 지나면 청구할 수 없다(유실물법 제6조).
④ 민법 제253조(유실물의 소유권취득) 유실물은 법률에 정한 바에 의하여 공고한 후 6개월 내에 그 소유자가 권리를 주장하지 아니하면 습득자가 그 소유권을 취득한다.   답 ②

43

테러와 스톡홀름 증후군

 한국에 테러가 일어나지 않는 이유

알카에다 소속 3명이 테러를 하기 위해 한국에 입국했다.

이들은 비자 문제와 테러 모의 때문에 위장 취업을 하기 위해 모두 공장에 취업했다.

그런데 테러를 모의해야 하는데 서로 통화할 시간도 없이 한국 사장님들이 일을 시켰다.

맨날 12시간씩 넘게 일하고 숙소에 가자마자 피곤해서 자빠져 잤다.

임금이 밀리자 이들은 사장한테 항의했다.

그러다 미친 사장한테 열나게 얻어터지고 경찰에 연행됐다.

결국 이들은 불법체류자로 추방됐다.

1. 테러와 테러리즘의 개념

테러(terror)라는 용어는 원래 라틴어 'terrere'에서 기원하여 '공포', '공포조성', '커다란 공포' 혹은 '죽음의 심리적 상태'를 의미하며, 이는 곧 '떠는' '떨게 하는 상태', 그리고 '죽음을 야기하는 행위나 속성'을 뜻하는 것이다. 테러란 발생 원인이 무엇이든지 간에 극도로 불안한 심리적 상태를 말하며 자연적인 현상이다. 테러리즘(terrorism)은 조직적인 폭력을 사용함으로써 복종을 요구하는 것, 특히 정치적인 무기나 정책으로써 폭력이 사용되는 것이다. 테러리즘은 테러와는 구별되는 폭력적 행위의 한 형태를 의미하는 것으로 항공기 납치, 요인 암살, 공중시설 폭파 등을 통해 사람에게 공포를 일으키게 하는 행위를 의미하는 것이다. 결국 테러는 자연적 현상이며, 테러리즘은 폭력의 조직적·의도적 이용으로 강압적이며, 희생자 혹은 희생자와 연관된 모든 사람, 그리고 대중들의 의지를 이용하기 위한 목적 지향적인 행위이며, 이를 위 위해 강제·협박·위협을 통해 폭력을 체계적으로 활용하는 것이라고 할 수 있다.[1]

2. 외로운 늑대형 테러와 자생적 테러리즘

일반적으로 '외로운 늑대형 테러'는 외부 어떤 그룹의 지원이나 지휘 없이 혼자 계획하고 단독적으로 실행하는 테러행위를 말한다. 늑대가 일부일처제를 바탕으로 집단생활을 하지만 스스로 집단을 이탈하거나 쫓겨난 외로운 늑대들이 극단적인 선택을 하거나 자기만의 궁극적 해법을 추구하는 형태를 빗대어 사용한 용어이다. 외로운 늑대형 테러의 테러범은 테러단체나 극단주의 조직의 구성원이 아닌 프리랜서(freelancers)이며, 테러행위는 특정 조직의 지시 도는 지원과 관계없이 이루어지는 것이다. 또한 이념(理念)측면에서 특별한 부류를 형성하는 것은 아니라는 점이다. 그러나 테러가 본질적으로 가지는 자신의 이념과 종교성 추구, 국가정책의 변경, 정치적 요구 등과는 관련성이 있어야 한다. 마지막으로 테러 활동의 범위가 분명하게 정해져 있지 않다는 점이다. 외로운 늑대 테러는 개인적인 이유에 따라 정치적 암살(暗殺)에서부터 이념, 반사회적 연쇄살인에 이르기까지 다양한 경계를 가지고 있다.[2]

---

1)   최진태, 『국가안보와 대테러전략』, 대영문화사(2009), 22-23면.

'외로운 늑대형 테러'는 인터넷을 통해 독학으로 폭발물 제조 기법을 배우고, 혼자 계획하고 실행하기에 사전에 첩보를 입수해 예방하기 어렵고 범인 색출이 상대적으로 더 어렵다는 점도 특징이라 할 수 있다.

뉴테러리즘의 개념 중 하나로 등장한 것이 자생테러리즘이라고 할 수 있다. 지난 2005년 영국 런던에서 발생했던 지하철 폭탄테러의 사례에서 볼 수 있는 것처럼, 뉴테러리즘의 경향을 띠고 등장한 새로운 유형의 테러가 바로 자생테러라고 할 수 있다. 자생적 테러리즘(homegrown terrorism)은 테러의 주체가 다문화사회 구성원을 포함하는 자국민으로써 자생적인 조직으로 성장한 경우가 많아졌다. 또한, 자국서 교육 및 복지 혜택을 받고 자국 구성원으로서의 일정한 책임과 의무를 다하는 자에 의한 테러가 자생적 테러이기도 하다.[3]

3. 스톡홀름 증후군(Stockholm Syndrome)과 리마 증후군(Lima Syndrome)

(1) 감당할 수 없는 극도의 공포를 경험한 후 그 공포를 제공한 인질범에 감화되거나 호감을 나타내어 인질이 인질범의 편을 드는 현상을 스톡홀름 증후군(Stockholm Syndrome)이라 한다. 이는 1973년 8월 스웨덴 스톡홀름(Stockholm)에서 은행강도사건이 발생했다. 은행강도 1명이 4명을 인질로 잡고 6일간 경찰과 대치한 사건에서 범인은 체포 구속되었고, 인질들이 풀려났다. 은행 인질강도에 대한 재판이 시작되자, 당시 인질이었던 사람들이 은행 강도에 대한 불리한 증언을 거부했고, 심지어 은행 강도의 변호사 비용을 대기 위한 모금운동마저 벌였다. 스톡홀름 증후군은 이 인질강도사건을 계기로 인질이 범인에게 감화되어 범인이게 동조하는 병리적 심리 현상에서 유래하였다.

인질범이 인질에게 일체감을 느끼게 되고 인질의 입장을 이해하여 호의를 베풀는 등 인질범이 인질에게 동화되는 현상을 리마 증후군(Lima Syndrome)이라 한다.

2) 정육상, "외로운 늑대 테러의 발생가능성과 경찰의 대응방안", 「한국경찰학회보」제15권 5호 통권 42호(2013. 10), 한국경찰학회, 203-204면.
3) 유형창, "한국의 다문화 사회화에 따른 자생적 테러발생 가능성과 대응방안", 「한국경찰학회보」제16권 2호(2014), 58면.

4. 한국사회와 외로운 늑대 테러

한국 사회의 다양한 불안요소들이 외로운 늑대 테러를 유발할 수 있는 환경을 조성하고 있다. 정치적 이념에 따른 대립, 소득 양극화, 소극수준과 취학률이 낮은 북한이탈주민, 외국인 증가에 따른 차별과 편견 특히 외국인 근로자 및 다문화가정 2세 등이 한국 사회로부터 차별받고 배척당한다면 이들의 좌절감이 한국인에 대한 분노로 이어져 외로운 늑대 테러의 동기로 작용할 수 있다.[4]

---

4) 이철호, "고속버스 테러 대응 방안 연구", 「대테러 연구」제35호(2015.2), 275면.

기출문제

1 다음 중 인질사건 발생시 나타날 수 있는 현상으로 스톡홀름 증후군(Stockholm Syndrome)이란? (2005년 경찰 일반·여경·101단 기출)

① 인질범이 인질에게 동화되는 현상

② 인질이 인질범에게 동화되는 현상

③ 인질범이 인질에 대해 적개심을 갖는 현상

④ 인질이 인질범에 대해 적개심을 갖는 현상

답 ④

2 다음 중 세계의 주요 테러조직으로 중동지역의 테러단체가 아닌 것은? (2005년 7월 일반·여경·1010단 기출)

① 쿠르드 노동자당(PKK)　　　　② 하마스(Hamas)

③ 검은 구월단(Black September)　　④ 헤즈볼라(Hizballah)

 해설　쿠르드 노동자당(PKK)은 터키의 쿠르드족이 1978년에 창건한 테러조직이다. 반면 중동의 테러조직으로는 하마스(Hamas), 검은 구월단(Black September), 헤즈볼라(Hizballah), ANO(Abu Nida Organization), 팔레스타인 해방 인민전선(PFLP) 등이 있다.　　답 ①

3 세계의 주요 테러조직으로 중동지역의 테러단체가 아닌 것은? (20041월 경장승진)

① 무장플로레타리아조직(NAP)　　② ANO(Abu Nida Organization)

③ 검은 구월단(Black September)　　④ 헤즈볼라(Hizballah)

 해설　무장플로레타리아조직(NAP)은 이탈리아 나폴리를 주된 기반으로 하는 테러단체이다. 마르크스·레닌이나 스탈린주의자가 아닌 혁명주의자라고 하면서 형무소 공격을 주로 하면서 1974년 부상한 단체이다.　　답 ①

44

실종과 실종아동등의 보호 및 지원에 관한 법률

(1) 애견가의 아내

경찰서를 찾은 남자가 아내의 실종을 신고했다. 당직 경찰관은 신고사항을 기록했다.

경찰 : 키가 얼마나 됩니까?

남자 : 이만큼요.

경찰 : 체중은요?

남자 : 보통 체중이지 싶어요.

경찰 : 눈 색깔은요?

남자 : 회색으로 합시다.

경찰 : 머리 색깔은요?

남자 : 모르겠어요. 바뀌니까요.

경찰 : 어떤 옷을 입고 있었습니까?

남자 : 모자에 코트 차림이었나 봐요.

경찰 : 뭐 가지고 나갔나요?

남자 : 개를 끌고 나갔습니다.

경찰 : 어떤 개지요?"

남자 : 족보 있는 흰색 독일 셰퍼드인데, 무게 38파운드, 키 여섯 뼘, 갈색 목걸이를 하고 있습니다. 목걸이 등록번호는 45-12-C입니다. 제발⋯ 아내와 같이 나간 저의 소중한 셰퍼드를 찾아주세요~.

(2) 가출신고

어느 부인이 경찰서에 신고를 했다.

부인 : 우리 신랑이 강아지를 데리고 가출을 해서는 돌아오지를 않네요.

경찰 : 아, 그래요 걱정이 되시겠네요. 남편을 많이 사랑 하시나보죠?

부인 : 아니 그게 아니라.................

　　　　사실은 그 강아지 엄청 비싼 강아지이거든요,

　　　　제가 얼마나 사랑하는데요.[1]

(3) 정말! 왜 찾아?

"여보세요, 경찰서죠? 남편이 없어졌어요. 좀 찾아 주세요. 인상착의는 키가 작은데다 뚱뚱하고 약간 머리가 벗겨지려고 해요. 특히 술, 담배를 좋아해요. 제발 남편을 찾아봐 주세요."

경찰의 얘기

"아니, 왜 찾으십니까?"

---

1) 〈세상에 이런 일도.................〉 (1) 청주서 살인 사건 신고, 알고보니 애완견 : 최근 살인 사건이 잇따라 발생한 청주에서 20일 애완견이 차에 치여 죽은 사고가 살인 사건으로 오인돼 경찰이 대거 출동하는 등 한바탕 소동을 벌였다. 청주 흥덕경찰서에 따르면 이날 오전 8시 40분께 "살인 사건이 발생한 것 같다"는 신고가 접수됐다. 경찰은 즉각 강력계 형사를 포함, 30여명을 현장에 급파한 뒤 119구급대에도 지원을 요청했다. 하지만 현장에 출동한 경찰은 허탈함을 감추지 못했다. 인명 피해가 발생한 것이 아니라 유모씨(54)의 애완견 한 마리가 차에 치여 죽은 사고였기 때문이다. 경찰 조사 결과 유씨가 피 묻은 얼굴로 인근 편의점에 뛰어 들어와 "내 딸이 죽었으니 경찰에 신고해 달라"고 요청한데서 비롯된 해프닝이었다. 편의점 주인은 경찰에서 "상황이 절박해보여 살인 사건이 발생한 것으로 알고 신고했다"고 진술했다. 한 경찰은 "최근 강력 사건이 잇따라 터져 잔뜩 긴장했는데 그나마 다행"이라고 가슴을 쓸어내렸다(경향신문, 2013년 3월 21일 참조). (2) "애완견 교통사고도 위자료 줘야" : 애완견이 교통사고를 당했을 때도 위자료를 받을 수 있다는 법원의 판결이 나왔다. 서울중앙지법 민사63단독 신신호 판사는 이모(31·여)씨가 "기르던 애완견이 교통사고로 오른쪽 다리를 다쳤으니 치료비와 위자료 등 1000만원을 지급하라"며 삼성화재해상보험을 상대로 낸 손해배상 청구소송에서 "치료비의 절반인 161만원과 위자료 20만원 등 총 181만원을 지급하라"고 판결했다고 22일 밝혔다. 당초 보험회사는 "애완견은 '물건'으로 분류되기 때문에 애완견의 분양 시가를 넘는 보상 액수는 인정할 수 없다"고 주장했다. 이에 대해 재판부는 "애완견은 물건과는 달리 소유자가 정신적 유대와 애정을 나누고 생명을 가진 동물이라는 점 등에 비춰 치료비가 애완견 시

Ⅰ. 세계 아동실종의 날

매년 5월 25일은 세계 실종 아동의 날이다. 실종아동의 날은 1979년 5월 25일 뉴욕에서 Etan Patz(당시 6세)가 등교 중 유괴·살해된 사건을 계기로 1983년 로널드 레이건 대통령에 의해 처음 만들어졌고, 이후 캐나다와 유럽 등 전 세계가 동참하는 행사로 확대되었다.

우리나라도 실종 아동에 대한 지속적인 관심을 유도하고 실종예방의 중요성을 알리기 위해 2007년부터 이날 각종 행사를 개최하고 있으며, 경찰청은 실종된 아동을 찾는 수색 및 수사 활동 조기에 실종자를 발견하기 위해 '유전자 분석'과 '지문 등 사전등록제도를 운영하고 있다.

아동사전지문등록제는 아동이 실종됐을 때를 대비해 미리 아이의 지문과 사진, 보호자 인적 사항 등을 경찰에 등록하는 제도로 만 18세 미만 아동, 지적·자폐성·정신 장애인과 치매질환자 중 보호자가 원하는 사람이면 누구나 신청 가능하다.

Ⅱ. 최근 4년간 실종자 발견·사망 현황

누구든지 정당한 사유 없이 실종아동등을 경찰관서의 장에게 신고하지 아니하고 보호할 수 없다(실종아동등의 보호 및 지원에 관한 법률 제7조). 정당한 사유없이 실종아동등을 보호한 자는 5년 이하의 징역 또는 5천만원 이하의 벌금에 처한다(실종아동등의 보호 및 지원에 관한 법률 제17조).

최근 4년간(2015년~2019년 2월) 치매환자·아동·지적장애인·성인가출인 실종신고 접수 건수는 총 458,369건으로 나타났다(표1 참조). 경찰청이 제공한 자료에 따르면, 4년

가보다 높게 지출됐더라도 배상하는 것이 사회통념에 비춰 인정될 수 있다"고 판단했다. 또 재판부는 "보험사가 물적 손해에는 위자료가 인정되지 않는다고 주장하지만 애완견이 교통사고로 다리가 부러졌을 때 소유자에게 재산 피해 외에 정신적 고통이 있음은 사고를 낸 당사자도 알 수 있다"고 설명했다(중앙일보, 2011년 7월 24일 참조).

간 성인가출인 신고가 293,784건으로 가장 많았고, 아동이 83,928건, 치매환자 44,835건, 지적장애인 35,822건 순으로 접수되었다. 한편, 실종 신고가 접수되었지만 아직 발견되지 않은 사람은 4,614명이나 되는 것으로 밝혀졌다. 2015년~2019년 2월까지 실종 신고 후 발견되지 않은 건수는 성인가출인 4,380건, 지적장애인 116건, 실종아동 94건, 치매환자 24건이다.

경찰청 자료에 따르면, 실종 접수된 성인가출인이 사망한 상태로 발견된 건수는 4,737건으로 가장 많았고, 뒤이어 치매환자 345건, 지적장애인 138건, 실종아동 72건으로 밝혀졌다(표2 참조). 즉, 사망 상태로 발견된 성인 가출인 건수는 치매환자, 지적장애인, 실종아동 건수에 비해 현저히 높게 나타났다.

실종아동법 제정 이후 실종 아동에 대해서는 영장 없이 위치정보와 인터넷 접속 확인, 가족 DNA 채취가 가능해졌다. 그러나 성인 실종자의 경우 아동과 달리 적극 수사에 나설 법 규정이 없다보니 발견이 더 어렵다는 지적이 제기되었다. 하지만 아동실종법상 영장없이 위치정보 등의 수사 대상에 일반 성인은 해당되지 않는다. 대부분 단순 가출로 분류된다. 이들을 수색할 수 있도록 하는 법 규정이 없다보니, 휴대전화 위치 추적을 위한 통신영장 신청에만 몇 시간이 걸리는 등 초동수사가 늦어진다. 또한 일정 기간의 수색이 끝나면, 카드사용이나 건강보험 조회와 같은 '생활반응 수사'를 하는 데 그치고 있다.[2]

---

2)   최근 4년간 실종·가출 사망발견자 10명 중 9명 성인가출인- 성인실종자 입법 사각지대 해소 시급 -", 김승희 의원(자유한국당) 보도자료(2019.5.24) 참조.

[표1] 최근 4년간(2015~2019.02) 실종자 접수 · 발견 · 미발견 현황

(단위 : 건)

구분		2015	2016	2017	2018	2019.2	합계
18세미만 아동	접수	19,428	19,869	19,954	21,980	2,679	83,928
	발견	19,878	19,907	19,988	21,911	2,675	84,359
	미발견	1	7	6	35	45	94
지적장애인	접수	8,311	8,542	8,881	8,881	1,207	35,822
	발견	8,376	8,551	8,873	8,873	1,204	35,877
	미발견	4	6	40	40	26	116
치매환자	접수	9,046	9,869	12,131	12,131	1,658	44,835
	발견	9,069	9,916	12,124	12,124	1,651	44,884
	미발견	4	6	5	5	4	24
가출인(18세이상)	접수	63,467	67,904	75,592	75,592	11,211	293,784
	발견	79,167	74,928	76,690	76,690	11,083	318,558
	미발견	445	705	1,416	1,416	398	4,380

1) 출처: 경찰청 (김승희 의원실 재정리)
2) 접수 · 발견 : 당해 연도 기준, 미발견 : 2019.02 기준
3) 미발견 통계는 최근사건일수록 상대적으로 많으며, 지속적인 추적 · 발견을 통해 2019년 미발견자도 향후 감소
   할 것으로 예상됨(2018년 실종아동 미발견자도 당해연도 말에는 108명이었으나, 추적 관리를 통해 현재 35명
   으로 감소)

[표2] 최근 4년간(2015~2019.2) 실종자 발견 · 사망 현황

(단위 : 건)

구분		2015	2016	2017	2018	2019.2	합계(100%)
18세미만 아동	발견	19,878	19,907	19,988	21,911	2,675	84,377
	사망	–	22	24	24	2	72(1.4)
지적장애인	발견	8,376	8,551	8,534	8,873	1,204	35,538
	사망	–	39	45	47	7	138(2.6)
치매환자	발견	9,069	9,916	10,311	12,124	1,651	43,071
	사망	–	91	104	128	22	345(6.5)
가출인(18세이상)	발견	79,167	74,928	66,181	76,690	11,083	308,067
	사망	–	1,285	1,404	1,773	275	4,737(89.5)

1) 출처: 경찰청 (김승희 의원실 재정리)
2) 발견 · 사망 : 발견 당해 연도 기준

Ⅲ. 〈실종아동등의 보호 및 지원에 관한 법률〉의 내용

1. 실종아동등의 보호 및 지원에 관한 법률의 목적

실종아동등의 보호 및 지원에 관한 법률은 실종아동등의 발생을 예방하고 조속한 발견과 복귀를 도모하며 복귀 후의 사회 적응을 지원함으로써 실종아동등과 가정의 복지증진에 이바지함을 목적으로 한다(동법 제1조).

2. 실종아동등의 보호 및 지원에 관한 법률과 용어

실종아동등의 보호 및 지원에 관한 법률에서 사용하는 용어의 정의는 다음과 같다(동법 제2조).

1. "아동등"이란 다음 각 목의 어느 하나에 해당하는 사람을 말한다.
   가. 실종 당시 18세 미만인 아동
   나. 「장애인복지법」 제2조의 장애인 중 지적장애인, 자폐성장애인 또는 정신장애인
   다. 「치매관리법」 제2조제2호의 치매환자
2. "실종아동등"이란 약취(略取)·유인(誘引) 또는 유기(遺棄)되거나 사고를 당하거나 가출하거나 길을 잃는 등의 사유로 인하여 보호자로부터 이탈(離脫)된 아동등을 말한다.
3. "보호자"란 친권자, 후견인이나 그 밖에 다른 법률에 따라 아동등을 보호하거나 부양할 의무가 있는 사람을 말한다. 다만, 제4호의 보호시설의 장 또는 종사자는 제외한다.
4. "보호시설"이란 「사회복지사업법」 제2조 제4호에 따른 사회복지시설 및 인가·신고 등이 없이 아동등을 보호하는 시설로서 사회복지시설에 준하는 시설을 말한다.
5. "유전자검사"란 개인 식별(識別)을 목적으로 혈액·머리카락·침 등의 검사대상물로부터 유전자를 분석하는 행위를 말한다.
6. "유전정보"란 유전자검사의 결과로 얻어진 정보를 말한다.
7. "신상정보"란 이름·나이·사진 등 특정인(特定人)임을 식별하기 위한 정보를 말한다.

3. 아동등의 실종과 국가의 책무

(1) 아동등의 실종과 보건복지부장관의 책무

보건복지부장관은 실종아동등의 발생예방, 조속한 발견·복귀와 복귀 후 사회 적응을 위하여 다음 각 호의 사항을 시행하여야 한다(동법 제3조 제1항).

1. 실종아동등을 위한 정책 수립 및 시행
2. 실종아동등과 관련한 실태조사 및 연구
3. 실종아동등의 발생예방을 위한 연구·교육 및 홍보
4. 정보연계시스템 및 데이터베이스의 구축·운영
5. 실종아동등의 가족지원
6. 실종아동등의 복귀 후 사회 적응을 위한 상담 및 치료서비스 제공
7. 그 밖에 실종아동등의 보호 및 지원에 필요한 사항

(2) 아동등의 실종과 경찰청장의 책무

경찰청장은 실종아동등의 조속한 발견과 복귀를 위하여 다음 각 호의 사항을 시행하여야 한다(동법 제3조 제2항).

1. 실종아동등에 대한 신고체계의 구축 및 운영
2. 실종아동등의 발견을 위한 수색 및 수사
3. 유전자검사대상물의 채취
4. 그 밖에 실종아동등의 발견을 위하여 필요한 사항

「아동복지법」에 따른 아동정책조정위원회는 제1항의 보건복지부장관의 책무와 제2항의 경찰청장의 책무 등 실종아동등과 관련한 국가의 책무수행을 종합·조정한다(동법 제3조 제3항).

4. 신고의무

보호시설의 장 또는 그 종사자 등 다음 각 호의 어느 하나에 해당하는 사람은 그 직무를 수행하면서 실종아동등임을 알게 되었을 때에는 제3조 제2항 제1호에 따라 경찰청장이 구축하여 운영하는 신고체계로 지체 없이 신고하여야 한다(동법 제6조 제1항).

1. 보호시설의 장 또는 그 종사자
2. 「아동복지법」에 따른 아동복지전담공무원(동법 제13조)
3. 「청소년 보호법」에 따른 청소년 보호·재활센터의 장 또는 그 종사자(동법 제35조)
4. 「사회복지사업법」에 따른 사회복지전담공무원(동법 제14조)
5. 「의료법」에 따른 의료기관의 장 또는 의료인(동법 제3조)
6. 업무·고용 등의 관계로 사실상 아동등을 보호·감독하는 사람

지방자치단체의 장이 관계 법률에 따라 아동등을 보호조치할 때에는 아동등의 신상을 기록한 신고접수서를 작성하여 경찰신고체계로 제출하여야 한다(동법 제6조 제2항). 지방자치단체의 장은 출생 후 6개월이 경과된 아동의 출생신고를 접수하였을 때에는 지체 없이 해당 아동의 신상카드를 작성하여 그 사본을 경찰청장에게 보내야 하며, 경찰청장은 실종아동등인지 여부를 확인하여 그 결과를 해당 지방자치단체의 장에게 보내야 한다. 지방자치단체의 장은 경찰청장이 해당 아동을 실종아동등으로 확인한 경우 전문기관의 장에게 해당 실종아동등의 신상카드의 사본을 보내야한다(동법 제6조 제4항). 지방자치단체의 장은 신고의무와 신상카드 제출의무에 관한 사항을 지도·감독하여야 한다(동법 제6조 제5항).

보호시설의 장 또는 「정신건강증진 및 정신질환자 복지서비스 지원에 관한 법률」에 따른 정신의료기관의 장이 보호자가 확인되지 아니한 아동등을 보호하게 되었을 때에는 지체 없이 아동등의 신상을 기록한 카드를 작성하여 지방자치단체의 장과 전문기관의 장에게 각각 제출하여야 한다(동법 제6조 제3항).

5. 실종아동등의 조기발견을 위한 사전신고증 발급

경찰청장은 실종아동등의 조속한 발견과 복귀를 위하여 아동등의 보호자가 신청하는 경우 아동등의 지문 및 얼굴 등에 관한 정보를 정보시스템에 등록하고 아동등의 보호자에게 사전신고증을 발급할 수 있다(동법 제7조의2 제1항). 경찰청장은 지문등정보를 등록한 후 해당 신청서(서면으로 신청한 경우로 한정한다)는 지체 없이 파기하여야 한다(동법 제7조의2 제2항). 경찰청장은 등록된 지문등정보를 데이터베이스로 구축·운영할 수 있다(동법 제7조의2 제3항).

아동등의 보호자가 등록을 신청하는 아동등의 지문 및 얼굴 등에 관한 정보는 다음 각 호와 같다(실종아동등의 발견 및 유전자검사 등에 관한 규칙 제3조 제1항).

> 1. 아동등의 지문 및 얼굴 사진 정보
> 2. 아동등의 성명, 성별, 주민등록번호, 주소, 연락처 등 인적사항
> 3. 아동등의 키, 체중, 체격, 얼굴형, 머리색, 흉터, 점 또는 문신, 병력(病歷) 등 신체특징
> 4. 보호자의 성명, 주민등록번호, 주소, 연락처, 아동등과의 관계 등 인적사항

보호자가 아동등의 지문등정보의 등록을 신청하려면 아동등 사전등록신청서를 경찰청장에게 제출하여야 한다(실종아동등의 발견 및 유전자검사 등에 관한 규칙 제3조 제2항).

6. 경찰의 정보시스템의 구축·운영

경찰청장은 실종아동등에 대한 신속한 신고 및 발견 체계를 갖추기 위한 정보시스템을 구축·운영하여야 한다(동법 제8조의2 제1항). 경찰청장은 실종아동등의 조속한 발견을 위하여 구축·운영 중인 정보연계시스템을 「사회복지사업법」에 따라 구축·운영하는 사회복지업무 관련 정보시스템과 연계하여 해당 정보시스템이 보유한 실종아동등의 신상정보의 내용을 활용할 수 있다(동법 제8조의2 제2항).

경찰청장은 아동등의 지문 및 얼굴 등에 관한 정보를 데이터베이스로 등록·관리하기 위하여 필요한 경우 사전등록시스템을 구축·운영할 수 있다(실종아동등의 보호 및 지원에 관한 법률 시행령 제3조의2 제1항). 경찰청장은 지문등정보를 등록한 후에는 해당 신

청서를 지체 없이 파쇄 또는 소각하고, 행정안전부령으로 정하는 신청서 파기대장에 그 사실을 기록하여야 한다. 이 경우 파쇄 또는 소각 전에 등록을 신청한 보호자에게 신청서 파기에 관한 사항과 등록된 지문등정보의 확인 방법을 알려 주어야 한다(실종아동등의 보호 및 지원에 관한 법률 시행령 제3조의2 제2항).

경찰청장은 다음 각 호의 어느 하나에 해당하는 경우에는 제1항의 아동등의 지문등정보를 지체 없이 폐기하여야 한다(실종아동등의 보호 및 지원에 관한 법률 시행령 제3조의2 제3항).

> 1. 아동등의 연령이 18세에 도달한 경우. 다만, 법 제2조 제1호 나목에 해당하는 지적장애인, 자폐성장애인 또는 정신장애인과 법 제2조제1호다목에 따른 치매환자의 경우는 제외한다.
> 2. 보호자가 아동등의 지문등정보의 폐기를 요청한 경우

누구든지 정당한 사유 없이 지문등정보를 실종아동등을 찾기 위한 목적 외로 이용하여서는 아니 된다(동법 제7조의4). 지문등정보를 실종아동등을 찾기 위한 목적 외로 이용한 자는 2년 이하의 징역 또는 2천만원 이하의 벌금에 처한다(동법 제18조).

7. 실종아동등의 수색과 수사

(1) 실종아동등의 수색과 수사

경찰관서의 장은 실종아동등의 발생 신고를 접수하면 지체 없이 수색 또는 수사의 실시 여부를 결정하여야 한다(동법 제9조 제1항). 경찰관서의 장은 실종아동등에 대한 신고를 접수하였을 때에는 즉시 소속 경찰공무원을 현장에 출동시켜 주변을 수색하는 등 실종아동등을 발견하기 위한 조치를 하여야 한다. 다만, 접수 당시 아동등이 약취(略取)·유인(誘引) 등 범죄로 인하여 실종되었다고 인정되는 경우에는 즉시 수사를 시작하여야 한다(실종아동등의 발견 및 유전자검사 등에 관한 규칙 제7조 제1항).

경찰관서의 장은 수색 등에도 불구하고 실종아동등을 발견하지 못한 경우에는 지체 없이 범죄 관련성을 판단하여 범죄 관련성이 인정되면 즉시 수사를 시작하고, 단순한 실종

으로 인정되면 즉시 실종아동등을 발견하기 위한 추적을 시작하는 등 실종아동등의 조속한 발견을 위한 조치를 하여야 한다(실종아동등의 발견 및 유전자검사 등에 관한 규칙 제7조 제2항).

(2) 실종아동등의 수색과 수사와 개인위치정보

경찰관서의 장은 실종아동등(범죄로 인한 경우를 제외한다. 이하 이 조에서 같다)의 조속한 발견을 위하여 필요한 때에는 다음 각 호의 어느 하나에 해당하는 자에게 실종아동등의 위치 확인에 필요한 「위치정보의 보호 및 이용 등에 관한 법률」에 따른 개인위치정보[3], 「인터넷주소자원에 관한 법률」에 따른 인터넷주소[4] 및 「통신비밀보호법」제2조 제11호 마목·사목에 따른 통신사실확인자료[5])의 제공을 요청할 수 있다. 이 경우 경찰관서의 장의 요청을 받은 자는 「통신비밀보호법」제3조에도 불구하고 정당한 사유가 없으면 이에 따라야 한다(동법 제9조 제2항).

---

3) 위치정보의 보호 및 이용 등에 관한 법률 제2조(정의) 이 법에서 사용하는 용어의 정의는 다음과 같다. 2. "개인위치정보"라 함은 특정 개인의 위치정보(위치정보만으로는 특정 개인의 위치를 알 수 없는 경우에도 다른 정보와 용이하게 결합하여 특정 개인의 위치를 알 수 있는 것을 포함한다)를 말한다.

4) 인터넷주소자원에 관한 법률 제2조(정의) 이 법에서 사용하는 용어의 뜻은 다음과 같다. 1. "인터넷주소"란 인터넷에서 국제표준방식 또는 국가표준방식에 의하여 일정한 통신규약에 따라 특정 정보시스템을 식별하여 접근할 수 있도록 하는 숫자·문자·부호 또는 이들의 조합으로 구성되는 정보체계로서 다음 각 목의 어느 하나에 해당하는 것을 말한다.
    가. 인터넷 프로토콜(protocol) 주소: 인터넷에서 컴퓨터 및 정보통신설비가 인식하도록 만들어진 것
    나. 도메인(domain)이름: 인터넷에서 인터넷 프로토콜 주소를 사람이 기억하기 쉽도록 하기 위하여 만들어진 것
    다. 그 밖에 대통령령으로 정하는 것

5) 통신비밀보호법 제2조(정의) 이 법에서 사용하는 용어의 정의는 다음과 같다. 11. "통신사실확인자료"라 함은 다음 각목의 어느 하나에 해당하는 전기통신사실에 관한 자료를 말한다. 가. 가입자의 전기통신일시 나. 전기통신개시·종료시간 다. 발·착신 통신번호 등 상대방의 가입자번호 라. 사용도수 마. 컴퓨터통신 또는 인터넷의 사용자가 전기통신역무를 이용한 사실에 관한 컴퓨터통신 또는 인터넷의 로그기록자료 사. 컴퓨터통신 또는 인터넷의 사용자가 정보통신망에 접속하기 위하여 사용하는 정보통신기기의 위치를 확인할 수 있는 접속지의 추적자료

1. 「위치정보의 보호 및 이용 등에 관한 법률」 제5조 제7항에 따른 개인위치정보사업자
2. 「정보통신망 이용촉진 및 정보보호 등에 관한 법률」 제2조 제1항 제3호에 따른 정보통신서비스 제공자 중에서 대통령령으로 정하는 기준을 충족하는 제공자
3. 「정보통신망 이용촉진 및 정보보호 등에 관한 법률」 제23조의3에 따른 본인확인기관
4. 「개인정보 보호법」 제24조의2에 따른 주민등록번호 대체가입수단 제공기관

개인정보등의 요청을 받은 자는 그 실종아동등의 동의 없이 개인위치정보등을 수집할 수 있으며, 실종아동등의 동의가 없음을 이유로 경찰관서의 장의 요청을 거부하여서는 아니 된다(동법 제9조 제3항). 경찰관서와 경찰관서에 종사하거나 종사하였던 자는 실종아동등을 찾기 위한 목적으로 제공받은 개인위치정보등을 실종아동등을 찾기 위한 목적 외의 용도로 이용하여서는 아니 되며, 목적을 달성하였을 때에는 지체 없이 파기하여야 한다(동법 제9조 제4항).

개인위치정보등을 실종아동등을 찾기 위한 목적 외의 용도로 이용한 자는 5년 이하의 징역 또는 5천만원 이하의 벌금에 처한다(동법 제17조).

8. 경찰의 공개 수색·수사 체계의 구축·운영과 실종경보· 유괴경보

(1) 경찰의 공개 수색·수사 체계의 구축·운영

경찰청장은 실종아동등의 조속한 발견과 복귀를 위하여 실종아동등의 공개 수색·수사 체계를 구축·운영할 수 있다(동법 제8조 제1항). 경찰청장은 공개 수색·수사를 위하여 실종아동등의 보호자의 동의를 받아 「정보통신망 이용촉진 및 정보보호 등에 관한 법률」에 따른 정보통신망 또는 정보통신서비스6) 및 「방송법」제2조 제1호7)에 따른 방송 등을

---

6)   정보통신망 이용촉진 및 정보보호 등에 관한 법률 제2조(정의) ① 이 법에서 사용하는 용어의 뜻은 다음과 같다. 1. "정보통신망"이란 「전기통신사업법」 제2조 제2호에 따른 전기통신설비를 이용하거나 전기통신설비와 컴퓨터 및 컴퓨터의 이용기술을 활용하여 정보를 수집·가공·저장·검색·송신 또는 수신하는 정보통신체제를 말한다. 2. "정보통신서비스"란 「전기통신사업법」제2조 제6호에

이용하여 실종아동등과 관련된 정보를 공개할 수 있다(동법 제8조 제2항).

(2) 경찰의 실종경보 · 유괴경보

경찰청장은 실종아동등의 공개 수색·수사를 위하여 필요한 경우 유괴·실종경보발령
시스템을 구축·운영할 수 있다(실종아동등의 보호 및 지원에 관한 법률 시행령 제4조의5
제1항).

경찰청장은 실종아동등의 조속한 발견과 복귀를 위하여 공개 수색·수사가 필요하고,
실종아동등의 보호자가 실종아동등과 관련된 정보의 공개에 대하여 동의한 경우에는 다
음 각 호의 구분에 따라 실종경보 또는 유괴경보를 발령할 수 있다. 이 경우 경찰청장은
범죄심리전문가의 의견을 들을 수 있다(실종아동등의 보호 및 지원에 관한 법률 시행령
제4조의5 제2항).

1. 실종경보: 상습적인 가출 전력이 없는 실종아동등에 관하여 경찰관서에 신고가 접수된
   경우
2. 유괴경보: 유괴 또는 납치 사건으로 의심할 만한 증거나 단서가 존재하는 실종아동등
   에 관하여 경찰관서에 신고가 접수된 경우

경찰청장은 실종경보 또는 유괴경보를 발령하는 경우에는 발령지역 및 발령매체의 범
위를 정하여야 한다. 경찰청장은 필요한 경우에는 그 범위를 변경할 수 있다(실종아동등

따른 전기통신역무와 이를 이용하여 정보를 제공하거나 정보의 제공을 매개하는 것을 말한다.
7) 방송법 제2조(용어의 정의) 이 법에서 사용하는 용어의 정의는 다음과 같다. 1. "방송"이라 함은 방
    송프로그램을 기획·편성 또는 제작하여 이를 공중(개별계약에 의한 수신자를 포함하며, 이하 "시
    청자"라 한다)에게 전기통신설비에 의하여 송신하는 것으로서 다음 각목의 것을 말한다. 가. 텔레비
    전방송 : 정지 또는 이동하는 사물의 순간적 영상과 이에 따르는 음성·음향 등으로 이루어진 방송
    프로그램을 송신하는 방송 나. 라디오방송 : 음성·음향 등으로 이루어진 방송프로그램을 송신하는
    방송 다. 데이터방송 : 방송사업자의 채널을 이용하여 데이터(문자·숫자·도형·도표·이미지 그
    밖의 정보체계를 말한다)를 위주로 하여 이에 따르는 영상·음성·음향 및 이들의 조합으로 이루어
    진 방송프로그램을 송신하는 방송(인터넷 등 통신망을 통하여 제공하거나 매개하는 경우를 제외한
    다. 이하 같다) 라. 이동멀티미디어방송 : 이동중 수신을 주목적으로 다채널을 이용하여 텔레비전
    방송·라디오방송 및 데이터방송을 복합적으로 송신하는 방송

의 보호 및 지원에 관한 법률 시행령 제4조의5 제3항). 경찰청장은 실종경보 또는 유괴경
보 발령의 중단이 필요하다고 인정되는 경우에는 이를 해제할 수 있다. 다만, 실종아동등
의 보호자가 실종경보 또는 유괴경보의 해제를 요구한 때에는 이를 해제하여야 한다(실종
아동등의 보호 및 지원에 관한 법률 시행령 제4조의5 제4항).

실종경보 또는 유괴경보를 발령한 경우에는 에 따른 전기통신사업자, 정보통신서비스
제공자, 방송사업자 등에게 정보통신망 또는 정보통신서비스, 방송 등을 이용하여 공개하
도록 요청할 수 있다. 이 경우 경찰청장은 실종아동등의 발견 및 복귀를 위하여 필요한
최소한의 정보공개를 요청하여야 한다(실종아동등의 보호 및 지원에 관한 법률 시행령 제
4조의5 제5항).

1. 실종아동등의 신상정보
2. 실종·유괴의 경위
3. 실종경보 또는 유괴경보 발령사실
4. 국민에 대한 협조요청 그 밖에 실종아동등의 복귀에 필요한 사항

9. 아동실종등과 출입·조사

경찰청장이나 지방자치단체의 장은 실종아동등의 발견을 위하여 필요하면 관계인에 대
하여 필요한 보고 또는 자료제출을 명하거나 소속 공무원으로 하여금 관계 장소에 출입하
여 관계인이나 아동등에 대하여 필요한 조사 또는 질문을 하게 할 수 있다(동법 제10조
제1항). 출입·조사 또는 질문을 하려는 관계공무원은 그 권한을 표시하는 증표를 지니고
이를 관계인 등에게 내보여야 한다(동법 제10조 제3항). 경찰청장이나 지방자치단체의 장
은 출입·조사를 실시할 때 정당한 이유가 있는 경우 소속 공무원으로 하여금 실종아동등
의 가족 등을 동반하게 할 수 있다(동법 제10조 제2항).

위계(僞計) 또는 위력(威力)을 행사하여 제10조제1항에 따른 관계공무원의 출입 또는
조사를 거부하거나 방해한 자자는 2년 이하의 징역 또는 2천만원 이하의 벌금에 처한다
(동법 제18조).

10. 실종아동등과 유전자 검시의 실시

경찰청장은 실종아동등의 발견을 위하여 다음 각 호의 어느 하나에 해당하는 자로부터 유전자검사대상물을 채취할 수 있다(동법 제11조 제1항).

1. 보호시설의 입소자나 「정신건강증진 및 정신질환자 복지서비스 지원에 관한 법률」제3조 제5호8)에 따른 정신의료기관의 입원환자 중 보호자가 확인되지 아니한 아동등
2. 실종아동등을 찾고자 하는 가족
3. 그 밖에 보호시설의 입소자였던 무연고아동

유전자검사를 전문으로 하는 기관으로서 대통령령으로 정하는 기관9)은 유전자검사를 실시하고 그 결과를 데이터베이스로 구축·운영할 수 있다(동법 제11조 제2항). 검사대상물의 채취와 유전자검사를 실시하려면 데이터베이스를 활용하여 실종아동등인지 여부를 확인한 후에 하여야 한다(동법 제11조 제3항).

경찰청장은 검사대상물을 채취하려면 미리 검사대상자의 서면동의를 받아야 한다. 이 경우 검사대상자가 미성년자, 심신상실자 또는 심신미약자일 때에는 본인 외에 법정대리인의 동의를 받아야 한다. 다만, 심신상실, 심신미약 또는 의사무능력 등의 사유로 본인의 동의를 받을 수 없을 때에는 본인의 동의를 생략할 수 있다(동법 제11조 제4항). 유전정보 데이터베이스를 구축·운영하는 경우 유전정보는 검사기관의 장이, 신상정보는 전문기관의 장이 각각 구분하여 관리하여야 한다((동법 제11조 제5항).

---

8) 정신건강증진 및 정신질환자 복지서비스 지원에 관한 법률 제3조(정의) 이 법에서 사용하는 용어의 뜻은 다음과 같다. 5. "정신의료기관"이란 주로 정신질환자를 치료할 목적으로 설치된 다음 각 목의 어느 하나에 해당하는 기관을 말한다. 가. 「의료법」에 따른 의료기관 중 제19조 제1항 후단에 따른 기준에 적합하게 설치된 병원(이하 "정신병원"이라 한다) 또는 의원 나. 「의료법」에 따른 병원급 의료기관에 설치된 정신건강의학과로서 제19조 제1항 후단에 따른 기준에 적합한 기관
9) 실종아동등의 보호 및 지원에 관한 법률 시행령 제5조(유전자검사기관) 법 제11조제2항에서 "유전자검사를 전문으로 하는 기관으로서 대통령령이 정하는 기관"이라 함은 국립과학수사연구원을 말한다.

(1) 유전자검사의 절차

경찰청장은 유전자검사 대상물을 채취한 때에는 해당 검사대상자의 신상을 기재한 서류와 채취한 검사대상물 및 서면동의서 사본을 전문기관의 장에게 송부하여야 한다(실종아동등의 보호 및 지원에 관한 법률 시행령 제6조 제1항). 전문기관의 장은 받은 자료 중 검사대상물에 대하여 일련번호를 부여하여 이를 지체없이 국립과학수사연구원장에게 송부하여야 한다(실종아동등의 보호 및 지원에 관한 법률 시행령 제6조 제2항).

경찰청장은 받은 서면동의서를 10년간 보존하여야 한다(실종아동등의 보호 및 지원에 관한 법률 시행령 제6조 제3항).

(2) 검사대상물의 재채취

국립과학수사연구원장은 다음 각 호의 어느 하나에 해당하는 사유가 발생한 때에는 전문기관의 장에게 해당 검사대상물의 재채취를 요청할 수 있으며, 전문기관의 장은 해당 검사대상물의 일련번호를 확인하여 경찰청장에게 검사대상물의 재채취를 요청할 수 있다(실종아동등의 보호 및 지원에 관한 법률 시행령 제7조).

1. 유전자검사의 결과 유전자가 서로 일치하는 검사대상물이 발견된 경우로서 실종아동등 인지의 여부를 확정하기 위하여 필요한 경우
2. 검사대상물의 오염 또는 훼손 등으로 유전자검사가 곤란한 경우

11. 유전정보의 목적 외 이용금지

누구든지 실종아동등을 발견하기 위한 목적 외의 용도로 검사대상물을 채취하거나 유전자검사를 실시하거나 유전정보를 이용할 수 없다(동법 제12조 제1항). 검사대상물의 채취, 유전자검사 또는 유전정보관리에 종사하고 있거나 종사하였던 사람은 채취한 검사대상물 또는 유전정보를 외부로 유출하여서는 아니 된다(동법 제12조 제2항).

목적 외의 용도로 검사대상물의 채취 또는 유전자검사를 실시하거나 유전정보를 이용한 자나 채취한 검사대상물 또는 유전정보를 외부로 유출한 자는 2년 이하의 징역 또는 2천만원 이하의 벌금에 처한다(동법 제18조).

12. 검사대상물 및 유전정보의 폐기

검사기관의 장은 유전자검사를 끝냈을 때에는 지체 없이 검사대상물을 폐기하여야 한다(동법 제13조 제1항). 검사기관의 장은 다음 각 호의 어느 하나에 해당할 때에는 해당 유전정보를 지체 없이 폐기하여야 한다. 다만, 제3호에도 불구하고 검사대상자 또는 법정대리인이 제3호에서 정한 기간(이하 "보존기간"이라 한다)의 연장을 요청하는 경우에는 실종아동등의 보호자를 확인할 때까지 그 기간을 연장할 수 있다(동법 제13조 제2항).

1. 실종아동등이 보호자를 확인하였을 때
2. 검사대상자 또는 법정대리인이 요청할 때
3. 유전자검사일부터 10년이 경과되었을 때

검사기관의 장은 검사대상물·유전정보의 폐기 및 유전정보의 보존기간 연장에 관한 사항을 기록·보관하여야 한다(동법 제13조 제3항).[10]

---

10) 실종아동등의 발견 및 유전자검사 등에 관한 규칙 제10조(검사대상물 및 유전정보의 폐기 등) ① 검사대상자 또는 법정대리인이 법 제13조제2항제2호에 따라 유전정보의 폐기를 요청하려면 별지 제11호서식의 유전정보 폐기 신청서를 국립과학수사연구원장에게 제출하여야 한다. ② 검사대상자 또는 법정대리인이 법 제13조제2항 단서에 따라 유전정보의 보존기간 연장을 요청하려면 별지 제12호서식의 유전정보 보존기간 연장 신청서를 국립과학수사연구원장에게 제출하여야 한다. ③ 국립과학수사연구원장은 법 제13조제3항에 따라 검사대상물 및 유전정보의 폐기에 관한 사항을 별지 제13호서식의 유전자검사대상물 및 유전정보 폐기 대장에, 유전정보의 보존기간 연장에 관한 사항을 별지 제14호서식의 유전정보 보존기간 연장 대장에 기록하고, 10년간 보관하여야 한다. ④ 제1항 및 제2항에 따라 신청서를 제출하는 법정대리인은 보호시설 설치 신고증, 후견인 지정서 등 검사대상자의 법정대리인임을 증명할 수 있는 서류를 함께 제출하여야 한다.

13. 유전자검사 기록의 열람과 신상정보의 목적 외 이용금지

검사기관의 장은 검사대상자 또는 법정대리인이 유전자검사 결과기록의 열람 또는 사본의 발급을 요청하면 이에 따라야 한다(동법 제14조 제1항).[11] 누구든지 정당한 사유 없이 실종아동등의 신상정보를 실종아동등을 찾기 위한 목적 외의 용도로 이용할 수 없다(동법 제15조). 신상정보를 실종아동등을 찾기 위한 목적 외의 용도로 이용한 자는 2년 이하의 징역 또는 2천만원 이하의 벌금에 처한다(동법 제18조).

---

[11] 실종아동등의 발견 및 유전자검사 등에 관한 규칙 제11조(유전자검사 결과기록의 열람 신청 등) ① 검사대상자 또는 법정대리인이 법 제14조제1항에 따라 유전자검사 결과기록의 열람 또는 사본의 발급을 요청하려면 별지 제15호서식의 유전자검사 결과기록 열람(사본 발급) 신청서를 국립과학수사연구원장에게 제출하여야 한다. ② 제1항에 따라 신청서를 제출하는 법정대리인은 보호시설 설치 신고증, 후견인 지정서 등 검사대상자의 법정대리인임을 증명할 수 있는 서류를 함께 제출하여야 한다. ③ 국립과학수사연구원장은 제1항에 따른 유전자검사 결과기록 열람(사본 발급) 신청서를 10년간 보관하여야 한다.

45

마약과 마약류 관리에 관한 법률

 수상한 이웃

경찰청 본부에 전화벨이 울렸다.

"여보세요, 제 이웃에 사는 홍길동씨를 신고하려고 합니다. 그가 장작 속에 마리화나를 숨겨두고 있어요!"

다음날, 경찰청 마약수사대 단속반 형사들이 홍길동 집에 들이닥쳤다.
그들은 도끼로 장작을 하나하나 다 팼지만, 마리화나는 어디에도 없었다.
마약 단속반 형사들은 이웃들을 욕하면서 철수했다.

그때 홍길동의 집에 전화벨이 울린다.
"홍길동, 경찰 다녀갔어?"
"그래."
"그들이 장작은 다 팼지?"
"응."
"좋아, 이제 자네가 전화 걸 차례야. 난 정원을 갈아야 돼."

Ⅰ. 서언

시장이나 음식골목에 가면 너도나도 '마약김밥'[1], '마약 떡볶이' '마약빵', '마약 치킨' 등이라 써 붙이고 장사중이다. '맛있다'는 의미를 왜 마약이라고 표현할까? 음식점 사장님 들은 모두 마약 경험이 있나? 마약 맛이 도대체 어떻길래 맛있다는 표현에 마약이라는 단어를 가져다 붙이는 걸까? 마약 상호를 가져다 붙이는 음식점 사장님들한테 물어본 적은 없지만, 아마도 너무도 맛있어 계속먹지 않고는 못헤어 난다는 '중독성'(中毒性)이 있다는 의미로 해석하고 싶다.

마약에 대해 무감각해진 사회 분위기를 보여주는 현상이 김밥과 같은 음식에 마약 수식 어가 붙는 것이다. 맛있다는 것을 강조하려는 것이지만 마약에 대한 경각심을 허물어뜨린 다는 점에서 우려스럽다. 향정신성의약품으로 분류된 프로포폴을 성형과 미용을 이유로 유행처럼 투약하는 것도 문제다. 국민 5명 중 1명이 자신이 마약의 위험성에 노출돼 있다 고 느낀다는 조사 결과도 나왔다.[2]

우리 사회의 재벌가 및 연예계 '마약 파문'이 확산되고 있는 가운데 일상생활에서 '마약' 이란 단어를 상호나 상표에 붙여 광고하거나 마케팅을 하는 사례가 늘고 있다. 마약에 대한 잘못된 인식을 심어줄 수 있다는 우려가 나오지만 딱히 제재 방법은 없다는 게 경찰의 얘기다.[3]

우리 사회 여기저기 언론에 대서특필되는 단어가 마약류 관련 기사내용이다. 마약은 사람을 망가뜨릴 뿐만 아니라 한 국가를 망가뜨린다. 중국의 역사가 그것을 여실히 보여주고 있다. 중국 청나라는 19세기 '아편' 때문에 영국과 두 차례 전쟁에 패하여 식민지가 되었다. 마약은 연령, 성별 등 남녀노소를 가리지 않고 다가오며 직업을 가리지 않는다. 조금만 방심하거나 한눈팔면 순간 나락으로 떨어질 수 있다.

---

1) 문소영은 마약김밥의 유래에 대하여, "최근에 먹어본 색다른 음식이 '마약김밥'이다. '광장시장 마약김밥'은 반드시 먹어봐야 한다고 성화를 부려 맛본 그 김밥은 간단했다. 충무김밥처럼 한입에 먹을 수 있도록 어른 검지만 하게 말아놓은 김밥 속에 가느다란 단무지와 홍당무가 서너 가닥 들어 있다. 일에 바쁜 시장일꾼들이 싼 가격에 정신없이 주워 먹는 맛이라고 해서 '마약김밥'이라 부른다고도 했다."([길섶에서] 광장시장 '마약김밥'/문소영 논설위원, 서울신문, 2014년 5월 19일, 31면).
2) [야고부] '마약공화국', 每日新聞, 2019년 4월 26일.
3) '마약 파문'으로 시끄러운데 '마약김밥' '마약베개' 상호는 괜찮나?, 한국경제, 2019년 4월 25일, A29면.

Ⅱ. 마약류 관리에 관한 법률의 내용

1. 마약류 관리에 관한 법률의 목적

마약류 관리에 관한 법률은 마약·향정신성의약품(向精神性醫藥品)·대마(大麻) 및 원료물질의 취급·관리를 적정하게 함으로써 그 오용 또는 남용으로 인한 보건상의 위해(危害)를 방지하여 국민보건 향상에 이바지함을 목적으로 한다(마약류 관리에 관한 법률 제1조).4)

---

4) "[1] 강제 채뇨는 피의자가 임의로 소변을 제출하지 않는 경우 피의자에 대하여 강제력을 사용해서 도뇨관(catheter)을 요도를 통하여 방광에 삽입한 뒤 체내에 있는 소변을 배출시켜 소변을 취득·보관하는 행위이다. 수사기관이 범죄 증거를 수집할 목적으로 하는 강제 채뇨는 피의자의 신체에 직접적인 작용을 수반할 뿐만 아니라 피의자에게 신체적 고통이나 장애를 초래하거나 수치심이나 굴욕감을 줄 수 있다. 따라서 피의자에게 범죄 혐의가 있고 그 범죄가 중대한지, 소변성분 분석을 통해서 범죄 혐의를 밝힐 수 있는지, 범죄 증거를 수집하기 위하여 피의자의 신체에서 소변을 확보하는 것이 필요한 것인지, 채뇨가 아닌 다른 수단으로는 증명이 곤란한지 등을 고려하여 범죄 수사를 위해서 강제 채뇨가 부득이하다고 인정되는 경우에 최후의 수단으로 적법한 절차에 따라 허용된다고 보아야 한다. 이때 의사, 간호사, 그 밖의 숙련된 의료인 등으로 하여금 소변 채취에 적합한 의료장비와 시설을 갖춘 곳에서 피의자의 신체와 건강을 해칠 위험이 적고 피의자의 굴욕감 등을 최소화하는 방법으로 소변을 채취하여야 한다. [2] 수사기관이 범죄 증거를 수집할 목적으로 피의자의 동의 없이 피의자의 소변을 채취하는 것은 법원으로부터 감정허가장을 받아 형사소송법 제221조의4 제1항, 제173조 제1항에서 정한 '감정에 필요한 처분'으로 할 수 있지만(피의자를 병원 등에 유치할 필요가 있는 경우에는 형사소송법 제221조의3에 따라 법원으로부터 감정유치장을 받아야 한다), 형사소송법 제219조, 제106조 제1항, 제109조에 따른 압수·수색의 방법으로도 할 수 있다. 이러한 압수·수색의 경우에도 수사기관은 원칙적으로 형사소송법 제215조에 따라 판사로부터 압수·수색영장을 적법하게 발부받아 집행해야 한다. 압수·수색의 방법으로 소변을 채취하는 경우 압수대상물인 피의자의 소변을 확보하기 위한 수사기관의 노력에도 불구하고, 피의자가 인근 병원 응급실 등 소변 채취에 적합한 장소로 이동하는 것에 동의하지 않거나 저항하는 등 임의동행을 기대할 수 없는 사정이 있는 때에는 수사기관으로서는 소변 채취에 적합한 장소로 피의자를 데려가기 위해서 필요 최소한의 유형력을 행사하는 것이 허용된다. 이는 형사소송법 제219조, 제120조 제1항에서 정한 '압수·수색영장의 집행에 필요한 처분'에 해당한다고 보아야 한다. 그렇지 않으면 피의자의 신체와 건강을 해칠 위험이 적고 피의자의 굴욕감을 최소화하기 위하여 마련된 절차에 따른 강제 채뇨가 불가능하여 압수영장의 목적을 달성할 방법이 없기 때문이다. [3] 피고인이 메트암페타민(일명 '필로폰')을 투약하였다는 마약류 관리에 관한 법률 위반(향정) 혐의에 관하여, 피고인의 소변(30cc), 모발(약 80수), 마약류 불법사용 도구 등에 대한 압수·수색·검증영장을 발부받은 다

2. 마약류 관리에 관한 법률과 용어

마약류 관리에 관한 법률에서 사용하는 용어의 뜻은 다음과 같다(동법 제2조).

1. "마약류"란 마약·향정신성의약품 및 대마를 말한다.

2. "마약"이란 다음 각 목의 어느 하나에 해당하는 것을 말한다.

> 가. 양귀비: 양귀비과(科)의 파파베르 솜니페룸 엘(Papaver somniferum L.), 파파베르 세티게룸 디시(Papaver setigerum DC.) 또는 파파베르 브락테아툼(Papaver bracteatum)
>
> 나. 아편: 양귀비의 액즙(液汁)이 응결(凝結)된 것과 이를 가공한 것. 다만, 의약품으로 가공한 것은 제외한다.
>
> 다. 코카 잎[엽]: 코카 관목[灌木]: 에리드록시론속(屬)의 모든 식물을 말한다]의 잎. 다만, 엑고닌·코카인 및 엑고닌 알칼로이드 성분이 모두 제거된 잎은 제외한다.
>
> 라. 양귀비, 아편 또는 코카 잎에서 추출되는 모든 알카로이드 및 그와 동일한 화학적 합성품으로서 대통령령으로 정하는 것
>
> 마. 가목부터 라목까지에 규정된 것 외에 그와 동일하게 남용되거나 해독(害毒) 작용을 일으킬 우려가 있는 화학적 합성품으로서 대통령령으로 정하는 것
>
> 바. 가목부터 마목까지에 열거된 것을 함유하는 혼합물질 또는 혼합제제. 다만, 다른 약물이나 물질과 혼합되어 가목부터 마목까지에 열거된 것으로 다시 제조하거나 제제(製劑)할 수 없고, 그것에 의하여 신체적 또는 정신적 의존성을 일으키지 아니하는 것으로서 총리령으로 정하는 것[이하 "한외마약"(限外麻藥)이라 한다]은 제외한다.

음 경찰관이 피고인의 주거지를 수색하여 사용 흔적이 있는 주사기 4개를 압수하고, 위 영장에 따라 3시간가량 소변과 모발을 제출하도록 설득하였음에도 피고인이 계속 거부하면서 자해를 하자 이를 제압하고 수갑과 포승을 채운 뒤 강제로 병원 응급실로 데리고 가 응급구조사로 하여금 피고인의 신체에서 소변(30cc)을 채취하도록 하여 이를 압수한 사안에서, 피고인에 대한 피의사실이 중대하고 객관적 사실에 근거한 명백한 범죄 혐의가 있었다고 보이고, 경찰관의 장시간에 걸친 설득에도 피고인이 소변의 임의 제출을 거부하면서 판사가 적법하게 발부한 압수영장의 집행에 저항하자 경찰관이 다른 방법으로 수사 목적을 달성하기 곤란하다고 판단하여 강제로 피고인을 소변 채취에 적합한 장소인 인근 병원 응급실로 데리고 가 의사의 지시를 받은 응급구조사로 하여금 피고인의 신체에서 소변을 채취하도록 하였으며, 그 과정에서 피고인에 대한 강제력의 행사가 필요 최소한도를 벗어나지 않았으므로, 경찰관의 조치는 형사소송법 제219조, 제120조 제1항에서 정한 '압수영장의 집행에 필요한 처분'으로서 허용되고, 한편 경찰관이 압수영장을 집행하기 위하여 피고인을 병원 응급실로 데리고 가는 과정에서 공무집행에 항거하는 피고인을 제지하고 자해 위험을 방지하기 위해 수갑과 포승을 사용한 것은 경찰관 직무집행법에 따라 허용되는 경찰장구의 사용으로서 적법하다는 이유로, 같은 취지에서 피고인의 소변에 대한 압수영장 집행이 적법하다."(대법원 2018.7.12., 2018도6219).

3. "향정신성의약품"이란 인간의 중추신경계에 작용하는 것으로서 이를 오용하거나 남용할 경우 인체에 심각한 위해가 있다고 인정되는 다음 각 목의 어느 하나에 해당하는 것으로서 대통령령으로 정하는 것을 말한다.[5]

가. 오용하거나 남용할 우려가 심하고 의료용으로 쓰이지 아니하며 안전성이 결여되어 있는 것으로서 이를 오용하거나 남용할 경우 심한 신체적 또는 정신적 의존성을 일으키는 약물 또는 이를 함유하는 물질

나. 오용하거나 남용할 우려가 심하고 매우 제한된 의료용으로만 쓰이는 것으로서 이를 오용하거나 남용할 경우 심한 신체적 또는 정신적 의존성을 일으키는 약물 또는 이를 함유하는 물질

다. 가목과 나목에 규정된 것보다 오용하거나 남용할 우려가 상대적으로 적고 의료용으로 쓰이는 것으로서 이를 오용하거나 남용할 경우 그리 심하지 아니한 신체적 의존성을 일으키거나 심한 정신적 의존성을 일으키는 약물 또는 이를 함유하는 물질

라. 다목에 규정된 것보다 오용하거나 남용할 우려가 상대적으로 적고 의료용으로 쓰이는 것으로서 이를 오용하거나 남용할 경우 다목에 규정된 것보다 신체적 또는 정신적 의존성을 일으킬 우려가 적은 약물 또는 이를 함유하는 물질

마. 가목부터 라목까지에 열거된 것을 함유하는 혼합물질 또는 혼합제제. 다만, 다른 약물 또는 물질과 혼합되어 가목부터 라목까지에 열거된 것으로 다시 제조하거나 제제할 수 없고, 그것에 의하여 신체적 또는 정신적 의존성을 일으키지 아니하는 것으로서 총리령으로 정하는 것은 제외한다.

---

5) "마약류관리법 제2조 제3호 가목 향정신성의약품(이하 '가목 향정신성의약품'이라 한다)은 오남용 가능성과 의존성이 매우 높고, 의료용으로 전혀 사용할 수 없으며, 공중 보건에 미치는 해악도 심각하므로, 이에 대한 접근을 원천적으로 차단하기 위해서 제조·수출입·매매·수수 등 유통에 관련된 행위를 엄격하게 통제할 필요가 있다. 또한 향정신성의약품을 상대방이 단순히 사용한다는 것을 알면서 대가 없이 소량으로 교부하는 경우에도, 그 수요를 창출할 목적으로 상대방에게 사용을 권유하면서 이루어지는 사례가 적지 않으므로, 제조·수출입 등에 비하여 죄질이나 보호법익의 침해가 낮다고 단정할 수 없다."(헌재 2019.2.28 전원재판부 2017헌바229).

4. "대마"란 다음 각 목의 어느 하나에 해당하는 것을 말한다. 다만, 대마초[칸나비스 사티바 엘(Cannabis sativa L)을 말한다. 이하 같다]의 종자(種子)·뿌리 및 성숙한 대마초의 줄기와 그 제품은 제외한다.[6]

가. 대마초와 그 수지(樹脂)
나. 대마초 또는 그 수지를 원료로 하여 제조된 모든 제품
다. 가목 또는 나목에 규정된 것과 동일한 화학적 합성품으로서 대통령령으로 정하는 것
라. 가목부터 다목까지에 규정된 것을 함유하는 혼합물질 또는 혼합제제

---

[6] "법 제61조 제1항은 대마 흡연자를 법 제2조 제4호 가목의 향정신성의약품의 원료가 되는 식물을 흡연한 자와 같은 법정형으로 처벌하고 있으나, 대마의 사용자가 흡연 행위를 한 후 그에 그치지 않고 환각상태에서 다른 강력한 범죄로 나아갈 경우와 같은 사회적인 위험성의 측면에서 보면 대마의 흡연 행위가 법 제2조 제4호 가목 소정의 향정신성의약품 원료식물의 흡연 등의 행위보다 사회적 위험성 면에서 결코 약하다고 만은 할 수 없고, 법 제61조 제1항이 위 두 경우를 같은 법정형으로 처벌하도록 규정하고 있으면서도 5년 이하의 징역이나 5천만 원 이하의 벌금에 처하도록 법정형의 상한만을 정하여 그 죄질에 따라 법원이 적절한 선고형을 정하는 것이 가능하도록 하고 있으므로, 단순히 법률규정 자체가 향정신성의약품과 대마 자체가 가진 위험성의 비례관계를 엄격히 지키지 않았다는 이유로 과잉금지의 원칙에 반하여 행복추구권을 침해하는 것이라고 할 수는 없다."(헌재 2005.11.24, 전원재판부 2005헌바46).

5. "마약류취급자"란 다음 가목부터 사목까지의 어느 하나에 해당하는 자로서 이 법에
   따라 허가 또는 지정을 받은 자와 아목 및 자목에 해당하는 자를 말한다.

> 가. 마약류수출입업자: 마약 또는 향정신성의약품의 수출입을 업(業)으로 하는 자
> 나. 마약류제조업자: 마약 또는 향정신성의약품의 제조[제제 및 소분(小分)을 포함한다.
>   이하 같다]를 업으로 하는 자
> 다. 마약류원료사용자: 한외마약 또는 의약품을 제조할 때 마약 또는 향정신성의약품을
>   원료로 사용하는 자
> 라. 대마재배자: 섬유 또는 종자를 채취할 목적으로 대마초를 재배하는 자
> 마. 마약류도매업자: 마약류소매업자, 마약류취급의료업자, 마약류관리자 또는 마약류취급
>   학술연구자에게 마약 또는 향정신성의약품을 판매하는 것을 업으로 하는 자
> 바. 마약류관리자: 「의료법」에 따른 의료기관에 종사하는 약사로서 그 의료기관에서 환자
>   에게 투약하거나 투약하기 위하여 제공하는 마약 또는 향정신성의약품을 조제·수수
>   (授受)하고 관리하는 책임을 진 자
> 사. 마약류취급학술연구자: 학술연구를 위하여 마약 또는 향정신성의약품을 사용하거나,
>   대마초를 재배하거나 대마를 수입하여 사용하는 자
> 아. 마약류소매업자: 「약사법」에 따라 등록한 약국개설자로서 마약류취급의료업자의 처방
>   전에 따라 마약 또는 향정신성의약품을 조제하여 판매하는 것을 업으로 하는 자
> 자. 마약류취급의료업자: 의료기관에서 의료에 종사하는 의사·치과의사·한의사 또는 「
>   수의사법」에 따라 동물 진료에 종사하는 수의사로서 의료나 동물 진료를 목적으로 마
>   약 또는 향정신성의약품을 투약하거나 투약하기 위하여 제공하거나 마약 또는 향정신
>   성의약품을 기재한 처방전을 발급하는 자

6. "원료물질"이란 마약류가 아닌 물질 중 마약 또는 향정신성의약품의 제조에 사용되
   는 물질로서 대통령령으로 정하는 것을 말한다.

7. "원료물질취급자"란 원료물질의 제조·수출입·매매에 종사하거나 이를 사용하는
   자를 말한다.

8. "군수용마약류"란 국방부 및 그 직할 기관과 육군·해군·공군에서 관리하는 마약류
   를 말한다.

9. "치료보호"란 마약류 중독자의 마약류에 대한 정신적·신체적 의존성을 극복시키고 재발을 예방하여 건강한 사회인으로 복귀시키기 위한 입원 치료와 통원(通院) 치료를 말한다.

기출문제

1　다음 중 마약류관리에관한법률 상 향정신성의약품에 관한 설명으로 옳지 않은 것은 모두 몇 개인가? (2014년 경간부)

> 가. 야바(YABA)는 카페인·에페드린·밀가루 등에 필로폰을 혼합한 것으로 순도가 높다.
> 나. 덱스트로 메트로판은 강한 중추신경 억제성 진해작용이 있으나, 의존성과 독성은 없어 코데인 대용으로 널리 사용된다.
> 다. LSD는 각성제 중 가장 강력한 효과를 나타내며 캡슐, 정제, 액체 형태로 사용된다.
> 라. GHB(물뿅)은 무색무취의 짠맛이 나는 액체로써 '데이트 강간 약물'로도 불린다.
> 마. 카리소프로돌(일명 S정)은 중추신경에 작용하여 골격근 이완의 효과가 있는 근골격계 질환 치료제로서 과다 복용 시 치명적으로 인사불성, 혼수쇼크, 호흡저하를 가져오며 사망까지 이를 수 있다.
> 바. 페이요트(Peyote)는 미국의 텍사스나 멕시코 북부지역에서 자생하는 선인장인 메스카린에서 추출·합성한 향정신성의약품이다.

① 2개　　　　② 3개　　　　③ 4개　　　　④ 5개

 가. 야바(YABA)는 순도가 낮다.
나. 맞음
다. LSD는 환각제이다.
라. 마. 맞음
바. 메스카린은 미국의 텍사스나 멕시코 북부지역에서 자생하는 선인장인 페이요트(Peyote)에서 추출·합성한 향정신성의약품이다.　　**답 ②**

2　「마약류 관리에 관한 법률」상 대마에 대한 설명으로 가장 적절하지 않은 것은? (경찰승진)

① 대마를 흡연 또는 섭취하는 행위는 처벌대상이 아니다.
② 대마초와 그 수지를 원료로 하여 제조된 일체의 제품을 말한다.

③ 일명 삼나무의 잎과 꽃을 말한다.

④ 대마에서 추출된 수지를 응고시킨 대마수지(Hashish) 등은 「마약류 관리에 관한 법률」상 규제대상이다.

해설   ① 대마를 흡연 또는 섭취하는 행위는 (당연히)처벌대상이 된다.   답 ①

3   다음과 같은 특징을 갖고 있는 신종마약류는? (경찰특공대 승진)

> • 곡물의 곰팡이, 보리 맥각에서 추출한 물질을 인공 합성시켜 만든 것으로 무색, 무미, 미취함
> • 환각제 중 가장 강력한 효과를 나타내며 캡슐, 정제, 액체 형태로 사용됨
> • 미량을 유당·각설탕·과자·빵 등에 첨가시켜 먹거나 우편종이 등의 표면에 묻혔다가 뜯어서 입에 넣는 방법으로 복용하기도 함

① 메스암페타민(히로뽕, 필로폰)   ② 엑스터시(MDMA, Ecstasy)
③ L.S.D   ④ 야바(YABA)

답 ③

4   다음은 마약류에 대한 설명이다. 옳은 것으로 묶인 것은? (2019-1차 공채기출)

> ㉠ 마약이라 함은 양귀비, 아편, 대마와 이로부터 추출되는 모든 알칼로이드로서 대통령령으로 정하는 것을 말한다.
> ㉡ GHB(일명 물뽕)는 무색, 무취, 무미의 액체로 유럽 등지에서 데이트 강간약물로도 불린다.
> ㉢ LSD는 곡물의 곰팡이, 보리 맥각에서 추출한 물질을 인공 합성시켜 만든 것으로 무색, 무취, 무미하다.
> ㉣ 코카인은 「마약류 관리에 관한 법률」에서 규제하는 향정신성의약품에 해당한다.
> ㉤ 마약성분을 갖고 있으나 다른 약들과 혼합되어 마약으로 다시 제조하거나 제제할 수 없고, 그것에 의하여 신체적 또는 정신적 의존성을 일으키지 아니하는 것으로서 총리령으로 정하는 것을 한외마약이라고 한다.
> ㉥ 한외마약은 코데날, 코데잘, 코데솔, 코데인, 유코데, 세코날 등이 있다.

① ㉠㉥   ② ㉡㉢   ③ ㉢㉤   ④ ㉣㉤

답 ③

46

출입국관리법과 범죄인 인도법

 한국에 테러가 일어나지 않는 이유

알카에다 소속 3명이 테러를 하기 위해 한국에 입국했다.

이들은 비자 문제와 테러모의 때문에 위장 취업을 하기 위해 모두 공장에 취업했다.

그런데 테러를 모의해야 하는데 서로 통화할 시간도 없이 한국 사장님들이 일을 시켰다.

맨날 12시간씩 넘게 일하고 숙소에 가자마자 피곤해서 자빠져 잤다.

임금이 밀리자 이들은 사장한테 항의했다.

그러다 미친 사장한테 열나게 얻어터지고 경찰에 연행됐다.

결국 이들은 불법체류자로 추방됐다.

I. 출입국관리법

1. 출입국관리법의 목적

출입국관리법은 대한민국에 입국하거나 대한민국에서 출국하는 모든 국민 및 외국인의 출입국관리를 통한 안전한 국경관리, 대한민국에 체류하는 외국인의 체류관리와 사회통합 등에 관한 사항을 규정함을 목적으로 한다(동법 제1조).

2. 출입국관리법과 용어

출입국관리법에서 사용하는 용어의 뜻은 다음과 같다(동법 제2조). ① "국민"이란 대한민국의 국민을 말한다. ② "외국인"이란 대한민국의 국적을 가지지 아니한 사람을 말한다. ③ "난민"이란 「난민법」 제2조 제1호에 따른 난민을 말한다(출입국관리법 제2조 제3호). "난민"이란 인종, 종교, 국적, 특정 사회집단의 구성원인 신분 또는 정치적 견해를 이유로 박해를 받을 수 있다고 인정할 충분한 근거가 있는 공포로 인하여 국적국의 보호를 받을 수 없거나 보호받기를 원하지 아니하는 외국인 또는 그러한 공포로 인하여 대한민국에 입국하기 전에 거주한 국가로 돌아갈 수 없거나 돌아가기를 원하지 아니하는 무국적자인 외국인을 말한다(난민법 제2조 제1호). ④ "여권"이란 대한민국정부·외국정부 또는 권한 있는 국제기구에서 발급한 여권 또는 난민여행증명서나 그 밖에 여권을 갈음하는 증명서로서 대한민국정부가 유효하다고 인정하는 것을 말한다. ⑤ "선원신분증명서"란 대한민국정부나 외국정부가 발급한 문서로서 선원임을 증명하는 것을 말한다. ⑥ "출입국항"이란 출국하거나 입국할 수 있는 대한민국의 항구·공항과 그 밖의 장소로서 대통령령으로 정하는 곳을 말한다. ⑦ "재외공관의 장"이란 외국에 주재하는 대한민국의 대사(大使), 공사(公使), 총영사(總領事), 영사(領事) 또는 영사업무를 수행하는 기관의 장을 말한다. ⑧ "선박등"이란 대한민국과 대한민국 밖의 지역 사이에서 사람이나 물건을 수송하는 선박, 항공기, 기차, 자동차, 그 밖의 교통기관을 말한다. ⑨ "승무원"이란 선박등에서 그 업무를 수행하는 사람을 말한다. ⑩ "운수업자"란 선박등을 이용하여 사업을 운영하는 자와 그를 위하여 통상 그 사업에 속하는 거래를 대리하는 자를 말한다. ⑪ "지방출입국·외국인관서"란 출입국 및 외국인의 체류 관리업무를 수행하기 위하여 법령에 따라 각 지역별로 설치된 관서와 외국인보호소를 말한다. ⑫ "보호"란 출입국관리공무원이 강제퇴거 대상에 해당된다고 의심할 만한 상당한 이유가 있는 사람을 출국시키기 위하여 외국인보호실, 외국인보호소 또는 그 밖에 법무부장관이 지정하는 장소에 인치(引致)하고 수용하는 집행활동을 말한다. ⑬ "외국인보호실"이란 출입국관리법에 따라 외국인을 보호할 목적으로 지방출입국·외국인관서에 설치한 장소를 말한다. ⑭ "외국인보호소"란 지방출입국·외국인관서 중 출입국관리법에 따라 외국인을 보호할 목적으로 설치한 시설로서 대통령령으로 정하는 곳을 말한다.

3. 출국의 금지

법무부장관은 다음 각 호의 어느 하나에 해당하는 국민에 대하여는 6개월 이내의 기간을 정하여 출국을 금지할 수 있다(동법 제4조 제1항).

1. 형사재판에 계속(係屬) 중인 사람
2. 징역형이나 금고형의 집행이 끝나지 아니한 사람
3. 대통령령으로 정하는 금액 이상의 벌금(1천만원)이나 추징금(2천만원)을 내지 아니한 사람
4. 대통령령으로 정하는 5천만원 금액 이상의 국세·관세 또는 지방세를 정당한 사유 없이 그 납부기한까지 내지 아니한 사람
5. 그 밖에 제1호부터 제4호까지의 규정에 준하는 사람으로서 대한민국의 이익이나 공공의 안전 또는 경제질서를 해칠 우려가 있어 그 출국이 적당하지 아니하다고 법무부령으로 정하는 사람

법무부장관은 범죄 수사를 위하여 출국이 적당하지 아니하다고 인정되는 사람에 대하여는 1개월 이내의 기간을 정하여 출국을 금지할 수 있다. 다만, 다음 각 호에 해당하는 사람은 그 호에서 정한 기간으로 한다(동법 제4조 제2항).

1. 소재를 알 수 없어 기소중지결정이 된 사람 또는 도주 등 특별한 사유가 있어 수사진
   행이 어려운 사람: 3개월 이내
2. 기소중지결정이 된 경우로서 체포영장 또는 구속영장이 발부된 사람: 영장 유효기간
   이내

중앙행정기관의 장 및 법무부장관이 정하는 관계 기관의 장은 소관 업무와 관련하여 제
1항 또는 제2항 각 호의 어느 하나에 해당하는 사람이 있다고 인정할 때에는 법무부장관
에게 출국금지를 요청할 수 있다(동법 제4조 제3항). 출입국관리공무원은 출국심사를 할
때에 출국이 금지된 사람을 출국시켜서는 아니 된다(동법 제4조 제4항).

4. 외국인의 체류 및 활동범위

외국인은 그 체류자격과 체류기간의 범위에서 대한민국에 체류할 수 있다(동법 제17조
제1항). 대한민국에 체류하는 외국인은 이 법 또는 다른 법률에서 정하는 경우를 제외하
고는 정치활동을 하여서는 아니 된다(동법 제17조 제2항). 법무부장관은 대한민국에 체류
하는 외국인이 정치활동을 하였을 때에는 그 외국인에게 서면으로 그 활동의 중지명령이
나 그 밖에 필요한 명령을 할 수 있다(동법 제17조 제3항).

5. 외국인 고용의 제한과 외국인을 고용한 자 등의 신고의무

(1) 외국인의 고용 제한

외국인이 대한민국에서 취업하려면 대통령령으로 정하는 바에 따라 취업활동을 할 수
있는 체류자격을 받아야 한다(동법 제18조 제1항). 체류자격을 가진 외국인은 지정된 근
무처가 아닌 곳에서 근무하여서는 아니 된다(동법 제18조 제2항). 누구든지 체류자격을
가지지 아니한 사람을 고용하여서는 아니 된다(동법 제18조 제3항). 또한 누구든지 체류
자격을 가지지 아니한 사람의 고용을 알선하거나 권유하여서는 아니 된다(동법 제18조 제
4항). 누구든지 체류자격을 가지지 아니한 사람의 고용을 알선할 목적으로 그를 자기 지

배하에 두는 행위를 하여서는 아니 된다(동법 제18조 제5항).

(2) 외국인을 고용한 자 등의 신고의무

취업활동을 할 수 있는 체류자격을 가지고 있는 외국인을 고용한 자는 다음 각 호의 어느 하나에 해당하는 사유가 발생하면 그 사실을 안 날부터 15일 이내에 지방출입국·외국인관서의 장에게 신고하여야 한다(동법 제19조 제1항).

1. 외국인을 해고하거나 외국인이 퇴직 또는 사망한 경우
2. 고용된 외국인의 소재를 알 수 없게 된 경우
3. 고용계약의 중요한 내용을 변경한 경우

6. 외국인등록

외국인이 입국한 날부터 90일을 초과하여 대한민국에 체류하려면 대통령령으로 정하는 바에 따라 입국한 날부터 90일 이내에 그의 체류지를 관할하는 지방출입국·외국인관서의 장에게 외국인등록을 하여야 한다. 다만, 다음 각 호의 어느 하나에 해당하는 외국인의 경우에는 그러하지 아니하다(동법 제31조 제1항).

1. 주한외국공관(대사관과 영사관을 포함한다)과 국제기구의 직원 및 그의 가족
2. 대한민국정부와의 협정에 따라 외교관 또는 영사와 유사한 특권 및 면제를 누리는 사람과 그의 가족
3. 대한민국정부가 초청한 사람 등으로서 법무부령[1]으로 정하는 사람

---

1) 출입국관리법 시행규칙 제45조(외국인등록의 예외) ① 법 제31조 제1항 제3호에 해당하는 자는 외교·산업·국방상 중요한 업무에 종사하는 자 및 그의 가족 기타 법무부장관이 특별히 외국인등록을 면제할 필요가 있다고 인정하는 자로 한다. ② 법무부장관이 제1항에 따라 외국인등록을 면제하기로 결정한 때에는 이를 체류지를 관할하는 청장·사무소장 또는 출장소장(이하 "체류지 관할 청장·사무소장 또는 출장소장"이라 한다)에게 통보한다.

출입국관리법 제31조 제1항에도 불구하고 같은 항 각 호의 어느 하나에 해당하는 외국인은 본인이 원하는 경우 체류기간 내에 외국인등록을 할 수 있다(동법 제31조 제2항). 출입국관리법 제23조[2])에 따라 체류자격을 받는 사람으로서 그 날부터 90일을 초과하여 체류하게 되는 사람은 제1항 각 호 외의 부분 본문에도 불구하고 체류자격을 받는 때에 외국인등록을 하여야 한다(동법 제31조 제3항). 출입국관리법 제24조[3])에 따라 체류자격 변경허가를 받는 사람으로서 입국한 날부터 90일을 초과하여 체류하게 되는 사람은 제1항 각 호 외의 부분 본문에도 불구하고 체류자격 변경허가를 받는 때에 외국인등록을 하여야 한다(동법 제31조 제4항). 지방출입국·외국인관서의 장은 외국인등록을 한 사람에게는 대통령령으로 정하는 방법에 따라 개인별로 고유한 등록번호를 부여하여야 한다(동법 제31조 제5항).

7. 외국인등록사항

출입국관리법에 따른 외국인등록사항은 다음과 같다(동법 제32조).

1. 성명, 성별, 생년월일 및 국적
2. 여권의 번호·발급일자 및 유효기간
3. 근무처와 직위 또는 담당업무
4. 본국의 주소와 국내 체류지
5. 체류자격과 체류기간
6. 제1호부터 제5호까지에서 규정한 사항 외에 법무부령[4])으로 정하는 사항

---

2) 출입국관리법 제23조(체류자격 부여) 대한민국에서 출생하여 제10조에 따른 체류자격을 가지지 못하고 체류하게 되는 외국인은 그가 출생한 날부터 90일 이내에, 대한민국에서 체류 중 대한민국의 국적을 상실하거나 이탈하는 등 그 밖의 사유로 제10조에 따른 체류자격을 가지지 못하고 체류하게 되는 외국인은 그 사유가 발생한 날부터 30일 이내에 대통령령으로 정하는 바에 따라 체류자격을 받아야 한다.
3) 출입국관리법 제24조(체류자격 변경허가) ① 대한민국에 체류하는 외국인이 그 체류자격과 다른 체류자격에 해당하는 활동을 하려면 미리 법무부장관의 체류자격 변경허가를 받아야 한다. ② 제31조제1항 각 호의 어느 하나에 해당하는 사람으로서 그 신분이 변경되어 체류자격을 변경하려는 사람은 신분이 변경된 날부터 30일 이내에 법무부장관의 체류자격 변경허가를 받아야 한다.

8. 강제퇴거의 대상자

지방출입국·외국인관서의 장은 이 장에 규정된 절차에 따라 다음 각 호의 어느 하나에 해당하는 외국인을 대한민국 밖으로 강제퇴거시킬 수 있다(동법 제46조 제1항).

1. 제7조[5]를 위반한 사람
2. 제7조의2를 위반한 외국인 또는 같은 조에 규정된 허위초청 등의 행위로 입국한 외국인
3. 제11조 제1항 각 호의 어느 하나에 해당하는 입국금지 사유가 입국 후에 발견되거나 발생한 사람
4. 제12조 제1항·제2항 또는 제12조의3을 위반한 사람
5. 제13조 제2항에 따라 지방출입국·외국인관서의 장이 붙인 허가조건을 위반한 사람
6. 제14조 제1항, 제14조의2 제1항, 제15조 제1항, 제16조 제1항 또는 제16조의2 제1항에 따른 허가를 받지 아니하고 상륙한 사람
7. 제14조 제3항(제14조의2 제3항에 따라 준용되는 경우를 포함한다), 제15조 제2항, 제16조 제2항 또는 제16조의2 제2항에 따라 지방출입국·외국인관서의 장 또는 출입국관리공무원이 붙인 허가조건을 위반한 사람
8. 제17조 제1항·제2항, 제18조, 제20조, 제23조, 제24조 또는 제25조를 위반한 사람
9. 제21조 제1항 본문을 위반하여 허가를 받지 아니하고 근무처를 변경·추가하거나 같은 조 제2항을 위반하여 외국인을 고용·알선한 사람
10. 제22조에 따라 법무부장관이 정한 거소 또는 활동범위의 제한이나 그 밖의 준수사항을 위반한 사람
10의2. 제26조를 위반한 외국인
11. 제28조 제1항 및 제2항을 위반하여 출국하려고 한 사람
12. 제31조에 따른 외국인등록 의무를 위반한 사람
12의2. 제33조의3을 위반한 외국인
13. 금고 이상의 형을 선고받고 석방된 사람
14. 그 밖에 제1호부터 제10호까지, 제10호의2, 제11호, 제12호, 제12호의2 또는 제13호에 준하는 사람으로서 법무부령으로 정하는 사람

---

4) 출입국관리법 시행규칙 제47조(외국인등록사항) 법 제32조 제6호의 규정에 의한 외국인등록사항은 다음과 같다.
　1. 입국일자 및 입국항
　2. 사증에 관한 사항
　3. 동반자에 관한 사항
　4. 삭제 〈2018. 6. 12.〉
　5. 사업자 등록번호

영주자격을 가진 사람은 제1항에도 불구하고 대한민국 밖으로 강제퇴거되지 아니한다. 다만, 다음 각 호의 어느 하나에 해당하는 사람은 그러하지 아니하다(동법 제46조 제2항).

1. 「형법」제2편 제1장 내란의 죄 또는 제2장 외환의 죄를 범한 사람
2. 5년 이상의 징역 또는 금고의 형을 선고받고 석방된 사람 중 법무부령으로 정하는 사람
3. 제12조의3제1항 또는 제2항을 위반하거나 이를 교사(敎唆) 또는 방조(幇助)한 사람

9. 강제퇴거명령서의 집행

강제퇴거명령서는 출입국관리공무원이 집행한다(동법 제62조 제1항). 지방출입국·외국인관서의 장은 사법경찰관리에게 강제퇴거명령서의 집행을 의뢰할 수 있다(동법 제62조 제2항). 강제퇴거명령서를 집행할 때에는 그 명령을 받은 사람에게 강제퇴거명령서를 내보이고 지체 없이 그를 제64조에 따른 송환국으로 송환하여야 한다. 다만, 제76조 제1항에 따라 선박등의 장이나 운수업자가 송환하게 되는 경우에는 출입국관리공무원은 그 선박등의 장이나 운수업자에게 그를 인도할 수 있다(동법 제62조 제3항). 강제퇴거명령을 받은 사람이 다음 각 호의 어느 하나에 해당하는 경우에는 송환하여서는 아니 된다. 다만, 「난민법」에 따른 난민신청자가 대한민국의 공공의 안전을 해쳤거나 해칠 우려가 있다고 인정되면 그러하지 아니하다(동법 제62조 제4항).

1. 「난민법」에 따라 난민인정 신청을 하였으나 난민인정 여부가 결정되지 아니한 경우
2. 「난민법」 제21조에 따라 이의신청을 하였으나 이에 대한 심사가 끝나지 아니한 경우

---

5) 출입국관리법 제7조(외국인의 입국) ① 외국인이 입국할 때에는 유효한 여권과 법무부장관이 발급한 사증(査證)을 가지고 있어야 한다. ② 다음 각 호의 어느 하나에 해당하는 외국인은 제1항에도 불구하고 사증 없이 입국할 수 있다. 1. 재입국허가를 받은 사람 또는 재입국허가가 면제된 사람으로서 그 허가 또는 면제받은 기간이 끝나기 전에 입국하는 사람 2. 대한민국과 사증면제협정을 체결한 국가의 국민으로서 그 협정에 따라 면제대상이 되는 사람 3. 국제친선, 관광 또는 대한민국의 이익 등을 위하여 입국하는 사람으로서 대통령령으로 정하는 바에 따라 따로 입국허가를 받은 사람 4. 난민여행증명서를 발급받고 출국한 후 그 유효기간이 끝나기 전에 입국하는 사람 ③ 법무부장관은 공공질서의 유지나 국가이익에 필요하다고 인정하면 제2항제2호에 해당하는 사람에 대하여 사증면제협정의 적용을 일시 정지할 수 있다. ④ 대한민국과 수교(修交)하지 아니한 국가나 법무부장관이 외교부장관과 협의하여 지정한 국가의 국민은 제1항에도 불구하고 대통령령으로 정하는 바에 따라 재외공관의 장이나 지방출입국·외국인관서의 장이 발급한 외국인입국허가서를 가지고 입국할 수 있다.

기출문제

1 「출입국관리법」제4조에는 국민의 출국 금지 기간에 대하여 정하고 있다. 다음 ( )안에 들어갈 숫자를 모두 더한 값은? (단, 기간연장은 없음) (2017년 1차)

> ㉠ 범죄 수사를 위하여 출국이 적당하지 아니하다고 인정되는 사람 : ( )개월 이내
> ㉡ 형사재판에 계속 중인 사람 : ( )개월 이내
> ㉢ 징역형의 집행이 끝나지 아니한 사람 : ( )개월 이내
> ㉣ 소재를 알 수 없어 기소중지결정이 된 사람 : ( )개월 이내
> ㉤ 도주 등 특별한 사유가 있어 수사진행이 어려운 사람 : ( )개월 이내

① 10　　　　　　　　② 16　　　　　　　　③ 19　　　　　　　　④ 20

 해설　출입국관리법 제4조 참조　　　　　　　　　　　답 ③

> **출입국관리법**
> 제4조(출국의 금지) ① 법무부장관은 다음 각 호의 어느 하나에 해당하는 국민에 대하여는 6개월 이내의 기간을 정하여 출국을 금지할 수 있다.
> 1. 형사재판에 계속(係屬) 중인 사람
> 2. 징역형이나 금고형의 집행이 끝나지 아니한 사람
> 3. 대통령령으로 정하는 금액 이상의 벌금이나 추징금을 내지 아니한 사람
> 4. 대통령령으로 정하는 금액 이상의 국세·관세 또는 지방세를 정당한 사유 없이 그 납부기한까지 내지 아니한 사람
> 5. 그 밖에 제1호부터 제4호까지의 규정에 준하는 사람으로서 대한민국의 이익이나 공공의 안전 또는 경제질서를 해칠 우려가 있어 그 출국이 적당하지 아니하다고 법무부령으로 정하는 사람
> ② 법무부장관은 범죄 수사를 위하여 출국이 적당하지 아니하다고 인정되는 사람에 대하여는 1개월 이내의 기간을 정하여 출국을 금지할 수 있다. 다만, 다음 각 호에 해당하는 사람은 그 호에서 정한 기간으로 한다.
> 1. 소재를 알 수 없어 기소중지결정이 된 사람 또는 도주 등 특별한 사유가 있어 수사진행이 어려운 사람: 3개월 이내
> 2. 기소중지결정이 된 경우로서 체포영장 또는 구속영장이 발부된 사람: 영장 유효기간 이내

2 다음 중 「출입국관리법」상 외국인등록에 관한 설명으로 가장 적절하지 않은 것은?
[2011년 1차 순경]

① 외국인은 원칙적으로 입국한 날로부터 90일을 초과하여 대한민국에 체류하는 경우 외국인등록을 하여야 한다.

② 체류자격 변경허가를 받은 자로서 그 변경허가일로부터 90일을 초과하여 체류하게 되는 외국인은 외국인등록을 하여야 한다.

③ 한국 정부가 초청한 자 등으로서 법무부령으로 정하는 외국인은 외국인등록 제외대상이다.

④ 출입국관리법상 외국인등록 의무를 위반한 자로서 대한민국에 영주할 수 있는 체류자격이 없는 외국인은 강제퇴거의 대상이다.

> **해설** 체류자격 변경허가를 받는 사람으로서 입국한 날부터 90일을 초과하여 체류하게 되는 사람은 체류자격 변경허가를 받은 때에 외국인등록을 하여야 한다. **탑** ②

II. 범죄인 인도법

1. 범죄인 인도법의 목적과 정의

(1) 목적

범죄인 인도법은 범죄인 인도(引渡)에 관하여 그 범위와 절차 등을 정함으로써 범죄 진압 과정에서의 국제적인 협력을 증진함을 목적으로 한다(범죄인 인도법 제1조).

(2) 정의

범죄인 인도법에서 사용하는 용어의 뜻은 다음과 같다(범죄인 인도법 제2조). ① "인도조약"이란 대한민국과 외국 간에 체결된 범죄인의 인도에 관한 조약·협정 등의 합의를 말한다. ② "청구국"이란 범죄인의 인도를 청구한 국가를 말한다. ③ "인도범죄"란 범죄인의 인도를 청구할 때 그 대상이 되는 범죄를 말한다. ④ "범죄인"이란 인도범죄에 관하여 청구국에서 수사나 재판을 받고 있는 사람 또는 유죄의 재판을 받은 사람을 말한다. ⑤ "긴급인도구속"이란 도망할 염려가 있는 경우 등 긴급하게 범죄인을 체포·구금(拘禁)하여야 할 필요가 있는 경우에 범죄인 인도청구가 뒤따를 것을 전제로 하여 범죄인을 체포·구금하는 것을 말한다.

2. 범죄인 인도사건의 전속관할과 인도조약과의 관계

범죄인 인도법에 규정된 범죄인의 인도심사 및 그 청구와 관련된 사건은 서울고등법원과 서울고등검찰청의 전속관할로 한다(범죄인 인도법 제3조). 범죄인 인도에 관하여 인도조약에 범죄인 인도법과 다른 규정이 있는 경우에는 그 규정에 따른다(범죄인 인도법 제3조의2).

3. 인도에 관한 원칙과 인도범죄

대한민국 영역에 있는 범죄인은 이 법에서 정하는 바에 따라 청구국의 인도청구에 의하여 소추(訴追), 재판 또는 형의 집행을 위하여 청구국에 인도할 수 있다(범죄인 인도법 제5조).

대한민국과 청구국의 법률에 따라 인도범죄가 사형, 무기징역, 무기금고, 장기(長期) 1년 이상의 징역 또는 금고에 해당하는 경우에만 범죄인을 인도할 수 있다(범죄인 인도법 제6조).

4. 절대적 인도거절 사유와 임의적 인도거절 사유

(1) 절대적 인도거절 사유

다음 각 호의 어느 하나에 해당하는 경우에는 범죄인을 인도하여서는 아니 된다(범죄인 인도법 제7조).

1. 대한민국 또는 청구국의 법률에 따라 인도범죄에 관한 공소시효 또는 형의 시효가 완성된 경우
2. 인도범죄에 관하여 대한민국 법원에서 재판이 계속(係屬) 중이거나 재판이 확정된 경우
3. 범죄인이 인도범죄를 범하였다고 의심할 만한 상당한 이유가 없는 경우. 다만, 인도범죄에 관하여 청구국에서 유죄의 재판이 있는 경우는 제외한다.
4. 범죄인이 인종, 종교, 국적, 성별, 정치적 신념 또는 특정 사회단체에 속한 것 등을 이유로 처벌되거나 그 밖의 불리한 처분을 받을 염려가 있다고 인정되는 경우

(2) 임의적 인도거절 사유

다음 각 호의 어느 하나에 해당하는 경우에는 범죄인을 인도하지 아니할 수 있다(범죄인 인도법 제9조).

1. 범죄인이 대한민국 국민인 경우
2. 인도범죄의 전부 또는 일부가 대한민국 영역에서 범한 것인 경우
3. 범죄인의 인도범죄 외의 범죄에 관하여 대한민국 법원에 재판이 계속 중인 경우 또는 범죄인이 형을 선고받고 그 집행이 끝나지 아니하거나 면제되지 아니한 경우
4. 범죄인이 인도범죄에 관하여 제3국(청구국이 아닌 외국을 말한다. 이하 같다)에서 재판을 받고 처벌되었거나 처벌받지 아니하기로 확정된 경우
5. 인도범죄의 성격과 범죄인이 처한 환경 등에 비추어 범죄인을 인도하는 것이 비인도적(非人道的)이라고 인정되는 경우

5. 정치적 성격을 지닌 범죄 등의 인도거절

인도범죄가 정치적 성격을 지닌 범죄이거나 그와 관련된 범죄인 경우에는 범죄인을 인도하여서는 아니 된다. 다만, 인도범죄가 다음 각 호의 어느 하나에 해당하는 경우에는 그러하지 아니하다(범죄인 인도법 제8조 제1항).

1. 국가원수(國家元首)·정부수반(政府首班) 또는 그 가족의 생명·신체를 침해하거나 위협하는 범죄
2. 다자간 조약에 따라 대한민국이 범죄인에 대하여 재판권을 행사하거나 범죄인을 인도할 의무를 부담하고 있는 범죄
3. 여러 사람의 생명·신체를 침해·위협하거나 이에 대한 위험을 발생시키는 범죄

　인도청구가 범죄인이 범한 정치적 성격을 지닌 다른 범죄에 대하여 재판을 하거나 그러한 범죄에 대하여 이미 확정된 형을 집행할 목적으로 행하여진 것이라고 인정되는 경우에는 범죄인을 인도하여서는 아니 된다(범죄인 인도법 제8조 제2항).

6. 인터폴과 수배서

(1) 인터폴

　인터폴(국제형사경찰기구, INTERPOL)은 국제범죄의 예방과 진압을 위하여 인터폴 현장과 각 회원국의 국내법이 허용하는 범위 내에서 국제범죄에 관한 정보를 교환하고 범죄자 체포 및 인도에 대하여 상호 협력하는 정부간 국제기구인 국제형사경찰기구(International Criminal Police Organization)를 말한다. 인터폴은 일반인들이 생각하는 것처럼 자체 내에 수사관을 두고 초국가적 범죄에 대한 수사권을 행사하는 국제경찰을 의미하는 것은 아니다.[6]

　인터폴 사무총국은 각국 국가중앙사무국이 송부한 자료에 근거하여 국제수배서를 발행하고 있다. 사무총국에서 발행된 국제수배서는 전 회원국에 배표되어 피수배자의 검거, 동향감시 및 주의촉구 등의 수단으로 활용된다.[7]

---

6)　최선우, 경찰학(개정판), 그린(2014), 730면.
7)　최선우, 경찰학(개정판), 733면.

(2) 국제수배서의 종류

① 적색수배서(Red Notice) : 일반 형법을 위반하여 구속 또는 체포영장이 발부되고 범죄인인도를 목적으로 발행된다.

② 청색수배서(Blue Notice) : 피수배자의 신원과 소재확인을 목적으로 발행된다.

③ 녹색수배서(Green Notice) : 상습범이거나 재범 우려 국제범죄자의 동향을 파악하여 범죄를 예방하기 위하여 발행된다.

④ 황색수배서(Yellow Notice) : 가출인의 소재확인 또는 기억상실자의 신원확인을 목적으로 발행된다.

⑤ 흑색수배서(Black Notice) : 사망자의 신원확인 목적으로 발행되며, 사망자의 사진, 지문, 치아상태 등 자료를 수록되어 있다.

⑥ 장물수배서(Stolen Property Notice) : 도난, 불법취득 물건이나 문화재 등의 발견을 목적으로 발행되며, 장물의 특성 및 사진 수록되어 있다.

⑦ 범죄수법수배서(Modus Notice) : 새로운 범죄수법 등을 회원국에 배포, 범죄예방 및 수사·교육자료로 활용하기 위해 발행된다.

⑧ 오렌지수배서(Orange Notice) : 폭발물, 테러범(위험인물) 등에 대하여 보안을 경보하기 위하여 발행된다.

기출문제

1   「범죄인 인도법」제7조에서 규정하고 있는 절대적 인도거절 사유로 볼 수 <u>없는</u> 것은 모두 몇 개인가? (13-2차)

> ㉠ 범죄인이 대한민국 국민인 경우
> ㉡ 범죄인이 인종, 종교, 국적, 성별, 정치적 신념 또는 특정 사회단체에 속한 것 등을 이유로 처벌되거나 그 밖의 불리한 처분을 받을 염려가 있다고 인정되는 경우
> ㉢ 인도범죄의 전부 또는 일부가 대한민국 영역에서 범한 것인 경우
> ㉣ 범죄인이 인도범죄에 관하여 제3국(청구국이 아닌 외국을 말한다)에서 재판을 받고 처벌되었거나 처벌받지 아니하기로 확정된 경우

① 1개   ② 2개   ③ 3개   ④ 4개

해설 ㉠ 임의적 인도거절사유 ㉡ 절대적 인도거절사유 ㉢ 임의적 인도거절사유 ㉣ 임의적 인도거절사유   **답** ③

2   우리나라 「범죄인인도법」에 대한 설명 중 가장 옳지 <u>않은</u> 것은? (경찰 승진)

① 인도조약이 체결되어 있지 않아도 상호주의에 의해 인도할 수 있다.

② 정치범 불인도 원칙을 채택하고 있다.

③ 범죄인이 자국민일 경우 인도하지 않을 수 있다.

④ 사형, 무기, 단기 1년 이상의 징역 또는 금고에 해당하는 경우에 한하여 인도한다.

해설 ④ 사형, 무기, 장기 1년 이상의 징역 또는 금고에 해당하는 경우에 한하여 인도한다.   **답** ④

3 범죄인인도법에 관한 다음 설명 중 가장 적절하지 않은 것은? (2012년 2차)

① 범죄인인도에 관하여 인도조약에 범죄인인도법과 다른 규정이 있는 경우, 범죄인인도법 규정에 따른다.

② 자국민불인도의 원칙과 관련하여 우리나라는 임의적 거절사유로 규정하고 있다.

③ 정치범불인도의 원칙에 대하여 우리나라도 명문규정을 두고 있으나, 정치범에 대하여는 별도의 개념 정의를 하고 있지 않다.

④ 군사범불인도의 원칙은 군사범죄자는 인도하지 않는다는 원칙이며, 우리나라는 명문규정을 두고 있지 않다.

 ① 인도조약에 범죄인인도법과 다른 규정이 있는 경우, 범죄인인도법 규정이 아니라 인도조약에 따른다. 🗒 ①

4 국가간 범죄인 인도에 있어 범죄인의 인도를 청구하는 국가가 같은 종류 또는 유사한 범죄에 대한 인도청구에 응한다는 보증이 있는 경우 인도한다는 원칙으로 가장 적절한 것은?

① 상호주의의 원칙　　　　　② 쌍방 가벌성의 원칙

③ 자국민 불인도의 원칙　　　④ 정치범 불인도의 원칙

 ① 상호주의의 원칙이란, 범죄인의 인도를 청구하는 국가가 같은 종류 또는 유사한 범죄에 대한 인도청구에 응한다는 보증이 있는 경우 인도한다. ② 쌍방 가벌성의 원칙이란, 인도청구가 있는 범죄가 청구국과 피청구국 쌍방의 법률에 의하여 범죄를 구성하지 않는 경우에는 그 범죄에 관하여 범죄인을 인도하지 않는다는 것이다. ③ 자국민 불인도의 원칙이란 범죄인 인도대상이 자국민일 경우 청구국에 인도하지 않는다는 원칙이다. 영미법계 국가들은 속지주의이므로 자국민 불인도의 원칙을 채택하고 있지 않다. ④ 정치범 불인도의 원칙이란, 인도범죄가 정치적 성격을 지닌 범죄이거나 그와 관련된 범죄인 경우에는 범죄인을 인도하여서는 아니된다는 원칙이다. 🗒 ①

5 국제형사경찰기구(INTERPOL)에 관한 설명으로 가장 적절하지 <u>않은</u> 것은? (2011년 2차 순경)

① 국제형사경찰기구는 회원국 상호간 필요한 각종 정보와 자료를 교환하고, 또한 범인체포 및 인도에 있어서 상호 신속·원활한 협조관계를 유지하는 형사경찰의 정부간 국제공조수사기구이다.

② 국제형사경찰기구는 자체 내에 국제수사관을 두어 각국의 법과 국경에 구애됨

이 없이 자유로이 왕래하면서 범인을 추적·수사하는 국제수사기관으로서의 역할을 한다.

③ 국제형사경찰기구의 협력은 범죄예방을 위한 협력과 범죄수사를 위한 협력으로 이루어진다.

④ 국제형사경찰기구는 범죄의 예방과 진압을 위해 각 회원국간의 현행법 범위 내에서 세계인권선언의 정신에 입각하여 회원국간 가능한 다방면에 걸쳐 상호 협력을 증진시키는 것을 목적으로 한다.

> **해설**   ② 인터폴은 수사기관이 아니고 정보와 자료를 교환하고 범인체포와 인도에 관하여 상호협조하는 정부간 국제형사공조기구이다.   **답 ②**

6   다음 중 국제형사경찰기구(INTERPOL)에 대한 설명으로 가장 적절한 것은? (2018년 3차 공채)

① 1914년 모나코에서 국제형사경찰회의(International Criminal Police Congress)가 개최되어 국제범죄 기록보관소 설립, 범죄인 인도절차의 표준화 등에 대하여 논의하였는데 이것이 국제경찰협력의 기초가 되었다.

② 1923년 제네바에서 제2차 국제형사경찰회의가 개최되어 국제형사경찰위원회 (International Criminal Police Commission)가 창설되었으며 이는 국제형사 경찰기구의 전신이라 할 수 있다.

③ 1956년 비엔나에서 제25차 국제형사경찰위원회가 개최되어 국제형사경찰기구 가 발족하였고, 당시 사무총국을 리옹에 두었다.

④ 국가중앙사무국(National Central Bureau)은 회원국에 설치된 상설 경찰협력 부서로 우리나라의 경우 경찰청 외사국 국제협력과 인터폴계에 설치되어 있다.

답 ①

7   인터폴에서 발행하는 국제수배서에 대한 설명으로 가장 적절하지 **않은** 것은? (2015년 경찰공채)

① 적색수배서는 국제체포수배서로서 범죄인 인도를 목적으로 발행한다.

② 녹색수배서는 가출인의 소재 확인 또는 기억상실자 등의 신원을 확인할 목적 으로 발행한다.

③ 흑색수배서는 사망자의 신원을 확인할 수 없거나 사망자가 가명을 사용하였을

경우 정확한 신원을 파악할 목적으로 발행한다.

④ 오렌지수배서는 폭발물 등에 대한 경고목적으로 발행한다.

해설 ② 황색수배서는 가출인의 소재 확인 또는 기억상실자 등의 신원을 확인할 목적으로 발행한다. 녹색수배서(Green Notice)는 상습범이거나 재범 우려 국제범죄자의 동향을 파악하여 범죄를 예방하기 위하여 발행된다. 답 ②

8 다음은 「범죄인인도법」상 인도심사명령청구에 대한 설명이다. ( ) 안에 들어갈 말을 순서대로 바르게 나열한 것은? (2018년 2차 공채)

( )장관은 ( )장관으로부터 「범죄인인도법」 제11조에 따른 인도청구서 등을 받았을 때에는 이를 ( ) 검사장에게 송부하고 그 소속검사로 하여금 ( )에 범죄인 인도허가 여부에 관한 심사를 청구하도록 명하여야 한다.

① 법무부 – 외교부 – 서울고등검찰청 – 서울고등법원
② 외교부 – 법무부 – 서울중앙지방검찰청 – 서울중앙지방법원
③ 외교부 – 법무부 – 서울고등검찰청 – 서울고등법원
④ 법무부 – 외교부 – 서울중앙지방검찰청 – 서울중앙지방법원

답 ①

9 「범죄인 인도법」에 대한 설명으로 가장 적절한 것은? (2018년 3차 공채)

① 청구국과 피청구국 쌍방의 법률에 의하여 범죄를 구성하지 않는 경우에는 범죄인을 인도하지 않는다는 것은 쌍방가벌성의 원칙으로, 우리나라 「범죄인 인도법」에 명문규정은 없다.

② 인도범죄 외의 범죄에 관하여 대한민국 법원에 재판이 계속 중인 경우 또는 범죄인이 형을 선고받고 그 집행이 끝나지 아니하거나 면제되지 아니한 경우 범죄인을 인도하여서는 아니된다.

③ 범죄인이 「범죄인 인도법」 제20조에 따른 인도구속영장에 의하여 구속되었을 때에는 구속된 때부터 48시간 이내에 인도심사를 청구하여야 한다.

④ 법원은 범죄인이 인도구속영장에 의하여 구속 중인 경우에는 구속된 날부터 2개월 이내에 인도심사에 관한 결정을 하여야 한다.

답 ④

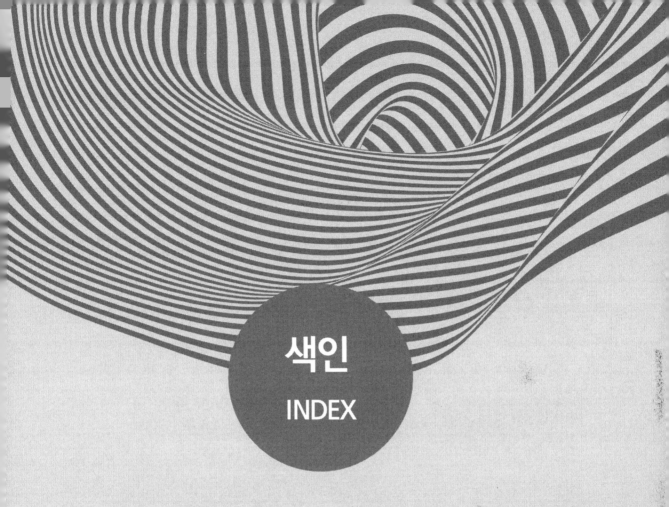

색인
INDEX

이철호

남부대학교 경찰행정학과 교수
(헌법, 인권법, 경찰법)

동국대학교 법과대학을 졸업하고 동 대학원에서 법학박사학위를 취득했다. 모교인 동국대학교를 비롯하여 덕성여자대학교, 평택대학교 등 여러 대학에서 헌법, 비교헌법론, 법학개론, 경찰행정법 등을 강의 했으며, 현재는 광주광역시(光州廣域市)에 소재하고 있는 남부대학교 경찰행정학과에서 헌법, 경찰과 인권, 경찰특별법규 등을 가르치고 있다.

이철호는 역사에 토대를 둔 학문을 하고자 하며, "과거 청산에는 시효나 기한이 있을 수 없다"라는 신념으로 군사독재 정권의 왜곡된 법리 문제를 논구(論究)하고자 애쓰고 있다.

학교 안에서는 학과장, 입학홍보실장, 생활관장, 경찰법률연구소 소장으로 봉사하였고, 학교 밖에서는 중앙선거관리위원회 자문교수, 개인정보분쟁조정위원회 전문위원, 광주지방경찰청 징계위원, 경찰청 치안정책 평가위원, 경찰청 과학수사 자문교수, 광주광역시 지방세심의위원, 광주광산경찰서 집회시위자문위원회 위원장, 광주지방교정청 행정심판위원, (사)한국투명성 기구 정책위원 등으로 활동하고 있다.

그 동안 발표한 논문으로는 성범죄의 재범 방지 제도와 경찰의 성범죄 전력자 관리, 전·의경의 손해배상청구권 제한의 문제점과 해결방안, 국회 날치기 통과사와 국회폭력방지방안, 한국의 기업인 범죄와 법집행의 문제, 존속살해 범죄와 존속살해죄 가중처벌의 위헌성 검토, 선거관리위원회의 위상과 과제, 헌법상 종교의 자유와 종교문제의 검토, 헌법상 인간의 존엄과 성전환의 문제, 친일인사 서훈 취소 소송에 관한 관견(管見), The Story of the "Order of Merit Party" and the Cancellation of Awards Issued to Chun Doo-Hwan's New Military, 국가장법과 국가장(國家葬) 대상자의 제한 문제, 국립묘지법과 전직 대통령 국립묘지 안장 문제 등 다수 논문이 있고, 〈헌법강의〉, 〈헌법입문〉, 〈헌법과 인권〉, 〈경찰행정법〉, 〈경찰과 인권〉, 〈의료관계법규〉, 〈법학입문〉(공저), 〈법은 어떻게 독재의 도구가 되었나〉, 〈동국의 법학자〉, 〈경찰과 유머〉 등의 저서가 있다.

유머와 함께하는 경찰행정 전공 노트

1판 1쇄 발행 2019년 08월 26일
1판 2쇄 발행 2023년 06월 08일
저   자 이철호
발 행 인 이범만
발 행 처 **21세기사** (제406-2004-00015호)
          경기도 파주시 산남로 72-16 (10882)
          Tel. 031-942-7861   Fax. 031-942-7864
          E-mail : 21cbook@naver.com
          Home-page : www.21cbook.co.kr
          ISBN 978-89-8468-844-5

정가 25,000원